PÉDAGOGIE PRATIQUE À L'ÉCOLE
ET AU COLLÈGE

ACTIVITÉS DE LECTURE
à partir de la littérature de jeunesse

Christian POSLANIEC
Christine HOUYEL

HACHETTE
Éducation

Les auteurs :

Christian Poslaniec est chargé de travaux à l'Institut national de recherche pédagogique, et ses recherches portent sur la lecture, l'écriture et la littérature de jeunesse. Également écrivain, il a publié des romans policiers et des essais, notamment *Donner le goût de lire* et *De la lecture à la littérature* (Sorbier) et, en direction de la jeunesse, de nombreux romans, albums, nouvelles et poèmes. Coordinateur de Promolej, il a organisé stages, universités d'été et colloques. Il a publié une thèse sur l'*Évolution de la littérature de jeunesse au travers de l'instance narrative* (Presses universitaires du Septentrion).

Christine Houyel est conseillère pédagogique, chargée de mission lecture auprès de l'Inspecteur d'académie de la Sarthe et présidente, depuis sa création, de l'association de développement de Promolej (Promotion de la lecture et de l'écriture des jeunes). Elle a organisé de nombreux stages et universités d'été sur la lecture et la littérature de jeunesse et a conçu nombre d'animations avec des livres pour enfants (défi-lecture, rallye-lecture, écriture épistolaire, concours de lecture, etc.). Elle a consacré un mémoire universitaire à l'écrivain Marie-Aude Murail.

Ensemble, Christine Houyel et Christian Poslaniec ont publié de nombreux articles pédagogiques sur l'utilisation de la littérature de jeunesse, dans la revue *L'École des lettres*.

Si vous souhaitez être tenus au courant de nos publications, demandez notre catalogue *Pédagogie* à : Hachette LPC, 86508 Montmorillon cedex.

Couverture : Studio Favre-Lhaïk

Réalisation : C*MB* Graphic

ISBN 2-01-170643-2

SOMMAIRE

PREMIÈRE PARTIE
FAIRE ACQUÉRIR LES COMPÉTENCES DE LECTEUR : LA LECTURE IMPLIQUÉE

L'idéologie

TROISIÈME PARTIE
FAIRE ACQUÉRIR LES COMPÉTENCES DE LECTEUR : LA LECTURE LITTÉRAIRE

Le narrateur

Le point de vue

Les personnages

L'espace-temps

L'intertextualité

Les cohérences

INTRODUCTION

« Au début de l'année, il y a quelques mois, je lisais bien. Après, je ne lisais pas beaucoup et j'avais du mal à lire. Alors je me suis dit que si je pouvais lire à la récré... » La phrase de Whitney, neuf ans, interrogée dans le cadre d'une recherche sur la lecture, est restée inachevée. Mais, telle quelle, nous la considérons comme lourde de sens. Intuitivement, Whitney a compris que le savoir lire issu de l'apprentissage de la lecture ne suffit pas. Elle « *lisait bien* », au début de sa troisième année d'école élémentaire ; en d'autres termes, elle ne rencontrait aucune difficulté de lecture et comprenait ce qu'elle lisait.

Mais il ne suffit pas de savoir lire pour continuer à lire. On le sait, le processus de décodage ne s'automatise, au point de libérer l'esprit pour d'autres tâches, qu'à condition de *lire beaucoup*. Et lire, quand on débute, nécessite un effort important. Il faut donc que les bénéfices tirés de la lecture l'emportent sur l'effort effectué. Font partie des bénéfices : le plaisir d'une histoire dont le *suspense* – comme disent les enfants, majoritairement, quand ils commentent un livre qui leur a plu – les propulse jusqu'au dénouement ; la découverte de personnages dont la vie ressemble à celle du lecteur, ce qui permet à ce dernier de confronter la réalité à la fiction ; la découverte de mises en situation fictives qui permettent au lecteur de répondre – provisoirement – à des questions existentielles qu'il se pose...

Whitney s'est rendu compte que sa compétence de lectrice se dégradait, faute de lecture personnelle. Elle a fait l'effort de « *lire à la récré* », comme elle dit, mais aussi chez elle, le soir. Du coup, elle a découvert les plaisirs évoqués ci-dessus. Et, à la fin de l'année scolaire, Whitney était devenue une grande lectrice : lire était pour elle un besoin personnel, et se mettre à lire ne nécessitait plus un effort de volonté.

À ce stade, l'enfant affermit un comportement de lecteur qui repose sur un contrat de lecture personnel, dont le premier élément concerne la satisfaction de ses besoins individuels en fonction de la découverte de ses propres goûts et de ses propres questionnements ; dont l'efficacité dépend de la capacité à comprendre, à s'identifier aux personnages, à se projeter dans l'histoire, à coopérer, en tant que lecteur, au sens du livre – en un mot, l'implication du lecteur dans la lecture. Tout ceci n'est possible que si l'enfant a acquis un certain nombre de micro-compétences lui permettant de se diriger dans l'univers des livres et revues : leur organisation, leurs genres, leur mode de lecture (un roman ne se lit pas comme un documentaire ou une revue), les lieux où on les trouve, la façon de se procurer un livre similaire à celui qui a donné du plaisir (collection, genre, auteur, éditeur...).

C'est aussi simple que cela ! À condition que l'enfant ait la liberté de prendre ce type de décision qui conduit Whitney à lire des livres, qu'il y ait des livres dans son entourage, naturellement, et que ces livres se révèlent passionnants.

Les enfants qui lisent spontanément à sept ou huit ans disent fréquemment qu'ils lisent pour ne pas s'ennuyer (alors que ceux qui n'aiment pas lire disent qu'ils n'ont pas le temps). Peu à peu, la lecture devient une passion, le désir de lire précède le plaisir de lire. Les univers fictionnels deviennent, pour le grand lecteur, des lieux de vie aussi importants que le réel – ou même davantage ! Nombre d'écrivains en ont témoigné. Par exemple, Nathalie Sarraute, dans *Enfance*(1) :

> *« Voici enfin le moment attendu où je peux étaler le volume sur mon lit, l'ouvrir à l'endroit où j'ai été forcé d'abandonner... je m'y jette, je tombe... »*

François Cavanna, dans *Les Ritals*(2) :

> *« La lecture emplissait tous les interstices de ma vie. À peine éveillé, je tâtonnais de la main vers le livre comme un fumeur vers ses clopes. »*

ou Jean-Paul Sartre, dans *Les Mots*(3) :

> *« Les visiteurs prenaient congé, je restais seul, je m'évadais de ce banal cimetière, j'allais rejoindre la vie, la folie dans les livres... »*

La lecture des grands lecteurs est un acte intime, impliqué, passionnel, libre. Un grand lecteur a l'impression de trouver dans les livres un monde plus vrai que celui qui l'entoure. Mais en même temps, la réalité est toujours là, présente, en arrière-plan, et lire est ce va-et-vient constant entre réalité et fiction, qui permet d'évaluer le monde, de s'y situer.

Un grand lecteur s'implique dans la lecture au point de s'identifier aux personnages, de se projeter dans l'action, de vivre d'autres vies, par procuration. Mais pas d'une façon servile : il injecte constamment ses propres interprétations, connotations, souvenirs, analyses, dans l'action du livre ; il entremêle en permanence ses convictions et croyances à celles qui sont présentes dans le livre ; et la signification naît à l'intersection, quelque part à mi-chemin, entre le lecteur et le livre.

Un grand lecteur sort de sa lecture différent de ce qu'il était en y entrant. C'est donc bien autre chose qu'une distraction, qu'un bon moment passé à lire ; c'est un investissement de tout l'être, une façon de réévaluer en permanence qui on est et ce qu'on veut devenir.

S'impliquer ainsi dans ses lectures, c'est en même temps acquérir de nouvelles compétences qui permettent de plonger plus profond encore

1. Nathalie Sarraute, *Enfance*, Gallimard, Paris, 1995.
2. François Cavanna, *Les Ritals*, Albin Michel, Paris, 1996.
3. Jean-Paul Sartre, *Les Mots*, Gallimard, Paris, 1987.

dans les livres : on en perçoit les implicites (lecture experte), on devient sensible aux modes de constructions (lecture littéraire). Partant, on accroît son plaisir parce que le dialogue du lecteur avec le livre s'élargit, et que l'interprétation peut jouer avec le symbolique et l'architecture.

Pour parvenir à ce résultat, les enfants doivent donc, le plus tôt possible, accéder à des livres, et être motivés à lire. L'une des principales motivations, chez les enfants jeunes, est de voir l'entourage lire et en tirer manifestement plaisir. La famille a donc un rôle exemplaire à jouer, bien avant que l'école ne prenne le relais en ce sens.

On ne naît pas grand lecteur. Ce comportement apparaît d'abord par imitation (tout le monde a vu de très jeunes enfants *lire* des livres, comme ils ont vu le faire, tournant les pages, mais également prononçant des pseudo-phrases sur un certain ton). Et puis, le plaisir aidant, la motivation s'intériorise et l'enfant se met à rechercher ce plaisir. Encore faut-il alors que les livres tiennent leurs promesses, qu'ils passionnent le jeune lecteur. Si les livres sont proposés en grand nombre et offrent une grande variété, l'enfant trouvera seul ce qui l'intéresse vraiment à son stade. D'où l'intérêt de faire découvrir très tôt aux enfants – avant même qu'ils sachent lire – les bibliothèques. En revanche, si l'enfant n'a accès qu'à un nombre très limité de livres, ou à des livres sans diversité, ou encore à des écrits qui ne sont pas des livres (les cahiers d'exercices de vacances, ou les livrets parascolaires, par exemple), alors ses chances de rencontrer un livre qui le passionne sont réduites.

Mais cela ne suffit pas. Pour que l'imitation initiale se transforme en motivation profonde, encore faut-il que l'enfant ait la liberté de construire son propre projet de lecteur. Le grand problème des parents, des enseignants et des autres médiateurs de lecture, à cet égard, est de parvenir à inciter, sans contraindre. En effet, toute contrainte à lire réduit la liberté nécessaire à la construction d'un comportement de lecteur. Répéter constamment à l'enfant : « Tu dois lire », « Tu ferais mieux de lire au lieu de... », sans en donner soi-même l'exemple, c'est déjà le début d'une contrainte. En revanche, emmener l'enfant à la bibliothèque, lui proposer une activité ludique à propos d'un livre, c'est une incitation, non une contrainte.

L'analyse a été maintes fois faite que la lecture est la clé de la réussite scolaire. C'est vrai. Mais l'effet pernicieux est que l'on fait pression sur les jeunes pour qu'ils lisent. Sans doute pour leur bien, pour qu'ils réussissent, mais on ne se demande pas si, en agissant ainsi, on ne va pas à l'encontre de l'effet recherché. Et quand des jeunes lisent moins, on augmente la pression sur eux.

L'enquête de François de Singly, publiée sous le titre *Lire à 12 ans*[1], met en évidence l'influence des mères à cet égard. Il remarque notamment que

1. François de Singly, *Lire à 12 ans*, Nathan, Paris, 1989.

la représentation de la lecture associée au plaisir existe principalement dans les classes supérieures, « *alors que l'utilité dans les classes populaires est avancée : le livre doit ouvrir les portes de la réussite scolaire* ». Or c'est précisément dans les classes populaires que les mères s'efforcent le plus d'aider leurs enfants en lecture. Ce que confirment d'autres recherches sur la lecture, quand des jeunes rendent compte des pratiques de leurs mères qui les obligent à lire un nombre précis de pages par jour, ou les font lire à haute voix, deux formes de contrainte à lire, entre autres.

Toutefois, l'école a aussi sa part de responsabilité. Une revue du ministère de l'Éducation nationale[1] commentait ainsi l'enquête de 1990 du ministère de la Culture sur les loisirs des Français :

> *« Selon l'étude du ministère de la Culture et de la Communication, 61 % des enfants de 8/10 ans choisiraient eux-mêmes leurs lectures. Ce sont eux qui affirment avoir le plus de plaisir à lire. Un plaisir qui s'estompe par la suite pour les 14/16 ans. C'est précisément la tranche d'âge qui enregistre le plus fort pourcentage des lectures imposées : 42 % contre 11 % pour les plus jeunes. Faut-il y voir une relation de cause à effet ? »*

Les recherches qui ont été menées depuis permettent de répondre affirmativement à cette question. Toutefois, ces recherches permettent également de se convaincre que rien n'est définitivement joué à tel ou tel âge. Il y a quelques décennies, on disait : « Tout se joue avant six ans ! », et l'on renvoyait toute la responsabilité des échecs scolaires aux classes sociales dites *défavorisées*. Plus personne ne le croit. Au contraire, on a pu constater que des enfants n'aimant pas lire (voire des adultes) se réconcilient avec la lecture plus tard, et certains types d'activités comme les *animations lecture* peuvent y contribuer fortement. Nous partageons cet optimisme, et nous sommes persuadés qu'aucune situation n'est définitive. Le présent ouvrage se veut un outil permettant aux médiateurs de lecture d'inciter les jeunes à aimer lire, sans contrainte.

Plus de quatre cents livres pour la jeunesse sont ici proposés. La plupart ont été publiés dans la dernière décennie du XXe siècle, afin qu'il soit possible de se les procurer en librairie. Toutefois, le monde de l'édition est tellement fluctuant que certains titres sont vite indisponibles, ou sont republiés par d'autres éditeurs. Les libraires le savent et peuvent aider les médiateurs à s'y retrouver. D'autre part, certains livres que l'on ne peut plus se procurer en librairie se trouvent encore dans les bibliothèques.

Nous sommes persuadés qu'à partir de n'importe quel livre pour la jeunesse, il est possible d'inventer une activité ludique, amusante, de jeter une sorte de défi aux jeunes afin d'exciter leur curiosité, de les inciter à lire et à approfondir leur lecture. Nous proposons ici deux cents activités

1. *TGV* n° 48, 21 janvier 1991.

de cette sorte. Sur le même modèle, les médiateurs de lecture peuvent à leur tour en inventer quantité d'autres.

Pour faciliter l'utilisation de ces activités, nous les avons classées, globalement, selon la classe d'âge, à titre indicatif. La formulation **« Pour des enfants »** concerne des activités qui s'adressent à des jeunes de quatre à neuf ans, approximativement ; la formulation **« Pour des adolescents »**, des activités qui s'adressent à des jeunes de dix à quinze ans. Nous n'avons pas souhaité diviser davantage les classes d'âge, car la capacité d'un jeune à réaliser telle ou telle activité dépend de trop de facteurs pour qu'un âge précis soit avancé.

En d'autres termes, cet ouvrage considère la lecture avant tout comme une pratique culturelle, et les nombreuses animations proposées permettent d'en explorer les multiples approches.

Pragmatiques, par choix, nous avons élaboré des activités concrètes sur chacun des livres : nous explicitons l'objectif de l'activité, ainsi que la consigne d'activité à proposer aux jeunes. Quand cela n'est pas évident, nous donnons également des éléments de réponse à la consigne et, fréquemment, évoquons des prolongements possibles.

Toutefois, comme toute activité éducative est sous-tendue par une théorie, nous avons préféré l'expliciter en des termes compréhensibles par tous, de façon que chacun puisse se déterminer par rapport à ces prises de position. Par ailleurs, nous citons toutes nos sources.

Ce livre est organisé de la façon suivante :

1. Le chapitre intitulé « options pédagogiques », théorique, est centré sur trois approches : la genèse du comportement de lecteur, les avantages de la littérature de jeunesse comme outil, et les différents points de vue sur un livre.

2. Les trois parties suivantes proposent des activités, à partir des livres, permettant de faire acquérir aux enfants des compétences de lecteur. En premier lieu, pour la lecture impliquée ; puis pour la lecture experte ; enfin, pour la lecture littéraire.

3. La quatrième partie est consacrée à des activités incitant les jeunes à acquérir un comportement de lecteur. L'avant-propos, théorique, donne les résultats de quelques recherches qui définissent ce type de comportement. Puis viennent trente animations lecture concrètes, à partir de livres.

4. La dernière partie se propose de donner aux médiateurs de lecture les clés qui leur permettront, à leur tour, d'élaborer des activités et des animations à partir des livres.

OPTIONS PÉDAGOGIQUES

Cet ouvrage se donne pour objectif de proposer aux médiateurs de lecture (parents, enseignants, bibliothécaires, animateurs...) des outils concrets destinés à faire lire les jeunes, les initier à plusieurs modes de lecture, les réconcilier avec les livres si cela est nécessaire, contribuer à leur culture, tout ceci à partir d'activités qui les motivent.

Nos options pédagogiques initiales peuvent se résumer à trois propositions simples, qui dissimulent des réalités complexes :

1. Pour devenir lecteur et le rester, il ne suffit pas d'apprendre à lire. Il faut ensuite lire des livres, des revues, jusqu'à ce que le goût de lire s'établisse durablement, pour devenir un comportement individuel.
Mais quelle est exactement la genèse de ce comportement ? Quelles en sont les étapes ? Quels facteurs favorisent ou entravent cette évolution ?

2. La littérature pour la jeunesse, dans sa diversité, recèle tous les livres qui peuvent passionner n'importe quel enfant ou adolescent. Il suffit de favoriser la rencontre entre les livres et les jeunes.
Mais qu'est-ce que la littérature pour la jeunesse exactement ? Un ensemble de livres destinés à l'apprentissage ? Des livres faciles et sans beaucoup d'intérêt ? Ou constitue-t-elle une partie de la littérature en général ?

3. Pour élaborer des activités intéressantes à partir de livres, il faut être en mesure d'analyser ces derniers.
Mais quelle méthode adopter ? Quel point de vue sur les livres favoriser ?

Ce premier chapitre est destiné à expliciter ces options pédagogiques et à répondre en partie aux questions posées ci-dessus. Toutefois, nous nous efforcerons de le faire en termes simples, sans jargon, en renvoyant, si nécessaire, à d'autres écrits.

▲ La genèse du comportement de lecteur

Le jeu de la lecture

« On rêve avant de contempler. Avant d'être un spectacle conscient, tout paysage est une expérience onirique. On ne regarde avec une passion esthétique que les paysages qu'on a d'abord vus en rêve », a écrit Gaston

Bachelard[1]. C'est une façon de dire que l'exercice de la fonction imaginaire est fondamental. L'imagination est à l'origine de toutes les inventions, que ce soit dans le domaine de l'art, celui des sciences ou de la technique, ou qu'il s'agisse tout simplement de ces multiples petites inventions que nous devons faire pour résoudre un problème qui nous est posé, dans le cadre de notre profession ou dans le cadre de notre vie quotidienne.

« On rêve avant de contempler », cela signifie aussi que, pour bien voir, il faut être apte à faire fonctionner son imagination. Or, trop souvent, l'imagination continue à être considérée comme la folle du logis. On veut alors initier immédiatement les enfants au raisonnement rationnel, leur apporter des connaissances bien organisées, leur livrer un savoir constitué. On veut qu'ils *apprennent*, non qu'ils *imaginent*.

Mais qu'est-ce que l'imagination ? C'est la capacité de composer des informations d'origine différente entre elles, pour inventer un comportement, un concept, un objet, une explication. L'exercice de l'imagination permet donc la véritable compréhension des choses et des faits.

Dans *La Lecture comme jeu*[2], Michel Picard établit un parallèle entre la lecture et le jeu, tel que le conçoit le psychanalyste Winnicott[3]. La construction de la personnalité se bâtit à partir de ce que Winnicott appelle l'« *aire transitionnelle* ». L'« *aire transitionnelle* » peut être pensée comme un espace entre la réalité et l'imaginaire, d'où toute règle, toute loi est absente à la naissance. Cet espace-temps est comparable à un jeu sans règles, le *play* en anglais. Dans les premiers temps de la vie, peu à peu, l'espace s'organise autour de règles qui permettent à l'individu de vivre sa vie psychique avec le moins de heurts possible, entre monde réel et univers fictif. C'est le temps du *game*, mis en place à partir de la relation mère/enfant.

Jouer le jeu, si l'on peut dire, suppose de naviguer entre le *play* et le *game*, sans être trop sollicité par l'un ou l'autre pôle : trop de *play*, et l'on est dans le fantasme, trop de *game*, et l'on ne sort pas du réel.

D'après Michel Picard, il en est ainsi dans la lecture : lorsqu'il lit, l'individu sait qu'il est dans l'illusion. Il fait semblant de croire aux situations proposées et il sait qu'il fait semblant. S'il se laisse trop attirer du côté du *play*, il rêvasse passivement (d'aucuns ont nommé cela le *bovarysme*). À l'inverse, rester rivé au réel revient à lire la fiction comme une lecture d'information. Dans les deux cas, le lecteur est sorti de l'aire transitionnelle. Autant dire que le lecteur de fiction est celui qui, constamment, ajuste sa lecture à la bonne distance. En lisant, il expérimente un vécu

1. Gaston Bachelard, *L'Eau et les rêves. Essai sur l'imagination de la matière*, José Corti, Paris, 1942.
2. Michel Picard, *La Lecture comme jeu*, « Critique », Éditions de Minuit, Paris, 1986.
3. D. W. Winnicott, *Jeu et réalité. L'espace potentiel*, « Connaissance de l'inconscient », NRF Gallimard, Paris, 1975.

symbolique, celui des personnages en situation, et cela tout au long de sa vie. Les spécialistes appellent cela « *l'épreuve de réalité ludique* ».

Si cette expérimentation est rendue possible, c'est que la littérature (dont la littérature de jeunesse) est porteuse d'un système de références qui permet à chaque lecteur d'organiser sa fonction psychique avec le vécu et la sensibilité qui lui est propre. Nous montrerons précisément, dans les parties qui suivent, la richesse du système de références dont chaque livre pour enfants est porteur.

Sigmund Freud a raconté, dans un de ses textes, le jeu de la bobine auquel se livrait un jeune enfant. Lançant loin de lui la bobine à laquelle était attaché un fil, l'enfant criait « loin », en allemand. La ramenant vers lui, il criait « ici ». Reprenant cet exemple, Winnicott dit que, dans l'aire transitionnelle, les objets peuvent avoir en même temps statut de réalité et statut symbolique. Le nounours, par exemple, objet transitionnel par excellence, a pour le bébé ce double statut. L'enfant sait que cet objet a une réalité tangible, avec toutes les caractéristiques d'un objet ; mais en même temps, il lui attribue le pouvoir de symboliser autre chose, sa mère, le plus souvent, quand elle n'est pas là. Cette double détermination de l'objet transitionnel permet donc au bébé de découvrir, en même temps, la réalité, et de se fabriquer imaginairement une présence lui permettant de supporter l'absence de l'être cher.

Un livre n'est, à tout prendre, qu'un objet transitionnel un peu plus complexe que le nounours, puisqu'il contient un texte qui signifie quelque chose. Il a cependant la même fonction. « Loin », dans la réalité que l'on évoque à l'occasion de cette lecture ; « ici », dans ses propres fantasmes, désirs ou angoisses que l'on convoque en même temps.

Ouvrir une bibliothèque aux enfants, leur permettre d'accéder à une multitude de livres différents – car tous les enfants sont différents, chacun a ses goûts, ses rêves, ses angoisses, ses savoirs, ses compétences diverses –, c'est encourager leur initiation à l'imagination. C'est les aider à contempler le monde dans toute sa complexité, à favoriser leurs prises de décision existentielles.

Mais il ne suffit pas d'offrir aux enfants cette possibilité d'accès aux livres. En effet, beaucoup d'entre eux ne sont pas accoutumés, dans leur famille, à fréquenter une bibliothèque, ce temple du savoir, comme ils le considèrent alors. Il y a donc toute une activité à mener, de façon à rapprocher les enfants et les livres ; peu importe alors si ce sont les livres qui se déplacent vers les enfants, ou les enfants vers les livres. L'important, c'est qu'ils puissent se rencontrer ; que les enfants soient alors incités à ouvrir les livres, à les feuilleter, à les lire, à aller jusqu'au bout, sans que cela soit une contrainte – car l'expérience prouve que la contrainte détourne plus qu'elle ne rapproche.

Pour permettre aux jeunes d'entrer véritablement dans la complexité de la lecture, de passer du *play* au *game*, le médiateur doit être capable de maîtriser les règles de la lecture littéraire. Qui ne sont autres, au fond, que celles de l'écriture de fiction. En effet, il semble qu'un certain nombre d'enfants ne lisent pas de manière profonde, parce qu'ils méconnaissent l'aspect ludique de ce type de lecture. C'est au médiateur d'abord de connaître les multiples entrées possibles dans la lecture des livres. Ensuite, il peut organiser ces entrées en animations lecture. C'est précisément ce type de démarche que propose cet ouvrage.

Les modes de lecture

Les jeunes qui ont acquis un comportement de lecteur autonome pratiquent donc la lecture comme un jeu permanent. C'est un jeu subtil car la littérature est complexe. Pour en clarifier les données, nous distinguons trois modes de lecture que nous nommons : lecture impliquée, lecture experte et lecture littéraire. Une partie est consacrée à chacun de ces modes de lecture.

Nous appelons « lecture impliquée » le mode de lecture qui consiste, pour l'enfant, à pénétrer dans l'univers du livre, à accepter ce que les spécialistes qualifient d'« *illusion référentielle* », autrement dit à laisser leur imagination fonctionner sans règles (*play*). Plusieurs études[1] ont montré que cette capacité d'implication dans le livre, ce goût de lire, est indépendante de la maîtrise du décodage. Concrètement, la lecture impliquée se traduit par une identification aux personnages, une projection dans l'action, une sorte de dialogue permanent entre le livre et le lecteur. Ce dernier lit pour « connaître la fin », comme disent les enfants, pour vivre, par procuration, des aventures dangereuses sur le papier, mais non dans la réalité, pour confronter son propre univers de références à celui du livre.

La lecture experte, c'est la capacité à comprendre les connotations, les allusions, à percevoir l'implicite d'un texte, sa symbolique, son idéologie, ou ce que les théoriciens nomment « *intertextualité* », et qui, dans la littérature pour la jeunesse, peut aussi bien concerner le texte que les images. C'est-à-dire les citations d'autres œuvres artistiques, qu'on ne peut percevoir que si on les connaît.

Dans le même ordre d'idées, beaucoup de livres parient sur les connaissances multiples des lecteurs, et évoquent des faits de réalité (historiques, géographiques, culturels) sans les expliciter, comptant sur le lecteur pour convoquer les informations nécessaires à la compréhension.

1. Voir notamment C. Poslaniec (dir.), *Comportement de lecteur d'enfants du CM2*, Paris, INRP, 1994, et Baudelot *et al.*, *Et pourtant ils lisent...*, « L'épreuve des faits », Seuil, Paris, 1999.

Ce que nous appelons lecture littéraire, c'est la capacité à percevoir, au-delà du sens immédiat, au-delà du sens implicite, le mode de construction d'un livre. Cela peut être l'occasion d'un véritable plaisir de type intellectuel.

Il y a au moins quatre avantages à pratiquer ces modes de lecture avec des enfants. En premier lieu, celui de proposer des livres très divers ; comme tous les enfants sont différents, ce n'est qu'en offrant une grande diversité de livres que chacun aura des chances de rencontrer le type de livre qu'il aime (quelles qu'en soient ses raisons intérieures, qui ne regardent personne). En deuxième lieu, celui de susciter la curiosité des enfants en leur faisant découvrir comment un auteur et un illustrateur composent un livre. En troisième lieu, le passage à un comportement de lecteur autonome semblant nécessiter une connaissance de l'organisation du champ éditorial, cela permet d'aider les enfants à organiser une partie de ce champ, ne serait-ce qu'en ce qui concerne le genre littéraire, par exemple. Enfin, ces différentes techniques littéraires que l'on met au jour en travaillant sur la construction du livre plus que sur son contenu, ce sont aussi les outils de l'écrivain ; et donc, si l'on veut aussi initier les enfants à l'écriture de type littéraire – ce qui se pratique beaucoup aujourd'hui –, il est nécessaire de leur faire découvrir ces outils.

Cette répartition en trois modes de lecture est destinée à simplifier l'approche des activités que l'on peut proposer aux jeunes à partir de livres. Il ne faudrait cependant pas penser qu'il s'agit là d'une progression ; il vaut mieux les concevoir comme trois types de jeux de lecture, le premier offrant l'occasion d'exercer ce que Michel Picard nomme *play*, le troisième mettant au jour les règles du *game*, et la lecture experte permettant un va-et-vient entre les deux. En effet, les enfants peuvent être initiés très tôt à ces trois modes de lecture, et la maîtrise des trois est sans doute indispensable à la construction d'un comportement de lecteur autonome.

Une initiation à commencer tôt

Il paraît aller de soi qu'on lise des livres aux jeunes enfants – puisqu'ils ne savent pas lire. Mais trop souvent, on le fait au petit bonheur la chance, sans avoir exploré les raisons ni les possibilités de cette activité. Or les raisons de cette activité sont multiples, et c'est le premier pas vers un futur comportement de lecteur.

– Cela permet de faire découvrir l'existence des objets de lecture aux jeunes enfants. Il faut donc leur en présenter une grande variété. Car les objets de lecture, ce sont des albums, des nouvelles, des revues, des journaux, des romans, des documentaires, des contes, des dictionnaires, des encyclopédies, du théâtre, de la poésie, etc. Même si une encyclopédie, par exemple, est au-delà de leur capacité de compréhension, on peut la leur montrer de façon qu'ils appréhendent d'emblée le champ « objets de lecture » dans sa diversité.

– Cela favorise la rencontre de chaque enfant avec un livre qui corresponde à ses désirs implicites. Dans ce cas, la diversité est nécessaire, mais, en plus, il faut leur en présenter beaucoup (car chaque enfant est différent).

– Cela permet de leur faire percevoir la stabilité du texte par rapport à la variabilité de la parole. René Diatkine et Marie Bonnafé ont montré que c'était là un facteur de sécurisation pour le bébé, tout en étant une initiation au récit[1]. Dans ce cas, il faut bel et bien lire, non raconter. Et il est inutile de simplifier si la quantité de mots difficiles est faible. Plus tôt ils découvriront des mots qu'ils ne comprennent pas encore, ou des structures syntaxiques complexes, plus tôt ils les maîtriseront. Et il faut tenir compte du fait que les mots et tournures que les enfants emploient à l'oral ne reflètent que partiellement la maîtrise qu'ils en ont pour les comprendre.

– Cela permet de leur faire percevoir que lire est un plaisir. Plaisir qui doit donc se voir quand l'adulte leur lit quelque chose. Mais rien n'empêche non plus l'adulte de lire pour son propre compte de temps en temps. Ainsi les enfants voient un adulte lire pour son propre plaisir, et rapprochent lire et plaisir ; ils constatent également qu'on ne lit pas seulement à voix haute.

De l'apprentissage de la lecture au comportement de lecteur autonome

Dans l'état actuel de la recherche, on peut dire que, pour qu'un enfant devienne lecteur praticien, il doit franchir avec succès deux seuils. Le premier est celui de l'apprentissage de la lecture au sens strict. Le second est celui du « plaisir de lire », comme on dit couramment.

Or le franchissement de ces deux seuils dépend d'un certain nombre de facteurs qui facilitent ou entravent l'apprentissage. Et il ne faut pas croire que la réussite dépend uniquement de l'école. Les responsabilités sont bien partagées.

Dans la quatrième partie (p. 257 et suiv.), nous présenterons quelques éléments d'une recherche en éducation de façon détaillée. Ici, nous nous contentons de tracer les grandes lignes de cette évolution.

Ce sur quoi tous les chercheurs sont d'accord, c'est, qu'au-delà de l'apprentissage de la lecture *stricto sensu* (acte lexique), les enfants doivent automatiser l'acte de décodage de façon que leur esprit soit disponible à autre chose (faire du sens, connoter, se projeter, s'identifier, analyser,

1. Voir M. Bonnafé, *Les Livres c'est bon pour les bébés*, Calmann-Lévy, Paris, 1994. Le professeur Diatkine n'a écrit que des articles savants dans des revues spécialisées, mais il préface le livre de Marie Bonnafé.

mettre en rapport, etc.). Or la seule façon d'automatiser cet acte... c'est de lire.

En ce qui concerne l'apprentissage de la lecture, les principaux facteurs de réussite peuvent être déterminés ainsi :

1. L'enfant maîtrise déjà suffisamment la langue orale. Ce qui signifie qu'il la parle, bien sûr, mais que, déjà, même s'il ne s'en rend pas compte consciemment, il sait des choses sur la langue : des lois syntaxiques, des lois sémantiques (mots qui s'opposent, mots de la même famille, mots qui renvoient à une même réalité) ; il sent que le signe est arbitraire par rapport à l'objet qu'il désigne ; il sait que l'intonation est aussi signifiante que le sens de la phrase ; il a une idée de ce que peut être un mot, une phrase, une lettre, un son ; il sait qu'on n'emploie pas le même registre de langue selon les situations, par exemple.

2. Par son histoire personnelle, l'enfant sait à quoi peut lui servir de savoir lire, et ces diverses raisons lui ont permis de motiver son envie de savoir lire, de se construire un projet de lecteur.

3. L'enfant maîtrise déjà cette capacité abstraite d'associer : associer un mot et son référent, associer un geste et un état d'esprit, associer une expression et une émotion. Ce qui lui permettra notamment d'associer un son et une lettre.

4. L'enfant sait déjà que, dans un texte écrit, il y a un sens global à découvrir ; que lire n'est pas une simple opération de décryptage. En quelque sorte, il sait déjà que lire, c'est comprendre.

D'après diverses recherches, il apparaît que les enfants qui, au seuil de l'école élémentaire, maîtrisent ces quatre compétences, n'ont aucune difficulté à apprendre à lire, et le font vite.

Parallèlement à l'acquisition du savoir lire, et antérieurement, dès la petite enfance, l'enfant qui fréquente les livres acquiert une grande quantité de *petits savoirs* sur l'univers du livre. Il apprend à cerner des notions aussi différentes que : couverture, bibliothèque, collection, librairie, illustrateur, conte, table des matières, prêt, documentaire, page de garde, chapitre, titre, poème, classement, pagination. Nous avons ainsi répertorié une bonne centaine de ces *petits savoirs*, qui concernent principalement l'objet livre, ses différents contenus, ses répartitions, et les lieux où l'on trouve des livres. En même temps émergent peu à peu les goûts de l'enfant concernant certains contenus (les livres qui font peur, les livres qui apprennent quelque chose, les livres à suspense, les histoires qui finissent bien, etc.).

Il semble que ces *petits savoirs* s'organisent d'une façon cohérente dans la tête de l'enfant pour lui fournir les moyens de rechercher les livres qui lui plaisent, quand ses goûts se sont affirmés. Ce qui constitue un projet de lecteur plus élaboré qu'au moment de l'apprentissage de la lecture. Par exemple, un enfant aimant les livres qui font peur privilégiera, parmi tous ses *petits savoirs*, la notion de « collection » (car ce type de livres est souvent regroupé en collections), ou d'« auteur » (Stine, par exemple), la notion de « bibliothèque » ou de « librairie » (pour les emprunter ou les acquérir), les notions de « titre », « texte d'accroche en quatrième de couverture », « image de couverture » (pour choisir le livre).

À partir de cette synthèse mentale, qui conduit l'enfant à agir, on peut véritablement parler de comportement de lecteur autonome, et l'on peut faire le pari que son goût de lire ne se démentira plus. Ce dernier variera quantitativement, les modes de lecture évolueront, les goûts se diversifieront ou se concentreront selon les époques et les engagements sociaux, mais on peut parler de comportement acquis.

L'analyse socio-historique met en évidence le fait que la connaissance des *petits savoirs* est celle qui manque le plus fréquemment aux jeunes pour se constituer un comportement de lecteur. Si, dans leur famille, le livre et la lecture sont quasiment inconnus, si, à l'école, ils n'ont eu affaire qu'à des manuels et à des textes photocopiés, non à des livres, pour des activités principalement orientées vers l'acquisition du langage, si ces enfants fréquentent des groupes sociaux très coupés du monde du livre et qu'en outre ils considèrent que la bibliothèque et la librairie ne sont pas pour eux, alors ils n'ont guère de chances d'accéder suffisamment aux livres pour que des habitudes puissent se prendre.

Un autre obstacle peut entraver cette évolution : la contrainte à lire. Comme on l'a vu, les enfants, pour apprendre à lire d'abord, pour acquérir le goût de lire ensuite, ont besoin de se forger un comportement complexe, qui nécessite des savoirs divers, des motivations, des essais et des erreurs, des rencontres, etc. Ces comportements, largement individuels, ne peuvent s'établir que dans la liberté. Il suffit donc que quelqu'un d'autre tente d'imposer sa volonté à la place de la motivation personnelle de l'enfant pour que le projet de lecteur, puis le comportement ne puissent s'établir correctement.

Or c'est de ce point de vue que bien des erreurs éducatives sont commises. L'opinion publique, relayée par les médias, affirme que la réussite sociale passe par la maîtrise de la lecture. Il n'en faut pas plus pour que cela provoque des comportements de contrainte, sur les enfants, de la part des adultes. Et il ne faut pas croire, à cet égard, que les enseignants emportent la palme de la contrainte : le seul fait qu'ils aient affaire à un groupe nombreux ne le leur permet pas. Certes, il y a les listes de livres à lire obligatoirement, ou la lecture suivie qui impose à tous les enfants de lire en même temps le même livre, ou la fameuse « fiche de lecture » qui est souvent un contrôle pour voir si le livre a été lu, plus qu'une information en direction d'autres lecteurs potentiels. Mais les parents, souvent, et les mères particulièrement, ont des pratiques de contrainte plus appuyées. Par bonne volonté, pour aider l'enfant, et non par malignité. La plupart de ces adultes ne lisent pas eux-mêmes et l'enfant n'a donc pas un exemple positif dans son entourage. En revanche, ces adultes harcèlent l'enfant en lui répétant sans arrêt qu'il faut lire, en l'obligeant à lire au lieu de jouer ou de regarder la télé, en lui choisissant ses lectures, en le faisant lire à haute voix, voire en jouant les instituteurs d'il y a trente ans ! Tous ces comportements sont attestés par les parents eux-mêmes au cours de recherches menées à l'INRP (Institut national de recherche pédagogique). Et la plupart des enfants qui n'aimaient pas lire et lisaient fort peu avaient explicitement des problèmes à régler avec la contrainte.

Bien éloignées de la contrainte, les animations lecture et, d'une façon générale, toutes les activités que nous proposons dans cet ouvrage, sont fondées sur une motivation qui conduit immédiatement les enfants à manipuler les livres, à les feuilleter et à les lire. Au lieu de dire aux enfants : « On va lire », ces propositions d'activités leur disent « On va jouer », ou « J'ai besoin de toi ». Ce changement de cadrage permet souvent de lever les préventions des enfants qui n'aiment pas lire. Nous y reviendrons.

▲ La littérature de jeunesse comme outil

Face à la situation décrite ci-dessus, il s'agit, avant tout, de reconstituer le tissu de la sociabilité du livre. La littérature de jeunesse se prête particulièrement bien à cette entreprise par ses caractéristiques. Elle est diverse : on y trouve aussi bien de la fiction que des documentaires sur des milliers de thèmes ; tous les sujets, toutes les formes littéraires, tous les types d'écriture y sont représentés. Avec ses 40 000 ouvrages disponibles, elle permet une offre de lecture qui peut sans doute correspondre à tous les désirs, explicites ou implicites, des jeunes. Elle s'adresse à toutes les classes d'âge de la jeunesse, de la petite enfance à l'adolescence. Et elle peut être utilisée de nombreuses façons, aussi bien dans des activités destinées à établir ou à renforcer le goût de lire, que dans des activités d'initiation à la lecture experte ou à la lecture littéraire ; ou pour des activités d'écriture de type littéraire, les livres servant alors de supports d'écriture ou d'exemples permettant d'expliciter certaines structures littéraires.

Le statut de la littérature de jeunesse, en France, est particulier. Longtemps, elle a été étroitement liée à l'idéologie de l'enfance, et beaucoup lui attribuaient un rôle essentiellement éducatif. Même quand elle a cessé d'être composée de récits édifiants et moralisateurs, à la fin du XIXe siècle, l'idéologie qui y était liée a perduré, et perdure encore aujourd'hui pour de nombreux acteurs sociaux.

Dire d'un livre : « C'est pour les enfants ! » suffit encore fréquemment à le déprécier, à le rejeter hors de l'attention des personnes sérieuses qui se préoccupent de littérature. L'expression « c'est un conte pour enfants » renvoie à une représentation d'insignifiance, de fantaisie sans profondeur, de superficialité. Cette perdurance de la vieille idéologie explique pourquoi la littérature de jeunesse reste largement invisible pour les médias, les critiques généralistes, et nombre d'universitaires.

Pourtant le statut de la littérature de jeunesse évolue depuis la fin des années 1980. Les sections Jeunesse se sont multipliées dans les bibliothèques publiques ; l'école et même les Instructions officielles se sont ouvertes aux livres pour enfants ; des universitaires ont commencé à s'intéresser aux livres pour enfants et ont découvert qu'on peut les étudier avec les mêmes instruments conceptuels utilisés pour analyser Flaubert ou Duras. Car nonobstant l'idéologie plaquée sur les livres pour enfants, la littérature de jeunesse n'a en fait jamais cessé d'appartenir au champ de la littérature.

▲ Les différents points de vue sur un livre

Si l'on veut, aujourd'hui, utiliser la littérature de jeunesse comme support d'activités avec des enfants pour conforter leur envie de lire, les inciter à lire plus en profondeur, les aider à accéder aux implicites, à l'idéologie sous-jacente, au symbolique et aux techniques de construction, il faut être en mesure d'analyser ces livres. Les outils conçus pour la littérature peuvent être utilisés, mais lesquels ? La théorie littéraire est un ensemble complexe, disparate. Néanmoins, il nous semble que chacun peut y trouver matière à réflexion, si l'on s'en tient aux grandes lignes, sans entrer dans les débats de spécialistes.

Pour éclairer un peu ce domaine, nous proposons de montrer comment se situent les différentes approches d'analyse littéraire.

Dans le champ général de la littérature, il y a trois protagonistes principaux. D'abord l'écrivain, qui conçoit et écrit le livre. Une approche critique peut se concentrer sur cette première étape : comment fait-on pour écrire un livre ? Qui doit-on être pour devenir écrivain ? Ensuite l'œuvre proprement dite. Elle existe en elle-même, indépendamment de l'écrivain qui l'a créée. Elle peut donc être décrite en tant qu'objet particulier. Cependant, un livre qui n'est pas lu existe-t-il vraiment ? Cette question introduit le troisième protagoniste : le lecteur, qui peut être naïf ou expert, complice ou critique, passif ou actif.

La préoccupation concernant la réception littéraire est en quelque sorte le troisième volet d'une quête sur le littéraire qui a commencé lorsque la représentation contemporaine de la littérature s'est imposée comme étant digne d'admiration et source d'étonnement. Au XIXe siècle et au début du XXe, on s'est tourné vers l'écrivain pour lui demander : « Comment as-tu fait cela ? », et la biographie l'emportait largement sur l'étude du texte. Dans un deuxième temps, et à partir au moins du formalisme russe, on a commencé à se tourner vers le texte. Jusqu'au structuralisme qui a consacré la mort de l'auteur. Dans un troisième temps, on s'est avisé qu'un livre sans lecteur n'était qu'un « petit tas de feuilles mortes », comme le dit Sartre dans son célèbre *Qu'est-ce que la littérature ?*

Symbolisons ces trois protagonistes. Cela nous permet de faire apparaître aussitôt sept positions d'observation du processus littéraire. Or ce sont ces positions qu'ont adoptées successivement les diverses approches de critique littéraire que nous nous proposons maintenant de commenter brièvement.

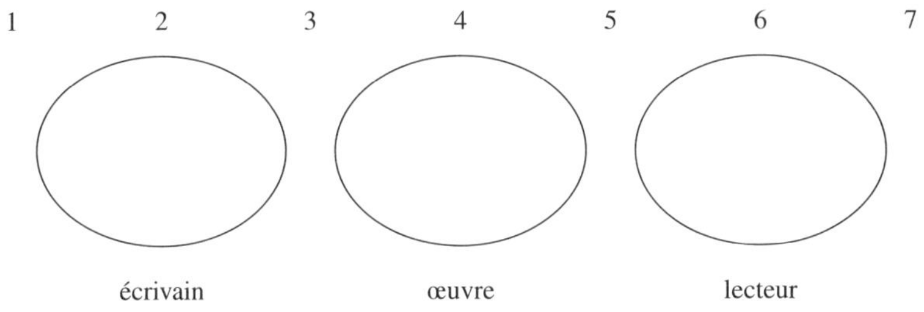

– *La position 1 :* elle correspond à l'approche biographique, celle de Gustave Lanson, par exemple, qui consistait à chercher, dans la vie de l'auteur, quels facteurs pouvaient expliquer le contenu de l'œuvre. Certaines approches psychanalytiques contemporaines renouent avec cette pratique, mais à un autre niveau, puisque l'interrogation, plus générale, moins centrée sur l'explication de l'œuvre, consiste à se demander : comment peut-on être écrivain ? Le livre de Didier Anzieu, *Le Corps de l'œuvre*[1], en est un exemple.

– *La position 2 :* différente de la précédente, cette approche se préoccupe de ce qui se passe chez l'écrivain au moment de la conception et de l'écriture d'un livre. La question qui se pose, c'est : qu'est-ce qui précède l'œuvre dans le cheminement de l'écriture, quelles sont les techniques d'écriture utilisées ? On peut concevoir que, dans la tête de l'écrivain en train de créer, il y a des éléments épars (des désirs, des personnages, des bribes d'histoire, des souvenirs, des envies de modes d'écriture, etc.) qui peu à peu se rejoignent pour former un récit[2]. On peut parvenir à reconstituer une partie de ce cheminement grâce aux traces écrites conservées par

1. Didier Anzieu, *Le Corps de l'œuvre*, « Connaissance de l'inconscient », NRF Gallimard, Paris, 1981.
2. Voir à ce sujet le chapitre 5 de C. Poslaniec, *De la lecture à la littérature*, Le Sorbier, Paris, 1992.

l'écrivain ; la génétique textuelle[1] se donne précisément pour objet l'étude de ces *brouillons.*

– *La position 3 :* peu de travaux encore sont consacrés à cette position particulière qui dépend de l'organisation du champ éditorial, en France. Le projet de l'écrivain ne correspond pas forcément aux attentes des éditeurs, à l'organisation de leurs collections, aux genres littéraires privilégiés par une époque. Pour avoir des chances d'être édité, l'écrivain infléchit alors souvent son projet en fonction de ce qui existe sur le marché des livres. Une façon de négocier, en quelque sorte, le principe de plaisir en principe de réalité. Il faudrait pouvoir étudier les courriers échangés entre écrivains et directeurs de collection pour s'en faire une idée, mais certains documents étudiés par la génétique textuelle sont également analysables en ce sens. À défaut d'accéder facilement à des études de cette nature, on peut aborder la complexe organisation du champ éditorial à partir de l'ouvrage de Pierre Bourdieu : *Les Règles de l'art. Genèse et structure du champ littéraire*[2].

– *La position 4 :* c'est le point d'observation le plus fréquent au XXe siècle : le livre, et seulement le livre. Du structuralisme à la sémiotique, en passant par la narratologie, de nombreuses approches critiques ont étudié le livre dans sa singularité. On peut se faire une idée de la diversité de ces approches en parcourant le livre de Terry Eagleton : *Critique et théorie littéraires. Une introduction*[3].

– *La position 5 :* elle s'interroge sur ce qui se passe entre le livre et le lecteur. Ce sont les théories de la réception qui l'étudient, dont il existe plusieurs variantes. C'est d'abord l'école de Constance, en Allemagne, qui s'est intéressée à cette approche. Jauss[4] a élaboré une théorie de la réception selon une approche socio-historique. Le lecteur, en fonction de sa propre histoire et de son insertion dans une société et une époque, définit un *horizon d'attente* quand il ouvre un livre. Or le livre a été écrit selon d'autres implicites socio-historiques. Comment articuler les deux ? Iser[5] a préféré étudier le type de négociation qui se produit entre le livre et le lecteur pour produire un sens. En particulier le lecteur comble les *blancs* du texte, en fonction de ses propres savoirs.

Par la suite, ces théories ont été approfondies par Eco, par exemple, qui

1. Voir, par exemple, P.-M. Biasi, « La critique génétique », *in* : *Introduction aux méthodes critiques pour l'analyse littéraire*, Bordas, Paris, 1990.
2. Pierre Bourdieu, *Les Règles de l'art*, « Libre examen », Seuil, Paris, 1992.
3. Terry Eagleton, *Critique et théorie littéraires. Une introduction*, trad. Maryse Souchard, PUF, Paris, 1994.
4. Hans Robert Jauss, *Pour une esthétique de la réception*, « Bibliothèque des idées », NRF Gallimard, Paris, 1978.
5. Wolfgang Iser, *L'Acte de lecture. Théorie de l'effet esthétique*, « Philosophie du langage », Mardaga, Bruxelles, 1985.

s'est en particulier interrogé sur *Les Limites de l'interprétation*[1] et sur *L'Œuvre ouverte*[2] dont la liberté d'interprétation est inscrite dans le récit.

– *La position 6 :* elle se préoccupe de ce qui se passe dans la tête du lecteur en train de lire. Certaines approches de psychologie cognitive sont centrées sur la lecture. Mais c'est surtout Michel Picard, déjà cité, qui a montré qu'un lecteur pratique en parallèle plusieurs types de lecture, acceptant, d'une part, d'entrer dans le monde de l'illusion, raisonnant et jugeant, d'autre part, certains effets du texte, tout en restant partiellement conscient du monde de la réalité qui l'entoure et acceptant de jouer avec les règles de la lecture.

– *La position 7 :* encore peu étudiée, elle s'interroge sur ce que nous pourrions appeler les conséquences pratiques de la lecture. Si, comme le pensent certains théoriciens, Jouve par exemple[3], certaines lectures modifient le rapport au monde des lecteurs, au même titre que des expériences concrètes, alors on devrait pouvoir observer des changements de comportements ultérieurs, sur des questions précises, en rapport avec les lectures faites. Cependant, si l'on peut trouver, ici ou là, des fragments de théorie allant en ce sens, aucune recherche ne semble encore s'être centrée sur cette problématique.

En ce qui nous concerne, nous nous appuyons principalement sur certaines théories de la réception (*position 5*), puisque nous nous préoccupons, dans cet ouvrage, d'accroître les échanges entre les livres et les enfants. Cependant, pour analyser les livres pour lesquels nous proposons de nombreuses activités concrètes, nous utilisons sans restriction les outils provenant de toutes les approches théoriques, en particulier ceux de la narratologie et de la sémiotique.

La dernière partie de cet ouvrage est destinée à montrer comment on peut passer de l'analyse d'un livre à l'élaboration d'activités destinées aux enfants. À cette occasion, nous donnerons des exemples concrets d'analyses d'œuvres pour la jeunesse, à partir d'outils divers.

En résumé, pour que quelqu'un lise, ait envie de lire, il doit être porteur d'un projet intérieur et avoir acquis beaucoup de *petits savoirs* qui concernent la maîtrise de la langue (décodage, phrases complexes, système anaphorique...), la sociabilité du livre (genres, collections, auteurs, lieux de prêt, classements...), les structures littéraires (narrateur, personnages, articulation texte/images...) et ses propres goûts (recherche de plaisir, questions existentielles, thèmes de prédilection...). Ce dernier ensemble correspond à une partie des motivations nécessaires, mais il peut y en avoir d'autres,

1. Umberto Eco, *Les Limites de l'interprétation*, Grasset, Paris, 1992.
2. Umberto Eco, *L'Œuvre ouverte*, « Points », Seuil, Paris, 1965.
3. Vincent Jouve, *L'Effet-Personnage dans le roman*, « Écriture », PUF, Paris, 1992.

comme le désir de s'insérer dans la société, l'envie de comprendre, la curiosité...

L'ensemble de ces *petits savoirs* et motivations s'articule d'une façon complexe, et c'est cette synthèse qui est à l'origine d'un comportement : lire d'une façon autonome.

Les activités et animations proposées ici offrent, en quelque sorte, une motivation de substitution et, en même temps, mettent en place quantité de *petits savoirs* à ceux qui n'ont pas encore construit leur propre projet intérieur de lecteur.

Cependant, pareille hypothèse ne peut se concevoir que si l'on admet que les livres prennent alors le relais des activités proposées. Pour que le comportement de lecteur s'instaure durablement, encore faut-il que les livres tiennent leurs promesses, qu'ils soient suffisamment motivants par eux-mêmes. On a souvent dit qu'un lecteur était quelqu'un qui, à un moment donné, avait rencontré *son* livre. Cette rencontre doit donc être favorisée dans le cadre des animations, après quoi il appartient à chacun de se mettre en quête d'autres livres procurant la même satisfaction.

PREMIÈRE PARTIE

FAIRE ACQUÉRIR LES COMPÉTENCES DE LECTEUR : LA LECTURE IMPLIQUÉE

AVANT-PROPOS

La façon dont lisent les jeunes permet de différencier, globalement, *lecture rituelle, lecture de distraction* et *lecture impliquée.* Pour éclairer ces trois notions, il suffit de prendre l'exemple d'un enfant de trois ans qui, selon les circonstances, privilégie l'une ou l'autre de ces approches.

S'il est accoutumé à ce qu'on lui lise une histoire chaque soir, il va réclamer le même livre pendant toute une période et si, imprudemment, la lectrice ou le lecteur modifie certains mots ou passe des phrases, cela risque de provoquer une véritable colère. Manifestement, il y a là un rituel : la relecture fidèle d'un même texte est nécessaire au jeune enfant, à cette époque de sa vie, sans que personne puisse dire exactement pourquoi. Sinon que cela rassure le jeune enfant de constater la permanence du texte, hypothèse avancée par Diatkine et Bonnafé, ce que nous avons évoqué dans le chapitre qui précède.

Ce même enfant de trois ans, à d'autres moments, feuillette lui-même des livres. Certains sont expédiés en quelques secondes et reposés; d'autres parcourus plus lentement, juste le temps d'apercevoir les images, parfois de se remémorer l'histoire, puis abandonnés également. C'est là une activité de distraction – bébé s'occupe ! – où le plaisir du geste l'emporte peut-être même sur le plaisir de se rappeler l'histoire ou d'identifier des images.

Enfin, tout le monde a déjà vu un jeune enfant commenter les images d'un livre, disant d'abord, par exemple : « Un chat ! », puis : « Le chat mange... », « Le chat dort... », et s'écriant soudain : « Mirabelle joue avec la souris ! », Mirabelle étant le nom du vrai chat de la maisonnée. Peu importe alors que Mirabelle soit rousse tandis que le chat de l'illustration est gris. L'enfant s'est impliqué dans sa lecture d'images, associant mentalement les émotions et les souvenirs liés à Mirabelle au personnage représenté.

On retrouve ces trois façons de lire chez des enfants plus âgés, ou des adolescents. Et si l'influence des parents est considérable, d'abord, l'influence de l'école l'emporte ensuite. Chaque enfant, chaque adolescent fait partie de groupes sociaux (les *groupes d'appartenance*, comme on dit en psychologie sociale) et, à l'intérieur de ces groupes (la famille, la classe sociale, la classe d'âge, les filles ou les garçons, les bons élèves ou les élèves en échec, les copains et copines, les pratiquants d'un même sport, les amateurs de la même musique, etc.), les attitudes vis-à-vis de la lecture en général, d'un mode de lecture en particulier, divergent. Lire d'une façon impliquée est valorisant dans certains groupes d'appartenance, la lecture de distraction est tolérée ailleurs, alors que lire, tout simplement, peut être dévalorisant dans d'autres groupes.

Les motivations à lire d'une certaine façon, ou à ne pas lire, sont plus complexes encore, car les jeunes se réfèrent également à des *groupes de référence* auxquels ils n'appartiennent pas – soit parce qu'ils voudraient en faire partie, soit parce que les valeurs de ces autres groupes les concernent. Par exemple, les adolescents se répartissent souvent en groupes d'appartenance selon la musique qu'ils aiment (rap, techno, jazz, world music, etc.). Ils s'intéressent alors aux musiciens qui pratiquent *leur* musique, et cela leur sert partiellement de références. Dans ce cas, découvrir que telle star du rap déclare être grand lecteur de poésie peut inciter ses admirateurs à en lire.

Dans cet entrelacs d'influences diverses, les comportements individuels varient, selon les époques. Beaucoup d'enfants lisent par distraction, à l'école primaire, même quand ils avouent ne pas aimer beaucoup lire. Parce que la lecture est valorisée par la société, et plus encore à l'école. Parce que leurs copains lisent et en parlent. Parce que la lecture est souvent alors considérée comme un loisir parmi d'autres – même si elle ne vient qu'en troisième ou quatrième position. Les enfants disent alors qu'ils lisent quand ils s'ennuient, quand ils n'ont rien d'autre à faire.

Ce mode de lecture s'attache surtout à l'histoire, aux péripéties, recherche des émotions fortes dépendant davantage d'effets programmés par le texte, dans des genres souvent stéréotypés (les livres qui font peur, par exemple, ou le genre « épouvante »). Le mot qui revient le plus souvent dans les propos de ce type de lecteur, c'est « suspense ».

La lecture rituelle se retrouve, par exemple, chez les enfants sur le point de devenir des lecteurs autonomes. Avant de sauter le pas, ils lisent, pendant quelques mois, en série, des livres ou des collections qu'ils connaissent déjà et qui s'adressent souvent à des lecteurs plus jeunes[1]. Et la lecture avant de s'endormir, qui semble prolonger l'histoire du soir, et est pratiquée aussi bien par des enfants grands lecteurs que par des enfants n'aimant guère lire, est une autre forme de lecture rituelle.

Certaines formes scolaires de la lecture peuvent également être assimilées à la lecture rituelle (fiche de lecture, lecture suivie...) et généralement les enfants les pratiquent sans enthousiasme, mais sans s'y opposer, car ils les vivent comme des nécessités d'apprentissage. Christian Baudelot *et alii* montrent d'ailleurs comment la forme de lecture savante (esthétique) préconisée et pratiquée dans les lycées l'emporte sur la lecture de distraction, chez les adolescents, l'année du bac de français, alors que l'année suivante la lecture de distraction reprend ses droits[2]. Et ils mettent également en évidence le fait que les grands lecteurs sont des lecteurs qui s'impliquent dans leur lecture.

1. Voir la description du profil de « démarreur » *in Comportement de lecteur d'enfants du CM2*, INRP, Paris, 1994.
2. Christian Baudelot *et alii*, *Et pourtant ils lisent*, Seuil, Paris, 1999, chapitres 12 et 13.

D'autres recherches ont montré que les grands lecteurs sont des lecteurs impliqués, qu'au-delà du plaisir de suivre une histoire à suspense, il y a un plaisir plus profond consistant à vivre intimement l'histoire, à se forger des références existentielles en confrontant qui on est avec qui sont les personnages, à entretenir avec le texte un véritable dialogue. Et nous sommes persuadés que, pour devenir un lecteur autonome, qui continuera à lire pour lui-même au-delà de la scolarité, un enfant ou un adolescent doit d'abord apprendre à s'impliquer dans sa lecture – ce qui ne va pas de soi. Car pour s'impliquer réellement, il faut être capable de s'orienter dans l'univers complexe des livres, maîtriser les critères qui permettent de choisir un livre qui plaît, autrement dit acquérir des compétences.

Les activités proposées dans cette première partie sont précisément destinées à faire acquérir des compétences aux jeunes, afin qu'ils maîtrisent de grandes notions comme ce qu'est un livre, la structure du récit, la lecture d'images, les logiques narratives, et apprennent à choisir des livres qui leur plaisent en fonction du début, des paratextes, de l'auteur, ou du classement en bibliothèque.

L'OBJET LIVRE

1

PRÉSENTATION

Il est de la compétence de l'éditeur d'imaginer des livres, en tant qu'objets, susceptibles de devenir des réussites commerciales. Cette inventivité de l'éditeur, sans cesse renouvelée, a fait évoluer très rapidement le paysage des livres, au point que l'édition pour la jeunesse française est considérée comme une des plus créatives du monde.

En regard, l'acheteur, pour se décider, doit connaître les canons d'un livre, c'est-à-dire ses caractéristiques, pour concilier son attente et ce qui s'offre à lui, et ne pas se laisser détourner de son achat par un écart trop grand avec ce qu'il connaît déjà.

Certains livres sont organisés en *série*. Les caractéristiques des livres de série, en particulier les aspects positifs, sont décrits par Laurence Decréau, dans son livre *Ces héros qui font lire*[(1)]. Pour les jeunes enfants, on parle également de série : « Émilie », « Mimi Cracra » ou « Petit Ours brun », alors que parfois la couverture mentionne « collection ».

La série s'organise autour du héros-personnage, alors que la collection renvoie à d'autres caractéristiques : le genre (policier), le contenu (documentaire), la classe d'âge (collection « Neuf »), et se caractérise par une présentation identique.

Les éditeurs le savent : l'acheteur passe à l'acte d'achat en s'aidant des indices de couverture et de l'illustration ; de la grosseur des caractères et du nombre de pages, également.

Pour rendre familier l'univers des signes liés à l'objet livre, on peut proposer aux jeunes des activités de manipulation afin que, naturellement, ils apprennent qu'un ouvrage peut avoir plus ou moins les caractéristiques d'un documentaire sans en être un (l'inverse est vrai également), qu'une série se caractérise d'abord par son héros, ou que les romans publiés hors collection ont néanmoins une parenté avec un genre littéraire.

1. Laurence Decréau, *Ces héros qui font lire*, « Didactiques », Hachette Éducation, Paris, 1994.

L'OBJET LIVRE

2

POUR DES ENFANTS

▲ Caractéristiques d'une série

– *Pauline boude, Pauline a peur de tout, Pauline rêve,* d'Anne-Sophie Fiévet, Sorbier, Paris, 1998.

Présentation

Trois petits albums dont l'héroïne est Pauline. Dans le premier, elle boude parce qu'elle n'aime pas les haricots ; à la fin, elle finit par en redemander.

Dans le deuxième, tout la terrorise, sauf, à la fin, l'ombre apparente d'une araignée qui effraie ses parents, mais qu'elle identifie comme l'ombre d'une fleur.

Dans le troisième, Pauline, dans la voiture, rêve qu'elle est dans un avion, puis qu'elle est une géante...

Objectif de l'activité

Dans la littérature de jeunesse, il existe de nombreuses séries d'albums, centrés pareillement sur un personnage, notamment quand cela s'adresse à de jeunes enfants. On notera que, parfois, les éditeurs parlent de collection, alors que les albums ont les caractéristiques d'une série. Pour que cela constitue une série, il faut que les mêmes caractéristiques se retrouvent, d'un livre à l'autre. Mais naturellement d'autres éléments sont différents. L'activité proposée permet de faire percevoir aux jeunes enfants ce qu'est une série (notion qu'ils connaissent déjà par la télévision).

Consignes d'activité

Faire lire les trois livres à des lecteurs débutants. Leur demander ensuite ce qu'ils ont à en dire. Ils diront spontanément que c'est le même personnage. Introduire alors la notion de « série » et leur demander de trouver, d'abord, dans les trois livres, ce qui est commun ; ensuite, ce qui est différent.

Éléments de réponse :

Ce qui est commun :

– Les mêmes personnages reviennent : Pauline, ses parents, son frère.

– L'histoire est centrée sur l'héroïne. Son prénom est cité au moins cinq fois dans chaque album. Aucun autre nom n'y figure.

– C'est le même éditeur, le même auteur, le même format, le même nombre de pages, la même maquette.

– Le prénom Pauline est présent dans les trois titres, en tête.

– Chaque album est centré sur une façon d'être de l'héroïne : avoir peur, bouder, rêver.

– Le dos des trois livres ne diffère que par le titre.

Ce qui est différent :

– Les autres personnages ne figurent que dans un seul livre : un camarade d'école dans *Pauline a peur de tout*, et aussi les invités, la maîtresse, qui n'apparaissent pas à l'image.

– Ce qui suit le prénom Pauline, dans les titres, est différent.

– Le mode de narration : dans *Pauline a peur*, le texte est surtout à la troisième personne. Dans *Pauline rêve*, il y a surtout des dialogues. Dans *Pauline boude*, il y a des dialogues et des monologues intérieurs.

– Les lieux sont différents chaque fois et on peut les énumérer.

– L'histoire est différente.

– Les couleurs de la couverture sont très différentes, alors que les couleurs intérieures sont similaires.

– Les résumés de la quatrième de couverture sont différents. Le code-barre également.

▲ Le procédé d'illustration

– *Le Monde fantastique de Lucie,* de Barbara McClintock, trad. Catherine Bonhomme, Circonflexe, 1997.

Présentation

Cet album raconte une histoire de la fin du XIXe siècle ou du début du XXe. Le père de Lucie est photographe mais a bien du mal à vendre ses photos. Lucie dessine. En particulier, elle s'efforce de dessiner les scènes photographiées par son père, mais cela donne toujours des résultats bizarres, les humains se transformant, par exemple, en animaux et les arbres en buissons de roses. Comme le père tombe malade, Lucie veut le remplacer, mais elle ne parvient pas à se servir de l'énorme appareil photo. Heureusement, elle rencontre une femme peintre qui l'accueille chez elle – ses peintures ressemblent aux dessins de la fillette – et propose à Lucie de devenir son assistante.

Objectif de l'activité

Prendre conscience d'un procédé d'illustration et rechercher d'autres exemples en bibliothèque.

Consignes d'activité

Lire et présenter l'album aux enfants et leur demander si les illustrations se ressemblent toutes ou non. En fait, il y a des dessins réalistes, représentant l'histoire de la fillette, et des dessins fantaisistes, représentant le *monde fantastique* de Lucie. Ces derniers ne figurent pas seulement sur les dessins réalisés par l'héroïne, son imagination, en quelque sorte, déborde le cadre de la feuille.

Demander alors aux enfants d'aller chercher en bibliothèque d'autres livres qui, pareillement, ont recours à deux types d'illustrations différents.

Exemples : dans la littérature de jeunesse, il existe des milliers d'albums qui jouent pareillement avec les styles d'illustration. Les enfants n'auront aucun mal à en découvrir. À titre d'exemples, en voici simplement quatre :

– *Cybermaman ou le Voyage extraordinaire au centre d'un ordinateur*, d'Alexandre Jardin (Gallimard jeunesse, 1996). Cette histoire est illustrée par des photos, la plupart réalistes, naturellement, même si le cadrage leur donne un aspect particulier, et même s'il s'agit de science-fiction. Mais quand les héros pénètrent dans l'ordinateur, cet univers étrange est représenté par des collages où l'on retrouve notamment les montres molles de Dali, mais où d'autres procédés sont utilisés.

– *Rachid*, de Tahar Ben Jelloun (ill. Baudoin, Seuil jeunesse, 1995). Ici, les deux types d'illustrations cohabitent dans la même page. La partie réaliste représente le monde de Rachid (il regarde la télé, il est en classe, il joue avec ses camarades...), tandis qu'une autre partie de l'image représente l'univers fantastique de la télévision dont Rachid ne parvient jamais à se détacher complètement.

– *Les Chevaux des nuages*, de Liz Rosenberg (ill. Jim La Marche, trad. Claudine Pardo, Bayard, 1997). Les images du début et de la fin représentent le lieu où vivent les deux jeunes héroïnes. En rentrant chez elles, les deux sœurs se glissent sous la bâche d'un manège de chevaux de bois fermé. Et alors les images représentent un monde fantastique où les chevaux et les zèbres emportent les deux fillettes dans les airs.

– *Tirawa et le mangeur de nuages*, de Vladimir Hulpach (ill. Marek Zawadski, trad. Chloé Moncomble, Milan, 1996). Les images représentent d'une façon réaliste l'univers d'un jeune Amérindien. Mais, à plusieurs reprises, le monde fantastique des légendes de son peuple se matérialise sous forme d'images à peine esquissées.

▲ Un livre-jeu

– *Quel exemple ! Petites leçons de belles manières,* de Caralyn et Mark Buehner, trad. Claudine Pardo, Bayard Éditions, 1998.

Présentation

Ce livre-jeu propose, à chaque page, de choisir, parmi trois propositions, celle qui correspond aux belles manières, dans une situation donnée. Le thème est traité sur le mode humoristique et les personnages sont des animaux. Si l'éléphant est déçu par le cadeau qu'on lui fait, doit-il dire : « *Alors là... C'est pas du tout ce que je voulais !* », « *Merci beaucoup* » ou autre chose ? Et quand un groupe de loups découvre que le dernier invité est un mouton, vont-ils s'exclamer : « *Par ici, le sel et le poivre !* » ou accueillir le nouveau venu par : « *Nous sommes heureux de vous avoir à dîner* » – ce qui reste quand même ambigu (voir la conclusion de *Poussin noir*, traité par ailleurs), d'autant plus qu'un tapis, par terre, est manifestement une peau de mouton.

Objectif de l'activité

Cet album est un exemple de livre-jeu. Non seulement les lecteurs doivent choisir entre trois propositions, mais la lettre désignant la bonne phrase est dissimulée dans l'image voisine. À la vérité, ce livre traitant des belles manières, il n'y a jamais le moindre doute sur la bonne réponse. Toutefois, les autres propositions humoristiques peuvent permettre aux enfants de prendre du recul par rapport à ce qui se passe dans la réalité entre les humains. Cependant, c'est surtout le jeu proposé qui intéresse les enfants : trouver la lettre dans l'image.

Mais cet album va plus loin. En effet, d'autres éléments sont dissimulés dans les images – et ce n'est pas annoncé dans la règle du jeu. Qui plus est, certains de ces éléments sont signifiants. D'autres intriguent, sans que l'on puisse dire à quoi ils correspondent vraiment.

Consignes d'activité

Proposer l'album et laisser jouer les enfants selon la règle du jeu qui figure au début (les réponses figurent à la fin). Poser ensuite la question : « N'y a-t-il rien d'autre de caché dans les images ? ». Leur faire répertorier tout ce qu'ils trouvent. Enfin, débattre de ces éléments implicites.

Quelques éléments de réponse :

Dès la première image, on voit, en tout petit, un lapin caché derrière un cactus. Un autre cactus a la forme d'un lapin. Or ces lapins cachés abondent dans les images, sous la forme de nuages, d'arbres, dissimulés dans les roseaux, en reflet dans l'eau... Mais pourquoi sont-ils si abondants ? Mystère ! D'autres éléments cachés dans les images sont des clins d'œil aux enfants : une sorcière sur son balai, le Petit Chaperon rouge guetté par un loup, une horloge en forme de mouton, chez les lions, Tarzan, des dinosaures...

L'OBJET LIVRE

3

POUR DES ADOLESCENTS

▲ Un livre hors collection

– *Les Chats,* de Marie-Hélène Delval, Bayard Éditions, 1997.

Résumé

En rendant visite à un vieux monsieur, son grand ami Da, Sébasto rencontre un chat noir au regard particulier, couleur argent, assis sur le perron. Peu après, Sébasto découvre un pigeon égorgé et vidé de son sang. Le lendemain, il y a deux chats noirs, identiques. Ensuite, chaque fois qu'un nouvel animal est égorgé (une poule, un lapin, une brebis), un nouveau chat noir apparaît. Da, tout aussi effrayé que son jeune ami, fait des recherches dans des vieux grimoires. Il découvre qu'un ancien culte diabolique s'est tenu sur la proche colline, que tous les soixante-dix ans, depuis 1550, le septième jour du septième mois, sept chats noirs s'attaquent à leur dernière victime, un humain, et s'ils y parviennent, le pouvoir du démon sera assuré sur terre. La seule façon de déjouer la diabolique machination est de se sacrifier par le feu, en suivant un rite particulier. C'est le choix que fait Da, qui disparaît dans les flammes, non sans avoir confié *sa* vérité à Sébasto, dans une lettre qui ne parvient qu'après sa mort.

Objectif de l'activité

Ce livre met en scène une histoire caractéristique du genre fantastique. Le lecteur ne peut pas complètement décider, à la fin, si le diable existe vraiment et se manifeste ainsi, ou si Da, victime de sa peur et de son imagination, a cru à des faits irrationnels.

Or ce livre ne figure pas dans une collection fantastique, alors qu'il en existe plusieurs aux Éditions Bayard. Les jeunes lecteurs, si friands de fantastique, doivent donc d'abord entrer en lecture pour découvrir le genre. C'est précisément l'objectif de l'activité proposée : convaincre les jeunes que nombre de romans publiés hors collection peuvent appartenir à un genre qui les passionne, et donc les inciter à les lire également.

Pour les motiver à la lecture de ce livre, une activité faisant appel à leurs savoirs est proposée.

Consignes d'activité

Faire lire ce livre par quelques enfants spontanément intéressés. Leur demander ensuite quel est le nombre diabolique ici. Bien que l'« Apocalypse » de la Bible soit évoquée dans les cauchemars de Sébasto, ce n'est pas le « chiffre de la Bête » qui est retenu, mais le nombre 7. Demander alors aux jeunes de chercher des expressions qui prouvent que le nombre 7 n'est pas un nombre ordinaire. Puis proposer à d'autres enfants de lire le livre.

Quelques réponses : les sept jours de la semaine, la ville aux sept collines (Rome), les sept jours de la création du monde (dont un jour de repos), le songe des sept vaches maigres et des sept vaches grasses dans la Bible, les sept sceaux du « Livre des prophéties » dans l'« Apocalypse », les sept péchés capitaux, les sept merveilles du monde, les sept planètes des alchimistes...

Prolongement

La même activité pourra se faire également à partir du roman *Le Treizième Chat noir*, de C. Poslaniec (L'École des loisirs, « Neuf ») qui, cette fois, s'appuie sur le nombre 13, et figure dans une collection.

▲ Un faux documentaire

– *Les Ogres*, de Sylvie Chausse, illustrations Christophe Durand et Philippe-Henri Turin, Albin Michel jeunesse, 1993.

> **Présentation**
>
> Cet album est sous-titré « Encyclopédie thématique de l'ogritude » et se présente effectivement comme un documentaire, traitant successivement l'aspect physique, l'habillement, les pouvoirs, breuvages et accessoires, les points faibles, etc.

Objectif de l'activité

À partir de l'objet livre, il n'est pas toujours aisé de savoir à quelle catégorie il appartient. Ici, s'agit-il d'un documentaire ou d'une fiction ? Seule la conviction du lecteur, qui sait que les ogres sont des personnages imaginaires, permet de trancher. Mais les auteurs de faux documentaires gardent rarement leur sérieux jusqu'au bout. En entrant dans le livre, il est possible de trouver des procédés qui révèlent que l'on a affaire à un ouvrage d'imagination.

Consignes d'activité

Lire ce livre comme s'il s'agissait d'un véritable documentaire, et relever tous les procédés que, justement, on ne trouverait pas dans un documentaire.

Quelques réponses :

1. Le livre commence par un avertissement, comme certains documentaires, et ce texte affirme : *« L'aspect purement scientifique de cet ouvrage peut rebuter. Qu'on le comprenne : l'auteur n'a nullement le désir d'amuser, mais celui, tellement plus noble, d'instruire* [...]. » Ce type de formulation peut effectivement figurer en tête d'un documentaire. Mais deux procédés sont en contradiction :
– la forme de l'avertissement : il s'agit d'un acrostiche, la première lettre de chaque paragraphe formant, verticalement : « Les ogres » ;
– l'emploi de l'humour par exagération, dans la phrase suivante : « *Les Éditions Albin Michel, dont la réputation de sérieux n'est plus à faire, ont décidé de soutenir l'initiative de l'auteur et lui ont même proposé de tripler les droits habituellement versés pour ce genre d'ouvrage (ce que l'auteur a refusé, par modestie, précisant qu'une augmentation de 180 % serait suffisante, si toutefois le tout était versé sur un compte zurichois).* »

2. Les illustrations sont souvent des caricatures, procédé peu utilisé dans un documentaire scientifique.

3. L'intertextualité avec des œuvres de fiction : *Le Chat botté, Modeste proposition...* de Swift, *Le Petit Poucet...*

4. Falsification d'informations authentiquement scientifiques ; ainsi, le texte parle des microbes, ceux de « *la varicelle, de la grippe, de la fracture du tibia* », etc.

▲ Reconstituer la couverture

– *Le Fantôme de Thomas Kempe,* de Pénélope Lively et William Geldart, trad. Mona de Pracontal, Gallimard, « Lecture junior », 1994.

Résumé

James Harrison est un garçon farceur. Ses parents, sa sœur et lui viennent habiter une maison ancienne de leur village. La chambre de James est aménagée dans un grenier qui avait été condamné. Une série de faits bizarres surviennent, qui témoignent que le grenier était habité par le fantôme de Thomas Kempe, apothicaire de son état, en 1629. Le roman est facile à lire et constitue un exemple typique de littérature fantastique.

Objectif de l'activité

Les romans de la collection « Lecture junior » se présentent de manière originale : la couverture comporte une illustration pleine page avec un bandeau coloré en haut, sur lequel figure le titre, le nom de l'auteur et la mention « Lecture junior ».

En quatrième de couverture, le titre est repris en caractères plus grands et également le nom de l'auteur. On peut aussi y lire le nom de l'illustrateur du texte et de celui de la couverture. Un bandeau borde le côté gauche, sur lequel est imprimé « Lecture junior – Gallimard jeunesse ». Le texte d'accroche est rédigé sous la forme d'une suite de questions, sauf la dernière phrase : « *Quand un fantôme très en colère rencontre un garçon d'aujourd'hui, cela fait des étincelles... et une histoire très drôle !* ». Sur la quatrième de couverture, on trouve également le code-barre et le numéro d'ISBN, ainsi que la mention « catégorie 6 ».

Au dos du livre, on retrouve le titre, le nom de l'auteur et la mention « Lecture junior », ainsi que le numéro 45, dont on déduit que l'ouvrage est le quarante-cinquième de la collection.

Les enfants qui ne sont pas familiers des informations faisant du livre un objet sont complètement perdus lorsqu'il s'agit de se repérer dans le paratexte de cette collection, dont on a l'impression que les éléments ont été inversés. En fait, la page de titre (page 5, non numérotée) rétablit le puzzle traditionnel. On peut y lire le titre, le nom de l'auteur, de l'illustrateur et de la traductrice, et au bas la mention « Gallimard jeunesse ». À gauche (page 4), on trouve le titre original en anglais, *The Ghost of Thomas Kempe*, suivi des mentions de copyright.

Dans cette activité, on initiera les enfants à prendre conscience de ce qui constitue un paratexte classique, puis à noter la distribution des éléments du paratexte, qui rend originale la présentation des romans de la collection « Lecture junior ».

Consignes d'activité

Au fur et à mesure de leurs lectures de romans, les jeunes noteront sur un panneau mural les éléments d'un paratexte ordinaire, que les médiateurs connaissent bien. *Le Fantôme de Thomas Kempe* figurera parmi les ouvrages. On veillera discrètement à ce que plusieurs jeunes l'aient lu.

Le jour de la séance, on couvre ce livre avec un papier opaque, à la manière dont on couvre n'importe quel livre, ce qui masquera la couverture, le dos du livre et la quatrième.

On donnera aux jeunes, répartis par deux ou trois, la copie de la page de titre et un roman de la collection « Lecture junior », autre que *Le Fantôme de Thomas Kempe*. On leur demandera de reconstituer, sur une page de format 21 × 29,7, prise dans le sens de la longueur (à l'italienne), la couverture dans son entier, comme s'il s'agissait d'une jaquette, à l'aide de la page de titre et du roman qui sert de modèle. Pour les aider, à l'oral, on leur demandera ce qui manque : le texte-accroche, qu'ils doivent inventer; le nom de la collection, qu'ils doivent retrouver dans le roman-modèle, et les illustrations qui seront réparties comme dans le roman-modèle.

Ensuite, on comparera les maquettes de couverture réalisées par les jeunes, à la couverture réelle du roman. Cette comparaison fera l'objet d'une discussion sur le maquettage de la couverture des livres. En effet, ce maquettage est pensé longuement par l'éditeur, pour informer, pour surprendre, pour susciter l'acte d'achat.

LA STRUCTURE DU RÉCIT

4

PRÉSENTATION

Un récit est l'histoire d'événements réels ou imaginaires rapportés d'une façon spécifique. Les travaux universitaires sur la structure du récit sont fort nombreux ; nous ne les rappellerons pas, excepté l'essai de Michel Fayol[(1)] qui met en évidence les difficultés que rencontrent les enfants à acquérir la maîtrise du récit.

Si l'on raconte régulièrement des histoires aux tout petits enfants, ils s'imprègnent de ce *modèle*. Dès trois ans, ils savent qu'un récit a un début et une fin, qu'entre les deux il y a des rebondissements en cohérence avec les situations initiale et finale. Ils intègrent que les protagonistes principaux sont parties prenantes de chacun des épisodes, et que le récit est organisé selon une logique interne.

La logique d'organisation d'un récit est fluctuante, selon les formes littéraires. Par exemple, une table des matières peut aussi bien renvoyer à un roman structuré par chapitres titrés, qu'à un recueil de nouvelles indépendantes. Et, naturellement, on trouve également des tables des matières dans des non-récits, les documentaires par exemple. Plus les enfants découvrent les livres, plus ils parviennent à discriminer des formes différentes : le roman épistolaire, le théâtre, la nouvelle, l'album, le conte...

Pour de jeunes enfants, l'initiation à la structure du récit doit s'accompagner d'une initiation à la fonction de l'image dans les albums. Dans les cas extrêmes, un album sans texte, à la différence d'un imagier, peut véritablement raconter une histoire (voir l'exemple de *Clown*, étudié dans la partie consacrée à la lecture littéraire). D'autres albums sont organisés de façon plus complexe, tels *Chut! elle lit*[(2)] et *Chez elle*[(3)], de Béatrice Poncelet : on y trouve bien des personnages principaux, mais la trame narrative est si ténue que l'interprétation devient complexe. Il existe aussi

1. Michel Fayol, *Le Récit et sa construction. Une approche de psychologie cognitive*, Delachaux et Niestlé, Lausanne, 1994.
2. Béatrice Poncelet, *Chut! elle lit*, Seuil jeunesse, 1995.
3. Béatrice Poncelet, *Chez elle*, Seuil jeunesse, 1997.

des albums sans texte, comme ceux d'Anne Brouillard, *Trois chats*[1], *Cartes postales*[2], et *La Maison de Martin*[3], qui présentent des épisodes solidement agencés, sans qu'une identification à un personnage soit possible. Cette construction est également à l'œuvre dans *Zoom*, l'un des albums présentés ci-dessous.

La plupart du temps, logique textuelle et logique iconographique sont articulées pour une meilleure compréhension. Cependant, une observation fine de l'image offre une autre entrée en lecture, comme si certains éléments de l'illustration, de manière autonome, révélaient une voix narrative supplémentaire ; c'est le cas dans *Elle m'énerve* ou *Zappe la guerre.*

Quand la forme canonique du récit est perçue par les enfants, il y a lieu de leur faire explorer tous ses dérivés qui, certes, complexifient la lecture, mais la rendent autrement plus créative.

1. Anne Brouillard, *Trois chats*, Sorbier, 1999.
2. Anne Brouillard, *Cartes postales*, Sorbier, 1994.
3. Anne Brouillard, *La Maison de Martin*, Sorbier, 1996.

LA STRUCTURE DU RÉCIT

5

POUR DES ENFANTS

▲ Un récit en images

– *C'est mon papa,* de Sara, « La langue au chat », Épigones, 1993.

Présentation

C'est un album sans texte, et en noir et blanc. Un homme en costume s'assoit à un piano, joue (la partition est représentée), se lève, face au lecteur, et il a l'air triste. La page suivante représente le public (expressions neutres des visages). La page d'après montre, dans le public, une petite fille souriante ; elle a les joues rouges et c'est la seule couleur utilisée dans l'album. Il est donc facile de mettre en relation cette petite fille et le titre du livre. La dernière page représente le pianiste souriant.

Objectif de l'activité

Bien que sans texte, cet album raconte une histoire précise. Celle d'un concertiste qui joue davantage pour sa fille que pour le public en général. À la fin du concert, il semble déçu. Quand on ne connaît pas la suite, on peut imaginer que c'est à cause du peu d'enthousiasme des spectateurs. Mais la suite révèle que le pianiste est content quand il aperçoit sa fille, souriante. Et l'utilisation de la couleur, pour le seul personnage de la fille, révèle que c'est un personnage essentiel.

L'expérience prouve que les lecteurs ne racontent cette histoire qu'à la seconde lecture. La première lecture, naïve, ne permet pas d'interpréter tous les éléments proposés par les images. Par exemple, au début, le héros apparaît dans un cercle de lumière ; mais tant que l'on ne sait pas qu'il s'agit d'un concertiste, on n'interprète pas cela comme la lumière d'un projecteur.

L'activité proposée consiste donc à faire faire deux lectures successives. Elle convient aussi bien à des enfants de maternelle qu'à des plus grands – et elle a été souvent aussi testée avec des adultes.

Consignes d'activité

Préciser qu'il s'agit d'une activité collective. Demander au groupe de raconter l'histoire du livre. Montrer la première double page (l'homme dans le projecteur) et laisser fuser les interprétations. Demander aux enfants de s'entendre sur l'une d'elles. Puis montrer la deuxième double page, et ainsi de suite. À la fin, tout reprendre au début, en précisant aux enfants qu'ils ne vont peut-être pas raconter la même histoire à la seconde lecture. On pourra relever également les éléments perçus à la seconde lecture, qui ne l'ont pas été à la première, et les commenter.

Remarque : au terme de cette activité, avec les plus grands, ou avec des adolescents, il est possible de proposer une activité d'écriture.

▲ Actualiser du récit implicite

– *Elle m'énerve,* d'Anne Soyer, illustrations Boiry, « Plume », Éditions du Sorbier, 1990.

Résumé

Une petite fille vient d'emménager dans l'immeuble du jeune narrateur. Elle ne cesse de lui sourire, insiste pour partir avec lui à l'école, vient lui donner un bonbon pendant la récréation. Elle l'énerve ! Surtout parce que les copains se moquent. Mais finalement, même si le narrateur ne change pas de discours, les images révèlent que la situation ne lui déplaît pas tant que ça !

Objectif de l'activité

La structure d'un récit se caractérise par certaines formes de cohérence interne. Cependant, certains éléments de cette cohérence peuvent être peu explicites. C'est le cas, ici, à la fin du récit, quand le jeune narrateur dit : « *Je crois bien qu'elle est amoureuse de moi* », alors même que l'image le montre rougissant, lui. Mais il est possible de faire percevoir la cohérence du récit en faisant travailler les enfants sur une double page particulière. Le texte dit : « *Elle me fait des sourires, me parle de ses problèmes et ceci et cela, et comme elle est contente de l'école, et que la boulangère lui a donné un gâteau parce qu'elle la trouvait dorée comme une brioche.* » L'image représente, dans des bulles, comme celles des bandes dessinées, sept scènes dessinées : 1. La scène de la boulangerie évoquée par le texte. 2. Un clown en train de faire une pirouette. 3. Une sorcière volant sur un balai. 4. Un tigre attaquant un explorateur armé d'un couteau. 5. La petite fille en chemise de nuit, dans sa chambre, s'éclairant avec une torche électrique. 6. Le Père Noël sur un toit. 7. Un podium sportif et la petite fille brandissant une coupe, sur la plus haute marche. Logiquement, certaines de ces scènes, si l'on en croit le texte, doivent représenter les problèmes de la petite fille.

Consignes d'activité

Demander aux enfants de lire l'album, puis de s'intéresser plus particulièrement aux pages 18-19, de lire le texte attentivement et de regarder les images. Leur demander alors de faire trois phrases qui évoquent trois problèmes de la fillette, tels qu'ils peuvent les déduire des images.

Exemples :

À partir de la scène 2, on peut imaginer que la fillette a toujours eu peur des clowns, et que cela la fait pleurer plutôt que rire.

À partir de la scène 3, on peut émettre l'hypothèse que la fillette se demande si une voisine n'est pas une sorcière

À partir de la scène 5, on peut penser que, la nuit, la fillette est réveillée par des bruits bizarres et qu'elle a peur.

À partir de la scène 6, on peut se dire que la fillette s'interroge sur l'existence du Père Noël et que cela lui pose problème, etc.

Remarque : à partir des phrases ainsi produites, les enfants peuvent ensuite tenter de rédiger un court texte mettant l'héroïne en situation.

▲ Loi de composition interne du récit

– *C'est à moi !*, de Nele Moost, illustrations Annet Rudolph, trad. Chloë Moncomble, Milan, 1998.

Résumé

« *Petit Corbeau était très gentil. Il disait merci, bonjour, s'il vous plaît. Mais il avait un* ÉNORME *défaut : dès que quelque chose lui plaisait, il le voulait tout de suite. Tous les moyens étaient bons.* » Ainsi commence cet album, qui raconte les vols successifs de Petit Corbeau, un chapardeur rusé qui recourt, chaque fois, à une nouvelle tromperie. Mais Petit Corbeau est en quelque sorte victime du complexe d'Harpagon : une fois qu'il a accumulé tous ces objets dans son nid, il n'ose plus le quitter, de crainte qu'on les lui reprenne. Si bien qu'il s'isole du groupe : « *Il fallait qu'il fasse quelque chose, sinon les autres allaient finir par l'oublier pour de bon. Mais quoi ?* » Finalement, il s'écrie : « *Hé ! j'ai trouvé plein de jouets ! Vous voulez les voir ?* »

Objectif de l'activité

Parler de récit, cela signifie que des péripéties successives sont reliées entre elles par une loi interne. C'est ce qui fait la différence, par exemple, entre un album et un imagier, ce dernier ne racontant pas d'histoire, n'offrant pas de récit construit au lecteur.

La loi interne qui relie les différents épisodes d'un récit peut être simple ou complexe. La plus simple, c'est lorsque toutes ces aventures arrivent à un même personnage – le principal actant – et c'est précisément ce qui définit le genre « aventures ». Complexes, au contraire, les trois traditionnelles épreuves auxquelles est soumis le héros des contes, très souvent. Le lecteur expert doit percevoir tous les aspects de cette complexité pour apprécier pleinement le récit :

– les « trois épreuves », c'est une structure stéréotypée de la forme « conte » ; sa seule présence connote donc la forme littéraire ;

– une loi de difficulté croissante relie les trois épreuves qui ne sont donc pas seulement successives ;

– ces trois épreuves sont reliées, en amont et en aval du récit, à une série de faits qui leur donnent une coloration affective particulière, et qui sont également des structures du conte :
• le héros n'a pas les qualités *sociales* pour prétendre à la récompense attribuée à qui réussirait les trois épreuves (il n'est pas prince, par exemple), mais il a des qualités *morales* plus efficaces (courage, générosité, compassion...) ;
• de nombreux personnages possédant les qualités sociales requises ont déjà échoué aux trois épreuves ;
• la récompense est exceptionnelle, pour qui réussit les trois épreuves (mariage avec une princesse, partage d'un royaume...) ;
• le châtiment est tout aussi exceptionnel pour qui échoue : mise à mort cruelle...

Dans cet album, qui n'est pas un conte, une loi complexe, suggérée par le sous-titre : *Dix astuces pour tout chiper à ses copains*, relie les différents épisodes. Identifier cette loi du récit est l'activité que nous proposons aux enfants.

Consigne d'activité

Pourquoi Petit Corbeau change-t-il de méthode de chapardage à chaque épisode ?

Éléments de réponse :

Dès la première page, Petit Corbeau, sans avoir besoin de ruser, dérobe l'ours en peluche de Petit Hérisson, ce dernier l'ayant oublié devant son terrier. Le texte précise alors : « *Les animaux du voisinage finirent pas se méfier et redoublèrent de prudence.* » Or, chaque fois (sauf la première fois où le héros s'est contenté de ramasser un jouet abandonné), la victime suivante assiste à la scène précédente. On peut donc supposer qu'elle ne se laissera pas gruger par la même ruse, ce qui oblige chaque fois Petit Corbeau à inventer une nouvelle tromperie.

Ainsi, quand Petit Corbeau guigne les rollers tout neufs de Marcassin et indique à ce dernier un gisement de glands savoureux sur la colline, Petite Chouette, la victime suivante, assiste à la scène.

Quand, pour s'emparer du collier de Petite Chouette, Petit Corbeau lui joue la scène du *Corbeau et du Renard* : « *Que vous êtes jolie...* », Lapineau entend tout, et pense d'ailleurs : « *Jamais il ne m'aurait plumé avec de telles fadaises.* »

Ce qui n'empêche nullement Petit Corbeau de s'emparer de l'oreiller de Lapineau, par la menace de lui grignoter les oreilles, cette fois. Et Renardeau, la victime suivante, assiste à la scène. Et ainsi de suite.

La loi de composition du récit peut donc s'énoncer en quatre points :

1. chaque future victime assiste à la scène précédente et se défie d'autant plus du voleur;

2. chaque future victime se flatte alors de ne pas se laisser gruger par le procédé dont elle vient d'être témoin;

3. Petit Corbeau sait que sa future victime a assisté à la scène précédente (c'est d'ailleurs à cette occasion qu'il repère son nouvel objet de convoitise), et qu'il ne peut donc pas utiliser la même ruse;

4. l'efficacité de Petit Corbeau, c'est de fonder sa nouvelle ruse sur les faiblesses morales de ses victimes : il s'appuie sur la gourmandise de Marcassin en lui indiquant des glands; sur la vanité de Petite Chouette afin qu'elle lui propose d'essayer son collier; sur la lâcheté de Lapineau, en le menaçant; sur la sottise de Renardeau, la compassion de Petit Agneau, le manque de maturité de Louveteau, etc.

LA STRUCTURE DU RÉCIT

6

POUR DES ADOLESCENTS

▲ Logique du récit à partir des questions qu'on se pose sur un seul chapitre

– *Le Jour de la photo,* de Corinne Fleurot, illustrations Zaü, Castor poche, Flammarion junior, 1997.

Résumé

À l'école, la grande Catoche est respectée de tous. Mais, le jour de la photo de classe tant attendue, c'est le drame : la grande Catoche perd sa culotte. Elle devient la risée de toute l'école. Grâce à sa petite sœur – la narratrice –, elle parvient à surmonter cette humiliation.

Objectif de l'activité

Dans un roman bien structuré, tous les éléments sont reliés entre eux d'une façon logique. Ici, il y a six chapitres, et chacun est composé comme une nouvelle. C'est-à-dire qu'il peut se lire indépendamment des autres. Dans ce cas, les éléments inexpliqués apparaissent comme implicites. Cependant, comme il s'agit d'un roman, les éléments implicites d'un chapitre sont explicités dans un autre chapitre.

L'activité proposée consiste à faire des hypothèses sur la structure du roman, à partir du chapitre central, puis à vérifier si les hypothèses sont confirmées dans le reste du roman.

Le chapitre central, le troisième, s'intitule « Le petit oiseau a du mal à sortir ! ». C'est celui qui correspond au titre du roman, puisque c'est dans ce chapitre que le photographe prend la classe de l'héroïne en photo. C'est aussi dans ce chapitre que le drame se noue : la grande Catoche perd sa culotte. Et la narratrice – la petite sœur de l'héroïne – n'est pas la seule à s'en apercevoir.

Consignes d'activité

Lire ou faire lire exclusivement le chapitre 3 de ce livre et demander : quelles sont les questions que vous vous posez, dont on trouvera peut-être les réponses ailleurs ? En particulier, que peut-il se passer avant et après ?

Puis faire lire le livre entier, pour voir s'il répond aux questions formulées par les jeunes.

Éléments de réponse :

Les principales questions que se pose un lecteur qui ne connaît que ce chapitre sont celles-ci :

1. Pourquoi l'héroïne perd-elle sa culotte ?
2. Pourquoi s'appelle-t-elle la grande Catoche ?
3. Comment l'héroïne va-t-elle réagir ?
4. Comment les autres personnages vont-ils réagir ?

Le reste du roman permet de répondre à ces questions :

1. La réponse se trouve dans le chapitre 2. C'est la grand-mère qui achète les vêtements de ses petites filles. Or elle a tendance à acheter des vêtements de mauvaise qualité, en solde, et trop grands pour qu'ils durent plus longtemps.

2. Ce nom est une façon de signifier que Catoche règne sur l'école – et sur sa sœur. Le premier chapitre est tout entier consacré à montrer la détermination de Catoche, et son influence sur sa jeune sœur – qui se jetterait à l'eau pour elle. Le second chapitre étend cette influence à toute l'école : « *Ils ont tous peur de Catoche, même les garçons les plus forts* [...] *parce qu'elle connaît les mots, tous les mots* [...]. *En plus de tout ça, elle est bonne en gym, meilleure que toutes les filles et même que certains garçons. C'est pour toutes ces raisons que tout le monde a peur d'elle et que moi je n'ai rien à craindre de personne. Enfin... à part d'elle bien sûr.* »

3. et 4. Les deux réactions sont liées. D'abord, et c'est le début du chapitre 4, Catoche reste pétrifiée. Ensuite, toute l'école, qui tient là sa revanche sur la reine Catoche, se ligue pour se moquer d'elle (le chapitre s'intitule « La reine déchue »). Catoche se sent profondément humiliée.

La réaction qui s'ensuit relève de l'intention suicidaire. Dans le chapitre 5, Catoche s'avance dans l'étang, probablement décidée à se noyer, et demande à sa sœur de la suivre. C'est là que la remarque du début prend tout son sens. La jeune narratrice, dont toute la famille répète qu'elle se jetterait à l'eau si Catoche le lui demandait, hésite, confrontée à la réalité. Et décide qu'elle n'a pas envie de suivre Catoche. Elle entreprend alors de dissuader Catoche d'aller plus loin, tentant de l'effrayer en citant des animaux aquatiques menaçants ; et elle y parvient, car Catoche a horreur des araignées, y compris les araignées d'eau.

Cet épisode marque aussi un retournement de situation, qui est développé dans le dernier chapitre : la petite sœur ôte volontairement sa culotte, et toutes deux font de ce vêtement une oriflamme qu'elles brandissent triomphalement en rentrant chez elles.

Ce retournement a deux conséquences : en premier lieu, la relation entre les deux sœurs devient égalitaire ; en second lieu, leurs parents se hâtent de leur acheter des culottes « *de toutes les couleurs* [...] *ni trop grandes ni trop petites, des culottes toutes neuves* ».

▲ Le procédé de l'emboîtement

– *Zoom,* d'Istvan Banyai, « Aux couleurs du monde », Circonflexe, 1995.

Présentation

Il s'agit d'un album d'images qui réalise, au sens propre, l'expression « prendre du recul », ce qui correspond, dans le langage du cinéma, à un zoom arrière. La première image représente, en très gros plan, une crête de coq, la deuxième image est un gros plan de la tête du coq, dans la troisième, on voit le coq en entier, au travers d'une fenêtre, et la tête de deux enfants, de dos, qui regardent par cette fenêtre. Le lecteur peut donc faire l'hypothèse que ce sont les enfants qui regardent le coq. Mais la caméra fictive recule encore et, quelques pages plus loin, le lecteur découvre que le coq, les enfants, les maisons du village, sont les jouets d'une petite fille. La caméra fictive recule encore et, à la fin de l'album, la Terre n'est plus qu'un point blanc, dans le ciel noir.

Objectif de l'activité

Cet album offre une bonne occasion de mettre en évidence la relativité des représentations. Dans le cadre de la fiction, cela revient à identifier une forme fréquemment utilisée, tant dans les textes que dans les images : le procédé de l'emboîtement. Une histoire est racontée, puis le lecteur se rend compte que le narrateur n'est pas abstrait, mais est le personnage d'une autre histoire au niveau supérieur. C'est le cas, par exemple, dans *Les Mille et Une Nuits*. Le même procédé est souvent utilisé par Maupassant, dans ses Nouvelles (un groupe est réuni, et chacun raconte une histoire) ou, plus classiquement, par Paul Scarron, dans son *Roman comique*. L'emboîtement est également utilisé dans *Le Château des destins croisés*, de Calvino. Dans la littérature de jeunesse, cette forme est également fréquente, par exemple dans *La Femme du bouc émissaire*, d'Agnès Desarthe (L'École des loisirs, « Mouche », 1992), ou *Que cent fleurs s'épanouissent*, de Feng Ji Cai (Gallimard, « Folio junior », 1995).

Dans *Zoom*, il est possible de repérer les images qui marquent un changement de niveau d'histoire, à chaque forme d'emboîtement nouvelle.

Consignes d'activité

Demander aux jeunes de lire l'album, puis de repérer les images qui marquent un changement d'univers. Elles se caractérisent par le fait qu'elles obligent à reconsidérer l'interprétation de ce qui précède.

Exemples :

Au début, le lecteur croit avoir affaire à un village. Puis une image montre qu'il s'agit d'une fillette s'amusant avec des jouets.

Plus loin, le lecteur s'aperçoit que la scène de la fillette en train de jouer est en fait la couverture d'un catalogue de jouets (« Toys »), abandonné sur les genoux d'un homme assoupi.

Plus loin, toute la scène précédente (l'homme assoupi est près de la piscine, sur un bateau) se révèle affiche publicitaire sur le flanc d'un autobus.

Plus loin, le lecteur découvre que la rue où circule l'autobus est une image de télévision, regardée par un cow-boy, etc.

Remarques : c'est l'exemple même de l'album que l'on considère comme s'adressant exclusivement aux jeunes enfants, sous prétexte qu'il n'y a pas de texte. La quatrième de couverture indique d'ailleurs clairement : « À partir de 5 ans ». Pourtant, comme support d'activités pédagogiques, pareil album peut être utilisé avec des élèves plus âgés.

Le même éditeur, en 1995 également, a publié un second album de Banyai, intitulé *Re-zoom*, qui fonctionne selon le même principe et peut donc être utilisé pour une activité similaire.

▲ Reconstituer un récit fractionné

– *Zappe la guerre,* Pef, « Histoire d'Histoire », Rue du Monde, 1998.

Résumé

L'histoire se passe à Rezé. Une nuit, les soldats du monument aux morts, celui de la guerre de 14, se mettent à revivre. Ils déambulent en cachette dans la ville, avec l'apparence qu'ils avaient pendant la guerre, en uniforme, blessés, amputés. Ils feraient peur à voir et le savent. Le cortège de soldats, quatre-vingts ans après leur mort, au champ d'honneur, comme on disait, découvre la ville endormie. Ils se parlent entre eux, à voix basse. Il y a le sergent Sorin, le lieutenant Marc Monti de Rezé, Monnier, Rontard, et tous ceux dont les noms figurent à jamais sur le monument. Ils ont l'idée que peut-être, ils ne sont pas morts pour rien, que leur sacrifice a servi à quelque chose. Que le monde est enfin en paix. Dans le brouillard et la nuit, ils explorent les traces de la modernité. En embuscade derrière la fenêtre d'une maison, ils découvrent les images de la télévision allumée. Monnier, l'ancien instituteur mort d'une balle entre les deux yeux, commente ce qu'il voit et ce qu'il entend : deux morts à Sarajevo, la guerre au « Rouanda »... Mais voilà que le garçon qui habite la maison « zappe la guerre », à la demande de son grand-père assis à côté de lui. C'est alors que le jeune garçon, effaré, aperçoit l'armée des gueules cassées. Les soldats se sauvent, ils s'étaient mis d'accord pour ne pas se montrer. Ils sautent dans les tranchées de travaux publics en cours. Le garçon les y rejoint. Il s'assoit sur le rebord et vient écouter l'histoire que Monnier va lui raconter.

Objectif de l'activité

À n'en pas douter, les modes de réception de la lecture de cet album seraient complexes à analyser. En effet, le récit existe, avec ses personnages, sa structure et ses péripéties. On peut même en déterminer le genre – fantastique –, si l'on considère que ce genre se définit par l'irruption dans le quotidien d'événements inexpliquables. Cependant, la fin du récit est la suivante :

> *« Monnier dégagea progressivement sa vue. Puis il se ressaisit bouchant à nouveau sa blessure frontale pour éviter d'effrayer l'enfant. Il osa :*
> *– Rien de grave ! Enfin si, approche. Faut que je t'explique, que je te raconte...*
> *Sans un mot, le garçon éteignit sa lampe et prit le risque de s'asseoir sur le rebord de la tranchée. »*

Ceci est la fin ouverte de l'histoire, qui donne à penser que le soldat Monnier va raconter la « Grande Guerre » à l'enfant, comme si l'objet de l'histoire était de parvenir à cette situation finale, de raconter l'Histoire.

Par ailleurs, la page de présentation de l'album à la presse, réalisée par l'éditeur, présuppose « *deux modes de lecture pour un même livre : fiction et documentaire* [...]. *Parallèlement au texte de fiction, l'essentiel de l'ouvrage, des photographies d'époque, légendées, proposent un fil rouge historique qui permet d'éclairer et situer dans son contexte l'histoire que raconte Pef. Ainsi 14 vignettes photographiques nous montrent : l'ordre de mobilisation générale, l'assassinat de l'archiduc à Sarajevo, la vie dans les tranchées, l'utilisation des premiers gaz, la joie dans les rues le*

11 novembre 1918, etc. En général les enfants commencent par l'histoire, lisent le fil historique ensuite, avant de revenir à l'histoire... ».

En conclusion, cet album est un exemple intéressant du mélange motivé par le thème traité, entre les genres (fantastique, historique), les éléments iconographiques (dessins et photos) et textuels (récit et commentaires des vignettes).

Consigne d'activité

Demander aux enfants d'écrire le récit que va raconter le soldat à l'enfant : sa guerre, ses compagnons, ses conditions de vie, etc., à la première personne. Évidemment, ce récit sera directement inspiré de ce qui est évoqué dans l'album.

LES DÉBUTS DE TEXTE

7

PRÉSENTATION

Le début d'un texte détermine pour le lecteur un mode de lecture. Bien sûr, la couverture, les paratextes, l'auront déjà aidé à construire un *horizon d'attente*. Cependant, le début du texte (pour un roman, on parlera d'*incipit* ou de chapitre d'exposition[1]) comporte un certain nombre de caractéristiques, consciemment données par l'auteur, un peu comme un mode d'emploi du livre, indiquant la manière de le lire et de le comprendre.

C'est particulièrement vrai pour les documentaires et les albums : en promenant le regard sur les caractères imprimés et les images, le lecteur prend conscience d'un mode d'organisation des informations, narratives ou fonctionnelles. Il est alors intéressant de faire comparer la première double page :
- de documentaires classiques,
- de documentaires classiques et de documentaires narrativisés,
- d'albums documentaires et d'albums de fiction,
- d'albums de fiction d'un même auteur et d'auteurs différents.

Du point de vue informatif, en ce qui concerne les récits de fiction, l'*incipit* permet de se faire une idée sur le (ou les) personnage(s), les lieux, l'époque, les faits et la problématique. Ces éléments sont organisés de telle façon que la majorité des lecteurs, à partir de ces données explicites, anticipera l'histoire. C'est la raison pour laquelle, avec de faibles lecteurs, il est plus efficace que le médiateur pose des questions de compréhension, à l'occasion de cette première étape de la lecture, plutôt qu'à la fin du texte. En effet, le lecteur expérimenté sait relier toutes les informations données, sait comment les organiser mentalement pour faire du sens et anticiper la suite. Cette démarche abstraite, apparemment simple et logique, ne l'est pas pour le lecteur inexpérimenté ou non motivé, qui *picore* des informations partielles, les relie mal à propos, ce qui fait obstacle à l'élaboration d'une hypothèse pertinente et brouille l'horizon d'attente.

1. Voir Jean Verrier, *Les Débuts de romans*, « Parcours de lecture », Bertrand-Lacoste, Paris, 1992.

Néanmoins, les données explicites du début d'un récit n'empêchent nullement l'interprétation de chacun, qui construira sa propre mise en scène des personnages et des événements, à condition de posséder toutes les données de l'univers de référence.

Une stratégie de lecture adaptée intégrera à la mise en relation des informations une série d'affects : selon le ton adopté par l'auteur, le lecteur sentira une situation conflictuelle, humoristique ou douloureuse. Il adaptera donc son mode de lecture, en prenant de la distance, ou en adhérant totalement à l'histoire. Quitte à évoluer par la suite. C'est d'ailleurs à cette capacité de faire évoluer ce qui a été saisi au début de l'histoire que l'on peut comprendre certaines stratégies de lecture des jeunes.

LES DÉBUTS DE TEXTE

8

POUR DES ENFANTS

▲ Anticiper

– *Tom fait un cauchemar,* de Marie-Aline Bavin, illustrations Christophe Le Masne, Mango jeunesse, 1998.

Résumé

Le titre de cet album est explicite : après s'être fait raconter une histoire de sorcière, Tom ne parvient pas à s'endormir, d'abord, puis fait un cauchemar. Ses parents le consolent et Tom s'endort, rassuré.

Objectif de l'activité

À partir du seul début (*incipit*), faire découvrir les informations contenues dans le texte, puis émettre des suppositions quant à la suite de l'histoire.

Consignes d'activité

Communiquer aux enfants le seul texte du début (deux paragraphes), sans leur montrer le livre ni leur en dire le titre. À partir du premier paragraphe, demander : voici le tout début d'une histoire ; dites-moi tout ce qu'on apprend en le lisant :

> *« – Tom, c'est l'heure ! me dit Maman. Il est temps d'aller dormir. Allez ! Va te mettre en pyjama, je monterai te faire un gros câlin. »*

À partir du second paragraphe, demander aux enfants de donner toutes les suites possibles qu'ils peuvent imaginer :

> *« J'explique à Maman que je veux bien me coucher, mais à condition qu'elle me raconte l'histoire que j'ai choisie, et je lui montre mon livre avec la sorcière. »*

Réponses :

– *Pour le premier paragraphe*

On apprend que Tom est un enfant, qu'il vit au moins avec sa mère. Que sa chambre est à l'étage (« *je monterai* »). On apprend que c'est Tom qui raconte l'histoire (« *me dit maman* »).

On peut supposer que Tom est un garçon, à cause de son prénom. On peut supposer que Tom est encore petit : sa mère lui donne des ordres et lui promet un câlin. Mais ce n'est pas un bébé s'il sait se mettre en pyjama tout seul. On peut supposer que c'est le soir (mais rien n'interdit encore de songer à l'heure de la sieste).

A priori, quand on décrypte les informations contenues dans l'*incipit*, on ne sait pas lesquelles seront utiles par la suite. Le bon lecteur en perçoit le maximum, puis privilégie certaines informations au fur et à mesure de sa lecture. Ici, par exemple, le fait que la chambre se trouve à l'étage ne joue aucun rôle par la suite. En revanche, la supposition qu'il s'agit du soir est confirmée, et Tom va faire un cauchemar.

Une fois que les enfants ont trouvé toutes les informations, on peut leur montrer la première page ; ils découvriront alors que Tom est un petit lapin (très anthropomorphique).

– *Pour le second paragraphe*

Manifestement, Tom exerce une sorte de chantage sur sa mère. On peut donc imaginer soit qu'elle le refuse, ce qui déclenche une sorte d'affrontement entre la mère et l'enfant, soit qu'elle l'accepte, et alors elle va lui lire le livre désiré. Mais on peut aussi imaginer qu'elle accepte de lui lire un livre, mais pas celui-là.

Les jeunes lecteurs percevront sans doute la tension à propos du mot « sorcière ». Ils savent que les histoires de sorcières, ça fait peur, et peuvent en déduire que Tom va faire un cauchemar. Mais en même temps, c'est le livre choisi par Tom.

De fait, comme le montre la suite du livre, la tension de l'histoire dépend de la sorcière. Dès la page suivante, Tom dit : « *Je sens que je vais avoir peur. J'aime bien ça* ». Et pourtant cette peur va l'empêcher de s'endormir. À cet égard, la sorcière a un triple statut. D'abord, une page de l'album que lit la mère à l'enfant est reproduite ; il s'agit donc d'une sorcière de fiction. Ensuite, Tom imagine que la sorcière peut se cacher derrière le rideau ; cette fois, c'est un fantasme réellement effrayant. Enfin, la sorcière est l'héroïne du cauchemar de Tom, « *la sorcière en vrai* », comme dit le texte, et qui confie à Tom adorer « *manger les petits lapins bouillis* ».

Après l'émission d'hypothèses sur les suites possibles de l'*incipit*, on peut montrer le titre du livre aux enfants, puis leur faire découvrir toute l'histoire.

▲ Les pièges de l'anticipation

– *Papa !*, de Philippe Corentin, L'École des loisirs, 1995.

Résumé

Au début de l'album, un enfant lit dans son lit. Il commence à s'endormir mais, soudain, il découvre à ses côtés, dans le lit, une sorte de grand lézard vert humanoïde. Les deux personnages, de concert, se mettent à hurler : « *Papa !* ». La porte s'ouvre, un lézard vert adulte entre, et le petit lézard dit : « *Papa ! Papa ! Il y a un monstre dans mon lit !* ». Manifestement, le monstre, c'est l'humain. Le père parle de cauchemar, emmène son petit au salon, où sont réunis des amis (des monstres, de notre point de vue), puis la mère recouche l'enfant.

Mais l'histoire recommence et, cette fois, le père qui entre dans la chambre est un humain, et le monstre désigné est bien le lézard vert !

Objectif de l'activité

À partir du seul début (*incipit*), faire découvrir aux jeunes enfants que lorsqu'on lit un livre, on se raconte déjà la suite à partir des seuls éléments qu'on possède déjà. L'histoire n'est donc pas découverte au fur et à mesure, mais pré-construite au fur et à mesure, et modifiée par les éléments nouveaux au fil de la lecture. Naturellement, ce qu'on prévoit généralement comme suite est conforme aux schémas de récit qu'on a déjà découverts maintes fois. Et c'est en ce sens que cet album est intéressant, car il rompt précisément avec les stéréotypes de récit.

Consignes d'activité

Faire découvrir aux enfants les cinq premières pages de l'histoire (pages 7 à 11). Leur demander d'inventer la suite de l'histoire. Leur laisser le temps de construire cette suite, d'ajouter des détails, de s'installer éventuellement dans le stéréotype habituel de ce type d'histoire. Puis leur faire découvrir la suite de l'album, jusqu'à la page 17, et lancer la discussion.

Dans une seconde étape, leur présenter les pages 18 et 19 et leur demander d'imaginer la suite.

▲ Étudier l'image du début

– *La Petite Fille du livre,* de Nadja, L'École des loisirs, 1997.

Résumé

À la première page, cet album présente une femme en train d'écrire son « *nouveau livre* », comme le précise le texte. C'est l'histoire d'une petite fille qui vit dans la forêt, chez une méchante femme. La petite fille s'enfuit, est rattrapée, s'échappe de nouveau et... vient frapper à la porte de la femme écrivain, qui la recueille. Les deux mondes se mélangent donc, celui de l'univers de l'écrivain, et celui que cette dernière invente. Ce qui peut introduire une réflexion sur le livre et la fiction.

Objectif de l'activité

Faire distinguer ce qui, dans la lecture d'un album, provient de l'image, du texte, ou peut être déduit de divers éléments.

Consignes d'activité

Demander aux enfants, avant d'avoir lu le livre, d'analyser la première double page qui montre l'écrivain au travail, en leur demandant de distinguer :

– les informations apportées par le seul texte (par exemple, il est dit que la femme « se sent seule » – on voit bien qu'elle est seule, mais on ne peut voir ce qu'elle ressent; ou encore, il est dit que la maison est « grande », ce qu'on ne peut voir; ou qu'il y a une forêt, tout près, mais on ne la voit pas...);

– les informations apportées seulement par l'image (par exemple, la femme est brune, droitière, jeune; il fait nuit...);

– les hypothèses que l'on peut faire à partir de différents éléments du texte et de l'image (par exemple, de la lueur jaune sur la feuille de papier, on peut déduire qu'une lampe est allumée, hors champ; du fait que la fenêtre est ouverte, et la femme en manches courtes, on peut supposer que ça ne se passe pas en plein hiver; les phrases suivantes : « *La forêt, tout près. Il s'y passait sûrement quelque chose. Elle n'avait qu'à imaginer...* » peuvent permettre de faire l'hypothèse que l'histoire inventée par la femme écrivain se déroule dans la forêt.

LES DÉBUTS DE TEXTE

9

POUR DES ADOLESCENTS

▲ Les questions que pose l'*incipit*

– *Le Cabanon de l'oncle Jo,* de Brigitte Smadja, L'École des loisirs, « Neuf », 1996.

Résumé

Lili est en vacances à Saint-Denis, chez sa tante, son oncle Jo et ses sept cousins. Ils habitent dans une cité. L'oncle Jo passe ses journées prostré dans un fauteuil, à contempler le terrain vague. Mais soudain, tout change : l'oncle Jo s'est mis en tête de transformer le terrain vague en un magnifique jardin. Et il le réalise, avec l'aide de tout le voisinage, des cousins, et de Lili, naturellement. Un petit monde s'organise autour de ce jardin, on fait la fête dans cette nature retrouvée, grâce à l'oncle Jo, devenu une figure active de la cité. Les promoteurs ont prévu de construire sur le jardin. Ils le feront, mais dans un quartier où les habitants se sont désormais organisés et referont, ailleurs, un autre jardin.

Objectif de l'activité

Comme dans de nombreux romans, l'histoire débute par un dialogue, précédé d'un titre. C'est une manière de mettre le lecteur dans une connivence immédiate, comme si les personnages lui parlaient. Cependant, comme lorsqu'on arrive au milieu d'une conversation, il faut en reconstituer les éléments nécessaires à la compréhension de la situation.

Consignes d'activité

Voici l'*incipit*, jusqu'à la fin de la partie dialoguée :

> « – *Tu resteras tranquille, Lili ? Tu me promets ? Avec tous les soucis qu'elle a, tata Denise... Tous ces enfants ! Tu te rends compte ? Avec toi, ça fera huit ! Alors pas d'histoires, hein ? Et tu aides. Occupe-toi un peu de l'oncle Jo. Il n'est pas très en forme en ce moment. Parle-lui, raconte-lui des choses.*

– *Quelles choses ?*

– *Je ne sais pas, moi! Ce que... ce que tu voudras. Je viendrai te chercher dans quinze jours.*

– *Oui, Mina.* »

Faire la liste de toutes les questions qu'on se pose, en les classant selon qu'elles portent sur les personnages, l'époque, le lieu et les différents aspects de la situation évoquée. Au fur et à mesure de la lecture, répondre aux questions, du moins si c'est possible. Classer les réponses dans l'ordre où elles apparaissent dans le livre. Ainsi, on prend conscience que l'écrivain, après avoir attiré son lecteur par un début vivant mais mystérieux, est le plus explicite possible tout de suite après, pour que le lecteur comprenne bien l'exposition du récit.

▲ Transposer un début narratif en dialogue

– *C'est la vie, Lili,* de Valérie Dayre, « Cascade », Rageot, 1991.

Résumé

Lili part en vacances, fin juillet, avec son père et sa mère. Elle écrit l'histoire d'un quotidien peu banal, dans son journal. Mais est-ce vraiment son journal ? Ou, si c'est effectivement son journal, peut-être Lili y mêle-t-elle réalité et fiction ! Le livre est en effet construit pour embrouiller le lecteur, avec ses changements de narrateur et de points de vue.

Objectif de l'activité

La lecture du journal de Lili rédigé le mardi 31 juillet (de la page 10 à la page 19) fait apparaître des relations acides entre les membres de la famille, mais aussi entre le père de Lili et une autre famille partant en vacances sur une autoroute embouteillée. Le discours direct, les évocations de paroles et la description des émotions serviront de point de départ pour transposer ce début de roman en dialogues, à la manière d'une pièce de théâtre. On fera noter les *didascalies.*

Cette activité de transposition permettra aux jeunes de mieux percevoir les informations contenues dans ce début, et de repérer également des mystères, conséquences du mode de composition particulier de ce roman.

Consignes d'activité

L'activité se fera par groupes, puis on confrontera les réalisations, on comparera les interprétations, afin d'arriver à un texte unique pour toute la classe. Cette scène pourra ensuite être jouée. Le reste du roman sera découvert individuellement et donnera lieu à un débat.

Remarque : le premier paragraphe, « *Hier* [...] *vers l'autre* », ne peut être compris immédiatement. C'est seulement dans les pages suivantes du journal que ce paragraphe est explicité, sur le plan de la temporalité. Dans la scène de théâtre, on fera se dérouler les événements chronologiquement. Il s'agit surtout de restituer le regard critique de Lili sur ses parents, et les autres adultes.

▲ Expliciter le code des couleurs

– *Le Moyen Âge*, de Sarah McNeill, trad. Claude Lauriot Prévost, « Arrêt sur image », Sorbier, 1998.

Présentation

Il s'agit d'un documentaire assez simple sur le Moyen Âge, où chaque double page, consacrée à un thème, est organisée de la même façon. Les dix-huit doubles pages explorent ainsi des thèmes : les chevaliers, la religion, l'instruction, la vie à la campagne, le commerce, la nourriture et la boisson, etc.

Objectif de l'activité

Un documentaire, même facile d'accès pour des enfants, est souvent complexe quant au réseau d'informations qui s'entrecroisent et que, fréquemment, la mise en page et les paratextes tentent de mettre en évidence. En d'autres termes, mise en page et paratextes proposent un contrat de lecture particulier (on ne lit pas un documentaire comme un livre de fiction). Il n'en demeure pas moins que le contrat de lecture proposé peut rester en partie implicite, même si le début du livre tente de l'expliciter.

L'objectif de l'activité proposée consiste à faire percevoir l'organisation des informations à partir de la première double page de ce documentaire, puis à tenter d'expliciter un élément qui reste inexpliqué.

Consignes d'activité

Proposer le documentaire à des jeunes. Attirer leur attention sur la première double page qui comprend l'introduction, d'une part, le contrat de lecture, « Comment utiliser ce livre », d'autre part. Dans ce dernier paratexte, il est précisé ceci : « *À chaque sujet est attachée une couleur particulière qui se rapporte au contenu du livre. Les différentes sections sont donc faciles à trouver.* »

Effectivement, en haut et à droite de chaque double page, il y a un carré de couleur. La table des matières, qui précède l'introduction, énumère les titres des doubles pages, et chaque titre est précédé d'un carré de couleur : rouge, orange, jaune, vert, bleu, etc. On s'aperçoit alors que les sujets englobent deux, trois ou quatre doubles pages. Mais ce code des couleurs n'est pas explicité.

Demander alors aux enfants de donner un titre de sujet à chaque couleur, en s'aidant, en particulier, de l'Introduction qui, par définition, dans un documentaire, donne des informations sur l'organisation du livre.

Éléments de réponse :

Il n'est pas si facile de répondre à la question posée. D'une part, la maquette qui organise entre eux différents éléments est très stricte. Elle est explicitée au début : chaque double page est séparée en deux parties, deux tiers en haut, un tiers en bas. Dans la partie du haut, on trouve un titre de chapitre, un carré de couleur, un texte introductif, un dessin central et des informations détaillées. Chacune des informations détaillées est titrée et reliée par un filet à une partie de l'image. En outre, en encadré, il y a une information (texte et dessin) mise en évidence. Dans la partie du bas, qui explicite le titre de la collection, « Arrêt sur image », sont représentés plusieurs objets ayant un lien avec le thème du chapitre, chaque dessin étant explicité par une légende titrée.

Comme on le voit, il s'agit d'une organisation complexe, mais les liens entre les différents éléments ressortissent au titre du chapitre.

D'autre part, le code des couleurs qui associe deux ou trois chapitres et qui est supposé permettre d'identifier une « section » est moins strict. Les liens qui unissent les chapitres entre eux semblent appartenir à plusieurs types d'approches.

Il est facile de donner un titre aux éléments codés en rouge, un au début, « Introduction », deux à la fin, « Glossaire » et « Index ». Il s'agit manifestement des paratextes (caractéristiques du documentaire).

C'est par déduction que l'on comprend pourquoi sont codés, en jaune, les trois chapitres : « Les chevaliers », « Les châteaux », « La guerre ». En effet, les chevaliers vivent dans des châteaux et leur principale fonction est de faire la guerre.

Le lien entre les trois chapitres en vert est plus délicat à identifier : « La vie monastique », « L'art et l'architecture », « L'instruction ». Il s'agit surtout de l'art religieux, de l'architecture des cathédrales, et il faut savoir qu'à cette époque l'instruction est assurée par des religieux. Mais alors, pourquoi le chapitre intitulé « La religion » appartient-il à une autre section ?

C'est en rapprochant ce dernier chapitre des trois autres chapitres de même couleur : « Le temps des grandes invasions », « La féodalité », « Les changements et les découvertes », qu'on peut déduire qu'il s'agit là d'informations générales. Et la lecture de l'« Introduction » aide à cette déduction.

LA LECTURE DE L'IMAGE ET SON INTERPRÉTATION

10

PRÉSENTATION

L'illustration, étymologiquement, « *donne de l'éclat* » (*Petit Robert*) au texte. Encore faut-il apprendre à interpréter toutes ces images offertes dans les albums de fiction et les documentaires. Les éditeurs sont conscients qu'au-delà de quelques auteurs-illustrateurs reconnus, l'acte d'achat d'un album est souvent motivé par cette exclamation de l'acheteur potentiel : « L'illustration est magnifique ! ». Pourtant, s'il s'agit de faire lire les enfants, une très belle illustration ne suffit pas.

Toutefois, il n'existe guère d'ouvrages[1] traitant des différents styles d'illustration et de la mise en perspective des images, avec le texte, dans l'espace de la double page. Rappelons donc les fonctions sémiotiques reconnues de l'illustration dans l'album :
– la fonction connotative rappelle l'univers de référence ;
– la fonction explicative remplit les *blancs* du texte ;
– la fonction symbolique délimite des univers intérieurs ;
– la fonction faussement explicative introduit une dimension humoristique, en raison du décalage avec le texte ;
– la fonction intericonique emprunte des éléments de référence à la culture des arts plastiques.

Cette approche, bien qu'éclairante, ne suffit pas. Il faudra aussi initier les enfants aux différentes techniques picturales, au style des illustrateurs, ainsi qu'aux divers points de vue adoptés par l'image, avec le vocabulaire emprunté à la photographie et au cinéma.

1. Le livre fondateur de cette approche, de Marion Durand et Gérard Bertrand, *L'Image dans le livre pour enfants*, L'École des loisirs, Paris, 1975, est épuisé depuis longtemps. On peut cependant trouver quelques considérations sur la lecture d'images et l'interaction texte/images dans les ouvrages suivants : Jean Perrot (dir.), *Jeux graphiques dans l'album pour la jeunesse*, CRDP/Université Paris Nord, Créteil, 1991 ; Claude-Anne Parmegiani : *Les Petits Français illustrés. 1860-1940*, « Bibliothèques », Éditions du Cercle de la Librairie, Paris, 1989 ; Jean-Paul Gourevitch, *Images d'enfance. Quatre siècles d'illustration du livre pour enfants*, Éditions Alternatives, Paris, 1994.

À propos du point de vue, un concept, qui pourra être vérifié, a été introduit récemment : la voix narrative, dans l'illustration, est souvent différente de celle du texte[1]. C'est ainsi que l'on peut expliquer pourquoi, dans une histoire racontée à la première personne, dans laquelle le narrateur est un personnage, ce dernier est représenté dans l'illustration, alors qu'il n'est jamais décrit physiquement dans le texte.

Il faut donc initier les jeunes à repérer et à comprendre les différents éléments du fonctionnement complexe de cet objet apparemment simple qu'est l'album.

1. Christian Poslaniec, *L'Évolution de la littérature de jeunesse, de 1850 à nos jours, au travers de l'instance narrative*, Presses universitaires du Septentrion, Lille, 1998, pp. 252 et suiv.

LA LECTURE DE L'IMAGE ET SON INTERPRÉTATION

11

POUR DES ENFANTS

▲ Inventer des péripéties à partir des images

– *Le Mystère des flèches bleues,* de Chuck McKee, illustrations David McKee, Kaléidoscope, 1990.

Résumé

Cet album porte bien son titre mais, pour le lecteur, le mystère reste entier. Comme Richard et Lucinda jouent trop bruyamment, leur mère demande au père d'emmener les deux enfants faire une promenade. Dès qu'ils sont dehors, Lucinda découvre une flèche bleue peinte sur un mur, et Richard dit : « *Viens, Papa, allons voir où elle mène* ». Dès lors, les trois personnages suivent les flèches bleues, à travers la ville. Mais le mystère n'est pas résolu puisque la dernière image représente un pot de peinture bleue vide et un pinceau, abandonnés.

Objectif de l'activité

Faire imaginer par des enfants des petites histoires à partir des images. En effet, si le récit principal n'a pas de chute, se moquant un peu du lecteur, rien n'empêche ce dernier d'inventer ses propres histoires à partir des images qui regorgent de petites scènes insolites : une dispute entre trois personnes, une visite guidée de touristes, le naufrage d'une barque, une femme secouant sa carpette par la fenêtre sur la tête des passants, quatre peintres représentant le même édifice dans des couleurs différentes, etc.

Consignes d'activité

Faire travailler les enfants par groupes de deux. Leur demander de choisir une image et d'inventer, par écrit, une petite histoire avec une chute – contrairement à l'album.

Exemples :

1. Une image représente une façade, en bordure de canal. Au-dessus d'un portail, la statuette d'un oiseau debout, en armure, avec lance, écu et couronne. Une femme désigne la sculpture qu'un groupe de touristes photographient. Sur le canal, une barque; l'homme qui la guide et le chat couché à ses pieds regardent tous deux la statuette. Il est donc possible d'imaginer la rêverie intérieure du chat, qui identifie un oiseau énorme, rêve de le dévorer et qui, finalement, s'élance pour l'attraper et tombe à l'eau.

2. Dans une image, on voit un homme en train de regarder sa montre, un bouquet de fleurs à la main; une femme et un boucher, manifestement en train de se disputer; deux femmes en train de se parler, de part et d'autre d'une rue, un personnage attablé dissimulé par son journal déployé, tandis qu'à la même table, deux femmes se penchent l'une vers l'autre pour échanger des confidences. On peut donc très bien imaginer que l'homme au bouquet de fleurs attend une femme et que, finalement, las d'attendre, il va offrir son bouquet à l'un des autres personnages, interloqué.

▲ Interpréter le code d'une couleur

– *Virgile et le vaisseau spatial,* d'Anaïs Vaugelade, L'École des loisirs, 1993.

Résumé

Dans cet album, Virgile, un jeune garçon, décide de construire un vaisseau spatial. Avec une caisse en carton, un balai, des éléments de Lego, des raquettes de tennis... Quand le vaisseau spatial est terminé, commandant Virgile crie « *Moteur* » et, dès lors, vogue parmi les étoiles.

Objectif de l'activité

Faire interpréter par les enfants un élément ressortissant à la lecture d'images : le fond des pages est, selon les cas, blanc ou bleu. En l'occurrence, le fond est blanc quand Virgile est dans le réel, bleu quand il imagine voguer dans les étoiles. Mais comme, à un moment, la mère de Virgile tient à récupérer son balai, elle interrompt l'histoire imaginaire de son fils et il y a alors tout un jeu sur le fond des images.

Consigne d'activité

Demander aux enfants d'essayer d'expliquer pourquoi le fond des pages change de couleur.

▲ Le statut de l'image documentaire

– *Regards sur la danse. Art, histoire, technique*, de Martine Kahane, « Regards sur », Sorbier/BNF, 1998.

Présentation

Il s'agit d'un documentaire dont le titre explicite complètement le thème. Les textes, courts, ne s'adressent pas pour autant à de très jeunes lecteurs, le vocabulaire et les références implicites étant complexes. En revanche, les très nombreuses illustrations permettent de faire percevoir à des enfants, même jeunes, les différentes facettes de la danse, en dialoguant avec eux.

Objectif de l'activité

Dans un documentaire, on peut mélanger de nombreux types d'illustrations. Et c'est bien le cas ici. L'objectif de l'activité est de proposer aux enfants d'identifier de quel type d'illustration il s'agit et, au-delà, d'essayer de les regrouper par catégories, ce qui est difficile.

Consignes d'activité

Faire découvrir les illustrations du livre aux enfants qui ne savent pas encore lire et leur demander de proposer un titre pour ce livre documentaire. Ils trouveront facilement. Mener alors un débat collectif sur la danse, à partir des images.

Dans un second temps, leur demander d'observer chaque image, et de dire s'il s'agit de photos, de dessins, ou d'autre chose.

Dès qu'un enfant hésite sur la nature d'une image apparaît, en fait, une catégorie particulière. Chercher alors si d'autres illustrations peuvent entrer dans cette catégorie. Puis chercher d'autres catégories.

Quelques réponses : naturellement, il s'agit de photos ou de dessins. Mais le statut de ces illustrations varie. On trouve en particulier :
– des dessins extraits de livres pour enfants,
– des dessins humoristiques,
– des dessins réalistes représentant des danseurs,
– des dessins techniques détaillant des pas de danse,
– des dessins reportage d'avant l'invention de la photo,
– des photos de danseuses et danseurs,
– des photos de gravures,
– des photos de sculptures,
– des photos de manuscrits,
– des photos de tableaux,
– des photos d'affiches,
– des photos techniques détaillant des positions de danse, etc.

LA LECTURE DE L'IMAGE ET SON INTERPRÉTATION

12

POUR DES ENFANTS ET DES ADOLESCENTS

▲ Inventer une histoire à partir d'un tableau

– *Les Ménines*, de Vélasquez.

Présentation

Ce tableau de Vélasquez, peint en 1656, est « cité » souvent dans les livres pour la jeunesse. Et il semble susciter l'envie de raconter une histoire.

Dans *La Perspective* (« Passion des arts », Gallimard, 1993), une double page est consacrée à l'étude technique de ce tableau (pp. 34-35). Il y est dit que « *la perspective est au service de la narration* ». Dans *Arts* de Ron Van der Mer et Frank Whitford (Seuil jeunesse, 1996), on trouve une reconstitution en trois dimensions de ce tableau, de façon à permettre précisément de mieux percevoir les différents plans de la perspective. Et manifestement les auteurs du documentaire se racontent une histoire à propos du tableau, en écrivant : « *Pourquoi Vélasquez a peint* Les Ménines *de cette manière* [...] *cela reste un mystère. Peut-être Vélasquez travaillait-il un jour dans son atelier lorsqu'il a été interrompu par la jeune princesse venue voir ses parents et accompagnée, comme toujours, par ses serviteurs ?* »

Un autre livre, *La Princesse et le Peintre*, de Jane Johnson (L'École des loisirs, « Archimède », 1998), raconte carrément une histoire, dont l'infante Marguerite est l'héroïne, et dont la conclusion est la découverte, par l'enfant, du célèbre tableau de Vélasquez.

Objectif de l'activité

Puisque ce tableau suscite tant la narration, l'objectif de l'activité consiste à faire raconter une histoire en s'inspirant des personnages et de l'atmosphère du tableau de Vélasquez, représenté dans les trois livres cités ci-dessus (mais il est aisé aussi de s'en procurer une reproduction plus grande).

Consignes d'activité

Présenter le tableau, le faire décrire, puis proposer aux jeunes les trois livres cités afin qu'ils découvrent diverses approches d'un même tableau. Leur demander ensuite d'inventer, à leur tour, une histoire, à partir des *Ménines*, comme l'a fait Jane Johnson.

Avec des enfants, on peut se contenter du tableau comme point de départ. Avec des adolescents, on peut, préalablement, susciter une recherche documentaire sur Vélasquez, l'Espagne au XVIIe siècle, le roi Philippe IV et l'infante Marguerite. Et l'on peut également leur proposer la lecture de *José, le peintre et le bouffon*, un roman de Claude Bourguignon (Hachette, « Livre de poche jeunesse junior », 1996) dont le héros vit à la cour de Philippe IV, est l'ami de Vélasquez et assiste aux séances de pose de l'Infante.

LA LECTURE DE L'IMAGE ET SON INTERPRÉTATION

13

POUR DES ADOLESCENTS

▲ Classer les images en catégories

– *Plus loin que la lune,* de Christine Harris et Helen Ong, « Pastel », L'École des loisirs, 1994.

Présentation

Niko écrit une longue lettre à son amie Penny. Chaque fragment est reproduit à gauche de chaque double page de l'album, tandis qu'à droite figure l'illustration. Niko raconte à Penny, par bribes, que sa mère et lui sont réfugiés dans un hôtel, à la suite de l'envahissement de son petit village par des soldats. Son père a été arrêté et Niko évoque des souvenirs de sa vie avant : on ne cuisait pas le pain pareil, les bruits aussi sont différents. En ce moment, la mère de Niko lui tricote un nouveau pull. Il a perdu l'ancien dans la fuite, sur la route.

Objectif de l'activité

Faire découvrir que les choix concernant la distribution des illustrations tiennent compte du fait que, dans une lettre, on ne raconte pas les événements de manière chronologique. De même, les images ne sont pas ordonnées. Elles illustrent des lieux réels ou imaginaires en entrecroisant quatre thèmes : la vie actuelle de Niko et sa mère, réfugiés ; les souvenirs de la vie d'avant, au village ; l'arrestation du père et la fuite ; et ce que Niko imagine de Penny à partir de ce qu'elle lui a raconté dans sa lettre.

Ce parti pris contribue à complexifier cet album apparemment simple. Il permet aussi de rendre plus visible la part d'implicite du texte.

Consignes de travail

1. Classer les images selon les quatre thèmes évoqués ci-dessus.
2. Classer ces images selon la chronologie de l'histoire.

3. Réaliser un autre classement des images montrant que Niko, parfois représenté, donne l'impression qu'une seconde instance narrative suit en images une partie du contenu de la lettre :

– selon que les images évoquent quelque chose que Niko imagine (par exemple, la première image, qui montre Penny en train de faire de la balançoire – et manifestement, ce n'est pas la photo qu'elle lui a envoyée ; ou l'image qui illustre « j'imagine que je plonge dans l'eau fraîche et bleue ») ;

– selon qu'elles montrent des scènes dont se souvient Niko et dans lesquelles, par l'imagination, il peut se réintégrer en tant que personnage (par exemple, la fuite ou la scène du repas familial d'autrefois) ;

– selon qu'elles montrent ce que Niko peut réellement voir (il n'y a qu'une image, sa mère en train de tricoter) ;

– ou selon qu'elles trahissent la présence implicite d'un second narrateur qui voit Niko de l'extérieur (l'image où Niko est sur son balcon en train de regarder la mère ; et l'image de Niko, couché, qui ne parvient pas à trouver le sommeil).

▲ Une articulation texte/images qui renvoie à Rimbaud

– *Le Voyage d'Oregon,* de Louis Joos et Rascal, « Pastel », L'École des loisirs, 1993.

Résumé

Oregon est un ours de cirque. Un soir, il demande à Duke le clown : « *Conduis-moi jusqu'à la grande forêt, Duke* ». Le clown a un nez rouge et il est aussi petit qu'un nain. Il rêve de rencontrer Blanche-Neige dans la grande forêt. D'ailleurs, il se croit dans un livre pour enfants. Les voilà partis.

Leur voyage leur fait traverser les États-Unis. Oregon, qui a parlé pour exprimer son désir, n'usera plus de la parole jusqu'à la fin de l'histoire. C'est Duke le clown qui raconte. Un moment, ils voyagent avec Spike, le camionneur noir. Celui-ci s'étonne. Pourquoi Duke garde-t-il son nez rouge et son masque blanc ? Ils traversent les plaines du Nord, comme on rentrerait dans un tableau de Van Gogh, selon Duke. Les Rocheuses sont encore trop loin pour que les voyageurs terminent à pied. Ils font du stop, et finissent dans un train de marchandises.

Un matin, la grande forêt est là. Oregon s'éloigne. Il part à la rencontre de sa liberté retrouvée. Oregon en Oregon ! Pour le clown Duke, tout se termine de manière plus mystérieuse. « Dans le matin blanc, je partirai, le cœur léger et la tête libre », écrit-il. Sur la dernière double page, on le voit effectivement partir, de dos. Dans la neige, au premier plan, une tache rouge, son nez de clown qu'il a enlevé.

Objectif de l'activité

La narration à la première personne est simple. En revanche, si l'on s'intéresse au personnage du clown, il est nécessaire de croiser les éléments offerts par le texte et l'image pour interpréter la fin, ouverte.

Consigne d'activité

Demander aux enfants si, pour le clown-nain, la fin est heureuse ou triste. Pour cela, on leur fera observer attentivement l'illustration. La médiation de l'adulte sera nécessaire.

Conseils : c'est en croisant les réseaux de sens qu'on peut conclure. La fin de l'histoire n'est ni heureuse ni malheureuse pour Duke. Il quitte la famille sécurisante du cirque, en quête de sa propre identité, dont tout l'album révèle qu'elle est celle d'un artiste, au sens qu'on lui attribuait à la fin du XIXe siècle. Les remarques qui suivent ne seront pas clairement formulées par les enfants. Néanmoins, il est intéressant que l'adulte les exprime.

1. *Les personnages de Duke et d'Oregon.* Oregon est vu par le narrateur sous différents angles : de l'ours dressé, il redevient ours sauvage. Entre les deux situations, les allusions à l'ours, personnage emblématique de la petite enfance, sont nombreuses (« *Oregon m'a parlé. Comme dans les livres pour enfants...* » ; « *Moi qui, enfant, n'avais pas eu d'ours en peluche...* » ; « *Oregon comme oreiller, je me suis assoupi en regardant défiler les vaches* »). Duke est vu par lui-même comme un adulte qui n'a pas grandi, physiquement (il est nain), psychologiquement (« *je perdais mon trac et retrouvais l'enfance* » ; « *mes pitreries terminées...* » ; « *Qui sait ? j'y rencontrerais peut-être Blanche-Neige...* » ; « *je n'avais jamais été très fort en géographie* ».

2. Et si Duke était une figure symbolisant le devenir de l'artiste, du poète, selon Rimbaud ? Il serait passionnant, alors, de lire aux enfants certains poèmes d'Arthur Rimbaud (1854-1891) dans le recueil : *Arthur Rimbaud. Poèmes choisis* (Livre de poche jeunesse, « Fleurs d'encre », 1995).

– L'épigraphe de l'album est le poème *Sensation.* On y trouve l'image de l'artiste bohème, celle du voyage sans but. Et un clin d'œil : « *Heureux comme avec une femme* » est à mettre en perspective avec le fait que Duke espère, même si c'est un rêve, rencontrer Blanche-Neige dans la forêt. On peut également relever que la première strophe correspond à la double page qui reprend la couverture. Le texte de l'album dit : « *Les cheveux rouges au vent, j'ai traversé des tableaux de Van Gogh... En plus beau* ». Rimbaud écrit (p. 9) :

> *« Par les soirs bleus d'été, j'irai dans les sentiers,*
> *Picoté par les blés, fouler l'herbe menue :*
> *Rêveur, j'en sentirai la fraîcheur à mes pieds.*
> *Je laisserai le vent baigner ma tête nue. »*

Or Van Gogh est contemporain de Rimbaud (1853-1890). Comme lui, il a connu les vicissitudes de l'artiste bohème. On montrera aux enfants les tableaux qui évoquent ces vers et celui intitulé *Le Campement des Bohémiens*.

– Le premier vers du poème de Rimbaud : *Rêvé pour l'hiver* (p. 26) est : « *L'hiver, nous irons dans un petit wagon rose* [...] » ; or le wagon du train, dans l'album, est rose. De plus, la montagne rappelle la neige de l'hiver.

Le poème se termine ainsi :

> « *Et tu me diras : « Cherche ! » en inclinant la tête,*
> *– Et nous prendrons du temps à trouver cette bête*
> *– Qui voyage beaucoup...* »

Ne dirait-on pas qu'il y a un lien serré entre ce poème et « *cette bête qui voyage beaucoup* » dans l'album ? Et qui pourrait dire « *Cherche* » dans l'album ? Le nain aide l'ours à chercher sa liberté, tandis que l'ours, implicitement, aide le nain à chercher son chemin en dehors du cercle fermé du cirque. Dans l'album, on voit qu'Oregon passe une dernière nuit avec son compagnon de route, comme si l'ours choisissait de reprendre sa liberté seulement au petit matin.

– Dans l'album figure ce texte : « *Dans le matin blanc, je partirai, le cœur léger et tête libre* ». Comment ne pas relire *Ma bohème* (p. 31) : « *Je m'en allais, les poings dans mes poches crevées* », et plus loin :

> « *– Petit Poucet rêveur, j'égrenais dans ma course*
> *Des rimes. Mon auberge était à la Grande Ourse.* »

On peut voir un jeu entre cette Grande Ourse céleste et celle de l'album, prise au sens de Maman Ourse qui veille. En outre, le nain est bien un Petit Poucet, personnage de l'imaginaire enfantin partant à la rencontre de Blanche-Neige.

3. *Analyse de la dernière double page, sans texte.* Elle est aux couleurs de Blanche-Neige, justement, dont nous citons des extraits de l'incipit (Grimm, *Contes merveilleux*, « Livre de Poche », Hachette, p. 86) :

> « *En plein hiver, tandis que les flocons de neige tombaient du ciel comme un duvet léger, une reine était assise à sa fenêtre encadrée de bois d'ébène et cousait* [...]. *Elle se piqua au doigt et trois gouttes de sang tombèrent sur la neige. Ce rouge sur ce blanc faisait si bel effet qu'elle se dit : "Si seulement j'avais un enfant aussi blanc que la neige, aussi rose que le sang, aussi noir que le bois de ma fenêtre"* [...] ».

On sait comment ce vœu maternel créa le portrait de Blanche-Neige. Le choix des couleurs dans l'album réinvente, en le symbolisant, l'univers hivernal du conte. En écho, le clown a jeté son nez rouge : il quitte le masque du cirque pour partir, comme le poète, en quête de l'art poétique, cette « *alchimie du verbe et des sens* ».

LES PARATEXTES

14

PRÉSENTATION

Les paratextes sont constitués d'éléments textuels et iconographiques qui ne participent pas directement à l'histoire (s'il s'agit d'une fiction), au thème traité (s'il s'agit d'un documentaire). On distingue le *paratexte auctorial*, dû à l'auteur (titres, dédicace, préface, épigraphe, notes...), qui relie le livre à certains éléments extérieurs (vie personnelle, autres livres) ou précise certains aspects ; et le *paratexte éditorial* (couverture, prière d'insérer, publicité...), qui a davantage pour fonction de faire acheter le livre. Nous avons déjà évoqué ce dernier aspect plus haut.

Philippe Lane englobe l'ensemble des paratextes dans le titre de son livre : *La Périphérie du texte*[1]. Il y précise notamment que l'action des paratextes « *est presque toujours de l'ordre de l'influence, voire de la manipulation, subie de manière consciente ou inconsciente. Leur vocation est d'agir sur le(s) lecteur(s) et de tenter de modifier leurs représentations ou systèmes de croyance dans une certaine direction* » (p. 17).

Philippe Lane étudie en détail les différents paratextes et leurs effets, en propose une typologie et accompagne son approche théorique d'exercices d'application.

Sans aller aussi loin, les activités proposées ici ont pour but de faire prendre conscience aux enfants et aux adolescents de l'influence exercée par le paratexte.

1. Philippe Lane, *La Périphérie du texte*, « Université », Nathan, Paris, 1992.

LES PARATEXTES

15

POUR DES ENFANTS

▲ Fiction ou documentaire ?

– *Le Renard,* « Histoires d'animaux », Bayard Éditions, 1998.

Présentation

Cet album documentaire qui s'adresse à des enfants jeunes est illustré de photos. Il décrit la journée d'une famille de renards, la mère qui chasse et les renardeaux qui l'attendent au terrier, ou alentour, en jouant.

Objectif de l'activité

Le paratexte, c'est l'ensemble des éléments qui ne font pas partie directement du récit documentaire ou fictionnel ; la couverture, avec titre et illustration, la quatrième de couverture, avec divers textes, sigles, illustrations ; et également des éléments internes comme la page de titre, la table des matières, etc.

Les documentaires contemporains se situent souvent entre la fiction et l'information et il n'est pas toujours facile de faire la part des choses. Généralement, les paratextes sont éclairants. Ce n'est pas le cas ici où les paratextes entretiennent la confusion entre fiction et documentaire. Par exemple, le nom de la collection qui figure en couverture est « Histoires d'animaux », or « histoires » connote la fiction. En revanche, c'est une photo de renard qui y figure. En quatrième de couverture, on trouve cette formulation ambiguë : « Une belle histoire et un documentaire », et d'autres éléments qui entretiennent le doute. Le texte présentant l'ouvrage peut aussi bien convenir pour un documentaire que pour une fiction.

Consignes d'activité

Proposer aux enfants le livre ouvert, afin qu'ils voient la couverture et la quatrième de couverture. Et leur demander si, à leur avis, il s'agit d'un livre qui raconte une histoire ou qui décrit la vie du renard. Chaque élément de la couverture peut donner matière à débat.

Dans un deuxième temps, on peut leur faire découvrir la seconde partie de l'album qui informe sur le renard, d'une façon impersonnelle, et utilise des dessins et non plus des photos. Cependant, les titres restent ambigus : « Renard, qui es-tu ? », « Renard, où vis-tu ? », etc.

Et, dans un troisième temps, ils découvriront la première partie et décideront s'il s'agit davantage d'une histoire inventée ou d'un documentaire.

▲ Comparer deux éditions

– *Très, très fort !,* de Trish Cooke, illustrations Helen Oxenbury, trad. Rose-Marie Vassallo, Père Castor Flammarion, 1995, Castor poche Benjamin, 1997.

Résumé

C'est l'anniversaire du père : toute la famille est réunie, mais il n'est pas encore arrivé. En attendant, chacun des invités joue avec Petit Homme, le bébé. À la fin, Petit Homme s'endort vite, car il sait que chacun l'aime « très, très fort ».

Objectif de l'activité

Cet album a été publié sous deux formes. En album cartonné, au format 31 cm × 25,5 cm, puis en édition de poche, au format 16,5 cm × 11 cm. Or, passer d'une édition à l'autre ne consiste pas seulement à réduire tous les éléments ; il y a d'autres transformations qui modifient la réception du livre par le lecteur. L'activité ici proposée permettra aux enfants de découvrir ces différences et donc de mesurer l'influence du paratexte éditorial.

Consigne d'activité

Comparer l'édition cartonnée et l'édition de poche de *Très, très fort !* Relever les principales différences. Est-ce que le lecteur éprouve exactement la même impression en lisant les deux versions ?

Réponse : le texte est exactement le même dans les deux éditions, mais naturellement écrit plus petit dans l'édition de poche. C'est surtout au niveau des images que les différences sont notables. On peut distinguer ce qui concerne le corps de l'album et ce qui concerne le paratexte éditorial.

En ce qui concerne le corps de l'album, la principale différence porte sur le cadrage des images. Par la télévision, les enfants connaissent bien la différence entre les formats de films : ceux qui sont tournés en cinémascope passent sur petit écran avec un bandeau noir en haut et en bas, sauf s'il s'agit d'un écran 16/9e. Le problème est le même, ici : les dimensions de l'édition de poche ne sont pas un sous-multiple de l'édition cartonnée, ce qui oblige à remaquetter les images. Alors qu'elles apparaissent en pleine page dans le grand album, elles sont encadrées, dans l'édition de poche et, par conséquent, entourées de bandes blanches. Ce procédé tend à faire prendre au lecteur du recul par rapport aux images ; c'est un peu comme s'il les regardait sur petit écran.

Par exemple, une image représente le bébé et son cousin en train de jouer à la bagarre, au centre ; à l'arrière-plan apparaissent les jambes de deux personnes assises sur un canapé. Dans le grand album, les jambes sont coupées par le bord de la page, le lecteur perçoit que les deux personnages sont hors champ et centre son attention sur la scène centrale. Dans l'édition de poche, les personnages sont coupés par un cadre, cerné de blanc : le lecteur perçoit davantage le choix du cadrage et cela peut attirer son attention sur la mise en page plutôt que sur la scène centrale.

En ce qui concerne le paratexte, les principales différences portent sur la couverture. L'image de couverture représente le père, avec le bébé dans ses bras. Dans les deux cas, les jambes sont coupées mais, dans le grand album, au niveau des genoux, dans l'édition de poche, au niveau des fesses. Du coup, l'effet produit dans l'album cartonné, d'un homme très grand portant un petit bébé, n'est pas reconduit dans l'édition de poche.

En second lieu, l'organisation et la couleur des textes de couverture diffèrent. Dans le grand album, il n'y a que le titre, les auteurs et l'éditeur, inscrits en noir sur fond bleu. Du coup, l'image en couleurs (blanc, rouge, brun, noir) ressort fortement. Dans l'édition de poche, ce sont les textes qui ressortent, car les auteurs et l'éditeur sont en blanc sur fond bleu et le titre en jaune. En outre, le logo de la collection diminue l'espace vide, ce qui modifie le rapport image/fond.

Enfin, la quatrième de couverture est différente. Dans l'album cartonné, une image occupe tout l'espace, à l'exclusion du code-barre, en bas. Dans l'édition de poche, non seulement le code-barre est aussi gros que dans le grand album, mais il y a un texte d'accroche de six lignes, ainsi que le nom de la collection et la classe d'âge ; du coup, l'image est réduite à la portion congrue.

LES PARATEXTES

16

POUR DES ENFANTS ET DES ADOLESCENTS

▲ Un exemple de paratexte documentaire

– *Gutenberg*, de Dominique Brisson, « Eurêka ! », Sorbier, 1998.

Présentation

Cet album documentaire décrit tout ce qui concerne l'invention de l'imprimerie, ce qui l'a précédée, ce qui l'a suivie.

Objectif de l'activité

Les documentaires sont les livres pour enfants qui proposent la plus grande diversité de paratextes. Ceux-ci sont destinés à permettre aux lecteurs de repérer l'information qui les intéresse, de faciliter leur recherche documentaire. Encore faut-il que les lecteurs les repèrent, les distinguent les uns des autres et sachent les utiliser. C'est l'objectif de cette activité.

Consignes d'activité

Proposer le livre aux jeunes et attirer leur attention sur les principales composantes du paratexte : la table des matières, le lexique, l'index et la bibliographie, ici intitulée « Pour en savoir plus ».

Leur demander de dire à quoi sert chacun des éléments. Pour les aider, leur en lire une partie.

Ensuite, par groupes, envoyer les jeunes chercher, à la BCD ou au CDI, trois autres livres qui contiennent :
- une table des matières et un lexique,
- une table des matières et un index,
- une table des matières et une bibliographie,
- un index et une bibliographie,

– un lexique et une bibliographie,
– un index et un lexique,
– un index, un lexique, une table des matières et une bibliographie.

En regardant de plus près ces autres livres, ils constateront qu'il s'agit le plus souvent de documentaires, mais pas exclusivement : un livre de fiction peut proposer une table des matières et un lexique.

Ils vérifieront également si leur définition de chaque constituant du paratexte s'applique à tous les livres trouvés.

Remarque : tous les livres de la même collection contiennent naturellement les mêmes formes de paratexte. C'est donc également une occasion d'aborder la notion de collection.

LES PARATEXTES

17

POUR DES ADOLESCENTS

▲ Éclairer le récit par le paratexte

– *Les Trois Clés d'or de Prague,* de Peter Sís, Grasset-jeunesse, 1995.

Résumé

Le récit commence ainsi : « *Madeleine... La montgolfière, emportée par un vent violent, m'entraîne loin... très loin. La tempête a fini par se calmer et je survole à présent une grande ville hérissée de tours...* » Cette ville, c'est Prague, à qui le narrateur, accompagné d'un chat noir, rend hommage. Le narrateur se voit remettre trois clés tour à tour par le bibliothécaire, l'empereur Rodolphe et le chef des héros de la mythologie, qui a pris la forme d'un robot. Au fil de la visite, par les mots et le texte, le lecteur découvre une ville devenue mythique dans les souvenirs d'enfance du narrateur : le bibliothécaire symbolise la vie historique et culturelle de la ville; l'empereur est témoin d'une époque où Prague est la patrie des arts et des sciences, de l'occultisme aussi. À Prague, le mythe du Golem est très puissant dans les imaginations marquées par la culture juive; la dernière clé n'est offerte qu'aux « personnages exceptionnels ». Le personnage dont il s'agit est celui qui recherche ses racines, son enfance, se pose des questions sur le temps qui passe, celui scientifique, représenté par l'astrolabe et celui, intangible, qui, grâce au souvenir, fait se fréquenter le souvenir et le présent, pour préparer ensemble l'éternité.

Objectif de l'activité

L'album, ainsi présenté, est assez obscur. En fait, la partie du paratexte est si développée qu'elle rend simple la compréhension, du moins explicite, du récit. En effet, les allusions sont si nombreuses au passé mythique de Prague que l'information documentaire est indispensable, historique en particulier.

Revenons au paratexte. Les jeunes, même assez mûrs, n'y prêtent pas suffisamment attention. Certains éléments de compréhension leur échappent donc. Il s'agira alors d'analyser les informations qui sont données au lecteur, avant que ne commence réellement le récit, et qui sont indispensables. Dans une perspective sémiotique (qui donne du sens à tous les signes, les images ou les mots), le paratexte est analysé puisque le lecteur, grâce à celui-ci, est entré en lecture dès qu'il s'y est intéressé.

Consignes d'activité

Répondre à la série de questions suivantes :

1. Dans quel pays se trouve Prague ? (réponse dans la biographie de l'auteur, à la page de titre).

2. Que signifient ces trois clés d'or ? (réponse à la dernière page de l'histoire).

3. Qui est Madeleine ? (réponse dans la quatrième de couverture).

4. Que représente la page de garde ? (réponse dans le texte signé Dominique Fernandez : les pavés humides de la rue).

5. Quelles sont les informations contenues dans le texte signé : Dominique Fernandez ? Ce texte est difficile à situer pour des jeunes, il n'est ni un avertissement au lecteur, ni une préface, c'est un avant-propos, encore que le terme soit mal choisi puisqu'il participe à la compréhension du propos justement.

6. Où vit actuellement l'auteur ? (réponse dans la notice biographique).

7. Quel est ce fleuve qui passe à Prague, représenté sur le plan de la page de garde ? (réponse dans l'avant-propos : la Vltava).

8. Par qui est signée la lettre adressée à « Ma chère Madeleine » ? (réponse : par l'auteur, qui dédicace ce livre à sa fille, offrande d'un héritage culturel).

9. À la fin du livre, il est dit que trois clés sont offertes aux personnalités exceptionnelles. Or cet album, dont le titre fait référence aux trois clés, est offert à quelqu'un qui doit donc être une personnalité exceptionnelle. De qui s'agit-il ? (réponse : Madeleine).

Prolongements

1. Pour comparer les images de ce livre à la réalité historique de Prague, on mettra à disposition des jeunes le livre de Jiri Kropacek : *Prague à travers les siècles* (Gründ, 1997), qui raconte l'histoire de la ville à partir d'une importante iconographie.

2. Pour que les jeunes perçoivent l'importance du mythe du Golem, on leur proposera, en lecture, *Le Golem*, d'Isaac Bashevis Singer (Seuil, 1997).

▲ Un exemple de « Prière d'insérer »

– *Araignée, petite araignée,* de Kate Banks et Georg Hallensleben, trad. Anne Krief, Gallimard-jeunesse, 1996.

Résumé

Pierre, un très jeune garçon, aperçoit une araignée et déclare à sa mère qu'il va se transformer en araignée. Sa mère lui demande alors ce qu'il va faire, ce qui donne lieu à un dialogue : si l'araignée vient manger dans son assiette, la mère la chassera sur le balcon; si l'araignée se glisse dans le lit de sa mère pour lui mordre le doigt de pied, la mère la mettra dans la baignoire et ouvrira l'eau; jusqu'à la fin où la mère décide de devenir à son tour une araignée.

Objectif de l'activité

Montrer que le paratexte éditorial oriente la lecture d'un livre. Il s'agit ici du prière d'insérer, rédigé par le service de presse ou de communication, que les éditeurs joignent au livre quand ils l'adressent aux journalistes et aux critiques. On peut dire alors que l'éditeur souhaite voir témoigner du livre dans le sens indiqué.

En l'occurrence, cet album s'adresse à de jeunes enfants, mais sa symbolique implicite ne peut être explicitée que par des adolescents ou des adultes. Elle fait référence au fameux stade œdipien par lequel passent les jeunes garçons. En effet, ce qu'est tenté de faire le jeune héros, s'il se transformait en araignée, c'est de fusionner avec sa mère : « *je boirai dans ton verre et je mangerai les restes dans ton assiette* », « *je rentrerai par un petit trou* [...]. *Et puis j'attendrai que tu dormes et je me glisserai dans ton lit* », « *je sauterai sur le livre que tu liras et je m'endormirai* », « *je grimperai le long de ta jambe et je me glisserai dans ta poche* », etc.

Les réponses de la mère sont ambiguës. La plupart du temps, elle repousse l'araignée, l'expulse, rejouant la scène de la naissance : « *Alors je te chasserai* [...]. *Et je te pousserai dehors* [...] », « *Alors je te mettrai dans la baignoire et j'ouvrirai le robinet de la douche* [...]. *Tu disparaîtras dans le trou où il fait noir et humide* ». Mais, peu à peu, elle cède, puisque dans un premier temps elle décide d'installer confortablement la petite araignée dans un tiroir « *parmi les draps et les serviettes* », que, dans un second temps, elle accepte de consacrer sa vie à la petite araignée puisqu'elle la mettra dans un bocal et ne la quittera pas des yeux. Et, finalement, elle décide de devenir une araignée à son tour.

Bien qu'il ne s'agisse pas de psychanalyser cet album, il faut tenir compte de cet aspect symbolique patent, qui permet au lecteur une implication profonde et des références – qui peuvent rester inconscientes – à sa propre vie affective, autrement plus fortes qu'un simple jeu de langage avec la mère.

Mais le prière d'insérer, reproduit ci-dessous, ne fait aucune allusion à la symbolique de l'album. Il tend à présenter l'album comme une histoire « *tendre et malicieuse* », comme « *une histoire délicate* ».

Le bruissement des
feuilles que l'on tourne
est comme une
berceuse...
La musique de la voix
qui raconte l'histoire :
on entre dans le livre
par les oreilles...
L'odeur de la colle :
on y entre par le nez...
Le papier, c'est doux
quand il est lisse, ça
chatouille quand
il a plus de grain...
Les images enchantent
les yeux...
Le contact physique
avec les premiers livres
est quelque chose dont
chacun se souvient.
Pour apprendre à aimer
lire avant même
d'apprendre à lire !

En librairie le 24 mai 1996

Reproduction de la couverture de l'album

Après *Baboon*,

Araignée, petite araignée

de Kate Banks, illustré par Georg Hallensleben

« Pierre regarda l'araignée qui traversait la pièce. Elle était petite, verte et duveteuse.
– Maman, je vais devenir une araignée, déclara Pierre.
– Oui, bien sûr, répondit sa mère.
Alors voyons, que vas-tu faire ? »

Un petit garçon très déterminé devient une petite araignée tout aussi déterminée. Il s'ensuit un dialogue tendre et malicieux avec sa maman...
Qui aura le dernier mot ?

Une histoire délicate peinte avec grand talent par Georg Hallensleben. Des cadrages forts et originaux, une atmosphère lumineuse dans le cadre très urbain d'un intérieur contemporain. Kate Banks et Georg Hallensleben ont obtenu pour Baboon une mention au « Prix des critiques belges » en 1995.

Format : 240 × 240 mm • 32 pages • 70 F.

Dans le premier texte de ce prière d'insérer (à gauche), la lecture est réduite à sa dimension sensuelle. Il n'y est nullement question de comprendre ce qui est raconté ni de percevoir les messages symboliques auxquels, pourtant, même de très jeunes enfants peuvent être sensibles, bien qu'ils ne puissent les formuler.

Le début de l'album proposé dans la colonne de droite est justement le passage le plus neutre, celui qui ne permet pas encore une approche symbolique.

Le bref résumé de l'album est doublement tendancieux. D'abord, le petit garçon ne se transforme jamais en araignée (il ne s'agit ni d'un conte ni d'une histoire fantastique). Il déclare seulement qu'il va se transformer en araignée et toute l'histoire se déroule au niveau du dialogue avec sa mère, même si les images illustrent le contenu du dialogue (avec l'enfant transformé en araignée, par conséquent) plutôt que les personnages en train de dialoguer. Ensuite, l'expression « *dialogue tendre et malicieux* » ne laisse pas place à la dimension symbolique de ce dialogue.

Le dernier texte décrit l'illustration d'un point de vue technique, alors qu'on aurait pu parler d'images inquiétantes pour les enfants (le petit garçon transformé en araignée emporté par l'eau, dans la baignoire, ou l'araignée enfermée dans un bocal).

Par ailleurs, dans tous ces paratextes, on sent une volonté de présenter cet album comme une œuvre au ton pastel (au sens de « doux et clair », comme l'indique le *Petit Robert*) : « *délicate* », « *grand talent* », « *lumineuse* »...

Consignes d'activité

Dans un premier temps, on présentera aux adolescents la couverture, puis la première double page de l'histoire. Puis on leur communiquera le prière d'insérer.

À partir de ces différents éléments, on leur demandera d'anticiper l'histoire racontée dans l'album.

Dans un second temps, on leur laissera découvrir seuls l'album, dans son intégralité. Puis le débat sera entamé sur les différences entre leurs attentes, à partir des éléments du paratexte éditorial, et l'histoire réelle. Souvent alors, la perception de la symbolique se manifeste par des petits rires ou des regards complices plutôt que par des mots. Il suffit donc de mettre les jeunes en confiance.

▲ Anticiper à partir du paratexte

– *L'Affreuse Affaire Malabarre,* de Julie Marivel, « Zanzibar », Milan, 1991.

Résumé

Le principal du collège, M. Malabarre, a été sauvagement agressé. Pourquoi ? Par qui ? La police mène l'enquête, interroge tous les enseignants, les élèves. Aux premières loges, Alfred, un élève particulièrement astucieux, et son camarade Olivier, suivent attentivement les péripéties. Ils découvrent peu à peu tous les petits secrets du collège et finissent par trouver la clé de l'énigme.

Objectif de l'activité

Faire réfléchir les jeunes sur les informations qu'apporte le paratexte d'un livre et sur la façon dont ils choisissent leurs lectures, c'est-à-dire sur leurs propres motivations.

Consignes d'activité

Présenter aux jeunes trois éléments du paratexte :

1. Le titre : *L'Affreuse Affaire Malabarre.*

2. L'illustration de couverture : au premier plan, un homme à la tête bandée – il y a même un peu de sang – qui n'a pas l'air très content. Au second plan, un adulte sérieux, au doigt levé, comme s'il faisait la morale ; et trois adolescents (deux garçons et une fille) qui sourient en regardant le personnage du premier plan. À l'arrière-plan, les rayonnages d'une bibliothèque.

3. Le texte d'accroche de la quatrième de couverture :

> *« Prenez le collège tranquille d'une petite ville au bord de la Loire, une poignée de professeurs, une foule d'élèves, un principal, son adjoint, un commissaire, son adjoint, un élève astucieux nommé Alfred, son adjoint, Olivier. Mélangez le tout. Provoquez un crime. Touillez, touillez. Vous verrez les grandes personnes s'affoler, patauger, et l'astucieux Alfred mener l'enquête. »*

Demander que chacun se détermine à partir de ces éléments : cela lui donne-t-il envie de lire le livre ?

Puis faire rédiger, par chacun, un court texte sur ce qu'il imagine être le contenu du livre, à partir de ces éléments.

Mener le débat, et en particulier mettre en relation, pour chacun, ses goûts en matière de lecture et ce qu'il pense être l'histoire du livre.

Faire lire le livre et mener de nouveau le débat.

LA CONNAISSANCE DE L'AUTEUR

18

PRÉSENTATION

Commençons par une devinette : pouvez-vous citer une dizaine d'auteurs de langue française, bien vivants, qui ont publié pour la jeunesse ? À ce jeu-là, les bibliothécaires sont imbattables. Mais qu'en est-il des autres catégories de médiateurs ?

Ne leur jetons pas la pierre : les écrivains qui publient pour les adultes sont médiatisés, jamais ceux qui écrivent pour les jeunes.

Pourtant, sans conteste, la connaissance de l'écrivain, de l'illustrateur, de leur bibliographie, fait partie d'une culture lettrée. Connaître plusieurs ouvrages d'un même auteur et les comparer, c'est l'occasion d'aborder la notion de style, par exemple. D'ailleurs l'ouvrage de Bernard Devanne intitulé : *Lire et écrire, des apprentissages culturels*[1] témoigne de ce type de pratique pédagogique consistant à faire découvrir, dès la maternelle, la notion de style pictural et de thèmes récurrents.

Les catalogues des éditeurs, à chiner chez les libraires, les notices bio-bibliographiques figurant dans les ouvrages, les revues spécialisées, par exemple *Cirtrouille*[2], la fréquentation des fêtes du livre pour la jeunesse, sont les passages conseillés pour découvrir un auteur, son œuvre, ses choix d'écriture ou d'illustration.

Surtout qu'on sait bien que c'est une formidable motivation à lire d'autres livres d'un auteur, lorsque le premier ouvrage a enthousiasmé.

1. Bernard Devanne et le groupe *Lecture-Écriture* de l'Orne : *Lire et écrire : des apprentissages culturels*, tome 1 : cycle des apprentissages premiers, cycle des apprentissages fondamentaux, Armand Colin, Paris, 1992.
2. Revue de l'Association des libraires spécialisés pour la jeunesse, 12, allée de la Roselière, 38240 Meylan.

LA CONNAISSANCE DE L'AUTEUR

19

POUR DES ENFANTS

▲ Un monde de prédateurs : l'illustrateur Korky Paul

Korky Paul est un illustrateur anglais qui s'est spécialisé dans l'humour graphique. Il dessine des personnages délirants, et en particulier des animaux.

La connaissance de l'auteur – l'illustrateur – ne nécessite pas forcément la connaissance de sa biographie. Une comparaison entre ses différents ouvrages suffit souvent à mettre en évidence certaines constantes qui révèlent un point de vue particulier sur le monde.

Nous proposons de faire travailler les enfants sur les livres suivants :
- Jonathan Long et Korky Paul, *Pel, le chien qui creusait*, Milan, 1992.
- Jonathan Long et Korky Paul, *Gratte-matou*, Milan, 1994.
- Korky Paul, *Billy Bop construit son palais*, Milan, 1995.
- Jeanne Willis et Korky Paul, *Le Pudding dingue*, Milan, 1995.
- Jonathan Long et Korky Paul, *Crazy Canard*, Milan, 1996.
- Vivian French et Korky Paul, *Les Fables d'Ésope*, Milan, 1997.
- Korky Paul et Valérie Thomas, *L'Hiver de Pélagie*, Milan, 1997.
- Robin Tzannes et Korky Paul, *Tom, le roi de la pêche*, Milan, 1997.

Objectif de l'activité

À partir de la comparaison entre plusieurs livres d'un même auteur ou illustrateur, faire repérer certaines constantes. Essayer d'en déduire, sous forme d'hypothèse, l'un des points de vue de l'auteur sur le monde. Ici, quand on regarde attentivement les illustrations de Korky Paul dans les livres proposés, et en particulier les animaux, on se rend compte que le thème de la prédation – manger ou être mangé – est partout présent. Korky Paul considère-t-il que c'est un thème majeur de la société contemporaine et qui ne s'applique pas seulement aux animaux ? Auquel cas l'humour de ses illustrations, comme tout humour authentique, serait quelque peu grinçant, dissimulant, par la forme drôle, des horreurs quant au contenu !

Consignes d'activité

Proposer aux enfants l'ensemble des albums illustrés par Korky Paul. Leur demander de scruter les images, et en particulier les animaux. Quelle est l'activité la plus fréquente de ces animaux ?

Ensuite, animer une discussion collective pour parvenir à une hypothèse sur la vision personnelle de l'auteur sur le monde.

Quelques exemples :

Dans *Pel, le chien qui creusait,* l'objectif du héros, un chien, est de trouver un os en creusant. Son entreprise provoque des conséquences inattendues, et il finit par trouver le squelette d'un dinosaure qui lui est acheté par un professeur. Avec l'argent, il achète des monceaux de nourriture et invite tous ses amis chiens. Dans la dernière image, tandis que les chiens bâfrent, on voit plusieurs chats s'emparer subrepticement de saucisses.

Dans *Gratte-matou,* un chat dévoré par une puce ne parvient pas à s'en débarrasser malgré des acrobaties spectaculaires. Et, pendant tout ce temps, la souris est présente, victime des acrobaties mais non des dents du chat.

Crazy Canard est un volatile qui a oublié de partir en voyage migratoire avec les autres. Trouver sa route lui pose bien des problèmes, mais le pis est qu'il manque se faire dévorer par un « *affreux vautour* ».

Dans *Les Fables d'Ésope,* le fabuliste fournit lui-même les pistes de prédation : le renard vole le fromage du corbeau, le loup dévore les moutons, etc. Toutes les fables abordent explicitement ou implicitement le thème de la nourriture.

Dans *L'Hiver de Pélagie*, les héros ne sont pas des animaux, mais des humains. Pourtant, dès la première image, un chat s'approche d'un oiseau improbable au bec pris dans la glace. Dans la seconde image, le chat rentre chez l'héroïne ; quelques plumes sortent de sa bouche.

Tom, le roi de la pêche (que nous étudions par ailleurs) est une histoire de concurrence entre le père de Tom, grand pêcheur, qui n'attrape rien, et Tom qui ne sait pas pêcher mais qui parvient à prendre un énorme poisson. Or, tout au long de l'album, des oiseaux qui ne jouent aucun rôle dans l'histoire attrapent des poissons et s'en gavent.

▲ Rassembler tous les livres d'un même auteur

– *Motordu papa,* de Pef, Gallimard, « Folio benjamin », 1997.

Résumé

La princesse Dézécolle attend un bébé. Le prince de Motordu s'inquiète de la future profession de son fils. Sera-t-il « poulanger », « mécanichien », ou se spécialisera-t-il en « chirurscie esthétique » ?

Objectif de l'activité

La Belle Lisse Poire du prince de Motordu, de Pef, a été un véritable succès de librairie. Des milliers d'enfants se sont amusés de ses erreurs de langage – baptisées dorénavant « mots tordus » et non plus calembours – et s'y sont essayés à leur tour.

Quand un livre rencontre pareil succès, il est rare qu'il n'y ait pas de suite. En l'occurrence, douze albums, à la suite du premier, ont repris le procédé des « mots tordus ».

Mais Pef est l'auteur-illustrateur ou l'illustrateur de nombreux autres livres que les enfants connaissent moins que l'œuvre vedette. Pour en avoir la liste complète, on peut consulter 36 15 ÉLECTRE, qui, en 1999, répertorie 78 livres dont Pef est l'auteur ou l'illustrateur.

L'activité proposée est destinée à permettre aux enfants d'appréhender l'ensemble de l'œuvre de cet auteur.

Consignes d'activité

Proposer la lecture de *Motordu papa*, ou d'un autre livre de la série des « mots tordus ». Dans un premier temps, laisser les enfants en discuter librement. Ils évoquent alors d'autres livres du même auteur qu'ils connaissent.

Leur proposer alors d'aller chercher à la BCD, ou en bibliothèque, tous les livres de Pef qu'ils peuvent trouver. Les faire alors classer en quatre catégories :
- les livres dont Pef est l'auteur-illustrateur et qui exploitent le procédé des « mots tordus »,
- les livres dont Pef est l'auteur-illustrateur, mais qui n'exploitent pas ce procédé,
- les livres dont Pef est l'illustrateur, mais non l'auteur,
- les livres dont Pef est l'auteur, mais non l'illustrateur.

Faire alors débattre les enfants sur ces catégories, et l'œuvre de Pef en général.

LA CONNAISSANCE DE L'AUTEUR

20

POUR DES ENFANTS ET DES ADOLESCENTS

▲ Une famille d'écrivains

– *L'Ancêtre disparue,* de Lorris Murail, « Mon île », Castor Flammarion, 1994.

Résumé

Trois enfants, Corinne, Marinette et Arthur, essaient de reconstituer l'arbre généalogique de leur famille (Arthur et Corinne sont frère et sœur, Marinette est leur cousine). Au grenier, ils trouvent un album de photos ; sur certaines d'entre elles, un personnage a été découpé. Ils enquêtent, découvrent que c'est une femme reniée par sa famille au début du siècle, parce qu'elle a épousé un Américain. À la fin du roman, la famille française et la famille américaine se retrouvent.

Objectif de l'activité

Quand ils rencontrent un écrivain, les enfants demandent souvent : « Où trouvez-vous vos idées ? ». À vrai dire, il s'agit moins d'idées, le plus souvent, que d'éléments appartenant à l'intimité de l'écrivain. Mais ce type d'informations n'est pas directement accessible à partir du roman, car la fiction dissimule les éléments de réalité. Seule une enquête sur l'auteur, ou un questionnement direct, permettent éventuellement d'émettre des hypothèses. C'est le type d'enquête que nous proposons, ici, aux jeunes lecteurs.

Consigne d'activité

Essayer de trouver, d'abord dans le livre, ensuite en bibliothèque ou en librairie, pourquoi Lorris Murail a choisi d'écrire un livre sur la famille.

Réponse : la présentation de l'auteur, qui figure au début du livre, donne une réponse à la question. Lorris Murail y explique que c'est parce que sa fille aînée se préoccupe beaucoup de la famille, et parce qu'il n'est pa[s] facile de savoir « où on en est » quand on parle de parents éloignés, qu'[il] a écrit un livre sur ce thème.

Mais une recherche plus approfondie, en bibliothèque ou en librair[ie] peut faire naître des questions sur la propre famille de Lorris Murail. Les enfants découvriront aisément qu'il y a plusieurs auteurs qui portent le même nom, et s'interrogeront sur leurs liens de parenté. En consultant les fiches bibliographiques de ces auteurs, ils apprendront que Marie-Aude Murail est née au Havre, en 1954, et qu'Elvire Murail, qui signe aussi Moka, est née au Havre, en 1958. Elles ont d'ailleurs écrit un livre en commun : *Souï Manga* (Mango jeunesse, 1993). Or la présentation de l'auteur, dans *L'Ancêtre disparue*, révèle que Lorris Murail est également né au Havre, en 1951. Cette double coïncidence, du nom et du lieu de naissance, permet d'émettre l'hypothèse qu'ils sont frère et sœurs. Or, dans le roman, Arthur est manifestement l'aîné des trois enfants, tandis qu'une des deux filles semble avoir peu de différence d'âge avec lui, l'autre étant plus petite. On retrouve donc, dans le roman, entre les trois personnages principaux, une répartition d'âge et de sexe similaire à la situation familiale de l'auteur (même si, dans la fiction, l'une des filles est cousine, et non sœur). Ce qui permet d'avancer une seconde hypothèse : Lorris Murail ne décrirait-il pas une relation entre trois enfants qu'il connaît bien, pour en avoir vécue une similaire ?

Remarque : pour connaître la bibliographie des trois Murail, on peut consulter, au minitel, 3615 ÉLECTRE.

LA CONNAISSANCE DE L'AUTEUR

21

POUR DES ADOLESCENTS

▲ Un personnage récurrent

– *Les Fleurs blanches*, de Nadine Brun-Cosme, illustrations Nathaële Vogel, Milan, 1995.

Résumé

Julien est un enfant solitaire et peu causant. Lors de ses premières vacances, il découvre la campagne, et en particulier une fleur blanche qui le fascine. Puis il fait une rencontre : une petite fille, qu'il revoit chaque jour et qui l'initie peu à peu à distinguer les couleurs, même les plus cachées, sauf le blanc qui « n'existe pas ». L'année suivante, Julien attend la petite fille ; elle ne vient pas. Il découvre alors deux fleurs blanches dans le même pré que l'année précédente et se met à pleurer.

Objectif de l'activité

D'un livre à l'autre, chez un même auteur, on découvre souvent un même élément, ou une même structure, même si tout le reste est différent. Dans l'œuvre de Nadine Brun-Cosme, de nombreux personnages ont quelque parenté avec Julien : des enfants solitaires, un peu effrayés par ce qui les entoure, parlant peu, et découvrant, à l'occasion d'une rencontre le plus souvent, des aspects délicats de la réalité, comme ici les couleurs.

L'objectif de l'activité consiste à faire lire le maximum de livres de l'auteur, afin d'y découvrir les parentés de personnages, ce qui est une façon de s'initier à l'une des caractéristiques fréquentes d'un écrivain.

Consignes d'activité

Proposer aux enfants le maximum de livres de Nadine Brun-Cosme. Leur demander d'y découvrir un personnage ressemblant à Julien, de définir son caractère, à partir du texte, et de mettre au jour ce à quoi le personnage s'initie dans le livre.

Bibliographie de Nadine Brun-Cosme :

– *Lisa l'intruse*, « Zanzibar », Milan, 1987.
– *Marie de la mer*, ill. Yan Nascimbene, Milan, 1988.
– *15ᵉ étage, porte droite, Léo*, « Zanzibar », Milan, 1988.
– *Les Pigeons*, ill. Yan Nascimbene, Milan, 1989.
– *Alex et le silence*, ill. Yan Nascimbene, Milan, 1990.
– *J'ai vu mon père à la télé*, Chardon bleu, 1992.
– *Un coup pour deux*, éd. de la Taillanderie, 1993.
– *La Petite Buissonnière*, « Zanzibar », Milan, 1994.
– *Celle qui murmure*, « Zanzibar », Milan, 1995.
– *Des pas dans mon ciel bleu*, ill. Pef, Casterman, 1995.
– *La Maison des trains*, Ipomée Albin Michel, 1995.
– *Lia*, Syros, « Un jardin se crée », 1996.
– *Le Gardien du château*, « Père Castor », Flammarion, 1997.
– *Le Jardin colère*, « Zanzibar », Milan, 1997.
– *Le Sourire d'Anaïs*, Nathan, 1998.
– *La Fenêtre de neige*, Nathan, « Demi-Lune », 1999.
– *Le Chemin aux oiseaux*, ill. Edmond Baudoin, Seuil, 1999.

Quelques exemples :

Dans *Lisa l'intruse,* un roman, Lisa est une petite fille confiée à une famille par les services sociaux. Elle est triste, parle peu, reste souvent à l'écart. Ludovic, l'enfant « légitime » de la famille, la considère comme une intruse. Mais, finalement, c'est lui qui la réconcilie avec la vie en l'initiant aux mystères symboliques de la mer.

Dans *Alex et le silence*, un album, Alex est un enfant qui a peur de tout, surtout de ses colères. Il fait souvent du bruit pour se rassurer mais ne parle guère. Ce qui le réconcilie avec sa peur, c'est la découverte des « *petits bruits* », un jour de neige, et c'est un chat blanc son initiateur.

Comme le dit une jeune lectrice, de la narratrice de *Lia* : « *Elle est toute seule et elle s'ennuie. Elle voudrait très fort une vraie amie* ». Mais la vraie amie, Lia, elle n'ose la regarder que de loin. En revanche, son oncle l'initie aux mystères de la mer.

Dans *J'ai vu mon père à la télé*, le jeune narrateur se sent mal parce que son père est en prison. Alors il ment, ou se mure dans le silence. C'est sa rencontre avec Sonia qui, peu à peu, le libère et lui apprend le courage de dire la vérité.

▲ Un personnage à facettes récurrent

– *Je veux voir Marcos,* de Valérie Dayre, « Médium », L'École des loisirs, 1998.

Présentation

Pablo a disparu à l'âge de 17 ans. Depuis cinq mois, sa mère est sans nouvelles de lui. Qu'est-il devenu ? Est-il encore vivant ?

L'émission de télévision « Où es-tu ? », qui bat des records d'audimat, s'empare de l'affaire. Toute la France recherche Pablo et ça dure plusieurs semaines.

Finalement on retrouve sa trace : il s'est embarqué clandestinement pour l'Amérique du Sud. Là-bas, il a rencontré des zapatistes et s'est intéressé à leur lutte. Il veut rencontrer Marcos, leur chef. Mais c'est dangereux, très dangereux.

Objectif de l'activité

Dans les livres d'un même auteur, on retrouve souvent un trait récurrent. Chez Valérie Dayre, ce trait récurrent concerne fréquemment le traitement du personnage principal, dont sont présentées de nombreuses facettes. C'est au lecteur de se faire sa propre reconstitution et sa propre opinion.

Ici, c'est évident, puisque Pablo n'apparaît qu'à travers des témoignages multiples : sa mère, d'anciens camarades, une enquêtrice, etc.

Dans *Le jour où on a mangé l'écrivain* (« Médium », L'École des loisirs, 1997), toute l'histoire est racontée par de multiples voix, celles des élèves qui ont accueilli l'écrivain, héros de l'histoire.

Dans *C'est la vie, Lili* (« Cascade », Rageot, 1991), c'est l'héroïne qui raconte l'histoire. Mais au milieu du livre, le lecteur s'aperçoit qu'il a été floué : la narratrice est en fait en train d'écrire une sorte de roman ; et une troisième partie change encore les données. Au terme du roman, le lecteur ne peut rien conclure quant à la vie réelle supposée de l'héroïne.

Le premier roman pour la jeunesse de Valérie Dayre, *Miranda s'en va* (« Zanzibar », Milan, 1989), est d'une narration plus classique. Et pourtant, déjà, la plus grosse dame du monde, qui est l'héroïne du livre, apparaît en partie par facettes, au travers des émotions des trois enfants qui l'enlèvent : Claire, Alexandre et Roch.

Consignes d'activité

Proposer la lecture de *Je veux voir Marcos* à des adolescents, puis animer un débat sur le personnage principal. Qui est-il exactement ? Et comment le lecteur parvient-il à se faire une opinion sur Pablo ?

Dans un second temps, communiquer d'autres livres du même auteur, et demander si on y retrouve quelque chose de commun quant à la façon de faire percevoir le héros au lecteur.

▲ Reconstituer la biographie d'un écrivain

– *Cabrita la sauvage,* d'Anne-Marie Pol, illustrations André Juillard, « Je bouquine », Bayard Poche, 1993.

Présentation

Notice biographique de l'auteur, figurant au début du livre : « Anne-Marie Pol est née sous le signe du Scorpion à Rabat. Célibataire et sans enfant, elle a une filleule, dix nièces et quatre neveux. Après des études à Cannes, Chantilly, Brazzaville et Paris, elle a commencé à travailler comme mannequin pour s'offrir des cours de comédie. Comédienne professionnelle, elle s'inscrit à des études théâtrales approfondies. Quelques années plus tard, elle se met à écrire... Actuellement, Anne-Marie Pol partage son temps entre la danse, qu'elle exerce quotidiennement, et l'écriture. Elle a publié ses livres chez Hachette, Flammarion et Nathan. »

Objectif de l'activité

Lorsqu'on prépare la venue d'un auteur, ou qu'on fait lire plusieurs de ses livres aux jeunes, on a envie d'en savoir davantage sur sa vie. Dans les notices biographiques des romans, on trouve des renseignements qui permettent de mettre en relation avec le livre la vie de l'écrivain, et apportent un certain éclairage sur son œuvre. Si cette pratique culturelle est courante dans la littérature adulte, il est difficile de trouver des renseignements sur la vie d'un écrivain qui publie pour la jeunesse. Pour Anne-Marie Pol, les notices biographiques des divers romans qu'elle a publiés sont complémentaires, si bien qu'à les lire toutes, on peut se faire une idée plus précise de la personne qui est derrière l'écrivain.

Consignes d'activité

Lire les notices biographiques des romans cités ci-dessous, d'Anne-Marie Pol et en faire la synthèse.
– *La Reine de l'île*, Castor Poche Flammarion, 1986.
– *Promenade par temps de guerre*, « Livre de poche jeunesse senior », Hachette, 1991.
– *Le Sang des étoiles*, Castor Poche Flammarion, 1993.
– *Soledad et la maison aux yeux fermés*, « Coup de Foudre », Hachette jeunesse, 1998.
– *Une fille en trop*, « Cœur grenadine », Bayard Poche, 1998.
– *On ne joue plus, Roméo !*, « Coup de Foudre », Hachette jeunesse, 1999.

LE CLASSEMENT EN BIBLIOTHÈQUE

22

PRÉSENTATION

De nombreux ouvrages traitent de la « bibliothéconomie », discipline bien connue des bibliothécaires, ou du rangement des livres en BCD et en CDI. Ces ouvrages sont indispensables pour former les professionnels du livre. Notre approche est différente. Même si la bibliothèque est équipée d'outils multimédias, il n'en demeure pas moins qu'on doit initier les enfants à la très grande complexité des champs de connaissances et à leur organisation. Leur faire comprendre que tout classement est arbitraire et correspond à la logique du lieu, du nombre d'ouvrages, de l'équipement, etc.

Il est nécessaire d'organiser des visites, des discussions, pour comparer le classement choisi dans une chambre d'enfant, les bibliothèques familiale, municipale, scolaire, à la librairie, dans le bibliobus.

Le libraire range les livres avec l'objectif d'en vendre le maximum. Une bibliothèque doit être organisée pour susciter le maximum d'emprunts. Alors, comme le font les professionnels de la vente, il ne faut pas oublier d'installer avec les enfants une signalétique comportant des « visuels », sans craindre de faire évoluer les modèles datant d'il y a vingt ans. En effet, les bibliothèques municipales modernes, s'inspirant du modèle anglo-saxon, sont organisées par *centres d'intérêt*, comme les grandes surfaces sont organisées en tenant compte de la fonctionnalité des objets à vendre : tout ce qui est utile au petit déjeuner, par exemple.

Il n'est pas question que les enfants, seuls, classent les livres. Même collégiens, ils manquent de connaissances. Pourtant, avant de figer le classement, ou chaque fois que l'on reçoit de nouveaux ouvrages, il est intéressant de faire appel à la créativité des jeunes usagers, en leur demandant où classer tel ou tel titre et pourquoi. Quitte à acheter certains ouvrages en plusieurs exemplaires, pour les placer dans différentes catégories.

Les activités suivantes ont pour objet de faire jouer la créativité des enfants, afin qu'ils appréhendent la complexité du champ des connaissances et comprennent comment et pourquoi leur bibliothèque est rangée.

LE CLASSEMENT EN BIBLIOTHÈQUE

23

POUR DES ENFANTS

▲ Trouver des mots clés

– *Petit Ours Brun est malade,* de Danièle Bour, « Pomme d'Api », Bayard Éditions, 1998.

Présentation

Album pour les plus jeunes, aux pages de carton épais, au format carré. Petit Ours Brun a mal à l'oreille. « *Toi, tu as une otite. Allez, au lit bien vite !* », dit la mère. Et la mère, le père, s'occupent de l'ourson, d'où la conclusion de l'album : « *Ça fait mal d'être malade, mais ça fait du bien d'être chouchouté* ».

Objectif de l'activité

Faire percevoir à de jeunes enfants la variété des thèmes contenus dans un album aussi simple. Ils mesureront alors la difficulté de classement d'un livre en bibliothèque.

Consigne d'activité

Après lecture du livre, proposer aux enfants de trouver une série de mots clés pouvant permettre à quelqu'un qui cherche des informations sur un thème d'utiliser ce livre.

Réponses possibles : l'otite, la maladie, la famille, les ours, soigner, chouchouter...

Prolongements

1. Dans le prolongement de l'activité précédente, on peut faire explorer, par les enfants, le champ sémantique de la maladie. Il suffit de rassembler des albums et de les trier, pour explorer :

– les diverses maladies d'enfance (les personnages malades, dans les albums, ont toujours une maladie spécifique : grippe, rhume, oreillons, rougeole...) ;
– les professions de la santé : médecin, pharmacien, infirmière... ;
– les lieux de la santé : cabinet médical, pharmacie, hôpital, clinique, etc.

2. Si l'on veut entamer un débat « philosophique » avec de jeunes enfants, sur le thème de l'album, on peut mettre en relation la dernière phrase du livre, reproduite en fin de résumé, et l'album de Pef, *Moi, j'ai horreur des gosses* (Albin Michel), où le narrateur reproche précisément aux enfants d'être chouchoutés quand ils sont malades, alors que lui, adulte, reste seul.

▲ Chercher des albums dont le titre contient le prénom des enfants

– *Le Ballon d'Alexandre,* de Alain Brion, Kaléidoscope, 1999.

Résumé

Alexandre est un poussin dont le père est gardien de zoo. Un jour, il laisse tomber son ballon dans la fosse aux crocodiles. Impossible de le récupérer. Après un moment de bouderie, il tombe sur des caisses entreposées, en ouvre une et trouve... un ballon. Ses copains, Jules et Gontran, veulent jouer avec lui. Mais voici que Prune et Lucy, deux jeunes autruches, s'aperçoivent que le ballon est en fait un œuf. Les mamans, prévenues, se chamaillent, celle de Jules et celle de Lucy voulant toutes les deux couver l'œuf. La bagarre qui s'ensuit le fait éclore. Il en sort un petit crocodile, qui appelle sa mère. Alexandre a alors une idée : il va emmener le bébé dans la fosse et il lui renverra son ballon. Effectivement, tout se passe ainsi, jusqu'au moment où Alexandre envoie malencontreusement son ballon dans la fosse aux lions.

Objectif de l'activité

De nombreux albums pour les petits comportent des noms de personnages empruntés aux prénoms actuels des enfants. On les repère en particulier dans les titres comme *Le Ballon d'Alexandre.*

Consignes d'activité

Établir la liste des enfants de la classe et celle d'autres enfants connus de ceux de la classe. Puis rechercher les albums de la BCD dont le titre comporte ces prénoms et l'endroit où ils sont classés. On peut aussi explorer de temps en temps la rubrique des naissances du journal local. Cette activité se déroulera sur plusieurs séances.

▲ Le centre d'intérêt « Vivre ensemble »

– *Des amis de toutes les couleurs,* de Catherine Dolto-Tolitch, Colline Faure-Poirée et Joëlle Boucher, « Giboulées », Gallimard jeunesse, 1994.

Présentation

Il s'agit d'un documentaire qui sera vraisemblablement classé dans la catégorie « Vivre ensemble ». En effet, il explique que « *maintenant, dans notre classe, il y a des enfants de toutes les nationalités et de toutes les couleurs de peau* ». Le médiateur a intérêt, pour certains livres comme celui-ci, à lister toutes les familles de connaissance. Ainsi, cet album emprunte des notions à l'ethnologie, à la géographie, à la socio-linguistique, à la psychologie, à la biologie, à la génétique.

Cette catégorie est pertinente pour initier les enfants à l'apprentissage de la citoyenneté (partir par exemple de la Charte des droits de l'enfant). Il semble alors intéressant d'utiliser le classement par « centres d'intérêts ».

Voici des exemples d'ouvrages qu'on pourra placer dans cet ensemble :

– *Tom-Tom et Nana*, série de bandes dessinées dont le scénario est de Jacqueline Cohen et Évelyne Reberg, les dessins de Bernadette Després et Catherine Legrand, « J'aime lire », Bayard Éditions.

– *Dico tout faux*, de Élisabeth Brami, ill. Bruno Heitz, Hachette jeunesse, 1998. Ce dictionnaire épingle les fausses vérités que les adultes assènent parfois aux enfants, au lieu de leur donner de vraies explications sur la vie, les relations difficiles ou les droits des enfants.

– *Tous différents !*, de Emma Damon, Bayard, 1996, est un livre animé qui met en scène les différences de comportements des humains. À la fin du livre figure un miroir.

– *Tour de terre en poésie* est une anthologie multilingue de poèmes, réalisée par Jean-Marie Henry, ill. Mireille Vautier, Rue du Monde, 1998.

– *Très, très fort !*, de Trish Cooke, ill. Helen Oxenbury, trad. Rose-Marie Vassallo, Père Castor Flammarion, 1995, est un album de fiction, construit en randonnée, dans lequel les membres d'une famille arrivent chacun à leur tour pour fêter l'anniversaire du père de Petit Homme, le dernier-né.

– *Les Inséparables*, de Pat Ross, ill. Marylin Hafner, « Folio cadet », Gallimard, 1998, fait le récit de deux amies qui parfois se fâchent.

– Série des « Max et Lili », de Dominique de Saint-Mars, ill. Serge Bloch, Calligram, 1994. Chaque ouvrage propose une situation de la vie, conflictuelle, difficile à admettre ou génératrice d'angoisse. La première partie est une bande dessinée. Suit un questionnement pour que chaque enfant se situe par rapport à la situation proposée. Le but étant que l'enfant, par la médiation du livre, discute avec ses amis ou des adultes.

LE CLASSEMENT EN BIBLIOTHÈQUE

24

POUR DES ADOLESCENTS

▲ Où classer différents livres sur un même thème ? : exemple : les handicapés

– *Comme sur des roulettes*, de Malika Ferdjoukh, Rageot, « Cascade », 1992.

Sidonie, l'héroïne, se réveille un jour à l'hôpital. Elle a eu un accident et ses jambes ne répondent plus. Ce roman est l'histoire de sa rééducation.

– *Les Handicapés*, de Pete Sanders, Marcel Fortin, Jeannie Henno, « Parlons-en... », Gamma, 1992.

Il s'agit d'un documentaire illustré par des photographies en couleurs, sur les handicapés.

– *Alex est handicapé*, de Dominique de Saint-Mars, illustrations Serge Bloch, « Ainsi va la vie », Calligram, 1998.

Alex, qui se déplace en fauteuil roulant, est pour la première fois scolarisé dans une classe de « valides », comme il dit. Cette bande dessinée raconte tout ce que le handicap induit, concrètement et moralement, dans les relations entre jeunes.

– *En roues libres*, de Sigrid Baffert, « Les uns les autres », Syros, 1999.

À la suite d'un accident, Ethan se retrouve partiellement paralysé. Il apprivoise peu à peu sa « mule », c'est-à-dire son fauteuil roulant, grâce à ses parents et à un copain, Ludi, également handicapé.

Objectif de l'activité

Initier les jeunes à la difficulté du classement en bibliothèque.

Consignes d'activité

Présenter les quatre livres à un groupe et leur laisser le temps de les lire ou de les découvrir. Tous les quatre traitent le même thème. Leur demander ensuite d'aller au CDI ou à la BCD et d'indiquer à quel endroit ils classeraient les quatre livres. Puis mener le débat.

Remarque : on trouvera une importante bibliographie sur « Le handicap dans les livres pour enfants » dans *Nous voulons lire*, n° 125 (été 1998).

▲ Les champs de connaissance

– *Le Zéro d'Oxymoron,* de Pierre Moessinger, illustrations Joanna Zürek, « Plume », Sorbier, 1992.

Résumé

Dans la Grèce antique, trois hommes se retrouvent à la campagne pour philosopher. Il y a là Aurélias le général, Nikias le maître d'école, et le mathématicien Oxymoron. Ils aiment discuter de problèmes arithmétiques, à une époque où la théorie des nombres n'existe pas. Ainsi « un loup + une chèvre = un loup car le loup mange la chèvre » ! Oxymoron n'est pas d'accord. Il reformule l'équation : « un loup à Sparte + une chèvre à Athènes = deux animaux ». Les deux autres rétorquent qu'on ne peut additionner des animaux situés dans des lieux différents ! Aussi lorsque Oxymoron propose sa théorie de « rien », le zéro en mathématique, la discussion vire à l'aigre. Le mathématicien est discrédité et exclu de l'Académie. Bien plus tard, l'histoire des mathématiques lui donnera raison.

Objectif de l'activité

Il n'est pas si courant qu'un livre pour les jeunes traite, sur le mode fictionnel, de l'élaboration de la théorie mathématique, lui redonnant ainsi toute sa dimension de créativité. La lecture est facilitée par l'écriture et le ton léger, ainsi que par les images d'une Antiquité bien reconnaissable. Cependant, le médiateur peut accompagner les jeunes dans une lecture plus érudite, les initiant ainsi au dialogue socratique et, ce faisant, au discours argumentatif. Les sujets évoqués dans le livre sont l'occasion d'acquérir un esprit encyclopédique, si utile pour se repérer dans une bibliothèque.

Consignes d'activité

Les jeunes relèvent tous les sujets qui interviennent dans le dialogue :
- le rôle des dieux (p. 9),
- l'addition (pp. 11 et ss),
- la nutrition du fourmilier (p. 15),
- la fable (p. 15),
- le syllogisme (p. 16),
- la soustraction (p. 17),
- la numération en bases (p. 18),
- le zéro (p. 23),
- la logique (p. 26).

Ils essaient de trouver à quel champ de connaissance appartient chacun des sujets, puis ce qui y correspond dans le fichier « matières » de la bibliothèque ou du CDI.

▲ Le classement alphabétique

– *Histoires pressées,* de Bernard Friot, « Zanzibar », Milan, 1991 et 1995.

> Il s'agit d'un recueil de trente-trois textes courts, humoristiques et fantaisistes, qui jouent fréquemment avec les paradoxes.

Objectif de l'activité

Le classement en bibliothèque suppose acquis l'ordre alphabétique. L'activité proposée permet de faire jouer les jeunes avec cette notion.

Consignes d'activité

L'un des textes du recueil s'intitule *Encore une histoire tragique* (p. 27). Il s'agit d'une conversation entre deux livres, dans une bibliothèque. L'un d'eux est un dictionnaire et, dans ses énoncés, les mots sont classés par ordre alphabétique. Le jeu proposé aux jeunes consiste à :

1. reconstituer les phrases prononcées par le dictionnaire, les deux fois où il parle en langage alphabétique ;

2. transposer en langage alphabétique les propos du petit livre, s'il voulait être mieux compris de son interlocuteur.

LES COMPÉTENCES LOGIQUES

25

PRÉSENTATION

L'a-t-on assez répété : lire, c'est comprendre. Pour nous, lire est en même temps beaucoup d'autres choses, ce pourquoi nous avons choisi de présenter d'abord les approches moins reconnues. Il n'en demeure pas moins que lire c'est aussi comprendre et que cela nécessite des compétences logiques.

Cependant, la logique appliquée à la fiction ne va pas de soi. On peut être logique dans les déductions de la vie quotidienne sans pour autant percevoir que la fantaisie d'un album dissimule un système logique. L'habitude est si fréquente d'opposer l'imagination et la raison que bien des jeunes ont du mal à percevoir que les deux sont à l'œuvre dans un livre de fiction réussi.

Le fait que tout ne soit pas dit explicitement dans un texte de fiction, qu'il y ait des « blancs » que le lecteur doit combler, rend plus difficile encore la compréhension du système logique utilisé. Il faut constamment déduire les conséquences des faits rapportés, lorsqu'elles ne sont pas décrites. Il faut anticiper, induire, mettre en relation diverses formes d'informations (et cela vaut aussi pour les documentaires).

Pour percevoir un récit, qu'il soit seulement textuel, ou s'articule entre un texte et des images, pour accéder pleinement aux informations d'un documentaire, un enfant doit être capable de relier cause et conséquence, de repérer une construction logique même si le thème est irrationnel, de distinguer ce qui est dit explicitement et ce qui peut être déduit.

Les activités que nous proposons ici sont destinées à faire percevoir aux jeunes différents types de cohérences logiques.

LES COMPÉTENCES LOGIQUES

26

POUR DES ENFANTS

▲ De la logique sous la fantaisie

– *Coyote mauve*, de Cornette et Rochette, « Pastel », L'École des loisirs, 1997.

Résumé

Sur la colline, Jim rencontre un « *coyote pas comme les autres. Un coyote mauve* ». Dès que ce dernier se sent observé, il se met en équilibre sur une patte et pousse un hurlement singulier : « *wululi wula wulila wuwu wa !* ». Le lendemain, même scène. Cette fois, Jim se décide à aller demander au coyote pourquoi il est mauve. L'animal refuse de répondre mais autorise l'enfant à lui poser des questions, ce dont Jim ne se prive pas, sans parvenir à trouver une réponse à sa question. Tous les jours, la scène recommence, et Jim pose des questions. Finalement, découragé, Jim demande au coyote pourquoi il pousse ce drôle de cri en adoptant une position si particulière. Le coyote dit que c'est son second secret. Ce à quoi Jim réplique : « *Ça c'est un secret idiot. Tout le monde peut faire ça !* ». Se mettant en équilibre sur une main, il lance le fameux cri et, instantanément, devient mauve, tandis que le coyote retrouve sa teinte naturelle.

Objectif de l'activité

Les lecteurs, surtout les jeunes, tendent à confondre « fantaisiste » et « arbitraire ». L'histoire du coyote mauve est certes fantaisiste, mais non arbitraire. Un système logique sous-tend toute l'histoire : pour devenir mauve, il faut se mettre en équilibre sur une patte (ou une main) et lancer la formule « magique ». En l'occurrence, il s'agit d'une sorte de malédiction et, manifestement, pour retrouver ensuite sa couleur naturelle, il faut parvenir à faire exécuter par un autre ce qui fait devenir mauve. Le lui demander susciterait de la méfiance, il faut donc agir par ruse, comme le fait le coyote. Et aussi, à la fin, Jim qui tente de se débarrasser de sa couleur mauve en essayant de susciter, en vain, la curiosité d'un autre personnage.

L'objectif de l'activité consiste à faire découvrir par les enfants ce système logique.

Consignes d'activité

Présenter aux enfants la première partie de cet album, jusqu'au moment où Jim commence à poser des questions. Demander alors à chacun d'imaginer une nouvelle question pouvant expliquer pourquoi le coyote est mauve, et répondre à la place du coyote. Lire la suite de l'album et mener le débat.

▲ Baptiser les personnages selon la logique de la première lettre de chaque animal

– *Le Jeune Loup qui n'avait pas de nom*, de Jean-Claude Mourlevat, illustrations Jean-Luc Benazet, Milan, 1998.

Résumé

Au bord d'un chemin, un jeune loup pleure. Passe un vieil homme qui l'interroge. Le jeune loup raconte qu'il est le septième enfant de la famille et qu'il n'a pas de nom. Alors ses parents ne l'appellent jamais, et c'est pourquoi il est très malheureux.

Le vieil homme propose au jeune loup de l'accompagner, car il a la solution dans son sac. En chemin, ils rencontrent un ours, un hérisson, un écureuil... qui ont le même problème que le loup.

À la fin, le vieil homme lègue sa profession au jeune loup : donneur de noms.

Objectif de l'activité

Dans cet album qui ressemble par sa structure répétitive (de nouveaux personnages qui ont le même problème) à bien des livres destinés aux petits, il y a un système logique concernant les noms : les six frères et sœurs du héros ont un nom qui commence par L, comme loup. Le nom des frères et sœurs de l'ours commencent par O. Le nom des frères et sœurs de la grenouille, du hérisson, de l'écureuil, et de la souris ne sont pas indiqués, mais on peut au moins en deviner la première lettre.

L'objectif de l'activité consiste à vérifier, sous forme ludique, si de jeunes enfants perçoivent ce système logique.

Consignes d'activité

Présenter et lire aux enfants les six premières doubles pages. Leur demander alors de deviner successivement les noms des frères et sœurs de la grenouille, du hérisson, de l'écureuil, et de la souris. Puis leur demander de baptiser ces septièmes enfants qui n'ont pas de nom.

LES COMPÉTENCES LOGIQUES

27

POUR DES ENFANTS ET DES ADOLESCENTS

▲ Décrypter le système logique de l'humour

– *L'Ours Barnabé : la nuit porte conseil,* de Philippe Coudray, Mango, 1997.

Résumé

L'Ours Barnabé ne quitte jamais sa montagne. Il déambule, au gré de ses fantaisies, de forêts en glaciers, souvent accompagné de son ami le lapin. Barnabé est doué d'une surprenante logique. Dans chacune des bandes dessinées qui compose ce recueil (une par page), Barnabé parvient à résoudre tous les problèmes, à contre-carrer toutes les situations, toujours avec humour.

Objectif de l'activité

L'humour est quelque chose de bien complexe, qui joue avec la logique et l'invraisemblance. Et, souvent, l'invraisemblable paraît logique alors que la logique semble fantaisiste. L'activité proposée consiste à faire découvrir par les enfants les rouages de l'humour, en faisant appel à leurs compétences logiques. Ce qui devrait susciter bien des débats, car les références logiques appartiennent à des domaines fort divers.

Consignes d'activité

Laisser les enfants découvrir cet album d'une façon autonome et en discuter entre eux. Puis leur demander de classer les bandes dessinées en deux catégories : celles qui sont logiques, et celles qui sont invraisemblables.

Quelques réponses :

1. *Bandes dessinées logiques :*

Page 1 : « L'arbre centenaire » : plus l'ours grimpe à l'arbre, plus il trouve des pousses jeunes. Il conclut : « Plus il grandit, plus il rajeunit ! », ce qui est logique, dans un sens, puisque l'arbre pousse par le haut.

Page 2 : « La chasse » : l'ours déclare : « Je vais à la chasse ». Cela consiste pour lui à éviter les balles des chasseurs, en se contorsionnant – une sorte de sport ! Quand il conclut : « c'est un sport dangereux, mais sain », c'est tout à fait logique, de son point de vue de sportif.

Page 3 : « La cascade » : un ami de Barnabé lui demande de rapporter « un morceau de cascade ». Le terme « morceau » n'est pas approprié, mais Barnabé tourne logiquement la difficulté en rapportant un peu d'eau de la cascade dans une bouteille et en la faisant couler devant son ami.

Page 4 : « Les maquettes » : avant de construire une maison, Barnabé fait une petite maquette, puis une maquette plus grande. Finalement, la maison construite, l'une des maquettes sert de boîte aux lettres, l'autre de niche à chien. S'il n'y a rien de logique à utiliser ces trois éléments, il est logique de faire une maquette avant de construire pour de vrai.

Page 6 : « Couper du bois » : le lapin autorise Barnabé à couper un seul arbre. Ce que fait l'ours, mais en débitant l'arbre en rondelles qu'il laisse tomber alentour. Le lapin, de retour, croit qu'il s'agit de nombreux arbres coupés et se plaint. Mais cette confusion est logique car les rondelles de bois ressemblent effectivement à ce qu'il reste quand on a coupé des arbres. Sauf que le lapin devrait savoir qu'il n'y avait pas d'arbres à ces endroits-là !

Page 7 : « Peur des chasseurs » : comme le canard a peur des chasseurs, Barnabé lui pose sur le dos une pancarte où il a écrit à l'envers : « Tirez ici ». L'inscription se reflète, à l'endroit, dans l'eau, pour inciter les chasseurs à tirer sous le canard, ce qui est logique d'une certaine façon.

Page 8 : « Le parasol » : Barnabé est en train de sculpter un rocher et annonce qu'il fait un parasol. Quand il a terminé, la sculpture ressemble à un ours, et Barnabé peut donc s'allonger dans cette ombre qui a sa forme. C'est logique, car un parasol est un pare-soleil, et rien n'oblige à lui donner la forme d'un parapluie.

Page 9 : « Aide-moi » : un ours blanc demande à Barnabé de l'aider à porter un tronc d'arbre. Barnabé s'assoit au bout du tronc. Si l'on se réfère aux lois sur les leviers et au point d'appui du tronc sur l'épaule de l'ours blanc, c'est logique.

Page 10 : « L'Afrique » : comme tout est toujours pareil, Barnabé décide d'aller en Afrique. Là-bas, tous les animaux le regardent d'un air étonné. Quand Barnabé revient et qu'on lui demande : « Alors ? Qu'est-ce qu'il y avait de nouveau en Afrique ? », il répond très logiquement : « Moi ».

Page 11 : « Les champignons » : le lapin propose un concours à l'ours, ramasser le plus de champignons. Barnabé n'en trouve qu'un, mais énorme, et entreprend de sculpter plein de petits champignons à partir de cette matière première. C'est bizarre mais logique car « plus » désigne aussi bien la quantité que le nombre.

Page 12 : « La glace » : comme il en a assez de se voir dans un miroir, Barnabé le brise. Du coup, il est reflété dans tous les morceaux, ce qui est logique.

Page 13 : « Le colis » : Barnabé dispose un colis dans la prairie et précise que c'est pour le lapin et qu'il mettra deux ou trois jours pour arriver. Deux jours après, le lapin passe par là et trouve le colis. C'est logique : ce qui compte, c'est que le colis parvienne au lapin, rien n'implique qu'il faille transporter l'un vers l'autre, plutôt que l'inverse.

Page 14 : « Les cinq poissons » : le lapin se vante d'avoir pris cinq poissons en une heure et défie l'ours d'en faire autant. Barnabé commence par rejeter les poissons à l'eau, en précisant : « Il fallait que nous ayons les mêmes chances ! », ce qui est logique sur le plan statistique.

Page 15 : « Les étoiles » : le lapin demande à Barnabé combien il y a d'étoiles dans le ciel. L'ours répond par un nombre à 57 chiffres – invérifiable – et le lapin demande : « Et ça fait combien, ça ? », ce qui est logique, s'il ne connaît pas un nombre aussi élevé.

Page 16 : « Le gros arbre » : le lapin défie l'ours de couper un énorme arbre en deux. Barnabé casse une petite branche. C'est logique : « couper un arbre en deux » n'implique pas que les deux parties soient égales, etc.

2. *Bandes dessinées invraisemblables :*

Page 5 : « L'araignée » : une araignée se balance au bout de son fil. Barnabé se saisit du tout, plonge l'araignée dans la rivière et, avec cet appât, pêche un gros poisson. D'un point de vue logique, c'est impossible : le fil casserait. L'humour provient de l'analogie entre un appât au bout d'une ligne, et l'araignée au bout de son fil.

Page 21 : « Question » : le chien demande à l'ours comment les oiseaux nourrissent leurs petits. « Il suffit de regarder par la fenêtre », répond Barnabé. Effectivement, chacun des six carreaux de la fenêtre montre un oiseau en action : le premier poursuit un insecte, le deuxième l'attrape, le troisième revient au nid, et ainsi de suite. Cela forme une bande dessinée didactique. Ce n'est pas totalement invraisemblable mais statistiquement, ça n'a pratiquement aucune chance de se produire.

Page 32 : « L'éclair » : un éclair frappe la montagne. L'entaille a la forme de l'éclair. Surprenant ! Mais invraisemblable.

Page 40 : « La girouette » : celle-ci a deux flèches, toutes deux tournées dans la même direction pour le vent du nord, dans la direction opposée pour le vent du sud. Mais quand elles sont tournées dans une direction différente, Barnabé commente : « Pas de vent ! », ce qui est illogique, sauf à supposer l'intervention manuelle de quelqu'un, etc.

LES COMPÉTENCES LOGIQUES

28

POUR DES ADOLESCENTS

▲ Mettre en relation trois types d'informations

– *Suivons ce chat,* de Masako Izawa, illustrations Mamoru Hiraide, « Archimède », L'École des loisirs, 1993.

Présentation

Cet album documentaire décrit la vie d'un chat pendant vingt-quatre heures : son itinéraire, ses activités. Le narrateur s'efforce de rapporter tout ce qui concerne ce chat, prend des notes, dessine des croquis. Au début, il déclare : « *Pour ma part, j'étudie tout simplement la vie des animaux qui sont très proches de nous, et cela m'amène à faire toutes sortes de découvertes étonnantes.* »

Objectif de l'activité

Mettre en relation trois types d'informations. L'essentiel de l'album est constitué par un journal de bord où sont consignées les activités du chat; les heures sont indiquées. À la fin de l'album (pp. 36-37), un plan du quartier est proposé au lecteur, et l'itinéraire du chat y est reconstitué. Aux mêmes pages, l'emploi du temps du chat est reproduit en tableau.

Or, quand on compare ces trois types d'informations, on constate que quinze des moments décrits (avec horaire) dans le texte ne figurent ni dans le plan, ni dans l'emploi du temps. Une lecture attentive de l'album peut cependant permettre de compléter le plan.

Consignes d'activité

Laisser les jeunes découvrir cet album d'une façon autonome et en discuter entre eux. Leur proposer, alors, une photocopie agrandie des pages 36-37, et leur demander d'inscrire, sur le plan, les heures suivantes, au bon emplacement : 11 h 30, 11 h 45, 12 h, 12 h 25, 14 h 10, 17 h 50, 18 h 45, 18 h 50, 19 h 20, 20 h 40, 21 h 50, 22 h 05, 5 h 30, 6 h.

▲ De l'ordre sous le désordre

– *En voyage*, de Guy Billout, Gallimard, 1993.

Présentation

Il s'agit là d'un album très particulier. Un enfant monte dans un train et contemple les paysages qui défilent. À la fin du voyage, l'enfant est devenu un vieillard. Chaque double page présente, page de gauche, le personnage assis dans un compartiment, en train de regarder une scène par la fenêtre ; à droite, la même scène élargie qui, chaque fois, met en scène un paradoxe spatial et/ou temporel. Le paradoxe peut être également lié à un court texte qui figure sous chaque image de gauche : notion temporelle ou spatiale.

Objectif de l'activité

À première vue, on croit avoir affaire à un album complètement déstructuré. L'objectif de l'activité consiste précisément, au-delà de cette apparence, à faire découvrir aux jeunes les régularités. Il y en a plusieurs :
– la mise en page est régulière ;
– chaque image se réfère à une époque identifiable par un élément (diplodocus, Grec de l'Antiquité, castel du Moyen Âge, cathédrale gothique, galion, etc.) ; or, les différentes époques présentées sont chronologiques, de la Préhistoire à nos jours ;
– chaque double page présente au moins un paradoxe (vignes feuillues en mai, loups passant *sous* une rivière, naufrage d'un paquebot dans un bassin, soldats s'enfonçant dans le sol,...), etc.

Consignes d'activité

Laisser les enfants découvrir cet album d'une façon autonome et en discuter entre eux. Leur demander de repérer alors si, au-delà du désordre apparent, il y a des choses logiques ou régulières.

▲ Anticiper à partir des légendes d'illustrations

– *La Vie des enfants au siècle des Lumières*, de Claude Grimmer, Sorbier, 1998.

Présentation

Cet album documentaire, comme son titre l'indique, évoque la vie des enfants au XVIIIe siècle, époque où l'enfance a commencé à être perçue comme se distinguant de l'âge adulte. Mais, à huit ans, les enfants étaient considérés comme aptes à travailler.

Ce livre évoque notamment la naissance, l'alimentation, l'école, la vie de famille, les jeux, le travail, les fêtes, les métiers..., et s'appuie sur une importante iconographie, des dessins provenant de la Bibliothèque nationale de France.

Objectif de l'activité

Dans un album documentaire, souvent, il y a plusieurs types d'informations fractionnées : des textes ressemblant à des articles thématiques, des images informatives, des commentaires d'images, des titres et sous-titres intérieurs, parfois des textes narratifs. Généralement, il y a une grande cohérence entre ces divers éléments. L'activité proposée a pour but de faire circonscrire le thème du livre aux enfants, à partir d'un de ces types d'information : les légendes d'illustrations.

Consignes d'activité

Proposer aux jeunes la liste des légendes d'illustrations, dans l'ordre de leur apparition :

- C'est un fils monsieur !
- L'ondoiement.
- Registre de baptême, ancêtre de l'état civil.
- C'est cela emmailloter.
- Le départ pour la mise en nourrice.
- À la cuillère.
- Le bénédicité.
- Des fruits pour le dessert.
- Le repas paysan.
- Changer bébé.
- Les premiers pas.
- Maman bobo !
- Abécédaire en quatre langues.
- Les punitions exemplaires.
- L'école des filles.
- Apprendre à lire demande attention.
- L'école des garçons.
- « Échaudés, échaudés, achetez mes échaudés pour être aimé. »
- Enfants des rues.
- Une manufacture de tissu en Provence.
- Le cheval de bois.
- Le hochet.
- « Pleurez, pleurez petits enfants, vous aurez des moulins à vent. »
- Mon joli mouton.
- Divertissement sur la glace.
- Le cerf-volant.
- La fête des Rois.
- La veillée à la ferme.
- Le feu à la Saint-Jean.
- Le carnaval dans les rues de Paris.
- Départ en voyage.

– Sur les chemins.
– L'enfant trouvé.
– La famille royale visitant l'hôpital des Enfants trouvés.
– Une pâtisserie-traiteur.
– La toupie.
– Un après-midi à la maison.
– Le cours de danse.
– Chapardage de pommes.
– Repas en famille.
– Le loup est un animal féroce.
– Occupations enfantines.
– L'école du prêtre.
– Une famille heureuse.
– La sortie du collège.
– « Marrons chauds. »
– La blanchisseuse.
– Scène de rue parisienne.
– Le repas du soir.
– La gouvernante.
– La cour du collège Louis-le-Grand.
– Colin-maillard.
– Le jeu de paume.
– Une barricade.
– La fête de la Fédération.
– Le mariage.
– Le chien fidèle ami des enfants.
– Un écolier.
– Première leçon d'amitié fraternelle.

Les jeunes, en groupes, disposent de cette seule liste. Leur préciser qu'il s'agit des légendes d'illustrations d'un livre. Leur demander, dans un premier temps, de déterminer le thème de ce livre. Dans un second temps, d'essayer de trouver les titres des différentes parties du livre.

Ensuite, on leur propose le livre : ils sont motivés pour le lire et pour comparer son contenu avec ce qu'ils en ont imaginé.

DEUXIÈME PARTIE

FAIRE ACQUÉRIR LES COMPÉTENCES DE LECTEUR : LA LECTURE EXPERTE

AVANT-PROPOS

Le lecteur d'un livre s'intéresse généralement à l'histoire racontée, s'il s'agit d'une fiction, ou aux informations, s'il s'agit d'un documentaire. Plus expert, le lecteur discerne en même temps d'autres éléments d'arrière-plan, qui concernent aussi bien les faits de langue ou le mode de formation des noms propres, la signification du livre selon qu'on articule ou non le texte et les images, qu'on perçoit ou non l'idéologie cachée, qu'on est en mesure de donner sens aux références historiques, géographiques ou sociales. D'une façon un peu abrupte, on peut regrouper tout cet arrière-plan sous le terme générique *d'implicite du livre*.

Comment définir l'implicite ? Un passage de *Lettres d'amour de 0 à 10*, roman de Susie Morgenstern (« Neuf », L'École des loisirs, 1996), propose une métaphore éclairante à ce propos.

Dans ce roman, à un moment, la meilleure amie du héros est malade. Ernest, qui partage le même pupitre, à l'école, réagit à cette absence :

> *« Victoire était malade depuis une semaine et Ernest n'était qu'à moitié présent sans elle. Il ne traversait pas la frontière qui le séparait de l'autre côté du pupitre qu'ils partageaient, ne serait-ce que d'un coude, pour ne pas écraser son fantôme. Son absence était une immense présence pour Ernest, comme un trou qu'on contourne pour ne pas y tomber, mais on pense tant au trou qu'on y tombe quand même »* (pp. 151-152).

L'implicite, pareillement, est une absence, mais telle que les éléments qui entourent le trou dessinent en creux la forme de l'objet absent. Autrement dit, l'implicite, ce n'est pas l'absence, mais ce qui reste présent dans l'ombre, ou en creux.

L'implicite peut donc concerner tous les éléments qu'on trouve dans un récit, et se déduire de l'explicite. Ce n'est évidemment pas facile car il faut distinguer ce qui est *implicitement* présent dans le texte, de ce que le lecteur *associe* au texte, à partir de son expérience personnelle. Encore cette possibilité d'associer des éléments extérieurs est-elle prévue par le texte sans que ce dernier induise pour autant le contenu de cette association ; c'est le cas des *blancs* du texte que l'auteur charge le lecteur de remplir (coopération du lecteur), souvent aussi celui des structures polysémiques ou des connotations, qui révèlent la possibilité de plusieurs significations sans pour autant les proposer toutes.

Pour explorer les différents éléments supports de l'implicite, dans un texte, on pourra se reporter à l'article des auteurs, paru dans *L'École des lettres (collège)*, n° 14 (1998) : « Découvrir l'implicite dans les textes ».

Cette notion complexe est difficile à proposer, abstraitement, à des jeunes. Une façon de la leur faire percevoir est de leur proposer d'explorer l'album de Michel Piquemal, illustré par Johanna Kang : *On s'aimera toujours* (Syros, 1994). L'un des intérêts de cet album est qu'il concrétise la notion d'implicite.

Le texte raconte l'histoire d'un enfant, le narrateur, en vacances au bord de la mer. Mais ce discours à la première personne est chargé d'implicite. L'incipit est révélateur, à cet égard :

> *« Depuis que je suis arrivé à la mer, je n'ai pas envie de jouer.*
> *Ma tante a beau me répéter de m'amuser avec mes cousins, je préfère rester tout seul.*
> *Je n'aime pas leur regard en coin, je ne veux pas qu'ils me plaignent.*
> *J'ai envie d'être triste et ça ne se partage pas. »*

L'enfant-narrateur essaie de combler « *un grand trou laissé par un arbre arraché* ». Mais il sait qu'il n'y parviendra pas. Petit à petit, le lecteur expert peut comprendre, en déchiffrant l'implicite, que la grand-mère du narrateur est morte. Mais ce n'est jamais dit explicitement.

Or, ce qui est remarquable dans cet album, c'est que l'illustratrice a tenté de faire percevoir au lecteur qu'il y a des éléments implicites. Pour ce faire, elle a utilisé un procédé particulier : chaque page, en papier assez fin, forme une sorte de pochette, fermée du côté de la tranche et du dos, ouverte en haut et en bas. *À l'intérieur* de ces pochettes, l'illustratrice a parfois dessiné un élément qui, en raison de la minceur du papier, apparaît comme un dessin en filigrane. C'est bien là une métaphore de l'implicite, si présent dans le texte. Les éléments ainsi dessinés ne sont pas signifiants en eux-mêmes : une tente de plage, un pare-vent, un couple, un bateau, etc. Ce qui est signifiant, c'est le procédé qui permet de faire percevoir à des jeunes ce qu'est l'implicite, présent et absent en même temps.

Plus classiquement, mais sur un thème voisin, on fera découvrir l'implicite de *L'Oasis d'Aïcha*, de Achmy Halley (« Les mini », Syros, 1997) où le jeune lecteur, bien que ce ne soit pas dit, comprend vite que la grand-mère suit un traitement anti-cancéreux, et que son espérance de vie est limitée.

Les activités proposées dans cette deuxième partie sont donc destinées à rendre les enfants et les adolescents plus aptes à percevoir les différentes formes d'implicite dans un livre.

LES FAITS DE LANGUE

29

PRÉSENTATION

Dans son étude *L'Implicite*[1], Catherine Kerbrat-Orecchioni montre que tout le monde charge le langage d'implicite, recourant aux présupposés, aux sous-entendus, aux insinuations... C'est un premier niveau d'implicite concernant les faits de langue.

La langue des textes littéraires va plus loin, puisque, pour reprendre la formulation de Serge Goffard[2], « *on s'accorde pour reconnaître que ces textes ont en commun d'interroger le fonctionnement de la langue qui les porte, de l'explorer comme d'en transgresser les règles* ».

L'exploration concerne, en particulier, le lexique, mais également la corrélation entre le vocabulaire utilisé et un autre aspect du livre (champ lexical en accord avec le thème explicite de l'eau, par exemple). La transgression concerne à la fois la syntaxe et le lexique (néologismes). Et les deux sont à l'œuvre dans la création de figures de style ou tropes.

1. Catherine Kerbrat-Orecchioni, *L'Implicite*, « Linguistique », Armand Colin, Paris, 1986.
2. « Littérature ? », *in* Goffard, S., Lorant-Jolly, A. (dir.), *Les Adolescents et la lecture. Actes de l'université d'été d'Évian*, CRDP de l'académie de Créteil, « Argos », 1995.

LES FAITS DE LANGUE

30

POUR DES ENFANTS

▲ Faire produire des phrases à partir d'images

– *Je découvre les animaux dans l'art*, de Lucy Micklethwait, Bayard Éditions, 1995.

Présentation

Cet album rassemble vingt tableaux de peintres et propose au jeune lecteur de trouver, dans chacun, un animal : un chien dans *Le Moulin de la Galette*, de Renoir, un cochon dans *Le Poète allongé*, de Chagall, etc.

Dans un premier temps, les enfants peuvent se livrer à cette lecture d'images particulière. On peut également leur proposer, alors, d'inventer un jeu similaire qui s'intitulerait : « Je découvre des objets », dans les mêmes tableaux.

Mais à partir de la lecture d'images, on peut proposer également une activité de langage.

Objectif de l'activité

Faire produire des phrases simples ou complexes à partir de la lecture d'images.

Consignes d'activité

Dans un premier temps, demander aux enfants de trouver un verbe en rapport avec chaque image. Par exemple, « sourire », pour le tableau de Renoir; « décorer », pour un tableau de Jan Van Os; ou « porter », pour un tableau du Titien. Dans un deuxième temps, leur demander d'ajouter un sujet et un complément. Par exemple, pour les trois verbes précédents, on peut obtenir les phrases : « La femme sourit à l'homme », « Le bouquet décore la table », « La femme porte le bébé ». Et, dans un troisième temps, on peut faire compléter les phrases par le lieu ou le temps : « Appuyée à la balustrade, la femme sourit à l'homme tournant le dos à la table ».

Remarque : ce jeu, où les enfants produisent eux-mêmes des énoncés, peut ensuite déboucher sur une approche plus méthodique de la phrase.

▲ Faire repérer des phrases orales

– *Moi, j'ai horreur des gosses,* de Pef, Albin Michel jeunesse, 1998.

> **Présentation**
>
> Pef se met en scène (sa photo figure au début, et l'on peut y reconnaître le personnage principal de l'album) pour dénoncer humoristiquement tout ce qu'il déteste chez les enfants : ils sont jeunes, eux, ils croient tout ce qu'on leur raconte, ils ne sont presque jamais malades, etc.

Objectif de l'activité

Faire en sorte que les jeunes enfants remarquent la différence entre un texte narratif et des paroles prononcées. En l'occurrence, la tâche est facilitée car, d'une part, toutes les phrases prononcées figurent à l'intérieur de bulles, dans l'album; d'autre part, toutes ces phrases prononcées sont reprises, dans les pages de garde, au début et à la fin.

Consignes d'activité

Faire remarquer aux enfants qu'il y a des phrases (ou des débuts de phrases) reproduites dans les pages de garde, au début et à la fin. Leur demander de chercher, dans le livre, où figurent ces phrases, puis de chercher ce qu'elles ont toutes en commun, caractéristique qu'elles ne partagent pas avec le texte imprimé.

Réponses : ces phrases ont en commun :
– de figurer dans des bulles,
– d'être en écriture cursive,
– mais surtout de représenter des paroles prononcées par l'un des personnages, alors que tout le reste du texte est la voix du narrateur, qui s'identifie fictivement à l'auteur.

▲ Travailler sur les verbes pronominaux

– *Les Petits Délices,* d'Élisabeth Brami, illustrations Philippe Bertrand, Seuil jeunesse, 1997.

> Cet album est le recueil des petits plaisirs qu'on peut trouver dans la vie. Par exemple, « Se raconter les rêves de la nuit, le matin, au petit déjeuner », ou « Dire ce qu'on n'osait pas dire », ou encore « Se faire savonner le dos ».

Objectif de l'activité

Il s'agit de faire écrire, par de jeunes enfants, leurs propres petits plaisirs, à la façon d'Élisabeth Brami, c'est-à-dire avec des phrases simples. Mais les phrases simples n'excluent pas une certaine recherche sur la langue. Par exemple, dans cet album, toutes les phrases commencent par un verbe. Mais, à y regarder de plus près, on se rend compte que certains verbes sont toujours pronominaux, d'autres ne peuvent l'être, alors qu'une troisième catégorie regroupe les verbes qui, selon le cas, sont pronominaux ou pas. C'est en partant de cette constatation que nous proposons d'entamer le travail d'écriture.

Consignes d'activité

Dans un premier temps, classer en trois catégories les verbes utilisés par l'auteur, selon qu'ils sont toujours ou jamais pronominaux, ou peuvent prendre les deux formes. Dans un deuxième temps, demander aux enfants de rédiger, à leur tour, des *petits délices* en utilisant la forme de la troisième catégorie non utilisée par l'auteur (mais parfois elle illustre les deux formes). Cela les familiarisera avec la manière d'écrire d'Élisabeth Brami, tout en les initiant à un mystère grammatical. Dans un troisième temps, leur demander d'écrire d'autres *petits délices*, sans contrainte.

Réponses :

– *Verbes utilisés toujours pronominaux* : Se souvenir – Se bagarrer.

– *Verbes utilisés jamais pronominaux* : Danser – Courir – Rester – Avoir Penser – Réussir.

– *Verbes admettant les deux formes (en gras, celle que l'auteur n'a pas utilisée)* :

Regarder – Se regarder
Tenir – Se tenir
Faire – Se faire
Raconter – Se raconter
Parler – Se parler
Dire – **Se dire**
Offrir – **S'offrir**
Préparer – Se préparer
Découvrir – Se découvrir
Fermer – **Se fermer**
Partager – **Se partager**
Attendre – **S'attendre**
Retrouver – **Se retrouver**
Promener – Se promener
Prononcer – **Se prononcer**
Amuser – S'amuser
Endormir – S'endormir

LES FAITS DE LANGUE

31

POUR DES ADOLESCENTS

▲ Repérer des figures de style

– *Un extra-terrestre sous mon lit,* de J.R. Black, trad. Yannick Surcouf, « Passion de lire/Zone d'ombre », Bayard poche, 1997.

Résumé

Le père d'Hélène s'est remarié, et elle ne supporte ni sa trop parfaite belle-mère, ni sa demi-sœur, Angélique la bien nommée. L'ambiance, dans la famille, est pesante, et il y a de nombreuses altercations. Soudain, un extra-terrestre débarque dans la vie d'Hélène. Il a le pouvoir de se transformer, de lire dans les pensées et de congeler qui il veut. Très vite, Hélène comprend qu'elle ne peut rien faire contre lui.

Or l'extra-terrestre qui, dans la journée, prend les traits d'un nouvel élève, dans la classe fréquentée par les deux demi-sœurs, et la nuit dort sous le lit d'Hélène, révèle à cette dernière qu'il compte emmener sur sa planète, comme spécimen, Angélique, afin de lui faire subir nombre d'expériences désagréables.

Hélène tente alors de faire échouer le projet de l'extra-terrestre pour sauver Angélique. Aucune de ses tentatives ne réussit. Mais, à la fin, le père de l'extra-terrestre arrive à son tour et révèle que son fils – un enfant de l'âge d'Hélène selon les critères de sa planète – n'a pas pour mission de capturer un spécimen, mais de rétablir l'harmonie dans une famille. Et la ruse utilisée a été efficace : Hélène s'est rapprochée d'Angélique, et de sa belle-mère.

Objectif de l'activité

Faire repérer, dans ce roman, des figures de style et les caractériser, de façon à distinguer langage standard et écriture de fiction.

Consignes d'activité

Proposer aux jeunes de lire une première fois ce livre, pour le plaisir, puis de le lire une seconde fois, en portant davantage attention à l'écriture, et de noter les passages où, leur semble-t-il, les formulations sont chargées d'un sens différent de ce qui est dit.

La mise en commun peut donner lieu à un débat et à communication d'informations. Ce peut être l'occasion de travailler sur quelques figures de style (comparaison, métaphore, sous-entendu, antiphrase, euphémisme, etc.).

Quelques-unes des phrases à double sens :

1. « *Bien, à présent je suggère que nous nous accordions une parenthèse horizontale* » (p. 24). C'est l'extra-terrestre qui parle à Hélène. Cette phrase constitue une allusion involontaire à ce qu'on appelle aussi, parfois, une « sieste coquine ». Mais l'extra-terrestre, qui maîtrise mal la langue terrienne, veut simplement dire qu'il est temps de dormir.

2. La belle-mère d'Hélène anime une émission à la télévision. Elle parle de sa prochaine émission : « *Ça va s'appeler "Astuces pour une belle-famille". J'y donnerai des conseils et quelques trucs pour resserrer les liens entre les membres d'un foyer reconstitué* » (p. 37). Entendant cela, Hélène pense : « *Resserrer les liens... Je me voyais déjà attacher Angélique à un poteau et la bâillonner* » (p. 38). Naturellement, elle joue sur le sens direct et le sens figuré d'une expression.

3. Quand la belle-mère d'Hélène annonce qu'une équipe de télé va filmer leur famille, Hélène pense : « *Quelle journée ! D'abord un monstre sous mon lit et, maintenant, une équipe de la télé qui allait fouiller partout* » (p. 40). Les deux événements ne sont pas comparables, même s'ils sortent de l'ordinaire. L'extra-terrestre, c'est un événement incroyable, tandis que l'équipe de télé, c'est un événement rare mais possible. C'est ce décalage qui produit l'effet humoristique.

4. L'extra-terrestre parle de la planète voisine de la sienne dont les habitants sont des « *Bellixois* » présentés comme des « *êtres maléfiques* » (p. 50). Le mode de composition du mot vaut explication puisqu'il est construit à partir de « belliqueux ».

5. L'extra-terrestre explique à Hélène ce qu'il compte faire subir à Angélique, sur sa planète : « *Nous ne sommes pas des sauvages comme les Bellixois. Elle sera nourrie, logée dans un laboratoire très propre. Elle devra trouver son chemin dans des labyrinthes. Les chocs électriques ne sont pas très violents. Et puis elle finira par s'habituer aux piqûres. Bien sûr, les spécimens n'aiment guère qu'on leur arrache les dents* [...] » (p. 61). Il y a là un effet de fausse naïveté, qui s'explique fort bien, à la fin, quand on découvre qu'il s'agit là d'une ruse de l'extra-terrestre.

6. Hélène commente ses efforts pour sauver sa demi-sœur et évoque l'ignorance des parents : « *Ce qu'ils ne sauraient jamais, en revanche, c'est que leurs filles auraient évité de peu la guerre des étoiles !* » (p. 118). Cette référence est à la fois une allusion à un film, et une exagération qui souligne l'implication de la narratrice, car il ne s'agit nullement de guerre, dans ce roman.

▲ Trouver les alexandrins cachés

– *Un Noël d'écureuil,* de Ghislaine Roman, illustrations Bruno Pilorget, Milan, 1997.

> Au milieu de l'hiver, un petit écureuil se réfugie dans un sapin où il rêve d'habiter. Mais ce sapin doit être coupé pour Noël.

Objectif de l'activité

Cet album s'adresse à de jeunes enfants, mais peut permettre une activité avec des enfants plus grands. Bien que le texte soit en prose, la recherche de musicalité, par l'auteur, conduit à utiliser, à deux reprises, des alexandrins rimés qui, naturellement, n'apparaissent pas comme tels dans le texte. L'objectif de l'activité consiste à faire trouver ces alexandrins par les jeunes, à charge pour eux de trouver la définition de l'alexandrin : vers de douze syllabes écrites rimant à la fin.

Consigne d'activité

Dans le texte de cet album sont dissimulés des alexandrins. Trouvez-les !

Réponse :

1. *« Par un hiver si froid, par un hiver si long,*
   même les écureuils rêvent d'une maison. »
2. *« La voix douce de l'homme et un rire d'enfant,*
   grelot clair et joyeux, se mêlaient dans le vent. »

▲ Utiliser les registres de langue

– *Gosse de riche !*, de Joseph Périgot, « Dix & plus », Casterman, 1998.

> **Résumé**
>
> Un soir, Raoul, un vieux retraité de la SNCF habitant Rouen, repère et accueille un fils de bonne famille qui a fugué. Le vieil homme a un cœur d'or mais bougonne sans arrêt. Tom est ouvert, sincère, mais il a aussi son caractère. Le courant passe, cependant, entre ces deux-là. Raoul apprend alors que Tom est le fils d'un ministre, et qu'il a fugué parce que son père ne l'aime pas et maltraite sa mère. Il voulait rejoindre sa tante, qui l'a élevé, et a été renvoyée à Rouen, mais ne parvient pas à trouver son adresse.
>
> Finalement tout s'arrange, les apparences familiales pouvant être trompeuses pour un regard enfantin ; et à l'occasion Raoul trouve une compagne : la tante de Tom.

Objectif de l'activité

La crédibilité des personnages de ce roman repose en particulier sur l'utilisation de deux registres de langue différents. Le dialogue, ci-dessous (p. 23), le montre bien :

« Et comment t'es arrivé jusque-là ?
– J'ai pris le train à la gare Saint-Lazare.
– Oui, ça, je m'en doute. Mais pourquoi Rouen ?
– J'avais pour projet de me réfugier chez tante Louise. Elle a une maison à Rouen. Mais je n'ai pas réussi à la trouver.
– Tu aurais pu lui téléphoner !
– Je n'avais pas son numéro en tête, figurez-vous.
– Les renseignements, ça existe. Le 12. C'est facile à faire : 1 et 2 !
Alors, là, il se dresse en criant :
– Vous ne comprenez rien à rien ! Elle est sur la liste rouge ! Vous savez ce que c'est, la liste rouge ? »

Nous proposons aux lecteurs de repérer les caractéristiques des deux registres de langue, puis de récrire le dialogue en inversant ces registres.

Consigne d'activité

Dans ce livre (ou dans le passage ci-dessus), Tom (l'enfant) et Raoul (l'adulte) ne parlent pas de la même façon.

1. Qu'est-ce qui caractérise le langage de chacun ?

2. Essayez de récrire un dialogue de telle façon que Raoul utilise une langue soutenue, et Tom, une langue populaire.

Éléments de réponse :

Quelques caractéristiques du registre de Raoul :
– Il abrège les mots ou utilise des formes raccourcies : « *T'es arrivé* », « *ça* ».
– Il utilise des ellipses : « *Mais pourquoi Rouen ?* » plutôt que « Mais pourquoi as-tu choisi Rouen ? ».
– Il utilise des mots passe-partout plutôt que des termes précis : « *Tu aurais pu lui téléphoner* » plutôt que « Tu avais la possibilité de lui téléphoner ».
– Il utilise des phrases explétives du verbe : « *Le 12* ».

Quelques caractéristiques du langage de Tom :
– Il prononce toutes les syllabes.
– Il utilise un lexique signifiant et non des mots passe-partout : « *J'avais pour projet* » plutôt que « Je voulais » ; « *me réfugier* » plutôt « qu'aller »...
– Il explique tout sans utiliser d'ellipses.
– Son exaspération croissante ne se traduit pas par des injures mais seulement par des intonèmes exclamatifs ou interrogatifs portant sur des phrases complètes.

LES NOMS PROPRES

32

PRÉSENTATION

Les jeunes lecteurs n'utilisent souvent les noms propres, dans la fiction, que comme des étiquettes commodes pour distinguer les personnages et les lieux, ce qui est effectivement leur première fonction. Cependant, le choix d'un nom propre n'est jamais neutre, il connote toujours quelque chose d'autre. Voici cinq exemples de noms propres qui induisent un sens différent dans l'esprit du lecteur, sans que ce dernier s'en rende forcément compte consciemment.

1. Un personnage est surnommé Rintintin. Comme tout le monde connaît le stupide chien qui, apparu initialement dans *Lucky Luke*, a droit maintenant à sa propre collection, un personnage ainsi surnommé sera perçu d'emblée comme à la fois stupide et drôle.

2. Un personnage s'appelle Lefébure. C'est un nom fréquent, dans la réalité. Il participe donc à l'impression que les personnages de cette fiction appartiennent au monde réel, l'effet de vraisemblance, qu'on appelle aussi *effet de réel* ou *illusion référentielle.* En revanche, si Lefébure se prénomme Gaston, cela connotera l'impression d'un personnage âgé ou référé à une époque révolue ; tandis que s'il se prénomme Bérangère, le lecteur pensera à un personnage contemporain ou à un personnage du Moyen Âge, selon le contexte.

3. Un personnage s'appelle Troulalaïtou et vit dans le village de Coquenpâte. Pour le lecteur, cela connote immédiatement un univers de fantaisie, sans commune mesure avec la réalité. Généralement, ces noms de fantaisie sont directement signifiants. Dans le cas présent, le lecteur songera à quelqu'un d'insouciant, ce que le nom de lieu connote également.

4. Un village s'appelle Rouperroux-le-Coquet. Bien que ce village existe effectivement dans la Sarthe, la plupart des lecteurs l'ignorent, et ce nom apparaîtra comme fantaisiste.

5. Une ville s'appelle Mulhouse. Le lecteur a aussitôt l'impression que l'histoire se déroule en Alsace, même si les lieux décrits ne correspondent aucunement à la réalité géographique.

Comme on le constate, derrière les noms propres, il y a de l'implicite.

LES NOMS PROPRES

33

POUR DES ENFANTS

▲ Des noms communs deviennent des noms propres

– *Mousse et Toupet vont à l'école,* d'Agnès Bertron, illustrations Graham Percy, « Les belles histoires », Bayard Éditions, 1998.

Résumé

Mousse, le petit mulot gris, n'a qu'une envie : devenir l'ami de Toupet, le grand mulot brun. Il le trouve drôle, toujours gai et plein d'idées. Mais plus il l'admire, moins il ose lui parler. Un jour, sur le chemin de l'école, un renard les attaque ! Mousse et Toupet se sauvent et se réfugient dans une souche. Ils y restent longtemps et c'est l'occasion, pour Mousse, de raconter à Toupet tout ce qu'il a sur le cœur. Et le début d'une amitié.

Objectif de l'activité

Dans les livres pour la jeunesse, les noms de personne ou les noms de lieu sont souvent signifiants. Il n'est pas toujours possible de trouver pourquoi l'auteur les a baptisés ainsi, car l'écrivain révèle rarement ses associations mentales, mais pour certains noms, on peut émettre des hypothèses vraisemblables, parfois après des recherches documentaires.

Consignes d'activité

Après lecture de l'album, demander aux enfants de dresser la liste des noms de personnages. Elle est simple : Mousse, Toupet et Goupil. Dans un second temps, demander aux enfants d'essayer de trouver pourquoi ces personnages se nomment ainsi.

Réponses vraisemblables :

1. Mousse : c'est un personnage timide et doux, et l'on peut supposer que l'association avec de la mousse a été faite par l'auteur. Mais Mousse étant

un mulot, autrement dit une souris, il est probable que le mot anglais *mouse*, si souvent associé à Mickey, est la référence implicite du nom.

2. Toupet : à l'inverse de Mousse, c'est un personnage décidé qui sait toujours ce qu'il y a à faire. Il est probable que son nom vient de l'expression « avoir du toupet », car rien n'indique qu'il a une coiffure spéciale.

3. Goupil : c'est le nom du renard et, ici, c'est dans l'histoire de la langue qu'on trouvera une explication. Goupil est l'ancien mot pour désigner le renard. Renard l'a supplanté à cause du succès d'un certain goupil, qui s'appelait Renart.

▲ Un nom exotique

– *L'Adoption de Litchi,* de Lydia Devos, illustrations Marcelle Geneste, Grasset jeunesse, 1998.

Résumé

Romarin, un jeune enfant, découvre avec stupeur que son ami Litchi est un enfant adopté. Il se pose alors des questions sur ses propres parents. N'est-il pas, lui aussi, un enfant adopté ? Car il ne se sent pas très aimé ; il voudrait que ses parents s'intéressent davantage à lui, et il trouve que ceux de Litchi se préoccupent mieux de leur enfant. Naturellement, c'est en recourant aux sottises que Romarin cherche à attirer l'attention de ses parents. Il y parvient et découvre que ses parents l'aiment vraiment.

Objectif de l'activité

Faire réfléchir de jeunes enfants à ce que peut révéler un simple nom : Litchi.

Consignes d'activité

Demander aux enfants de découvrir pourquoi, à leur avis, Litchi s'appelle ainsi. Certains connaissent peut-être ce fruit originaire d'Asie que l'on sert fréquemment dans les restaurants chinois. Si personne ne le connaît, les enfants devront se renseigner dans leur famille.

Une fois cela acquis, à eux de découvrir pourquoi le héros porte ce nom. La réponse se trouve dans la description de Litchi, l'enfant adopté, qui a « *des yeux bridés* ».

▲ Repérer les lois de composition des noms

– *Poussin Câlin,* de Michael Foreman, trad. Béatrice Didiot, Syros, 1998.

Résumé

Cet album reprend une histoire connue : Poussin Câlin reçoit un gland sur la tête. Il est persuadé que c'est le ciel qui tombe et va avertir les autres animaux : tour à tour, Poulette Inquiète, Canard Froussard, Jobard le Jars, Dindon Grognon et Renard Roublard. Celui-ci fait son repas des quatre gros oiseaux, tandis que le responsable du drame parvient à s'échapper.

Objectif de l'activité

Les noms des animaux, dans cet album, sont composés à partir de trois lois :

1. Il contient le nom commun de l'animal, avec une majuscule.

2. Il est accompagné d'un adjectif (avec une majuscule également), qui révèle un trait de caractère du personnage.

3. L'adjectif rime avec le nom.

L'activité proposée consiste à faire découvrir ces trois lois par les jeunes enfants.

Consigne d'activité

Les noms des personnages sont bien particuliers, si on les lit bien et si on les prononce à haute voix. Mais ils ont aussi entre eux trois points communs. Saurez-vous les trouver ?

Prolongements

1. Une fois les trois lois trouvées, on peut mettre ce constat en relation avec le texte qui rime également, le plus souvent. Et l'on peut proposer alors de trouver d'autres mots rimant avec les noms des personnages, qui auraient pu être utilisés dans le récit. Par exemple, pour Poussin Câlin : coquin, pas malin, voire crétin ; pour Poulette Inquiète : bête, coquette, rondelette, etc.

2. Faire comparer la fin de cet album avec celle de *Poussin Noir*, qui donne lieu à proposition d'activité similaire, ci-après.

LES NOMS PROPRES

34

POUR DES ENFANTS ET DES ADOLESCENTS

▲ Effectuer des recherches sur les noms de personnages

– *Poussin Noir,* de Rascal et Peter Elliott, « Pastel », L'École des loisirs, 1997.

Résumé

Cent œufs ont éclos dans une couveuse. Tous les poussins sont jaunes, sauf un, Poussin Noir. Il ne se sent donc pas chez lui, et part à la recherche de sa « vraie famille ». Il questionne un chien, un chat, un cochon, une chèvre, une oie. En vain. Finalement, Poussin Noir aperçoit deux silhouettes sombres, comme lui, et se précipite vers le couple en criant : « Papa ! Maman ! C'est moi, votre petit garçon ! ». En fait, la dernière page le révèle, il s'agit d'un couple de loups en train de pique-niquer, et la dernière phrase du livre est : « Viens vite, mon poussin, nous t'attendons ! ».

Objectif de l'activité

Pour trouver l'origine des noms de personnages, dans cet album, il faut effectuer quelques recherches documentaires. Encore ne parvient-on pas à trouver des réponses vraisemblables pour tous. Il faudra mettre à la disposition des jeunes un dictionnaire, afin qu'ils cherchent le sens des mots (noms communs ou noms propres).

Consignes d'activité

Après lecture de l'album, demander aux jeunes de dresser la liste des noms de personnages. Elle est simple : Vitellus (les fermiers), Kaboul (le chien), Agrippine (la chatte), Jacques-Henri (le cochon), Johanna (la chèvre), Calypso (la canne). Dans un second temps, demander aux enfants d'essayer de trouver pourquoi ces personnages se nomment ainsi.

Réponses vraisemblables :

1. Vitellus. Ce sont les fermiers qui produisent des poussins en couveuse. Or, le vitellus, en biologie, est l'ensemble des substances de réserve contenues dans l'œuf ; et en latin, cela signifie « jaune d'œuf ».

2. Kaboul. D'après l'image, le chien est un lévrier afghan. Or Kaboul est la capitale de l'Afghanistan.

3. Agrippine. Dans l'histoire latine, il y a deux Agrippine, la mère et la fille. La première est le modèle de toutes les vertus, la seconde, le modèle de tous les vices, puisqu'elle assassine quantité de gens pour mettre son fils, Néron, sur le trône. Ce qu'elles ont en commun, c'est d'être des mères soucieuses de leurs enfants. Or, la chatte est représentée entourée de ses chatons.

4. Jacques-Henri. Il n'est pas possible d'interpréter ce prénom avec certitude. Mais on peut remarquer que Rascal dédie l'album à « Sam Henry ». Faut-il y voir une allusion ? En revanche, pour Johanna, nous ne disposons d'aucun indice.

5. Calypso. C'est la nymphe qui a retenu Ulysse dans son île, pendant dix ans, dans l'*Odyssée*. Mais il n'y a aucun rapport avec une canne. En revanche, c'est aussi le nom d'une danse où l'on se dandine (le *Petit Larousse* parle de « déhanchement »).

LES NOMS PROPRES

35

POUR DES ADOLESCENTS

▲ Repérer les éléments de vraisemblance d'un pays imaginaire

– *Dix petits blacks,* de Didier Convard, « Les policiers », Magnard jeunesse, 1998.

Résumé

Des Namangais réfugiés à Paris, déguisés en clochards, sont assassinés un par un. On dirait qu'ils ont été déchiquetés par un lion. L'inspecteur Victor mène l'enquête et, dans son ombre, Quentin, son fils, en fait autant. Quentin est surdoué, sur le plan mental, mais il le dissimule à tout le monde, depuis sa prime enfance, pour mener une vie normale. Mais Quentin, c'est aussi Canard, l'informateur mystérieux de la police.

Ce sont les sbires du dictateur du Namanga qui assassinent ainsi, à tour de bras, les opposants au régime, regroupés en société secrète. Finalement, les assassins sont tués ou démasqués, et l'on découvre la raison de cette flambée de violence : les opposants au dictateur détiennent la preuve qu'il a fait assassiner le président régulièrement élu dont il a pris la succession, et vont le révéler bientôt publiquement.

Quentin/Canard joue bien sa partition, tout au long du roman, et cela lui offre l'occasion de rencontrer une jeune fille à laquelle il s'attache. Elle avoue au lecteur un mystérieux secret, que le héros ne découvrira sans doute que dans le troisième roman des aventures de Canard, celui-ci étant le deuxième (le premier, *Les Trois Crimes d'Anubis*, a été publié dans la même collection en 1997).

Objectif de l'activité

À partir d'un simple nom propre, quand il s'agit de celui d'un pays imaginaire, tout un univers fictionnel doit être construit. Ici, le pays s'appelle le Namanga, et ses habitants, les Namangais. Comme il s'agit d'un pays d'Afrique, on peut supposer que ce nom propre a été construit à partir d'autres noms géographiques comme la Namibie ou le Katanga.

Or, ce type de construction renvoie à deux effets. Le premier, en reprenant des consonances qui évoquent des noms africains, contribue à l'effet de vraisemblance, accrédite le fait fictif que le Namanga est un pays d'Afrique. Le second effet induit des connotations. Par exemple, se référer implicitement au Katanga peut rappeler les événements de 1961, dans l'ex-Congo belge, lors de l'indépendance, et la lutte entre le président élu et Patrice Lumumba, qui fut assassiné.

L'objectif de l'activité consiste à faire percevoir par les jeunes la façon dont se construit ce double effet.

Consignes d'activité

Après lecture du livre, demander si le Namanga existe vraiment. Puis demander aux jeunes de dresser la liste des éléments qui confortent l'illusion que ce pays existe vraiment. Et, parmi ces éléments, ceux qui leur font songer à des événements réels (connotations).

Quelques éléments de réponse :

1. Les noms des Namangais sonnent effectivement comme des noms africains : Richard Manska, Léon Muaya, Seydoux Orwy, Khady Oulouna, Idé Kizélé, Jean-François Houbgé... L'un de ces noms, Henri Sassou-Nguella, peut suggérer à ceux qui ont suivi les affrontements de 1997 au Congo-Brazzaville, celui de Denis Sassou-Nguesso.

2. Comme en Afrique, il y a des rituels (voir pp. 97-98) et un mythe fondateur (p. 101).

3. L'histoire du Namanga ressemble à celle de plusieurs pays d'Afrique où un militaire prend le pouvoir après avoir renversé ou assassiné le président élu. Ici, c'est le colonel Omeda qui fait passer l'assassinat du président Lidéréma pour un accident d'avion. Cet épisode peut rappeler les événements de 1994, au Rwanda, quand l'avion du président Habyarimana (lui-même avait pris le pouvoir à la suite d'un coup d'État militaire, en 1973) a eu un accident dont beaucoup pensent qu'il s'agissait d'un attentat. À la suite de quoi, le FPR (Front patriotique du Rwanda) prit le pouvoir. Ici, les opposants au régime font partie du PDN (Parti pour la démocratie au Namanga), etc.

Prolongement

Un travail de même nature peut être effectué à partir de trois livres de Gérard Moncomble :

- *Georges Bouton, explomigrateur*, « Zanzibar », Milan.
- *L'Héritage de Georges Bouton*, « Zanzibar », Milan.
- *Guide Georges Bouton de la Timbalie*, « Zanzibar », Milan.

On demandera alors aux jeunes, à partir des deux premiers titres des romans d'aventure, de reconstituer le guide touristique du pays africain imaginaire : la Timbalie. Puis on leur proposera de comparer leur réalisation au *Guide de la Timbalie* publié par l'auteur.

▲ Trouver les références connotées par les noms de personnages

– *Virus L.I.V. 3 ou la Mort des livres,* de Christian Grenier, « Livre de poche jeunesse », Hachette, 1998.

Résumé

À la fin du XXIe siècle, les « Lettrés » dirigent la société, rendent la lecture obligatoire et proscrivent l'utilisation des écrans. Les « Zappeurs » résistent. En particulier, ils inventent un virus qui a le double pouvoir de transporter un lecteur au cœur de sa lecture, virtuellement, et d'effacer les phrases du livre au fur et à mesure qu'elles sont lues. La civilisation est donc menacée. Allis, écrivaine nouvellement promue au gouvernement de cette société, est chargée d'enquêter sur l'origine du virus. Son enquête la mène dans le monde clandestin des « Zappeurs Zinzins », où elle rencontre l'homme de sa vie, découvre un complot où les Zappeurs n'ont nulle part, et parvient finalement à réconcilier les deux mondes du livre et de l'image.

Objectif de l'activité

Décrypter les références intertextuelles. Cela peut se pratiquer sous forme de jeu et, souvent, en jouant, un petit lecteur est tenté de lire certains passages du roman, voire tout le roman. Il s'agit donc également d'une incitation à la lecture. Sur pareil thème, l'affrontement entre l'écrit et l'image, il y a naturellement, dans le livre de C. Grenier, des références explicites : de nombreux titres sont cités, depuis *Le Club des Cinq en vadrouille*, jusqu'à *Fahrenheit 451*, en passant par *Alice, Fantômette, Les Feux de la passion, Le Grand Meaulnes, Eugénie Grandet,* etc. ; des auteurs sont cités en grand nombre : Platon, Thomas More, Cyrano de Bergerac, Jules Verne, Hergé, Kafka, Blaise Cendrars, Bradbury, etc. ; ou les allusions sont à peine cachées, comme le jeu sur le prénom du héros, successivement Mondaye, Monday, Lund, ce qui s'éclaire quand on sait qu'il correspond avec un certain Vendredi.

Consignes d'activité

Dresser la liste des noms des personnages et identifier, d'une part, l'œuvre littéraire à laquelle le nom fait allusion, d'autre part, le nom de l'auteur, dissimulé dans les initiales. Chercher les livres en bibliothèque.

Réponses :
– Allis L. C. Wonder, *Alice au pays des merveilles (Wonderland)*, de Lewis Carroll.
– Emma G. F. Croisset, *Madame Bovary*, de Gustave Flaubert.
– Rob D. F. Binson, *Robinson Crusoé*, de Daniel Defoe.
– Colin B. V. Chloé, *L'Écume des jours*, de Boris Vian.
– Céline L. F. Bardamu, *Voyage au bout de la nuit*, de Louis-Ferdinand Céline.
– Fabrice H. B. Sorel, *Le Rouge et le Noir* et *La Chartreuse de Parme*, de Henry Beyle.
– Claudine C. W. Sido, *Sido*, de Colette (Willy).

Remarque : un des noms ne peut être référé à un livre : Jacky C. A. Rimbault. Il s'agit là d'une transgression par rapport au système établi. C'est un bon exemple d'allusion renvoyant à l'intimité de l'auteur, et qu'aucun lecteur ne peut identifier. En l'occurrence, l'auteur, consulté, précise qu'il s'agit d'une allusion à la librairie « Des livres et nous », à Périgueux (ce qui a un rapport avec le cri de guerre des Zappeurs et le titre du livre de l'héroïne), Jacky Rimbault et C. A. étant le nom et les initiales des libraires !

L'ARTICULATION TEXTE/ILLUSTRATIONS

36

PRÉSENTATION

Des lecteurs accoutumés à lire ont souvent tendance à se préoccuper essentiellement du texte quand ils sont en présence d'un album. Or, la principale caractéristique d'un album est que le sens prévu par l'auteur-illustrateur, ou l'auteur et l'illustrateur, doit naître de la complémentarité ou de l'opposition entre le texte et les images. Ce qui n'est pas le cas des textes illustrés où les images, le plus souvent, représentent une scène décrite par le texte.

Pour un album, on pourrait dire que la signification provenant du seul texte est différente de la signification provenant de la lecture des seules images ; et que l'articulation entre le texte et les images produit encore des effets différents.

Les activités que nous proposons ici sont destinées à accoutumer les jeunes à produire du sens en articulant le texte et les images.

L'ARTICULATION TEXTE/ILLUSTRATIONS

37

POUR DES ENFANTS

▲ Repérer l'histoire, en images, d'un personnage

– *Une nuit, un chat...*, d'Yvan Pommaux, L'École des loisirs, 1994.

Résumé

Dans une ville peuplée de chats humanisés, un jeune chat fait une sortie nocturne, pour la première fois, « poussé par une force mystérieuse ». Ses parents sont inquiets et, bien que la loi s'y oppose, le père suit secrètement son fils, pour le protéger. Au cours de cette sortie, le jeune chat rencontre une nouvelle amie, mais aussi le redoutable rat d'égout auquel le couple échappe de justesse.

Objectif de l'activité

Faire découvrir que le sens d'un livre peut dépendre alternativement du texte et des images. En l'occurrence, il s'agit d'un récit iniatique : le jeune chat quitte sa famille pour découvrir la société, en particulier une compagne, mais il faut aussi affronter le danger. Or le héros n'est pas encore capable de s'en tirer tout seul, d'où l'inquiétude des parents. L'articulation entre le texte et les images met en scène la progression du jeune héros, qui le rend autonome, à la fin.

En secret, trois fois de suite, le père vient au secours de son fils ; seules les images le révèlent. Mais la quatrième fois, le jeune chat parvient, seul, à se débarrasser du rat d'égout, et, dans l'ombre, le père commente : « Malin, mon fils ! ». Dès lors, on peut dire que le jeune chat est devenu autonome.

Consignes d'activité

Après découverte de l'album, demander aux enfants de raconter l'histoire du héros, le jeune chat. Dans un second temps, leur demander de raconter l'histoire du père. Dans un troisième temps, leur faire distinguer les informations qui proviennent du texte de celles qui proviennent des images. Leur faire trouver enfin que le jeune chat résout seul son problème, à la fin.

▲ Répondre à des questions articulant lecture d'images et de texte

– *Enfin la paix,* de Jill Murphy, trad. Claude Lauriot Prévost, Bayard Éditions, 1981 et 1996.

Résumé

Papa Ours, maman Ours et bébé Ours sont très fatigués et vont se coucher. Mais madame Ours ronfle, papa Ours n'arrive pas à dormir et va se réfugier dans la chambre de bébé Ours. Mais celui-ci ne dort pas et joue à faire l'avion. Papa Ours se réfugie dans le salon (bruits de l'horloge), puis dans la cuisine (un robinet fuit), dans le jardin (bruit des animaux nocturnes), dans sa voiture (le jour se lève), et retourne dans sa chambre où il s'endort enfin. Alors le réveil sonne !

Objectif de l'activité

Tenir compte des informations du texte et de celles des images pour répondre à des questions précises qui permettent d'articuler le texte et les images.

Consignes d'activité

Répondre aux questions suivantes :

1. La première phrase du texte est « *Il était tard* » (on voit des maisons de l'extérieur, les lumières sont allumées et la pleine lune luit au ciel). Quelle heure est-il exactement ?

2. Dans la troisième double page, le texte dit : « [...] *Alors, tout le monde au lit* ». Page de gauche, on voit le père ranger de la vaisselle, la mère et le bébé ranger des vêtements. Page de droite, tous trois montent se coucher. Combien de temps cela leur prend-il pour ranger ?

3. Pendant combien de temps papa Ours essaie-t-il de s'endormir, aux côtés de madame Ours, avant de se décider à changer d'endroit ?

4. Dans le salon, papa Ours est dérangé par le bruit du coucou de la pendule. Combien de fois le coucou sort-il ?

5. Finalement, papa Ours retourne dans son lit et parvient enfin à s'endormir. Mais le réveil sonne. Combien de temps environ papa Ours a-t-il dormi ?

Réponses :

1. La deuxième double page représente les trois personnages dans le salon. Il y a une horloge : il est 20 h.

2. Comme la phrase commence par des points de suspension, il s'agit de la suite de la page précédente, qui se situait à 20 h. Quand les personnages montent l'escalier, on voit, à une autre horloge, qu'il est 21 h. Il leur a donc fallu une heure pour ranger.

3. On sait qu'il s'est couché à 21 h. Dans l'image qui représente papa Ours tentant de dormir, une pendulette indique minuit et, page suivante, quand papa Ours se lève, elle indique minuit cinq. Il a donc cherché le sommeil pendant trois heures cinq minutes.

4. La pendule est représentée : il est 2 h. Et le texte indique : « *Ding coucou ! Ding coucou !* ».

5. Il est plus difficile de répondre à cette question. On sait, par l'image de la pendulette, qu'elle sonne à 7 h. Mais à quelle heure papa Ours est-il remonté se coucher ? À l'aube, au moment où le soleil pointe, c'est dit dans le texte. Mais le lever du soleil varie selon la saison. Il faut donc, à partir des images, faire une hypothèse sur la saison : sur la fenêtre, des plantes commencent à fleurir ; dans le jardin, il y a de l'herbe, des feuilles aux arbres et la température est assez clémente pour que le héros tente d'y dormir ; les animaux sont très actifs et les oiseaux chantent à l'aube ; et, au début, on a constaté qu'à 20 h la nuit était tombée. On peut donc supposer qu'il s'agit du printemps. À cette époque, le soleil se lève entre 4 h et 5 h, et se couche entre 19 h et 20 h. Papa Ours a donc dormi deux à trois heures.

▲ Saisir le comique en articulant la lecture du texte et des images

– *L'Afrique de Zigomar,* de Philippe Corentin, L'École des loisirs, 1990.

Résumé

Pipioli tient absolument à découvrir l'Afrique. Ginette, l'hirondelle, y part bien, elle ! Le problème est que Pipioli est un souriceau et ne sait pas voler. Pipioli tente un vol d'essai sur le dos de Ginette, mais il est trop lourd pour elle. Il y a bien le coucou qui migre, mais il voyage de nuit ; les oies, mais elles volent trop haut ; les cigognes, mais quand Pipioli se précipite chez elles, elles sont à table, dégustant un plat de... souris.

Enfin Pipioli réussit à persuader Zigomar, le merle qui sait tout, d'aller en Afrique. La grenouille voisine se joint à eux, et les voilà partis. C'est simple de trouver le chemin, explique Zigomar : « *Pour savoir où est le sud, tu regardes où se lève le soleil, tu vas tout droit et au premier éléphant c'est l'Afrique.* » Zigomar n'a jamais vu un éléphant et pense que l'animal se reconnaît facilement à ses défenses.

À un moment du voyage, le trio croise des oies sauvages. Pipioli s'inquiète : s'ils ont croisé des oies qui vont en Afrique, ne lui tournerait-on pas le dos ? Mais non, ricane Zigomar, c'est juste que les oies sont bêtes et qu'elles ont dû oublier quelque chose, alors elles ont fait demi-tour.

Il s'ensuit de leur méprise que nos trois voyageurs arrivent au pôle Nord. Sans sourciller, Zigomar désigne un éléphant de mer comme éléphant d'Afrique, du fait de ses défenses, et des pingouins comme des singes, parce qu'ils sont drôles. Des phoques sortant de l'eau les effraient : ils croient avoir affaire à des crocodiles. Ils voient même un indigène devant sa case : c'est un Eskimau devant son igloo.

Le quiproquo dure jusqu'au retour. Les trois héros expliquent à la maman de Pipioli que c'était bien l'Afrique, « *mais il faisait tellement froid qu'on se serait crus au pôle Nord !* ».

Objectif de l'activité

Cet album est exemplaire du fait que le texte et l'illustration font sens, de façon complémentaire, pour créer chez le jeune lecteur un effet comique. Bien entendu, le jeune devra posséder les connaissances nécessaires sur les régimes alimentaires des animaux, les animaux l'hiver, des notions de géographie. Ainsi, le texte fait montre de la naïveté des voyageurs, ou de leur ignorance, tandis que l'image renseigne sur la réalité, en mettant en scène la vie du pôle Nord par exemple. L'histoire est celle d'une méprise. Le lecteur averti se doute qu'il va se passer quelque chose de pas ordinaire après le croisement des oies en sens inverse. En effet, on peut penser que les oies sauvages, oiseaux migrateurs par excellence, savent naturellement trouver le sud. Mais puisque Zigomar a toujours raison, il faut bien trouver une raison. Ce passage est essentiel à comprendre pour saisir le sens comique de l'album.

Consigne d'activité

Mettre en évidence le mode de lecture de l'album pour saisir le comique, même avec des enfants non encore lecteurs, en repérant les images où l'on voit des oies et Zigomar.

Réponses :

– La page de garde représente des oies qui volent vers la droite. À la page suivante, Zigomar semble les regarder passer, interrogateur. Souvent, dans les albums, les indices du paratexte n'ont pas seulement une valeur esthétique, mais représentent des moments importants de l'histoire.

– Dans l'histoire, les oies sont pareillement représentées, se dirigeant à droite, tandis qu'on voit les trois voyageurs volant en sens inverse. Le texte rapporte leur discussion sur les éléphants qu'on reconnaît à leurs défenses. Ce n'est qu'à la page suivante que Pipioli demande si ce ne sont pas les oies qu'ils viennent de croiser. À ce point précis de la lecture, généralement, le lecteur va vérifier à la page précédente dans quel sens volent les oies ! Il se joue alors un double jeu : le personnage Pipioli commence à avoir des doutes, mais est bien obligé de suivre Zigomar, tandis que le lecteur partage les mêmes interrogations et il est également obligé de continuer à suivre Zigomar pour connaître la suite de l'histoire. C'est pourquoi le jeune lecteur, bien préparé, rit franchement dès la page suivante, celle où l'on voit l'éléphant de mer.

Prolongement

En contrepoint, on peut faire découvrir aux enfants l'album de Hans de Beer, *Le Voyage de Plume* (Éditions Nord-Sud, 1997), livre dans lequel Plume, le héros, un jeune ours blanc polaire, dérive sur un morceau de banquise, puis sur un tonneau, jusqu'en Afrique. Au début, il tend à interpréter ce qu'il voit avec ses références polaires.

L'ARTICULATION TEXTE/ILLUSTRATIONS

38

POUR DES ADOLESCENTS

▲ Texte et images supports des deux interprétations du genre fantastique

– *Une lettre à grand-mère,* de Paul Rogers, illustrations John Prater, trad. Isabel Finkenstaedt, Kaléidoscope, 1994.

Résumé

Lucie s'endort en songeant à la grande ville qui l'entoure. Le lendemain, quand elle s'éveille, « elle sent que quelque chose a changé ». Effectivement, la maison est entourée par la mer. Et tout au long de l'album, des scènes compatibles avec ce point de départ sont représentées : Lucie voit une baleine, des dauphins, joue sur la plage, renseigne le capitaine d'un énorme paquebot égaré, accueille sa grand-mère venue lui rendre visite en barque...

Objectif de l'activité

Faire découvrir aux jeunes lecteurs ce qu'est le genre fantastique, à partir de l'articulation texte/images. D'après les approches théoriques, la principale caractéristique de ce genre est le fait que le lecteur se trouve constamment confronté à une double interprétation des mêmes faits, une interprétation rationnelle et une interprétation irrationnelle.

Ici, l'illustrateur a choisi de représenter la réalité irrationnelle : la maison transformée en île, la baleine, les dauphins, le paquebot, l'arrivée en barque de la grand-mère, etc.

Cependant, on peut tout aussi bien supposer que les illustrations représentent l'histoire imaginaire que se raconte l'héroïne. L'activité proposée consiste donc, à partir de tous les éléments disponibles, à reconstituer l'histoire rationnelle qui se cache derrière les images fantastiques.

Consignes d'activité

Dire aux jeunes qu'il y a deux interprétations possibles de cet album. Dans le premier cas, la maison est réellement devenue une île. Dans le second cas, Lucie imagine seulement tout ce que les images représentent. Mais alors, que se passe-t-il réellement ? À partir du texte et des illustrations, il s'agit de reconstituer les principaux événements de la journée réelle de Lucie, événements qui servent de support à son imagination.

Exemples :

1. À aucun moment, les parents de Lucie ne paraissent se rendre compte qu'il se passe quelque chose d'extraordinaire. Quand Lucie déclare : « *Je vais dehors voir les baleines* », il n'y a pas de réponse. Quand elle dit qu'elle a vu des méduses, les poissons et la mer, « *ses parents n'ont pas l'air d'écouter* ».

2. Quand Lucie s'endort, au début, elle songe à sa grand-mère qui doit venir le lendemain. La visite est donc réelle. Mais si, selon Lucie, sa grand-mère est trempée parce qu'elle est arrivée en barque et qu'il y avait de la tempête, le père donne une autre interprétation : « *Tu as l'air trempée. Est-ce que tu as attendu le bus longtemps ?* » En l'occurrence, la pluie est donc présente dans l'histoire rationnelle et dans l'histoire irrationnelle.

3. À un moment, le père dit : « *Le facteur est en retard* ». Un peu plus tard, on frappe à la porte, et Lucie va ouvrir. C'est apparemment le capitaine d'un paquebot. Or, dans la version rationnelle, il peut s'agir du facteur, que Lucie transpose immédiatement en capitaine (tous deux sont en uniforme).

4. Plus loin, la mère, absente de l'image, dit : « *Regardez ces lupins !* ». Lucie lui fait écho en criant : « *Regardez ces dauphins !* », représentés à l'image. Et ici, c'est l'homophonie qui sert d'embrayeur à l'imaginaire.

5. La grand-mère offre à Lucie un coquillage pour entendre le bruit de la mer. Il peut s'agir d'un cadeau réel – le coquillage est d'ailleurs posé sur la table de nuit de Lucie, à la fin. Pareillement, le fait que Lucie s'assoit sur les genoux de sa grand-mère peut faire partie des deux interprétations.

▲ L'illusion dans le texte et les images

– *Le Gardien de l'oubli,* de Joan Manuel Gisbert, illustrations Alfonso Ruano, trad. Laure Merle d'Aubigné, Syros, 1991.

Résumé

Un matin d'école, Gabriel perd sa toupie chinoise. À la sortie, Anne-Lise, nouvelle élève peu bavarde, le guide mystérieusement jusqu'à une maison inconnue et lui recommande de frapper à la porte et de demander sa toupie. Intrigué, Gabriel s'exécute. Le maître des lieux, un homme vêtu d'une longue tunique brodée de clés, semble attendre le garçon. Il le conduit, en suivant un dédale d'escaliers et de couloirs, jusqu'à la « salle des jouets perdus et oubliés ». Sa toupie est là.

Plus tard, Gabriel reviendra dans la maison du « gardien de l'oubli » pour y retrouver la montre à gousset de son grand-père dont sa mère a hérité. Le gardien lui enjoint de ne plus jamais revenir.

La nuit suivante, le garçon fait un rêve étrange : Anne-Lise et lui visitaient l'étrange maison pour en découvrir toutes les pièces. Mais celles-ci étaient vides, alors que la veille, elles étaient envahies de jouets ou d'horloges. Anne-Lise, en silence, indiquait qu'il fallait se séparer pour mieux chercher. Elle s'éloignait. Gabriel criait, mais sa voix ne sortait pas. Enfin, la nuit tombant, il quittait la maison sans retrouver Anne-Lise. Le lendemain, à la bibliothèque, dans le rayon des livres fantastiques, ses préférés, il trouve un petit miroir qu'il sait appartenir à son amie.

Anne-Lise ne reparaît pas à l'école. Gabriel va à la maison du « gardien de l'oubli » qui le conduit jusqu'à la « salle des miroirs et des armoires ». L'image de la petite fille apparaît dans certains miroirs, au milieu du reflet d'autres images mystérieuses. Un jeu de cache-cache se joue entre le garçon et le reflet du visage serein de la petite fille. La voyant entièrement dans le miroir d'une armoire à glace, Gabriel ouvre la porte. Anne-Lise est là, comme éloignée par la magie d'une boîte sans fond. Anne-Lise explique que le « gardien de l'oubli » l'a recueillie il y a longtemps et l'a sauvée. Elle devait rester avec lui jusqu'à ce que quelqu'un vienne la chercher. C'est chose faite, grâce à Gabriel qui a trouvé le petit miroir caché volontairement par Anne-Lise dans la bibliothèque. Maintenant, la petite fille est libre.

Objectif de l'activité

Le récit est simple à comprendre et intéressant pour faire découvrir le genre fantastique. En effet, même si le thème est renouvelé, *l'illusion* et ses motifs littéraires et picturaux donnent une profondeur à cet album qu'on relira en trouvant chaque fois de nouveaux sujets d'étonnements, tant dans l'écriture que dans l'illustration. On peut le faire percevoir aux enfants en leur faisant observer l'album.

Consignes d'activité

Chercher le mot *illusion* dans le dictionnaire et relever dans le texte et l'illustration tous les éléments qui constituent un réseau de sens, à partir de ce mot. Dans le *Petit Larousse illustré*, le mot « illusion » (du latin, *illusio*, se jouer de) a deux sens :

1. Interprétation crronée d'une donnée sensorielle. Exemples : « *Le mirage est une illusion de la vue ; illusion d'optique : erreur relative à la forme, aux dimensions, à la couleur des objets.* »

2. Erreur de l'esprit; croyance fausse, erronée.

Le premier sens est du côté du corps (le regard), le second, du côté de l'esprit (le psychisme).

Exemples d'activités pour retrouver cette double définition dans *l'illustration* :

– Initier les enfants au langage photographique en donnant des exemples dans l'album, de gros plans, de plans généraux, de plans de face, de dos, de composition avec une ligne de fuite, à la dernière page.

– Noter les effets qui forcent le regard à percer le mystère de cette maison d'illusionniste : la lumière, l'ombre, les collections (jouets anciens, horloges, livres, miroirs). Faire remarquer que son architecture est impossible à reconstituer en image mentale, tant elle est décrite de façon étrange, dans les images, mais aussi dans le texte.

– La notion d'illusion concerne le regard, elle concerne aussi la temporalité. Lorsqu'on a perdu quelque chose, on fait un immense effort pour reconstituer, dans le temps, le chemin présumé de l'objet qu'on a oublié ou perdu. Parfois, on ne sait pas distinguer l'un de l'autre. On peut oublier l'heure aussi, illustrée ici par les instruments de mesure du temps, horloges et montres en particulier. Ces motifs font référence à la mémoire, à ce qu'on a cru réel, à ce qu'on a rêvé ou fantasmé. La mémoire est liée à la connaissance et à la reconnaissance.

Ainsi, à l'aide de livres d'art, on identifiera certains éléments de l'illustration comme des extraits d'œuvres d'art connues :
– page 24, en bas à droite, la montre molle fait référence au tableau de S. Dali *Persistance de la mémoire* (1931);
– pages 34-35, dans un miroir rond, on reconnaît *Les Époux Arnolfi,* de J. Van Eyck (1434); à gauche est interprété un extrait de *La Toilette de Vénus*, de Vélasquez (XVIIe siècle).

On le voit, les peintres choisis par l'illustrateur sont des surréalistes, ou bien ils mettent l'image en abyme, par un jeu de miroir. Ce thème du miroir, dans la peinture, pourra d'ailleurs être exploré plus avant.

Exemples d'activités pour retrouver cette double définition *dans le texte* :

– Relever les noms des objets qui, dans le texte, font penser au regard. Par exemple :
• la *toupie* qui tourne est fascinante;
• avec un *miroir*, on peut voir sa propre image, détourner les rayons de lumière ou déformer la réalité;
• une *porte* qui s'ouvre dévoile une vision connue, étrange, imprévue, etc.;
• les *escaliers* qui montent et qui descendent font penser à ceux d'Escher, même s'ils ne sont pas représentés;

• la *clé* est le sésame de ce que personne ne doit voir, etc.

– Relever les verbes ou expressions qui jettent le trouble sur la vision nette d'une réalité. Par exemple :
• p. 7, « elle ne *paraissait* pas souffrante mais était très *étrange* » ;
• p. 8, le questionnement de Gabriel quand il se rend compte que la toupie n'est plus dans le sac ; la phrase de dialogue – *C'est... une impression. Tu as l'air de...* ;
• p. 11, l'échange de paroles : « *Viens, nous ne prendrons pas ce chemin, mais un autre. – Alors, comment veux-tu qu'on retrouve la toupie ?* » ;
• p. 12, « *Gabriel était presque sûr qu'elle se moquait de lui* », et plus loin, « il préférait *jouer le dupe* », etc.

– On pourra aussi faire une recherche sur les mots et expressions qui font référence, dans la mythologie, à l'illusion : les deux heurtoirs en forme de serpents entremêlés (p. 12), un sourire sibyllin (p. 12) ; l'étrange amphitryon (p. 15), dont on retrouve le personnage dans la pièce de Plaute et celle de Molière, accompagné de Sosie, encore une figure qui prête à illusion.

▲ Comme un puzzle d'images et de texte

– *Le Collectionneur d'instants*, de Quint Buchholz, trad. Bernard Friot, Milan, 1998.

Résumé

Le narrateur (à la première personne) est professeur de violon – on l'apprend à la dernière page – et évoque dans l'album une période essentielle de son enfance.

Il habitait sur une île, qui semble être dans la mer du Nord, avec sa famille. Il jouait déjà du violon. Au quatrième étage s'était installé un peintre, Max. Souvent, le jeune garçon s'asseyait dans un grand fauteuil rouge, fasciné par Max en train de peindre. Pendant un an, la complicité a duré. Max racontait des histoires bizarres d'éléphants de neige canadiens, de roulotte de cirque volant... Quand il avait fini un tableau, le peintre ne le montrait pas. Il l'alignait près des autres, à l'envers, contre les murs de l'atelier.

L'été suivant, Max est parti, demandant au jeune garçon d'arroser les plantes vertes pendant son absence. Quand le garçon est rentré dans l'appartement du peintre, les tableaux avaient été retournés, enfin visibles. À côté de chacun d'eux, quelques lignes avaient été écrites par Max, comme un commentaire servant de titre.

Dans l'album, six tableaux sont reproduits en double page, avec leur commentaire. Le septième tableau représente l'image du peintre dans le miroir d'une porte, qui s'ouvre sur la plage. Un angelot s'y promène.

Le narrateur raconte que Max refusait de montrer ses tableaux parce qu'il pensait que « *chaque image doit garder son secret* [...] ». Il avait ajouté qu'il collectionnait les instants. C'était d'ailleurs le titre du tableau « Le collectionneur d'instants ». Dans l'album, six tableaux suivent, pareillement assortis de titres en forme de phrase.

Le treizième tableau représente un phare, dont la partie inférieure est immergée dans le brouillard. En haut du phare, deux hommes jouent de la musique, flûte et accordéon. Un troisième les écoute. Près d'eux, un cheval semble vouloir s'élancer sur un fil tendu à partir du phare. Ce tableau a été nommé simplement « Phare sur une île ». Le narrateur ajoute sous ces mots : « *Le cheval est sourd, Max, mais moi, j'entends distinctement la musique.* » Et il joue, devant le tableau, le morceau de violon qu'il « entend ».

Le lendemain, Max est revenu, il a dit qu'il avait trouvé une autre maison, que son temps sur l'île était achevé et qu'il devait changer d'endroit pour peindre des tableaux différents. Puis Max a déménagé. Au printemps suivant, le narrateur a reçu en cadeau un tableau du peintre. Il représentait le jeune garçon, debout sur le fauteuil rouge, jouant du violon, près de la mer. Un message accompagnait le tableau : « *Sais-tu, Professeur, ta musique est toujours dans mes tableaux.* »

À la fin du livre, le narrateur explique que ce tableau est accroché chez lui, et qu'il le regarde chaque matin avant de partir pour l'école de musique où il enseigne le violon.

Objectif de l'activité

On le voit dès la lecture du titre, *Le Collectionneur d'instants*, l'album va jouer sur le thème de la collection, qu'on peut associer à « collection de tableaux » ; et sur le thème du temps, pas le temps qui passe, mais le temps irrationnel et fugitif d'une image, d'un rêve éveillé, d'une sonorité entendue. Quint Buchholz, auteur-illustrateur de renom en Allemagne, s'est ingénié à associer peinture et musique, qui sont des arts de l'instant, dans un récit qui, par essence, s'inscrit dans une temporalité.

Pour ce faire, l'auteur a masqué les connecteurs temporels précis et a écrit l'histoire à l'imparfait. Ce parti pris laisse au lecteur la liberté de combler les « blancs temporels » comme il l'entend. Pour s'en convaincre, mélangeons les paragraphes d'une des pages, essayons de retrouver le bon ordre. Impossible ! Les paragraphes correspondent à des instants, reliés faiblement entre eux. Le même effet est à l'œuvre dans la partie qui présente les quatorze tableaux. Chaque tableau propose une mise en scène insolite, comme si le peintre avait été le témoin privilégié et attentif d'événements uniques et éphémères. Le commentaire de chaque tableau est en décalage spatial ou temporel avec ce qui est représenté. Comme si le spectateur, par rapport au peintre, était arrivé trop tôt ou trop tard, ou n'était pas placé au bon endroit pour voir. Par exemple, le commentaire du premier tableau est : « *Tout devant était assise une vieille dame, à l'ombre d'un châtaignier, et elle indiquait le chemin aux visiteurs* ». Or on voit bien sur le tableau des visiteurs qui se rendent à un spectacle, mais la vieille dame et l'arbre sont hors champ. Ce décalage, spatial, est temporel dans le cinquième tableau. Le commentaire dit : « *Quelques instants plus tard, un taxi s'engagea dans la rue déserte, abandonnée* ». Le tableau représente effectivement une rue déserte, à la tombée de la nuit. En toute logique, le taxi n'y est pas présent. L'événement bizarre est une roulotte de cirque qui traverse la rue, en la survolant.

Les activités viseront à faire sentir aux jeunes ce style particulier qui mêle intimement écriture et peinture, texte et image.

Consignes d'activité

1. Numéroter les tableaux de 1 à 14. Retrouver dans l'histoire les références aux commentaires des tableaux.

2. Comparer les titres de tableaux existants dans les musées ou reproduits dans des livres d'art aux « titres » des quatorze tableaux. Qu'est-ce qui est inhabituel ?

3. Essayer d'interpréter les titres des tableaux.

4. À la manière de Quint Buchholz, faire imaginer au moins dix autres titres pour chacun des tableaux, avec les conseils suivants : les verbes seront au passé ; on utilisera un connecteur temporel ; les personnages seront juste évoqués. Quant au contenu, il sera en rapport avec le tableau, évidemment, mais ne le décrira pas. On fera comme si le tableau était l'image instantanée d'une histoire plus longue qui pourra être écrite par les jeunes. Puis, à l'intérieur de l'histoire, on sélectionnera la (ou les) phrase(s) qui conviendraient bien comme titre au tableau.

Éléments de réponse :

1. Elles sont faciles à retrouver, mais ces références n'existent pas explicitement pour les tableaux 1, 8, 9, 10.

2. Les titres, sauf « Phare sur une île », *racontent*. Par exemple, pour le tableau 8 : « *Parfois les enfants passaient, délibéraient avec l'homme, puis disparaissaient derrière une des portes.* » On remarque trois propositions indépendantes, articulées chronologiquement, qui forment une histoire brève.

3. Ainsi l'exemple précédent, comme les autres, semble être un passage d'histoire, décontextualisé. On peut penser que l'image va aider à la compréhension. Dans une certaine mesure, c'est vrai. À condition de donner des interprétations aux éléments de l'image. Si on mélangeait les tableaux et les titres – c'est une activité possible également –, on pourrait facilement retrouver le titre correspondant à chacun, ce qui montre la cohérence titre/tableau. Faire discuter les jeunes entre eux afin qu'ils découvrent pour le tableau 8, par exemple, la connotation à Venise (l'horizon représente la place Saint-Marc ; l'inscription en italien sur le mur) ; la présence du chat noir, comme dans plusieurs tableaux ; la présence de l'eau et de l'air, comme dans tous les tableaux, mais ici représentés par les motifs emblématiques du poisson, de la lune et des étoiles ; la représentation d'un instrument de musique qui donne une sonorité artistique, dans certains tableaux, ici, les touches de piano.

LES RÉFÉRENCES

39

PRÉSENTATION

Aussi inventifs soient-ils, les récits fictionnels renvoient fréquemment à des pans de la réalité. L'écrivain puise sans cesse dans ce qu'Umberto Eco nomme *l'encyclopédie personnelle* de l'auteur, c'est-à-dire l'ensemble des savoirs de référence mémorisés. Et, pareillement, le lecteur décrypte ces références à partir de sa propre *encyclopédie*. Naturellement, cela ne coïncide pas toujours : les savoirs historiques, géographiques, sociaux, existentiels... de l'auteur et du lecteur ne sont pas les mêmes. Si bien que, l'illusion référentielle y concourant, le lecteur peut avoir parfois l'impression que certains éléments sont inventés, alors qu'il s'agit de références à la réalité ; ou l'inverse.

Ce qui rend la distinction plus difficile encore, c'est le fait que, fréquemment, ces références restent largement allusives. Soit parce qu'elles sont supposées connues du lecteur modèle que l'auteur s'imagine en écrivant son récit ; soit parce que l'auteur délègue au lecteur le soin de reconstruire l'information dans son intégralité. Toutefois, dans les deux cas, la référence joue un rôle important, en cohérence avec l'histoire, même si le lecteur expert, gardant cette référence à l'esprit, n'en perçoit l'importance qu'au fur et à mesure de sa lecture.

Prenons un exemple : *Au cinéma Lux*, de Janine Teisson(1). Le titre, déjà, prépare le lecteur au domaine de référence. De fait, presque toute l'histoire se déroule dans un cinéma. Le premier film cité est *West Side Story.* Le lecteur, s'il connaît ce film, va immédiatement mobiliser une série d'hypothèses, en fonction du contenu ; hypothèses qui peuvent se résumer par des expressions comme : histoire d'amour, musique et chansons, rivalité.

Ces hypothèses prennent sens au fur et à mesure de la lecture. D'abord, ce roman raconte la rencontre entre un jeune homme et une jeune fille, au cinéma, seul lieu où ils se *voient* régulièrement, et l'amour qui naît entre eux. Ensuite, le jeune homme est musicien professionnel et la jeune fille, qui jadis chantait, apprécie encore beaucoup la musique. Enfin, peu à peu,

1. *Au cinéma Lux*, de Janine Teisson, « Les uns les autres », Syros jeunesse, 1998.

le lecteur comprend que les deux personnages ont un douloureux secret qui va éloigner l'autre, pense chacun, lorsqu'il sera révélé. La référence initiale à *West Side Story*, renforcée par d'autres allusions similaires, fait penser à une quelconque rivalité : nos personnages sont-ils mariés, par exemple ? Sont-ils victimes de quelque totalitarisme religieux ou racial ?

En fait, il y a là une sorte de fausse piste qui permet à l'auteur de mener jusqu'au bout, d'une façon très crédible – bien que ce soit difficile, mais la relecture prouve à quel point le mystère a pu être sauvegardé jusqu'au bout par l'habileté de la narration –, une histoire incroyable : en fait, les deux personnages sont aveugles, ce qui explique pourquoi nous avons mis, plus haut, le verbe « voir » en italique.

Pareillement, nombre de références historiques, culturelles, sociales... jouent un rôle important, en cohérence avec l'histoire, et c'est ce que nous voudrions, ici, faire découvrir aux jeunes lecteurs.

LES RÉFÉRENCES

40

POUR DES ENFANTS

▲ Les tissus

– *La Dame du lin,* de Luda, illustrations Boiry, « Plume », Sorbier, 1993.

Résumé

Au temps des seigneurs, dans les Flandres, la petite Jauke a des parents heureux. Elle-même sait tisser la toile de lin la plus fine qu'on puisse trouver. Elle s'occupe si bien du lin dans les champs qu'on dirait qu'il lui fait des caresses. Un jour, le sire de Deerlijk commande pour son mariage vingt aunes de cette belle toile. Catastrophe ! Un orage détruit toute la récolte. Il ne reste plus rien. Rien qu'une seule quenouillée tout juste suffisante pour tisser un pan de chemise. La nuit, Jauke pleure au milieu du champ dévasté. C'est alors que la Dame du Lin lui apparaît. Elle donne le don à la jeune fille de tisser aussi fin que l'araignée sa toile. Alors naît entre ses mains l'étoffe la plus belle qu'on ait jamais vue, destinée à la future femme du seigneur : la dentelle de Bruges.

Objectif de l'activité

Si de jeunes enfants peuvent comprendre cette légende du pays belge, ils ne savent pas forcément ce qu'est le lin et son bleu si particulier. D'ailleurs, ils ne connaissent généralement pas l'origine des tissus en fibre naturelle et ignorent que certains d'entre eux ont fait la richesse des régions autrefois.

Consignes d'activité

Faire collecter aux enfants des morceaux de tissus et de dentelle en fibre naturelle et en faire une exposition. À l'aide de livres documentaires, des ressources locales et de la discussion avec des personnes plus âgées, reconstituer la filière du coton, du chanvre, de la laine, de la soie, etc., de la fabrication à l'utilisation. En ce qui concerne la dentelle de Bruges, ils peuvent s'adresser à l'Office du tourisme de cette ville pour en savoir plus sur ce mystérieux « point de fée ».

▲ Relativiser les références culturelles

– *Yakouba,* de Thierry Dedieu, Seuil jeunesse, 1994.

Résumé

Le grand jour est arrivé pour Yakouba. Il doit subir l'épreuve initiatique qui permet aux jeunes garçons de la tribu d'être reçus dans le clan des adultes. L'épreuve consiste à affronter, seul, le lion : « *Sous un soleil de plomb, marcher, franchir les ravins, contourner les collines, se sentir rocher, forcément, herbe, bien sûr, vent, certainement, eau, très peu. Le jour comme la nuit, épier, scruter ; oublier la peur qui serre le ventre* [...]. »

Finalement, Yakouba se trouve face au lion. Alors un problème moral se pose au jeune garçon : le lion est blessé, à bout de forces, il n'y aurait aucune gloire à le tuer ; mais si Yakouba tue le lion, il accède au statut de guerrier. S'il ne le tue pas, Yakouba sortira grandi à ses propres yeux, mais non à ceux des membres de sa tribu.

Yakouba choisit la seconde solution, épargnant le lion blessé. De retour dans sa tribu, il est mis à l'écart, tandis que ses camarades accèdent au statut de guerrier. « *À Yakouba, on confia la garde du troupeau, un peu à l'écart du village.* » La seule consolation du jeune homme, c'est que dès lors « *le bétail ne fut plus jamais attaqué par les lions* ».

Objectif de l'activité

Apprendre à percevoir les références culturelles et à les relativiser. En l'occurrence, l'Afrique de référence, dans cet album, est l'Afrique traditionnelle qui survit davantage dans les mémoires que dans la réalité. Les images montrent des cases rondes, un totem, des sagaies... Le texte parle de tam-tam, de guerriers... Il suffit de peu d'éléments pour évoquer tout un pan référentiel, comme ici l'Afrique, surtout quand il s'agit d'un ensemble stéréotypé. L'Afrique noire de référence, dans cet album, est tout à fait similaire à la Gaule de référence dans la série des *Astérix.* Non pas fausse, inventée de toutes pièces, comme dans *Impressions d'Afrique*, de Raymond Roussel ; ni simplement datée historiquement, car il y a des régions d'Afrique où pareils villages existent encore, où les adolescents sont soumis à des rituels initiatiques pour accéder au statut d'adultes ; plutôt un mélange de données ambiguës qui se donnent comme durables.

C'est pour cette raison qu'il est difficile de travailler, avec des jeunes, sur les références culturelles. L'originalité de cet album, c'est de proposer aux lecteurs les références stéréotypées de l'Afrique, tout en leur faisant percevoir, symboliquement, la grande fracture entre l'Afrique de la légende et l'Afrique réelle. Car Yakouba, en choisissant de ne pas tuer le lion, rompt avec la coutume ancestrale, choisit en quelque sorte le triomphe individuel tout en se mettant au ban de la société. Sa façon d'accéder au clan des adultes a valeur universelle, mais dénie la loi tribale.

L'objectif de l'activité est de faire percevoir aux jeunes, non seulement les références culturelles sur l'Afrique traditionnelle, mais également cette rupture sous-jacente. Or cet album est très cohérent : ce thème de la rupture sous-jacente se trouve non seulement dans l'histoire, mais également dans l'articulation entre les images et le texte. C'est donc en partant de cette donnée que nous proposons de faire travailler les jeunes lecteurs.

Consignes d'activité

Montrer que, la plupart du temps, ce qui est dit dans le texte n'est pas représenté dans les images. Comment peut-on expliquer ce phénomène ?

Après avoir laissé les enfants trouver des exemples, entamer le débat de façon à lier le constat sur l'articulation texte/images, et la rupture de Yakouba avec la tradition.

Quelques éléments de réponse :

Dans la première double page, le texte dit : « *De partout à la ronde, on entend le tam-tam* », ce qui suppose qu'il y a beaucoup de personnes. Or l'image n'en montre aucune, seulement un village désert.

Dans la deuxième double page, le texte dit que « *le clan des adultes se rassemble* », mais l'image montre une femme seule, en gros plan.

Dans la quatrième double page, le texte précise que le jeune garçon doit affronter « *seul* » le lion, mais l'image montre deux personnes.

Dans la neuvième double page, le texte dit « *Yakouba croisa le regard du lion* », mais Yakouba ne figure pas dans l'image, et les yeux du lion ne sont que des ombres, etc.

Prolongement

Un travail de même nature peut être conduit à partir de l'album de Jean-Luc Fromental, illustrations Jano : *Le Pygmée géant* (Seuil jeunesse, 1996) qui, pareillement, met en évidence, par d'autres procédés que dans *Yakouba*, la rupture entre l'Afrique traditionnelle et l'Afrique contemporaine. Et l'on peut également s'appuyer sur l'album de Philippe Corentin, *L'Afrique de Zigomar* (L'École des loisirs, 1991), pour montrer la difficulté d'un héros naïf à identifier les références africaines.

▲ Des références de civilisation dans les images

– *Un serpent dans un bol de thé,* d'Anne Thiollier, « Plume », Sorbier, 1995.

Résumé

L'histoire se déroule en Chine, il y a bien longtemps. Le seigneur Li est anxieux pour sa santé. Il a toujours peur qu'il lui arrive quelque chose de fatal. Un jour, il est convoqué par le gouverneur. Pendant la cérémonie du thé, à l'instant de boire le sien, le seigneur Li remarque un petit serpent rouge flottant à la surface du breuvage. Pas question de refuser le thé du gouverneur. Il boit et, par la suite, est pris de symptômes annonçant une grave maladie, inconnue des médecins. Le gouverneur a vent du mal mystérieux qui accable le seigneur Li. Il déambule, songeur, dans sa maison, lorsqu'il observe le phénomène suivant : l'un des arcs rouges accrochés au mur se reflète dans la tasse de thé tenue juste en dessous, tel un petit serpent flottant à la surface. On prévient le seigneur Li de ce qui lui est arrivé. Alors, il sort de son lit et, jusqu'au petit matin, joue de la flûte devant le reflet de la lune dans le bassin.

Objectif de l'activité

Outre que l'album met en scène certains fondements de la civilisation chinoise, il offre un point de vue philosophique sur le rapport de soi à la maladie : au stress du seigneur Li, qui se croit condamné et, du coup, souffre vraiment, s'oppose la sérénité du gouverneur qui « guérit » le malade. Même si le texte est compréhensible sans l'image, l'illustration donne à découvrir maints aspects passionnants de la vie culturelle en Chine, puisque l'illustratrice est spécialiste des pays orientaux et parle chinois. Les activités qui suivent visent à explorer l'image.

Consignes d'activité

1. Repérer les images où l'on voit des reflets. Le reflet, projection fictive de la réalité, est le motif de la pseudo-maladie du seigneur Li. Dans la culture occidentale, il est également symbole du narcissisme. Repérer également les scènes d'enfants jouant avec leurs animaux favoris. Sont-ce les mêmes que chez nous ?

2. Bien observer les illustrations des pages 21 et 22. Repérer tous les métiers énumérés dans le texte. Puis vérifier ces observations pages 28 et 29.

3. Plusieurs passages du texte, prolongés par l'illustration, font référence à la calligraphie chinoise. On trouve dans le commerce de quoi l'imiter. Il est d'ailleurs intéressant de comparer nos deux systèmes d'écriture.

LES RÉFÉRENCES

41

POUR DES ADOLESCENTS

▲ Références réelles d'un monde fantastique

– *Ma chère grand-mère,* de Catherine Brighton, Albin Michel jeunesse, 1991.

Résumé

Le 1er novembre 1830, Marie-Cécile écrit à sa grand-mère le premier épisode d'une histoire étrange : elle voyage vers les tropiques à bord du bateau de son père. Un jour qu'elle est seule, un jeune garçon l'aborde ; il vient du large en canot et a tout l'air d'un fantôme, même s'il est représenté sur les images. D'après ce qu'écrit Marie-Cécile, ce mystérieux visiteur ne ressent pas la douleur, il n'a pas de reflet dans le miroir, ni d'ombre. Il ne parle pas, mais offre un collier de coquillages à son amie. Dans sa poche, Marie-Cécile trouve une lettre datée de... 1872. Le contenu de la lettre explique que le garçon a été retrouvé sur un navire à la dérive, le 4 décembre 1872, le *Marie-Céleste*.

Face au soleil couchant, le jeune garçon disparaît brusquement après avoir crié « Naufrage ». Le récit de Marie-Cécile s'achève là. Il est relayé par celui de son père. Il écrit à sa mère son inquiétude pour sa fille : Marie-Cécile a eu une forte fièvre et, dans son délire, elle parlait d'un ami venu du futur. Elle ne quittait plus un certain collier de coquillages.

À la dernière page, un court texte indique ceci :

« *Le brick* Marie-Céleste *quitta New York à destination de l'Europe le 7 novembre 1872. Il fut retrouvé à l'est des Açores le 4 décembre 1872. Le navire dérivait, il était vide. Aucun passager ni membre de l'équipage ne fut retrouvé.* »

Objectif de l'activité

Comme on le voit, il s'agit d'une histoire fantastique qui admet deux interprétations : ou bien les événements rapportés par la fillette, dans ses lettres, sont vrais, mais extraordinaires ; ou bien elle raconte une histoire qu'elle s'est imaginée, intégrant l'existence du collier de coquillages. L'observation de l'illustration n'apporte pas de réponse : le garçon est représenté, ce qui justifie son existence physique, mais seulement en présence de la jeune narratrice, qui a donc peut-être affabulé.

Les histoires fantastiques se situent fréquemment dans des lieux qui génèrent l'insécurité pour un héros déjà fragile psychologiquement. Ainsi, les navires ayant comme mission l'exploration de nouveaux mondes, au XIXe siècle notamment, sont le théâtre privilégié de faits insolites. En étudiant la réalité de cette époque, les enfants saisiront mieux l'étrangeté du récit.

Consigne d'activité

Mettre à la disposition des jeunes des documentaires qui leur permettront de mieux saisir le monde historique et scientifique réel qui se cache derrière la fiction : le métier d'explorateur, la navigation, la vie sur un bateau, les découvertes zoologiques et botaniques, la fascination pour les pays tropicaux, etc.

Remarques :

L'existence du *Marie-Céleste* a été attestée. Il est l'un des navires mythiques disparu dans le mystérieux triangle des Bermudes.

On peut comparer cet album avec *Escales, carnet de croquis*[1].

▲ Des allusions à un roman policier et à un conte

– *Le Grand Sommeil*, d'Yvan Pommaux, L'École des loisirs, 1998.

Résumé

La page de titre porte la mention « Une enquête de John Chatterton ». Et comme la couverture représente le chat-détective déjà à l'œuvre dans *John Chatterton détective* et dans *Lilas*, le lecteur s'attend à une nouvelle enquête du privé, à la recherche d'une héroïne de conte traditionnel. Effectivement, John Chatterton est engagé par le couple Rosépine, non pas pour rechercher leur fille disparue, mais pour prévenir le sort jeté par une mauvaise fée : à l'âge de quinze ans, la jeune fille plongera dans le « Grand Sommeil » après s'être piqué le doigt au fuseau d'un rouet. Chatterton prend aussitôt Mademoiselle Rosépine en filature. Au lieu de se rendre à la piscine, comme prévu, elle va au café Grimm, boire une grenadine, assise auprès d'un adolescent de son âge, sans qu'ils se parlent. D'après le serveur, ils ont rendez-vous là, rituellement, tous les mercredis. Lui, boit de la menthe à l'eau. Puis la jeune fille, blonde, coiffée d'un béret bleu et chaussée de rollers, se rend chez un antiquaire. Avant que le détective ait pu intervenir, elle monte à l'étage, découvre un rouet et se pique le doigt au fuseau. « *Ce qui doit arriver arrivera* », venait de dire la tenancière du magasin sans lâcher son tricot.

1. De Rascal, ill. Louis Joos, « Pastel », L'École des loisirs, 1992, qui fait l'objet d'une activité dans cet ouvrage. Voir aussi notre article dans *L'École des lettres*, n° 3 (15 octobre 1995).

Mademoiselle Rosépine tombe endormie sur un lit à baldaquin, tandis que le privé tente d'échapper à l'assoupissement qui a gagné tout le voisinage. Il prend sa voiture et s'endort au volant, pendant que, derrière lui, un rempart d'épines pousse à vue d'œil. A-t-il vraiment dormi un siècle, ainsi qu'il en a l'impression ? À son réveil, un marabout l'informe qu'une légende court dans le coin : il paraît qu'une jeune fille dort derrière la haie d'épines... Grâce à sa connaissance des affaires criminelles, John Chatterton agit : il retrouve le jeune garçon attablé au café, lui explique la situation. Le prince charmant moderne – genre bien élevé et tenue facile à porter –, traverse la haie d'épines changées en roses qui s'écartent sur son passage, trouve la demoiselle et la prend dans ses bras. Son béret bleu à la garçonne tombe, elle a de merveilleux cheveux longs, blonds et bouclés.

John Chatterton explique la fin aux lecteurs : les amoureux vivent maintenant ensemble, heureux, et bien sûr tout le quartier s'est également réveillé.

Objectif de l'activité

À l'instar des deux autres titres de la « série », *Le Grand Sommeil* adapte librement un conte traditionnel au roman noir, en empruntant la mise en scène au cinéma, à la bande dessinée, mais aussi au roman-feuilleton, pour les dialogues parodiés. Dans *John Chatterton détective*, les lecteurs adultes avertis reconnaissent les références à Chandler, parce qu'ils l'ont lu, mais aussi parce que le détective privé Philippe Marlowe a été rendu célèbre à l'écran grâce à Humphrey Bogart.

Or, le titre *Le Grand Sommeil* est également celui d'un roman de Chandler. Sur la couverture de la version publiée par Gallimard (Série noire n° 106, 1982) est dessinée une femme blonde, coiffée d'un béret bleu. Cette personne est « Boucles d'ange », surnom donné par Marlowe : il est fait prisonnier par des truands et elle le délivre. Avant de partir, elle l'embrasse. « *Sous mes lèvres, son visage était glacé. Elle leva les mains, prit ma tête et m'embrassa violemment sur les lèvres. Sa bouche aussi était glacée...* » (page 218). Marlowe ne reverra plus cette femme, aussi fatale que peut l'être la Belle au bois dormant.

La Belle au bois dormant, justement, fait l'objet de deux versions. La plus connue est celle de Grimm. Pourtant, celle de Perrault est plus explicite, la présentation des faits est plus claire et plus argumentée. En outre, le texte dit que la mère du jeune prince est une ogresse et qu'un jour, elle veut manger les deux petits-enfants et sa belle fille, la Belle au bois dormant.

Consigne d'activité

Faire rechercher *Le Grand Sommeil* de Chandler et les deux versions de *La Belle au bois dormant* en bibliothèque. Les enfants verront immédiatement la parenté de ces livres : le scénario du conte, le traitement de l'album à la manière de Chandler, les connotations des couleurs complémentaires rouge et vert, dont la redondance est explicite (le rouge est la couleur de l'interdit, de la passion amoureuse, du sang ; le vert est sa couleur complémentaire, celle du froid, de la menthe à l'eau, des épines).

Remarque : *Le Grand Sommeil* de Chandler est tout à fait lisible par des adolescents. La scène décrite plus haut est la plus torride du livre !

▲ Construire un documentaire à partir d'une fiction

– *Les Indiens de la Ville Lumière,* de Hugo Verlomme, « Lecture junior », Gallimard, 1995.

Résumé

Nasta, la chienne du jeune héros, Stan, plonge soudain dans la Seine, à Paris, pour sauver quelqu'un en train de se noyer. Le rescapé est un étrange personnage qui tentait de rejoindre une pirogue.

Au fil des péripéties, nombreuses, Stan découvre l'incroyable vérité : sous Paris vit tout un peuple, qui descendrait directement des premiers Parisii ; le sous-sol de Paris est un univers de galeries, d'anciennes carrières, de lacs, de cours d'eau, d'égouts, de catacombes, habité par ces gens qui, par ailleurs, savent utiliser à leur profit les câbles électriques ou téléphoniques.

L'un des hommes issu de ce peuple est devenu leur pire ennemi et, assisté par des hommes de main redoutables, il cherche à récupérer un plan secret du sous-sol de Paris. Naturellement, Stan et sa chienne se trouvent pris dans le dangereux jeu qui se joue et risquent fréquemment la mort. Mais il y a aussi Cléo, une adolescente de l'âge de Stan, avec qui se noue une idylle.

Objectif de l'activité

Parvenir à faire la distinction entre les références historiques et les faits fictionnels.

L'auteur de ce roman dit avoir passé beaucoup de temps en recherches documentaires. Mais le roman n'en demeure pas moins une fiction. Or les faits réels, rapportés, paraissent souvent incroyables, alors que les faits inventés peuvent paraître crédibles.

À chaque page, ou presque, à partir du moment où le héros est mis dans le secret, le lecteur peut s'interroger sur la réalité d'un fait concernant le passé ou le présent de Paris. En voici quelques exemples résumés :
– Stan rencontre, dans les égouts, des chercheurs de trésor munis d'un détecteur de métaux (pp. 46 et suiv.) ;
– il y a des ossuaires, sous Paris (p. 60) ;

– les premiers habitants de Paris, il y a 2000 ans, étaient les Parisii (p. 61) ;
– sous Paris, il y a des lacs (p. 66) ;
– il y a une source d'eau chaude et soufrée sous Paris (p. 67) ;
– on a retrouvé des dents d'hippopotames sous la rue de Grenelle (p. 94) ;
– beaucoup de bâtiments parisiens sont construits en craie contenant de minuscules fossiles (p. 95) ;
– des castors vivaient encore dans la Bièvre au XIXe siècle (p. 96) ;
– l'actuelle rue Saint-Jacques est une ancienne piste de mammouths (p. 122), etc.

Consignes d'activité

Faire découvrir le roman jusqu'à la page 43, puis travailler chapitre par chapitre. Pour chaque chapitre, dans un premier temps, faire relever tous les faits dont les lecteurs se demandent s'ils sont vrais ou fictionnels. Dans un second temps, faire mener une recherche documentaire en bibliothèque, par groupes, dans les guides, les encyclopédies, les documentaires, les documents, etc. pour vérifier la véracité de ces faits.

Au terme de ce travail, qui peut prendre plusieurs mois, le groupe devrait être en mesure, d'une part, de dresser un plan sommaire du sous-sol de Paris, et, d'autre part, de reconstituer l'évolution historique de Paris.

Prolongement

La thèse historique qui sous-tend ce roman, quant à l'origine gauloise de Paris, a été mise en cause récemment. Les Parisii n'auraient habité qu'un petit village, tandis que les Romains auraient construit toute une ville *ex nihilo*, au IIIe siècle après J.-C. Au terme de l'activité proposée ci-dessus, il serait intéressant de confronter les jeunes à cette nouvelle prise de position, largement exposée, avec plans et photos, dans l'article d'Isabelle Bourdial : « Paris : nos ancêtres les Romains », paru dans *Science & Vie* n° 975 (décembre 1998).

L'IDÉOLOGIE

42

PRÉSENTATION

Le *Petit Larousse* définit l'idéologie comme un « *ensemble d'idées, d'opinions constituant une doctrine* ». Dans une fiction, il est rare que les idées et opinions émises constituent une doctrine, sauf dans la science-fiction qui, depuis Orwell, Huxley et Bradbury, met fréquemment en scène un monde doctrinaire.

Cependant, nombre de références explicites ou implicites, dans un livre de fiction ou un documentaire, sont tellement cohérentes entre elles qu'elles paraissent renvoyer à un système idéologique organisé. Ce qui peut paraître pernicieux quand cela reste sous-entendu, comme allant de soi, alors qu'il ne s'agit que d'une opinion parmi d'autres. Certaines recherches, par exemple, ont mis en évidence le sexisme ordinaire fréquemment présent dans la littérature de jeunesse. D'autres, une société de référence exclusivement bourgeoise, ou *middle class*.

Repérer ces arrière-plans idéologiques permet au lecteur de prendre du recul par rapport au texte. Mais il ne peut pas en déduire pour autant que c'est un message volontaire de la part de l'auteur. D'abord, parce que l'auteur, inséré dans une société, est lui-même imprégné des représentations de son époque et ne se rend pas forcément compte qu'il en témoigne dans son œuvre. Ensuite, parce que le lecteur ne peut jamais affirmer que l'idéologie présente dans un livre est celle de l'auteur et non celle du narrateur ou d'un personnage. Les accusations de parti pris eugéniste qui ont visé Michel Houellebecq lors de la sortie de son roman, *Les Particules élémentaires* (Flammarion, 1998), confondaient manifestement les opinions des personnages et celles de l'auteur, par exemple.

Sans aller aussi loin, nous proposons des activités permettant aux jeunes de repérer certains partis pris idéologiques, afin qu'ils puissent y confronter leurs propres opinions.

L'IDÉOLOGIE

43

POUR DES ENFANTS

▲ L'idéologie des classes sociales

– *Trop copines*, de Chris Donner, « Mouche », L'École des loisirs, 1998.

Résumé

Alima et Sidonie deviennent les meilleures amies du monde, malgré leurs différences sociales. Alima, fille d'immigrés algériens, vit dans deux pièces, avec neuf frères et sœurs. Sidonie, fille unique, vit dans une grande maison avec jardin, son père est pilote et sa mère vétérinaire.

Tout va pour le mieux, et Alima, la narratrice, découvre un univers bourgeois qu'elle ignorait et qui lui paraît bien agréable. Jusqu'au jour où une rupture se produit. Le père de Sidonie emmène les deux filles aux Champs-Élysées choisir un cadeau pour l'anniversaire de la mère. Ils vont déjeuner dans un McDonald's, et Alima est la seule des trois à commander des frites. Et alors, Sidonie, l'air de rien, commence à piocher dans les frites d'Alima – comme si cela lui était dû – et les liquide. Ce petit fait suffit à retourner Alima, qui se met à détester Sidonie, dit-elle.

La mère de Sidonie rétablit la situation et, finalement, les deux filles redeviennent les meilleures amies du monde.

Objectif de l'activité

Le résumé suffit à montrer que, d'abord sous-jacent à cette histoire pour les jeunes enfants, l'affrontement entre *classes sociales* finit par surgir au premier plan. La façon dont on décrit ces relations ressortit à l'idéologie. Dans de nombreux livres pour enfants, l'idéologie reste implicite. Ici, elle est suffisamment apparente pour permettre de découvrir ce qui reste caché. Il s'agit donc de faire travailler de jeunes enfants sur la notion complexe d'idéologie, en les guidant pas à pas. La question de départ qui leur est proposée est simple ; c'est en construisant la réponse, par strates, grâce à l'aide du médiateur, que les jeunes lecteurs découvriront la complexité du problème.

Consigne d'activité

Pourquoi Alima réagit-elle si fortement quand Sidonie lui mange ses frites ? Au point de déclarer qu'elle déteste, maintenant, celle qui était sa meilleure amie.

Commentaires

Le premier niveau de réponse concerne la relation entre nourriture et *classes sociales*. Dans un épisode antérieur à celui des frites, la grand-mère de Sidonie donne à Alima un sac de biscuits qu'elle a faits. Alima songe aussitôt à les partager avec sa famille, et c'est effectivement ce qui se passe, la mère d'Alima allant jusqu'à couper en deux certains biscuits, parce que le partage ne tombe pas juste. Cet épisode révèle une certaine forme de solidarité dans le milieu d'Alima ; mais elle sent bien qu'il ne s'agit pas d'une valeur partagée par le milieu de Sidonie, car à deux reprises elle s'interdit de parler de ce partage à la famille de son amie.

L'épisode des frites exacerbe cette contradiction. Ce qui choque Alima, c'est que sa copine pioche dans son cornet de frites, sans rien lui demander « *comme si c'étaient ses frites à elle* » (p. 39). Le fait, également, que le père ne réagisse pas. Enfin, Sidonie ne s'excuse pas. Par la suite, Alima songe à Sidonie comme à une *voleuse* de frites.

On pourrait s'étonner que le père de Sidonie choisisse un McDonald's pour déjeuner, mais deux explications sont possibles (qui ne s'opposent pas), à partir de la phrase suivante : « *Le père de Sidonie était malheureux dans la file d'attente, il regardait à droite, à gauche, comme s'il avait peur de rencontrer une connaissance, comme s'il avait honte d'être là, et d'avoir envie d'un McDo* » (p. 37). On peut penser que le père de Sidonie *s'encanaille* (de fait, « *on voyait bien qu'il adorait ce goût de McDonald's* » ; p. 40) ; ou qu'il a choisi ce type de *restaurant* pour qu'Alima ne soit pas gênée (de fait, elle est déjà venue dans un McDonald's ; p. 36).

Un troisième épisode, enfin, explicite la contradiction. Alima est invitée à l'anniversaire de la mère de Sidonie. Il y a un gros gâteau, trop gros, puisqu'il en reste. Alors Sidonie a cette réflexion : « *Regarde tout ce que tu vas pouvoir ramener chez toi* » (p. 53). Alors Alima explose : « *Ma famille c'est pas une poubelle* ».

Un deuxième niveau d'explication doit être pris en considération quand on travaille sur l'idéologie. Il faut tenir compte de qui témoigne des faits. En l'occurrence, c'est Alima la narratrice. Le lecteur n'accède donc pas aux véritables motivations de la grand-mère, quand elle donne des biscuits ; ni à celles de Sidonie, quand elle mange les frites, ou offre le reste du gâteau.

Enfin, un troisième niveau, plus subtil, ne peut être découvert par de jeunes enfants, s'ils ne sont pas guidés. À la fin, la mère de Sidonie emmène

Alima dans son laboratoire vétérinaire. Deux singes sont dans une cage. La mère de Sidonie leur donne deux bananes identiques. Les singes se battent pour l'une d'elles, sans se préoccuper de la seconde banane. La mère de Sidonie donne cette explication : « *Nous voulons toujours avoir ce que les autres possèdent. Nous voulons toujours être ce que les autres sont* » (p. 58). Et conclut par cette morale : « *Ce que je crois, c'est que nous ne sommes pas des singes, et nous ne devons pas laisser l'envie ou la jalousie nous gouverner* » (p. 59).

Or une autre explication est possible. Des travaux d'éthologie ont montré que les groupes de singes sont organisés en fonction d'une hiérarchie : il y a des dominants et des dominés. Dans la scène décrite, le singe qui triomphe de l'autre est manifestement un dominant. Même si la mère de Sidonie affirme que les humains ne sont pas des singes, un message implicite transparaît, au moins sous forme de question : n'y aurait-il pas une hiérarchie similaire dans les groupes humains ? Auquel cas l'affrontement entre les deux *classes sociales* décrites prend un tout autre sens idéologique.

▲ Le sexisme

– *Mes premiers pas au football*, de Michel Deshors, Milan, 1998.

Présentation

Il s'agit d'un album s'adressant à de jeunes enfants. L'argumentaire indique :

« Ce documentaire a un double objectif : il propose d'initier les jeunes passionnés, dès 4 ans, aux techniques de base et d'améliorer leur conduite de la balle.

Abondamment illustré de photos et de dessins, *Mes premiers pas au football* s'ouvre sur une présentation du matériel et de la tenue nécessaires. Cette partie explique également une séance d'entraînement type et le déroulement des compétitions.

Ensuite un grand chapitre explique les gestes et mouvements principaux [...]. »

Objectif de l'activité

L'idéologie présente dans les documentaires est souvent pernicieuse. Parce qu'elle correspond, pour les auteurs, à des *représentations sociales* qui leur apparaissent comme des évidences, et non comme des options parmi d'autres différentes. Bien qu'il existe des équipes féminines de football, ce sport reste souvent associé à la virilité, dans l'esprit du grand public. Pareille représentation conforte l'idéologie sexiste, alors même que ce n'est pas une intention consciente de ceux qui l'expriment.

De ce point de vue, *Mes premiers pas au football* est caractéristique. Toutes les photos représentent des garçons. Sauf une : p. 38. Une photo détourée représente une fille qui ne joue pas, puisqu'elle est arbitre de touche, et ici elle paraît particulièrement désœuvrée. Les enfants sauront-ils repérer la dominante idéologique de ce documentaire ?

Consignes d'activité

Proposer le documentaire à tous les enfants et leur préciser cette énigme : p. 38, j'ai vu quelque chose qui n'existe nulle part ailleurs dans le livre. Quoi ? Ensuite, un débat est recommandé.

Prolongement

Une activité similaire peut être organisée à partir des documentaires pour la jeunesse traitant de la danse. Souvent, ils ne représentent que des filles.

▲ Une conception du bonheur

– *Le Jardin secret de Lydia,* de Sarah Stewart, illustrations David Small, trad. Béatrice Didiot, Syros jeunesse, 1998.

Présentation

Cet album est de forme épistolaire. Les seuls textes sont les lettres que l'héroïne, Lydia Grace Finch, adresse d'abord à son oncle, puis à ses parents et à sa grand-mère, qui vivent ensemble. L'histoire se déroule en 1935-1936, aux États-Unis, en pleine crise économique. Lydia Grace, qui habitait à la campagne et aidait sa grand-mère à cultiver un grand jardin, doit aller vivre chez son oncle, en ville, car ses parents n'ont plus de travail. Son oncle Jim tient une boulangerie-pâtisserie. C'est un vieil ours qui ne rit jamais. Il manifeste son affection autrement. La ville n'est pas plus riante, et peu à peu Lydia Grace entreprend de l'embellir en plantant des fleurs partout, puis en transformant l'immense terrasse en jardin pour faire une surprise à son oncle.

Objectif de l'activité

L'idéologie ne concerne pas exclusivement les grands problèmes de société – encore qu'ils soient sous-jacents dans cet album. Elle peut également renvoyer à une conception du monde. En l'occurrence, pour l'héroïne, la campagne c'est le bonheur, et la ville, le malheur. Ce pourquoi elle entreprend littéralement de transporter la campagne à la ville. D'abord, elle fait pousser des fleurs dans des pots, à l'intérieur. Puis dans des jardinières, devant la boulangerie. Peu à peu, les balcons, les fenêtres, le trottoir sont envahis par les fleurs. Enfin, elle transforme la terrasse en vaste jardin fleuri. Manifestement son but est de rendre les gens heureux, à commencer par son oncle, qu'elle se propose de faire sourire ; cette intention revient comme un leitmotiv dans les lettres adressées à ses parents. Elle ne parviendra pas à faire sourire l'oncle Jim, mais, d'une part, elle parvient à faire sourire tous les autres personnages (employés, facteur, clients, passants, vagabond), d'autre part, son oncle manifeste son affection en lui offrant un énorme gâteau et en la serrant dans ses bras.

L'objectif de l'activité consiste à faire découvrir aux enfants comment, progressivement, l'héroïne parvient à transformer la ville pour rendre leur bonheur aux gens.

Consignes d'activité

Répondre aux questions suivantes :

1. Qu'est-ce qui caractérise la ville, par rapport à la campagne, dans les images de cet album ?

2. Pour introduire des couleurs dans la ville noire, l'héroïne installe des fleurs. Montrer comment ces fleurs envahissent peu à peu l'environnement.

3. Comment les gens réagissent-ils à ces fleurs ?

Ensuite, mener le débat sur le sens que peuvent avoir ces fleurs introduites dans une ville.

Éléments de réponse :

1. Alors que les premières pages représentant la campagne – depuis la page de garde – sont très colorées, la ville est noire. La double page qui représente l'arrivée en ville est en noir et blanc, seule l'héroïne est en couleurs, comme si elle était chargée de donner des couleurs à la ville, ce qu'elle fera. Pareillement, dans toutes les images qui représentent la ville, il y a des objets en noir et blanc (autos, cuisinière, cheminées, etc.).

2. D'abord quatre pots de fleurs dans l'arrière-boutique. Ensuite, un pot dans la boulangerie. Deux jardinières, l'une devant la vitrine, l'autre au-dessus de la porte. Puis des jardinières aux trois fenêtres du premier étage et sur les deux balcons de la maison, ainsi qu'une jardinière ronde sur le trottoir. Enfin, toute la terrasse transformée en jardin, et le chemin qui y mène, dans la maison, délimité par des fleurs.

3. Les employés de l'oncle Jim commencent par sourire et ne cesseront pas, jusqu'à la fin de l'album, sauf au moment où l'héroïne repart. Les clients, dans la boutique, sourient. Le facteur également. Puis les passants à l'extérieur de la boutique, qui contemplent les fleurs ou, pour l'un, lève le nez vers le balcon où l'héroïne utilise un système bien particulier pour arroser les fleurs. Un vagabond s'éloigne de la boutique en souriant, le nez plongé dans une fleur. Les gens qui passent en auto devant la boutique sourient en regardant les fleurs.

L'IDÉOLOGIE

44

POUR DES ADOLESCENTS

▲ Un thème documentaire idéologique

– *Astrologie,* de Darby Costello et Lindsay Radermacher, « Les Encyclopoches », Hachette, 1997.

Ce petit documentaire traite du thème de l'astrologie : son histoire, les constellations, les signes du zodiaque, les techniques astrologiques.

Objectif de l'activité

Pareil thème, l'astrologie, pose un problème de fond. L'astrologie n'est pas reconnue comme une science, seulement comme une croyance. En revanche, le fait que certains croient à l'astrologie constitue un phénomène social. La présentation de ce phénomène social, réel, peut donc tout à fait donner lieu à un documentaire adressé aux jeunes, ne serait-ce que pour leur permettre de se faire leur propre opinion. Pour ce faire, le livre doit être aussi objectif que possible et le texte n'a pas à prendre parti, ni dans un sens, ni dans l'autre. Évaluer cette objectivité, ou identifier l'idéologie sous-jacente, est l'objectif de l'activité ici proposée.

Consignes d'activité

Lire le documentaire en notant, dans une première colonne, les phrases qui laissent supposer que l'astrologie permet de prédire la destinée humaine en fonction de la position des planètes à la naissance. Et, dans une seconde colonne, les phrases qui laissent entendre que l'astrologie n'a aucune valeur. En tirer des conclusions.

Éléments de réponse :

Dans la première partie, les formulations sont choisies de telle sorte qu'elles renvoient à des croyances :

> « *Beaucoup de magazines ont une rubrique "horoscope"*. Les astrologues considèrent *ces horoscopes comme peu fiables* » (p. 15).
> « *Les constellations sont des groupes d'étoiles formant des figures auxquelles* on attribue *des représentations symboliques* » (p. 20).
> « En astrologie [*le soleil*] représente *la force créatrice* » (p. 28), etc.

Il semble bien, alors, que le documentaire soit objectif et ne prenne pas parti.

Mais quand le livre aborde les signes du zodiaque, la prudence n'est plus de mise, et il s'agit d'assertions :

> « *Chaque signe correspond à des traits de caractère spécifiques* [...] » (p. 52).
> « *Comme l'animal, celui qui a une dominante Bélier dans son horoscope fonce la tête la première. Il est aventureux et attiré par la nouveauté* » (p. 54).
> « *Le Taureau étant un signe de terre fixe, ses natifs sont marqués par la matérialité et l'équilibre* » (p. 58), etc.

Le style ici utilisé ressemble beaucoup à celui que l'on trouve dans les horoscopes !

Enfin, la dernière partie va plus loin encore, puisque l'efficacité de l'astrologie y est affirmée :

> « *L'astrologie est significative quand un horoscope individuel est établi à partir du lieu et de l'heure exacte de naissance* » (p. 108).
> « *L'astrologie natale, étude du thème individuel, peut aider les gens à une meilleure compréhension d'eux-mêmes et des lignes directrices de leur vie* » (p. 108).
> « *En étudiant les cycles réguliers des planètes* [les astrologues] *peuvent prévoir l'avenir. Mais la plupart d'entre eux ne croyant pas au destin, ils jugent que l'on reste maître de sa propre existence* » (p. 110).

Il s'agit donc d'un documentaire idéologiquement orienté.

▲ La misogynie et les classes sociales du XIXe siècle

– *Ada de Lovelace et la programmation informatique*, de Jean-Paul Soyer, « Eurêka ! », Sorbier, 1998.

Présentation
Cet album documentaire évoque les travaux mathématiques de la fille de l'écrivain Byron, Ada, née en 1815, qui fréquenta beaucoup de savants de son époque, et dont les recherches, en compagnie de Charles Babbage, peuvent être considérées comme pionnières dans le domaine de la programmation informatique.

Objectif de l'activité

Un documentaire, par définition, rapporte des faits de réalité. Mais quand il s'agit de faits historiques, il faut souvent resituer le passé par rapport au présent, afin que le jeune lecteur prenne le recul nécessaire. Ces informations comparatives portent fréquemment sur l'idéologie : la façon dont les faits sont perçus en fonction des croyances de l'époque. En l'occurrence, il y a beaucoup de passages concernant la situation des femmes au XIXe siècle, et d'autres qui concernent les classes sociales – comme on ne disait pas encore à l'époque. L'activité consiste à relever ces passages et en déduire le parti pris idéologique de l'auteur.

Consigne d'activité

Recopier, dans ce documentaire, tous les passages qui, d'une part, parlent du rôle de la femme, et, d'autre part, des différentes catégories sociales. Les relire à la suite. Que peut-on en déduire ?

Réponses :

1. Rôle de la femme :

« À l'époque, l'éducation des filles de la bonne société ne comprenait, normalement, pas d'études scientifiques, et très peu d'études littéraires » (p. 6).
« Les femmes surtout, auxquelles même la condition d'adulte ne réservait aucune liberté, contraintes à l'oisiveté, manifestaient des "troubles de santé mentale", confirmant les hommes que les femmes étaient des êtres bien fragiles, incapables d'assumer des responsabilités. La vision des femmes du peuple, plus saines de ce point de vue, ne suffisait pas à infirmer ce préjugé » (p. 7, encadré sur L'éducation des enfants de l'aristocratie).
« Ada fit de rapides progrès en mathématiques. Sa famille, à l'exception de sa mère, et ses amis ne les voyaient pas d'un très bon œil. En effet, une jeune fille se devait de briller dans le monde pour y trouver un mari » (p. 12).
« Les femmes étaient considérées comme mineures : elles ne pouvaient normalement gérer leur fortune, leur éducation ne visait qu'à tenir leur rang en société. Le but d'une jeune fille était le mariage et la maternité » (p. 14, encadré sur L'aristocratie au début du XIXe siècle).

2. Catégories sociales :

« [Lord Byron] *défend, sans succès, les travailleurs victimes de l'industrialisation »* (p. 6, encadré sur Lord Byron).
« Au bas de l'échelle, le peuple est misérable et le spectacle de cette misère prend à la gorge, lorsqu'on s'en soucie » (p. 8).
« Les aristocrates dont la fortune déclinait cherchaient un beau parti, sur le plan financier » (p. 14, encadré sur L'aristocratie au début du XIXe siècle).
« La classe supérieure ignorait superbement la condition sociale des paysans et des citadins [...] » (p. 14, encadré sur L'aristocratie au début du XIXe siècle).
« Si une aristocrate se devait effectivement de briller en société, le goût de la comtesse de Lovelace pour les sciences lui valut la réputation d'une originale. Ses vues philosophiques sur l'Univers et sur les perspectives qu'ouvrait la connaissance de ses lois ne rencontrèrent qu'incompréhension et plusieurs dames de la bonne société s'enquirent discrètement de savoir si Ada n'était pas un peu "folle" ! » (p. 20).
« Ces dépenses firent surgir pour la première fois dans la vie d'Ada des problèmes d'argent. Alors qu'elle-même n'était pas sans ressources, celles-ci se trouvaient à

la totale disposition de son mari. Elle devait se contenter d'une maigre allocation (qui, à l'époque néanmoins, aurait fait vivre des familles entières du prolétariat) » (p. 21).

3. Commentaires sur ces extraits :

3.1. Il est souvent difficile de décider si un extrait doit figurer dans « Rôle de la femme » ou dans « Catégories sociales ». On se rend compte alors que l'auteur du documentaire lie les deux constamment. L'histoire d'Ada, au-delà de son rôle dans l'histoire scientifique, peut alors être considérée comme une illustration concrète de la situation des femmes aristocrates au XIXe siècle. Si le thème explicite du documentaire ressortit à l'histoire des sciences, son thème sous-jacent concerne l'histoire de l'idéologie.

De fait, on retrouve les mêmes informations dans les deux ensembles, mais elles doivent être réarticulées du général au particulier, ou l'inverse. Ainsi les femmes de l'entourage d'Ada se demandent si elle est « folle », alors que précédemment l'auteur a parlé de la faible santé mentale des femmes de l'aristocratie condamnées à l'oisiveté. Aux véritables troubles mentaux des oisives s'oppose donc le soupçon de folie visant une femme trop active. Mais paradoxalement, l'auteur du documentaire évoque les véritables troubles mentaux de son héroïne : « *Ada témoignait sans doute de désordres psychiques* » (p. 7) ; et il parle de ses « *crises imaginaires* » (p. 23).

Les femmes sont considérées comme « mineures » et ne peuvent gérer leur fortune, d'une façon générale ; et la même information est rappelée à propos d'Ada quand elle a des problèmes financiers.

Pareillement, les informations générales sur l'éducation des femmes, le fait de briller en société, la recherche d'un mari, trouvent une illustration particulière dans le cas d'Ada.

3.2. Cependant, une distinction apparaît dans le mode d'énonciation des deux ensembles d'information. Tout ce qui concerne la situation de la femme dans la société du XIXe siècle est énoncé comme un ensemble de faits, sans affect apparent de la part de l'énonciateur. Mais ce n'est pas le cas en ce qui concerne la structuration sociale ; la façon de rapporter les faits laisse entrevoir, de la part de l'énonciateur, un parti pris réprobateur (c'est nous qui soulignons) : « *le spectacle de cette misère* prend à la gorge, lorsqu'on s'en soucie » ; « *la classe supérieure ignorait* superbement *la condition sociale des paysans et des citadins* » ; « *une maigre allocation* (qui, à l'époque néanmoins, aurait fait vivre des familles entières du prolétariat) ». D'ailleurs, le mot « prolétariat » est éclairant : il ressortit aux analyses engagées de Marx et Engels, dont le premier ouvrage, *Le Manifeste du parti communiste*, paraît en 1848.

▲ L'idéologie cachée derrière l'idéologie

– *Les Oubliés de Vulcain*, de Danielle Martinigol, « Livre de poche jeunesse », Hachette, 1995.

Résumé

C.H.A.R.L.E.y (Cobaye humain amélioré résistant aux lieux extraterrestres – chromosome Y) apprend par surprise, le jour de ses quinze ans, qu'il est un produit de laboratoire. Son corps a été « amélioré » pour l'exploration spatiale. Choqué, révolté, l'adolescent s'enfuit en se cachant parmi les ordures. Il se retrouve alors sur Vulcain, la planète-poubelle, où il est recueilli par un peuple de récupérateurs survivant dans cette gigantesque décharge. Les Ords, qui vivent sur une île, à l'écart des dangereux bombardements de conteneurs (les konts) pleins d'ordures, dirigent la planète.

Charley, d'une constitution supérieure, qui résiste à tout – même à la terrible maladie de peau (la rouille) qui atteint tous les ramasseurs d'ordures –, est le héros de nombreuses péripéties. La plus importante consiste à révéler les conditions de vie, sur Vulcain, devant les dirigeants des 30 mondes, et à obtenir qu'elles soient modifiées, au profit de tous les habitants.

C'est aussi grâce à lui que le laboratoire qui l'a créé trouvera un traitement contre la terrible rouille qui atteint tous les habitants de Vulcain, dont sa bien-aimée.

Objectif de l'activité

Dans un roman, l'idéologie peut être explicite, c'est le cas ici à propos des ordures. À ce propos, on pourrait évoquer La Hague : quand l'humanité ne sait pas comment éliminer les déchets de l'activité humaine, elle les stocke, en attendant de pouvoir trouver une solution. Dans ce roman de science-fiction, les ordures des 30 mondes sont rassemblées dans des *konts*, largués sur Vulcain. Le peuple des Volcanos, les plus pauvres, survit de la récupération et du tri des ordures. Leurs maisons sont constituées de *konts* éventrés, leurs ustensiles et leurs outils (certains cultivent la terre, nourrissant toute la communauté) proviennent des ordures. Mais une partie de leurs ressources est le fruit du commerce. En effet, les Volcanos trient les ordures en trois catégories : « *les biodégradables, les recyclables, les ultimes* ». Les biodégradables sont laissés sur place, les recyclables sont vendus aux Ords pour leurs usines de polytraitement, quant aux ultimes, ce sont les produits non dégradables et non recyclables.

Or une idéologie explicite peut dissimuler une idéologie implicite. Pendant longtemps, sur notre planète, tout le monde partageait la conviction que les océans pouvaient recycler toutes les ordures. Nous savons aujourd'hui que ce processus naturel a des limites. Dans le roman de Martinigol, une croyance similaire est à l'œuvre, implicitement : les *ultimes* sont livrés aux Ords, qui les chargent dans des avions-cargos et vont les larguer dans les cratères des nombreux volcans en activité. Comme si le feu pouvait venir définitivement à bout des déchets dangereux des sociétés humaines, comme on a cru que l'eau le pouvait indéfiniment.

L'activité proposée consiste à faire découvrir cette idéologie implicite.

Consigne d'activité

La planète Vulcain constitue une immense usine de retraitement des ordures. Dans un premier temps, reconstituer les opérations de retraitement. Dans un second temps, imaginer ce que deviennent les *ultimes*, *après* leur largage.

Remarque : dans le roman, il est précisé qu'une bonne part des déchets ultimes est radioactive. Pour permettre aux jeunes d'imaginer ce que ces déchets deviennent après avoir été largués dans des volcans en activité, il est souhaitable de leur communiquer des documentaires sur les volcans, ainsi que sur la radioactivité – il en existe de très nombreux.

TROISIÈME PARTIE

FAIRE ACQUÉRIR LES COMPÉTENCES DE LECTEUR : LA LECTURE LITTÉRAIRE

AVANT-PROPOS

L'expression *lecture littéraire* a beaucoup été utilisée, ces dernières années, dans les ouvrages de didactique, mais rarement dans le même sens. Certains nomment *lecture littéraire* toute étude d'un texte considéré comme littéraire, ce qui renvoie naturellement à l'éternel débat sur la littérarité[1], que nous n'aborderons pas ici. D'autres, les plus nombreux, qualifient de *lecture littéraire* les opérations cognitives dites de *haut niveau* qui contribuent à l'interprétation du texte, au-delà de sa compréhension directe ; à cet égard, on parle aussi de *négociation.* Catherine Tauveron, dans une contribution intitulée « Pour une lecture littéraire du littéraire à l'école »[2], décrit clairement cette pratique :

> *« Un texte littéraire étant un texte où tout élément "fait signe", le lire littérairement c'est adopter un comportement de lecture tel qu'on s'attende à ce que tout élément fasse signe, c'est se mettre en état d'alerte, se préparer à accomplir un travail d'interprétation, c'est-à-dire combler les manques, rétablir un ordre, faire des rapprochements non signalés entre les mots du texte, les faits du texte, le texte et d'autres textes, le texte et sa propre expérience. C'est accepter ou décider de sortir des automatismes de compréhension. De ce point de vue, on peut dire que l'interprétation ne suit pas, contrairement à une vision traditionnelle des choses, la compréhension. Elle la précède et y participe de deux manières possibles : ou bien le texte oppose une résistance naturelle à la compréhension immédiate (il ne va pas dans le sens attendu, il résiste à la constitution d'une cohérence, il présente des blancs qui demandent à être comblés...) et le travail d'interprétation (travail conscient de recherche de signification) apparaît comme une nécessité ; ou bien le lecteur lui-même décide que le texte, qui semble ne pas lui résister naturellement, doit lui résister néanmoins, qu'il peut dire plus et mieux qu'il ne dit dans une lecture de surface et le travail d'interprétation apparaît alors comme un acte délibéré de franchissement des apparences. »*

Prenons un exemple, le dialogue suivant entre deux personnages de romans :

– *Alors quoi, vous n'aviez pas entendu mon signal, les gars ?*
– *On ne t'attendait plus, toi !*

Lire pour comprendre ce dialogue consiste simplement à identifier grammaticalement la première phrase comme une question, et la seconde comme une réponse exclamative.

1. Voir Christian Poslaniec, *De la lecture à la littérature*, Sorbier, Paris, 1991.
2. *In : Lire des textes littéraires au cycle III*, CRDP d'Auvergne, Clermont-Ferrand, 1998, pp. 62-63. Voir aussi : Catherine Tauveron et Yves Reuter (dir.) : *Lecture et écriture littéraires à l'école*, *Repères* n° 13 (nouvelle série), INRP, Paris, 1996. Et *La lecture littéraire en 3e/2de*, *Pratiques*, n° 95, 1997.

Interpréter consiste à identifier les intentions cachées des deux énonciateurs. Le premier est-il ironique, fâché, plaintif ? Et d'ailleurs, s'agit-il d'une véritable question : attend-il une réponse ? Le second est-il ironique, contrit, surpris ? Et d'ailleurs, s'agit-il d'une véritable réponse ou d'une simple remarque ?

En fait, ce dialogue est extrait d'un court roman de Jean-Hugues Oppel s'adressant à des enfants : *Trois fêlés et un pendu* (Les Mini Syros, 1998), et l'auteur sature son texte d'informations, réduisant la part de la négociation, puisque la véritable formulation est celle-ci :

> *« Alors quoi, vous n'aviez pas entendu mon signal, les gars ? s'indigne-t-il, plus écarlate que sa tignasse.*
> *– On ne t'attendait plus, toi ! rétorque Lucien, honteux de n'avoir pas réagi plus tôt. »*

Une troisième acception de la *lecture littéraire* se réfère davantage aux théories de la réception. Vincent Jouve, en avant-propos à un ouvrage intitulé *La lecture littéraire*[1], précise ceci :

> *« Les théories externes délaissent l'étude de* l'effet *pour se consacrer à l'examen de la* réception. *Au lieu de subordonner le lecteur au texte, elles soumettent ce dernier au lecteur. Se fondant sur l'inachèvement structurel de l'œuvre et sur la relativité historique de toute interprétation, elles font valoir que le lecteur a toujours la liberté d'enrichir le texte de contenus nouveaux. Leur objet, c'est donc la lecture en situation, en tant que réception effective. »*

En ce qui nous concerne, nous avons traité en partie ces deux dernières approches de la *lecture littéraire* dans les deux premières parties. Ici, nous nous préoccupons davantage des outils de la théorie littéraire. En effet, les jeunes sont des apprentis lecteurs qui ne maîtrisent pas encore pleinement les diverses instances mises en place par l'écrivain dans un livre, et destinées à produire un effet, même si cet effet n'est pas univoque. Or comment faire réellement une lecture interprétative personnelle si l'on est aveugle à certaines formes utilisées ? Comment apprécier, par exemple, la transgression d'un genre ou l'originalité d'un roman à triple narration si l'on ne connaît pas les règles canoniques des genres littéraires, ou si l'on n'a pas conscience de ce qu'est la narration traditionnelle à la troisième personne ?

Nous sommes bien conscients qu'il est impossible d'initier les jeunes à toutes les nuances des instances littéraires à partir d'une quarantaine d'activités, mais nous sommes aussi persuadés que la démarche entamée ici est indispensable si l'on veut qu'au-delà d'une lecture impressionniste, qu'au-delà d'une compétence à repérer et à interpréter les implicites du texte, les jeunes deviennent capables d'appréhender l'architecture, le mode de construction des textes littéraires.

1. Vincent Jouve, *La lecture littéraire. 1. L'interprétation, Revue de recherche sur la lecture des textes littéraires*, Klincksieck, Paris, 1996, p. 6.

LE NARRATEUR

45

PRÉSENTATION

Le narrateur, c'est celui qui raconte l'histoire. Le narrateur peut être extérieur au récit ou en faire partie. Dans le premier cas, le narrateur peut s'effacer complètement ou être très présent, donnant son opinion, expliquant, précisant, prenant la parole à la première personne, interpellant le lecteur. Mais même s'il s'efface totalement, ses choix de narration le révèlent : description externe des événements ou focalisation interne sur un personnage ou plusieurs, successivement ; point de vue adopté pour décrire un personnage, un lieu, une action ; choix d'une description approfondie de certains moments du récit, et résumé en une phrase d'autres moments... Ce narrateur externe a une grande liberté ; toutefois, il est effectivement ressenti comme lointain par le lecteur réel, un inconvénient quand on veut favoriser l'implication des jeunes lecteurs.

Le narrateur-personnage raconte à la première personne. Il peut être le héros lui-même, c'est le plus fréquent dans la littérature de jeunesse, ou le complice-témoin du héros, comme dans les *Sherlock Holmes* ou la série des *Kamo* de Daniel Pennac ; il peut même être un personnage secondaire ou un témoin de seconde main, comme c'est fréquemment le cas dans les Nouvelles de Maupassant. Ce narrateur-personnage, le lecteur le ressent comme proche de lui ; toutefois, l'inconvénient de ce mode de narration, c'est qu'il interdit généralement la focalisation interne sur d'autres personnages et que, pour rapporter des faits auxquels il n'a pas assisté, ce narrateur doit le justifier : on le lui a dit, il l'a lu dans un journal... Il est facile de faire percevoir cette position particulière du narrateur-personnage en faisant analyser par des jeunes la quatrième de couverture du roman intitulé *Le Secret de Lucy*, d'Ann M. Martin[(1)]. En effet, le club en question comprend quatre personnages : Kristy, Mary Anne, Claudia et Lucy. Or, en quatrième de couverture, seules les trois premières sont représentées par des dessins. Lucy n'est pas figurée : c'est elle la narratrice, et la quatrième de couverture adopte en quelque sorte son regard, son point de

1. Ann M. Martin, *Le Secret de Lucy*, « Folio junior, Le club des baby-sitters », Gallimard, 1997.

vue ; elle voit ses copines, mais ne se voit pas. En revanche, le texte qui accompagne ces images est à la première personne, et supposé de la main de Lucy, bien que ce prénom n'y apparaisse pas.

Certains auteurs parviennent à tourner ces difficultés en recourant à plusieurs narrateurs alternés. Par exemple, dans *Tu me plais !* d'Achim Bröger[1], alternent, un chapitre sur deux, un narrateur en « je » et un narrateur en « il ». Dans *Rendez-vous au collège*, de Stéphane Méliade[2], *La Maison des trains*, de Nadine Brun-Cosme[3], *Matin d'orage*, de Jacques Venuleth[4], deux narrateurs à la première personne alternent, et dans *La Balançoire*, d'Anne-Marie Papierski-Brédy[5], ils sont même trois.

Joan Manuel Gisbert propose même un jeu au lecteur, dans son roman *Le Mystère de la femme automate*[6] : une préface précise que le narrateur fait partie des personnages, mais qu'il a préféré raconter à la troisième personne ; au lecteur de l'identifier.

Une autre dimension doit être prise en compte : le narrateur raconte l'histoire à quelqu'un qui n'est pas le lecteur réel puisque ce dernier ne peut être un destinataire précis (contrairement à une lettre). On parle alors de *lecteur virtuel* (selon l'approche particulière qu'ils font de ce destinataire supposé, les théoriciens parlent aussi de *narrataire* ou de *lecteur modèle*). La façon dont le narrateur s'adresse au lecteur virtuel détermine en partie ce dernier : les mots difficiles sont expliqués, par exemple ou, à l'opposé, il y a de nombreuses références à des domaines scientifiques supposés connus.

L'*instance narrative*, c'est le narrateur et le lecteur virtuel, qui sont engagés dans une sorte de communication fictive (puisque ce ne sont pas des personnes).

Les activités ici proposées permettent de prendre conscience de quelques-unes des caractéristiques de l'instance narrative.

1. Achim Bröger, *Tu me plais !*, trad. Jeanne Étoré, « Castor poche », Flammarion, 1995.
2. Stéphane Méliade, *Rendez-vous au collège*, « Cascade », Rageot, 1995.
3. Nadine Brun-Cosme, *La Maison des trains*, « Reflets », Ipomée/Albin Michel, 1995.
4. Jacques Venuleth, *Matin d'orage*, « Zanzibar », Milan, 1991.
5. Anne-Marie Papierski-Brédy, *La Balançoire*, « Zanzibar », Milan, 1994.
6. Joan Manuel Gisbert, *Le Mystère de la femme automate*, trad. Claude Bourguignon, « Livre de poche jeunesse », Hachette, 1993.

LE NARRATEUR

46

POUR DES ENFANTS

▲ Repérer une narration à la première personne

– *Cinquième,* de Norman Junge et Ernst Jandl, L'École des loisirs, 1998.

Présentation

Dans cet album, la première image représente cinq personnages assis dans une salle d'attente, en file. Il s'agit de jouets, manifestement en mauvais état : un ours au bras bandé, un pantin au nez cassé, un canard à roulette auquel il manque une roue...

Dans la deuxième image, la porte du cabinet d'auscultation est ouverte, et une coccinelle-jouet en sort. Le texte dit : « *La porte s'ouvre, quelqu'un sort* » et le texte de la page suivante annonce : « *premier entre* ». Effectivement, l'image montre un pingouin mécanique, premier de la file d'attente, en train d'entrer. Le texte de la page suivante annonce : « *reste quatre* ». Et ainsi de suite jusqu'à ce qu'il ne reste plus que le cinquième de la file d'attente, le pantin. Et alors, pour la première fois, le texte n'est pas impersonnel : « *reste moi/la porte s'ouvre/j'entre* ».

Objectif de l'activité

Faire percevoir par de jeunes enfants ce qu'est la narration à la première personne. Même si l'on découvre le narrateur à la fin, on doit alors supposer que tous les textes qui précèdent sont également énoncés par lui. Que c'est donc le pantin qui se livre à ce jeu de soustraction, et qu'il y a là une forme d'angoisse, d'ailleurs matérialisée par une larme, quand le personnage reste seul dans la salle d'attente.

Consignes d'activité

Lire et montrer l'album aux enfants. Puis leur demander : qui raconte l'histoire ? Animer le débat.

▲ Trouver le narrateur

– *Tropical center,* de Bruno Heitz, Mango, 1992.

Résumé

L'album commence ainsi : « *Dès qu'ils ont su s'armer, ils ont attrapé des bêtes pour les manger. Normal. Tout le monde le fait.* » « *Ils* », ce sont les hommes qui, malgré leurs inventions de plus en plus perfectionnées, s'ennuient. Ils s'inventent alors des loisirs, toujours plus étonnants, effrayants et dangereux. Ainsi, ils construisent un « *Tropical center* », parc d'attraction aux sensations exotiques artificielles. Au début, c'est le succès. Puis les gens se lassent et le désertent.

Les responsables du parc se rendent dans la vraie jungle, pour comprendre pourquoi elle est plus excitante que le parc. Deux d'entre eux se font immédiatement dévorer par un tigre. Mais bien sûr ! C'est le danger qui fera l'intérêt retrouvé de « *Tropical center* ». Un couple de tigres y est introduit, avec mission de manger un visiteur par jour. Et c'est le succès retrouvé.

À la fin de l'album, on voit le père tigre – car c'est lui qui raconte depuis le début – terminer son récit à l'adresse de son petit : « *... avant de les croquer, je les cuisine* [...]. *C'est pour ça que je suis si savant.* »

Objectif de l'activité

Le thème de l'album peut donner lieu à une discussion avec des enfants déjà grands sur la façon moderne de rechercher des sensations dans ses loisirs et sur l'aspect satirique. Le récit est tout à fait recevable pour de jeunes enfants. Deux éléments le rendent un peu complexe : la construction du temps et le mystère du narrateur, découvert seulement à la fin. De nombreux albums destinés aux jeunes enfants proposent un récit non chronologique : dans cet album, par exemple, on peut le faire comprendre aux enfants en leur demandant d'imaginer que la dernière page devient la première (le père tigre raconte l'histoire suivante à son petit). Ainsi, on sensibilise les jeunes enfants à la liberté de jouer avec la temporalité dans la fiction.

L'activité suivante portera sur les hypothèses concernant le narrateur que le lecteur se fait tout au long de la première lecture.

Consignes d'activité

On lira l'album aux enfants jusqu'à « *Trois heures plus tard, ils étaient largués au cœur du problème* », sans montrer les images. On leur demandera d'imaginer *qui* raconte l'histoire. Les élèves devront argumenter leurs réponses, en fonction du texte lu. Ils répondent généralement : un historien, un conférencier, ou même un animal, mais sans deviner lequel, ni pourquoi. La réponse est donnée à la dernière page et l'étonnement est grand de découvrir qu'un animal-narrateur raconte une histoire mettant les hommes en scène.

Remarque : la réponse est évidemment difficile à trouver en raison du mélange entre documentaire et fiction, qui induit des points de vue narratifs différents. C'est le propre d'un récit humoristique que de jouer avec ces décalages. Et le rôle de l'adulte d'en faire percevoir les mécanismes aux enfants, lorsqu'ils n'y sont pas sensibles de prime abord.

LE NARRATEUR

47

POUR DES ENFANTS ET DES ADOLESCENTS

▲ Déduire le narrateur

– *Il va neiger,* d'Anne Brouillard, Syros, 1994.

Présentation

Cet album est souvent apprécié pour l'esthétique des images. Il représente, à la première page, un intérieur (table, chaises, horloge, fenêtre, pot de fleur et un chat...). Cette première scène revient à plusieurs reprises, avec des variantes de cadrage et d'éléments. Les autres images se situent en dehors de la maison et représentent des personnes qui se promènent, jouent à la balançoire, puis reviennent à la maison. Ce qui rend cet album très mystérieux, c'est que le texte est narré à la première personne, mais qu'on ne sait pas qui parle. Les deux phrases qui accompagnent la première image sont : « *Il n'y a plus personne. Si, le chat, là, dans un petit reste de soleil, et moi.* » La phrase qui accompagne la dernière image, représentant, de l'extérieur, les enfants en train de rentrer, et le chat les attendant derrière la fenêtre, est : « *Ils vont rentrer maintenant et revenir nous voir.* »

Objectif de l'activité

Faire enquêter les enfants pour essayer de leur faire identifier le narrateur de cet album. Il ne peut s'agir que d'une hypothèse, puisque la solution n'est pas donnée par l'album. Mais une lecture attentive du texte et des images permet de rassembler suffisamment d'éléments pour émettre une hypothèse.

L'étude du texte permet de déduire que « moi » se distingue du chat, et que c'est probablement une personne. L'étude des images permet de repérer que cette personne a pris le thé dans l'après-midi et, plus tard, mis la table pour cinq personnes – alors qu'il n'y a que quatre personnes dehors. D'autres détails : les pots de fleurs, la nappe, le set de table, les rideaux, font penser qu'il s'agit sûrement d'une femme. Mais la façon de parler des personnes dehors établit une certaine distance : « *Les autres* », « *Les enfants* ». Et parmi ces personnes extérieures, qui ne sont que des silhouettes, on peut distinguer cependant deux enfants et deux adultes. L'hypothèse la plus générale est alors que le narrateur est la grand-mère.

Consigne d'activité

Qui parle à la première personne dans cet album ? Essayer de faire une hypothèse sur cette personne, en portant beaucoup d'attention au texte et aux images.

LE NARRATEUR

48

POUR DES ADOLESCENTS

▲ Modifier le narrateur

– *Game over,* de Bruno Heitz, « Les impertinents », Circonflexe, 1993.

Résumé

Le jeune narrateur est enchanté car ses parents ont mis la télé dans sa chambre, ce qui lui permet d'utiliser à tout moment sa console de jeux. Il raconte tout ce qui a abouti à la décision de changer le téléviseur de place, tout ce qu'il lui a fallu faire pour obtenir cette console. À la fin, le cousin du narrateur vient passer la journée chez lui, et ne décolle pas de la console. « *Ça commençait à me fatiguer. Je connaissais les jeux par cœur* », dit alors le narrateur. Puis ce dernier découvre un cadeau de Noël qu'il n'avait pas ouvert, et qui recèle un jeu de Monopoly. En y jouant avec ses parents, il découvre le plaisir du jeu collectif.

Objectif de l'activité

Faire prendre conscience aux enfants, à l'occasion d'une activité de réécriture, que le type de narrateur entraîne une modification du point de vue.

Consignes d'activité

Dans cet album narré à la première personne par le jeune héros, la mère est manifestement réticente à la passion de son fils pour les jeux électroniques. Leur point de vue est donc opposé. Demander aux enfants de réécrire les neuf premières pages de l'album (à l'exclusion des textes qui figurent dans des bulles, comme dans les bandes dessinées), mais en faisant de la mère la narratrice du récit.

▲ Le narrateur s'est noyé

– *Escales, Carnet de croquis,* de Rascal, illustrations Louis Joos, « Pastel », L'École des loisirs, 1992.

Résumé

Le narrateur est engagé comme peintre sur le plus grand paquebot du monde, au début de ce siècle. Il doit croquer des scènes de la vie des voyageurs, afin d'offrir en cadeau ses dessins aux passagers de première classe. Ces explications sont données dans ce qui ressemble à un carnet de voyage réunissant des fragments d'écriture et des croquis des passagers. Le voyage inaugural est ainsi mis en scène, comme une sorte de société en réduction, avec ses drames, ses hiérarchies, ses amitiés, ses métiers. Le peintre focalise une partie de son journal sur une fillette, Élia, passagère de troisième classe, ce qui donne une dimension affective à cette galerie de portraits. Il évoque aussi l'image d'une baleine, prétexte pour le narrateur à raconter l'histoire de Jonas à Élia. Brutalement, le voyage se termine par un naufrage. Le peintre montre la fillette, partant dans la dernière chaloupe, esquisse encore quelques croquis, avant d'être englouti par l'océan, selon toutes probabilités.

Sur la dernière page, une baleine est représentée, ainsi que le télégramme suivant : « *S.O.S. – Avons heurté iceberg – Coulons rapidement – Venez à notre aide – Titanic – 15 avril – 0 h 45* ».

Objectif de l'activité

D'ordinaire, lorsqu'un journal intime est accompagné d'un paratexte, celui-ci est signé, de l'éditeur par exemple, – même s'il s'agit d'un texte inventé de toutes pièces – pour rendre le journal encore plus authentique. Dans cet album, le télégramme de la dernière page, anonyme, opacifie l'existence du journal, en même temps qu'il laisse supposer l'existence d'un second narrateur. En effet, puisque jusqu'au dernier moment le peintre fait des dessins, alors que toutes les chaloupes sont parties, on doit supposer que le journal a été englouti avec le bateau.

Cet album offre l'exemple d'un jeu entre les narrateurs, qui peut être interprété de différentes manières.

Consigne d'activité

Argumenter plusieurs propositions qui expliquent que ce journal a été publié, avec ce télégramme en guise de postface, alors qu'il aurait dû disparaître avec son auteur.

Exemples : le peintre a tellement sympathisé avec la fillette qu'il lui donnait au fur et à mesure des brouillons de son journal, à sa demande. Elle a remis les brouillons en forme par la suite, en y ajoutant le télégramme dont le monde entier a eu connaissance.

Avant de disparaître, le peintre a enfermé le journal dans un coffre-fort resté étanche jusqu'à ce qu'on le découvre lors des fouilles de l'épave. On doit alors à Rascal et Joos la publication et la postface.

Escales est une œuvre artistique imaginée entièrement par les auteurs nommés ci-dessus. Pour intriguer le lecteur, ils ont inventé le mystérieux message. En même temps, c'est le message qui, par sa référence historique vérifiable, authentifie fictivement le journal.

▲ Une approche du lecteur virtuel

– *La Plus Grande Lettre du monde,* de Nicole Schneegans, Rageot, 1983 et 1992.

Résumé

Nicolas, 11 ans, a décidé d'écrire la plus grande lettre du monde. Il y raconte au jour le jour ses joies et ses peines, ses espoirs et ses désirs. Il destine cette lettre à celle qui deviendra un jour sa femme, et qu'il ne connaît pas encore ; et il s'adresse fréquemment à elle, dessinant ainsi, peu à peu, le portrait de la compagne dont il rêve.

Objectif de l'activité

Quand on parle du narrateur d'un récit, on songe à celui qui raconte l'histoire. En réalité, dans un roman, l'instance narrative comprend deux personnages fictifs : celui qui raconte, et celui à qui il s'adresse. Ce dernier est généralement appelé *lecteur virtuel*, d'une façon générale, *narrataire*, quand il s'agit de structures inscrites dans le texte, ou encore *lecteur modèle*, selon Umberto Eco, quand il s'agit du destinataire imaginé par l'auteur – souvent d'une façon assez vague. Le roman de Nicole Schneegans met en scène une situation d'écriture ressemblant à celle de l'écrivain : Nicolas destine sa longue lettre à quelqu'un qui n'existe pas concrètement (comme le futur lecteur d'un livre en train d'être écrit), mais qui possède néanmoins certaines caractéristiques en fonction des désirs de l'énonciateur. L'activité consiste à faire percevoir aux jeunes cet aspect de l'instance narrative, généralement difficile à mettre à jour.

Consigne d'activité

Lire ce livre et essayer de dresser le portrait de la femme que Nicolas épousera plus tard. Quelles sont les caractéristiques de cette femme ?

Réponse : en réalité, il ne paraît pas possible de dresser le portrait de Chouc's. Elle reste constamment indéterminée. En effet, ce n'est pas un personnage mais seulement une potentialité, tout comme le *lecteur modèle* d'Eco.

Comme un fantasme, Chouc's reste indéterminée parce qu'elle n'est pas soumise à la solidité de l'espace-temps réel : « *Mais en t'écrivant, je m'embrouille. Parfois je m'adresse à toi comme tu es maintenant, parfois à toi comme tu seras plus tard* » (p. 10). Cette incertitude sur l'existence même du lecteur futur s'exprime parfois directement et nécessite de réaffirmer fortement que Chouc's n'est pas qu'un fantasme : « *Il y a tellement de mystère avec la vie. Peut-être que ma tendresse t'arrive et te rend joyeuse, même si tu ne sais pas qu'elle vient de moi. Tu existes forcément, parce que quand je serai grand* [...] *je te rencontrerai, on s'aimera très fort, on se mariera* » (p. 72).

L'incertitude s'exprime encore autrement : « *Si je meurs avant de t'avoir connue, comment te faire parvenir ce cahier ? Personne ne saura que c'était toi, ma future femme* » (p. 10).

En revanche, comme il s'agit d'une création de son propre désir, Nicolas peut dire à Chouc's tout ce qu'il refuse de confier à son entourage : « *Tu es la seule personne à qui j'ai envie de parler sans être obligé* » (p. 39) ; « *Il vient de m'arriver un "événement". Si seulement tu pouvais me dire ce que tu en penses, toi... Je ne veux absolument pas en parler au docteur Balland* » (p. 46).

Il semble que le fantasme d'un *lecteur modèle* soit nécessaire à l'écrivain pour écrire. C'est le cas aussi pour Olivier, le narrateur : « *Fais un effort, Chouc's, j'ai besoin de toi ! Essaie d'entrer dans mon histoire avant l'heure normale* » (p. 41). Et encore : « *J'ai pas besoin de sœur, ni de frère, ni de père. j'ai besoin de toi* » (p. 72).

Comme on le voit, le *lecteur modèle* reste indéterminé, mais nécessaire. Il n'existe que comme interlocuteur virtuel du narrateur et lui donne l'occasion de parler de lui-même.

LE POINT DE VUE

49

PRÉSENTATION

Cette notion littéraire a fait couler beaucoup d'encre, parmi les théoriciens, depuis que Gérard Genette, dans les années 1970, s'est attaché à distinguer, chez le narrateur, la *voix* et la *focalisation*[1]. L'analogie avec la caméra permet de mieux cerner cette notion. En premier lieu, la caméra peut être braquée à l'intérieur ou à l'extérieur du héros, montrer ses sentiments, ses émotions, ses souvenirs, ou ne le montrer que du dehors : expressions, gestuelle, mimiques – à charge pour le lecteur, alors, de relier ces signes extérieurs à des émotions. On parle alors de focalisation interne ou externe. La narration en « je » est nécessairement interne pour le narrateur, externe pour les autres personnages. La narration à la troisième personne permet tous les choix.

À ceci s'ajoute la largeur du champ de vision. Un point de vue externe peut choisir de se concentrer exclusivement sur un personnage, ou sur toute une famille, voire sur un groupe social, par exemple, tout comme une description peut ressortir au *gros plan* ou au *plan général.* Mais en l'occurrence, le point de vue n'est pas seulement spatial, il peut être temporel : l'épaisseur d'un personnage (qu'il soit vu de l'intérieur ou de l'extérieur) peut dépendre, par exemple, d'une grande quantité de références à ses souvenirs, à sa vie passée.

Enfin, cette caméra est en quelque sorte affective. Le narrateur fait passer son point de vue, au sens général du terme cette fois, quand il narre des événements ou décrit des personnages. Il n'est pas nécessaire pour autant qu'il donne son avis ; les termes utilisés, ou la centration sur certains aspects, suffisent souvent à faire passer un point de vue. Par exemple, le court roman de Valérie Dayre : *Sa dernière blague*[2] a beau commencer par « *J'aime Astrid. Je l'aime comme on étouffe* », la description qui suit

1. On trouvera un écho de ces discussions dans l'article d'Anne-Marie Hubat : « Des présupposés théoriques jamais interrogés en pédagogie. Point de vue, polyphonie : construire les notions en stage », *Le Français aujourd'hui*, n° 98, 1992.
2. Valérie Dayre, *Sa dernière blague*, « Mouche », L'École des loisirs, 1998.

révèle un point de vue bien différent, et permet au lecteur de se dire que cet amour est bien ambivalent (ce que révèle la suite du livre), et que le verbe « étouffer » n'est pas choisi au hasard :

> *« Astrid se tenait le dos bien droit, mais un peu déhanchée, histoire de montrer qu'elle était parfaitement décontractée. Ou encore que l'imprimé de son caleçon était particulièrement joli, sa jambe dedans aussi. »*

LE POINT DE VUE

50

POUR DES ENFANTS

▲ Point de vue du narrateur et point de vue du lecteur

– *Philomène Chontard, sorcière*, de Marie-Sabine Roger, illustrations Catel, « Histoires pour toi », Épigones, 1993.

Résumé

Philomène Chontard se conduit comme une peste avec ses camarades de classe. Elle les bouscule, provoque des bagarres, déchire les cahiers... C'est qu'elle a déjà choisi le métier qu'elle exercera plus tard : sorcière. Alors quand le maître propose de monter une pièce de théâtre à la fin de l'année et demande qui veut jouer la sorcière, toutes les têtes se tournent vers Philomène Chontard, qui lève la main, ravie.

Objectif de l'activité

Confronter l'interprétation des jeunes lecteurs au point de vue adopté par le narrateur (narration à la troisième personne).

Consignes d'activité

Faire découvrir l'album – texte et images – intégralement, par les enfants. Leur montrer ensuite la double page finale (pp. 28-29). Dans cette image, l'ombre de Philomène est incontestablement celle d'une sorcière. Le texte décrit l'ombre : « *nez crochu, menton pointu, cheveux hérissés* », mais n'utilise pas le mot « sorcière ». Demander alors aux enfants si Philomène est véritablement une sorcière. Les faire discuter là-dessus. Puis reprendre collectivement l'ensemble du livre et leur faire constater que celui qui raconte l'histoire décrit Philomène comme « une peste », mais ne la désigne jamais comme une sorcière.

Remarque : à partir de l'image finale, le lecteur a parfaitement le droit d'imaginer que Philomène est véritablement une sorcière, ou qu'elle va le devenir, mais c'est le point de vue du lecteur et non le point de vue du narrateur.

▲ Changer de héros

– *Tom, le roi de la pêche,* de Robin Tzannes, illustrations Korky Paul, trad. Gérard Moncomble, Milan, 1997.

Résumé

Le père de Tom semble un pêcheur émérite, du moins si l'on en juge à l'abondance de son matériel. Tom ne sait pas pêcher et son père refuse de l'emmener avec lui. Alors, naïvement, Tom redécouvre peu à peu l'art de la pêche, fabriquant avec des expédients une canne et une ligne, et attrapant un gros poisson. Pendant ce temps, le père emmêle ses lignes, chute dans l'eau, s'accroche aux rochers et ne parvient pas à attraper un seul poisson. À la fin, Tom consent à emmener son père à la pêche, la prochaine fois.

Objectif de l'activité

Faire réfléchir les enfants sur la notion de point de vue, ou de focalisation sur un personnage. Dans cet album, toute l'histoire écrite est focalisée sur l'enfant, Tom. Le texte décrit ses actes, ses pensées, ses particularités. Il n'y est pas question du père, sauf au début et à la fin quand les deux personnages sont en présence.

En revanche, les images présentent en parallèle l'odyssée du père et celle de l'enfant. Les pages de droite montrent en images ce dont parle le texte, concernant Tom. Les pages de gauche montrent les difficultés successives du père, dont il n'est pas question dans le texte. Il suffit donc de faire commenter les pages de gauche pour découvrir un autre point de vue que celui du texte.

Consignes d'activité

Après avoir lu et montré l'album aux enfants, leur demander d'essayer d'inventer un nouveau texte, reprenant tout le début, à la première page, mais se poursuivant en prenant uniquement en compte les images de gauche, dans la suite de l'album. L'animateur aidera les enfants à transformer leurs remarques en phrases et leurs phrases en texte.

▲ Expliciter le point de vue implicite

– *Les Petits Bonshommes sur le carreau,* d'Isabelle Simon, illustrations Olivier Douzou, Éditions du Rouergue, 1994 et 1998.

Présentation

Cet album singulier commence par « *Un enfant regarde par la fenêtre* ». Cette fenêtre représente réellement une frontière. Du côté recto, « *où il fait chaud* », un petit bonhomme est dessiné sur le carreau, dans la buée. Du côté verso, où il fait si froid, des tas de petits bonshommes, en fait des SDF imagés par des figurines de glaise photographiées, gisent « *sur la paille et dans la misère* ». L'album alterne ainsi un point de vue côté recto et un point de vue côté verso.

Objectif de l'activité

Pour être tout à fait compris par de jeunes enfants, les deux points de vue doivent être pleinement perçus. Or, s'ils perçoivent facilement les représentations de SDF, grâce aux figurines explicites et aux textes d'accompagnement, ils ne perçoivent pas nécessairement le côté symbolique du dessin sur le carreau.

Consignes d'activité

Préciser aux enfants que le bonhomme dessiné sur le carreau représente, en fait, tous les gens qui sont au chaud à l'intérieur des maisons. Leur demander alors d'interpréter les phrases qui caractérisent ce dessin, en fonction de ce qu'elles symbolisent.

Réponses :

« *Il a des yeux mais il ne voit pas.* » Formule biblique qui, en l'occurrence, signifie que les gens, du côté recto, ne voient pas le monde des SDF, de l'autre côté.

« *Il a une bouche mais ne parle pas.* » Il ne parle pas aux SDF et ne parle pas des SDF.

« *Il n'entend pas* » les plaintes des sans-logis.

« *Il est heureux mais il ne le sait pas.* » Il est heureux parce qu'il ne subit pas le sort des SDF, mais ne le sait pas puisqu'il ne perçoit pas ces derniers et ne fait donc pas la comparaison.

« *Il a une tête mais il ne le sait pas.* » Une tête, c'est fait pour penser, pour résoudre les problèmes – dont les problèmes sociaux. Celle-ci est inactive puisqu'elle ne perçoit pas, ne compare pas, donc n'interprète pas ni ne pense, etc.

LE POINT DE VUE

51

POUR DES ADOLESCENTS

▲ Comparer les points de vue

– *Un ange à la récré,* d'Anne Fine, illustrations Véronique Deiss, trad. Nathalie Hay, « Mouche », L'École des loisirs, 1998.

Résumé

Un matin, une fille étrange apparaît devant les grilles de l'école. Elle s'appelle Céleste et a tout l'air d'un ange. Mais c'est quelqu'un de très déterminé, qui ne se laisse pas faire, sans recourir pour autant à la violence. Elle sait résister, elle sait répondre aux agressions, elle n'a peur de personne, pas même de la bande de garçons dirigée par Barry Hunter, qui terrorise toute l'école. Elle parvient même à trouver une solution pour que cette terreur cesse. Puis elle s'en va.

– *Sa dernière blague*, de Valérie Dayre, illustrations Alan Mets, « Mouche », L'École des loisirs, 1998.

La nouvelle élève s'appelle Astrid. Elle a l'air d'un ange, collectionne les bonnes notes et semble parfaite, et pourtant elle est capable de méchanceté. Elle se lie avec sa voisine de classe, qui se nomme également Astrid mais est timide, émotive, maladroite. Une victime toute trouvée pour le pseudo-ange, qui, en fait, hait la société.

Objectif de l'activité

Distinguer les points de vue dans deux livres qui présentent bien des similitudes.

Ces deux livres sont parus dans la même collection, l'histoire se déroule dans une école, le point de départ est similaire : l'arrivée d'une nouvelle élève qui a l'air d'un ange. Et, dans les deux cas, l'histoire est racontée à la première personne par une camarade de l'héroïne.

La différence essentielle concerne les deux personnages principaux. Si toutes les deux ont l'air d'anges, Céleste, dans *Un ange à la récré*, se comporte positivement et parvient à résoudre les problèmes de la classe ; alors qu'Astrid, dans *Sa dernière blague*, une blague fort cruelle dont est victime la narratrice, est une hypocrite qui cache bien son jeu.

Quand on leur propose de comparer les deux livres, les lecteurs voient immédiatement les différences au niveau des personnages mais ne remarquent pas forcément les différences au niveau de la narration.

Il faudra donc sans doute attirer leur attention là-dessus. Le point de vue des deux jeunes narratrices est différent. Si toutes deux se focalisent principalement sur le personnage d'ange, la narratrice d'*Un ange à la récré* prend de la distance par rapport aux événements narrés. Elle adopte, en quelque sorte, le point de vue du journaliste. Au contraire, la narratrice de *Sa dernière blague* se centre beaucoup sur ses propres émotions, s'implique dans son récit, et les événements apparaissent comme filtrés par tout ce qu'elle ressent, qui évolue en cours de récit, en même temps que la vraie nature de la seconde Astrid se révèle.

Consignes d'activité

Proposer les deux livres aux adolescents et leur demander de les comparer. D'abord en mettant au jour les ressemblances, ensuite en identifiant les différences. S'ils ne le font pas spontanément, attirer leur attention sur le mode de narration.

▲ Classer des titres intérieurs selon leur point de vue

– *Le Grand Catalogue des poissons de mer,* de Patrick Louisy, Milan, 1994.

Il s'agit d'un album documentaire qui décrit la variété des poissons de mer. La première partie explique leurs modes de vie. La seconde partie est un répertoire présentant plus d'une centaine de poissons.

Objectif de l'activité

Un documentaire peut adopter plusieurs points de vue. Décrire une réalité d'une façon impersonnelle, par exemple, ou s'adresser aux lecteurs... Ici, ce point de vue est variable et se repère facilement dans les titres et sous-titres. L'objectif de l'activité est de faire percevoir par les jeunes ces variantes de points de vue.

Consignes d'activité

Demander aux jeunes de regarder de près les titres et sous-titres de la première partie du documentaire. Leur demander ensuite s'ils se ressemblent ou non. Ils doivent alors les classer en fonction de catégories qu'il leur faut préciser.

Réponses : Il y a principalement cinq catégories de titres :

1. Les titres impersonnels : « *Ils n'ont pas fini de surprendre* », « *Qu'est-ce qu'un poisson ?* », « *Nageoires épaisses et fentes brachiales* », etc. Ce sont les plus nombreux.

2. Les titres où le locuteur s'adresse aux poissons collectivement : « *Poissons, qui êtes-vous ?* », « *Poissons, comment vivez-vous ?* ». Il n'y en a que deux.

3. Le titre où le locuteur s'adresse à un poisson individuellement : « *Dis-moi comment tu nages...* ».

4. Les titres où le locuteur s'adresse aux lecteurs en se désignant de la même espèce qu'eux : « *Nos ancêtres* », « *Ils nous en font voir de toutes les couleurs* ».

5. Les titres où le locuteur s'adresse à un lecteur individuel : « *Les poissons et toi* », « *Tu peux aussi les regarder* », « *Tu peux les pêcher* ».

▲ Prendre conscience du point de vue de l'incipit

– *La Bête de la cave,* de R.L. Stine, trad. Yannick Surcouf, « Chair de poule », Bayard poche, 1999.

Résumé

Marc a reçu un coup sur la tête lors d'une séance de base-ball. Il est manifestement fort perturbé et a bien du mal à distinguer la réalité de ses délires. Le lecteur également, puisque c'est Marc le narrateur. Selon les cauchemars et les délires du héros, la personnalité des personnes qui l'entourent change ; par exemple, Gwendoline, la fille musclée qui l'a frappé, se révèle être sa sœur et n'est pas responsable de l'accident. Heureusement, la mère du héros est là, trop attentive, mais égale à elle-même.

Seulement l'irrationnel est tout aussi constant, d'un bout à l'autre du roman : un personnage mystérieux, qui dit s'appeler Keith et vivre dans la cave de Marc – mais qu'il est le seul à voir ou à entendre. Qui plus est, ce personnage d'un autre monde a la capacité de faire sortir tous ses organes de son corps, par la bouche. Un délice, pour lui, une horreur pour le témoin !

Le dernier retournement de situation est tout à fait imprévu : en fait, le vrai narrateur, c'est Keith, une créature étrange qui, effectivement, peut extérioriser ses organes internes. Le choc lui a fait imaginer qu'il était Marc, le garçon dans la cave duquel il vit !

Objectif de l'activité

Comme le résumé de ce roman le montre, toute l'histoire est affaire de point de vue, et si elle fonctionne, tout au long, comme appartenant au genre fantastique (on ne sait jamais si le narrateur délire ou si les faits irrationnels sont vrais), la chute ressortit à la science-fiction.

Pour familiariser les jeunes à ces glissements de points de vue, nous proposons une activité permettant de jouer, dès le début, avec cette notion.

Dès l'incipit, le point de vue du narrateur sur sa mère est évident. Il parle à un copain, et non au lecteur. Ce qu'il dit de sa mère, l'exemple qu'il donne, fait apparaître celle-ci comme trop protectrice. Et le copain renchérit par ses réactions ironiques. Or il ne faut pas oublier que c'est le narrateur qui rapporte ces réactions, et qu'il peut les manipuler comme bon lui semble. D'ailleurs c'est lui qui, commentant les propos de Jérémy, emploie l'adjectif « incrédule ».

Mais le lecteur ne doit pas oublier que c'est là un point de vue parmi d'autres possibles, et qu'en l'occurrence il y a une sorte de discours argumentatif sous-jacent, une démonstration.

L'activité proposée consiste à inventer d'autres points de vue, pour montrer que c'est là un choix narratif.

Consigne d'activité

Voici le début du roman :

> *« Il suffit que je fasse un pas pour que ma mère crie au danger, déclarai-je.*
> *J'étais avec mon copain Jérémy Goodman, en route vers le terrain de sport de notre collège.*
> *– Sans blague ? ricana-t-il, incrédule.*
> *Je confirmai d'un hochement de tête et pressai le pas pour traverser la rue.*
> *– Hier soir, par exemple, il fallait que je dessine une carte pour notre devoir de géo. Je commence à tailler mes crayons de couleur. Ma mère entre dans ma chambre et s'écrie : "Ne fais pas ça, tu vas t'éborgner !"*
> *Cette fois, Jérémy éclate de rire.*
> *– Et qu'est-ce qu'elle veut que tu utilises ? des pastels, comme à la maternelle ? plaisanta-t-il.*
> *Moi, je ne trouvais pas ça drôle. À douze ans, ma mère me considère encore comme un bébé. »*

1. Réécrire cette introduction, de telle sorte que c'est la mère qui parle à l'une de ses amies. Elle se donne le beau rôle et insiste sur l'infantilisme et la maladresse de son fils.

2. C'est Jérémy qui raconte l'anecdote à un autre ami : « j'ai un copain qui... ». Il peut prendre la parti de Marc, ou celui de la mère.

3. À tour de rôle, et en s'adressant cette fois au lecteur, Marc, sa mère et Jérémy racontent la même anecdote.

LES PERSONNAGES

52

PRÉSENTATION

Une approche superficielle de cette notion se contente généralement de distinguer personnages principaux et personnages secondaires, mais par rapport à quoi ? Leur implication dans le récit ? Le type de focalisation ? Le fait qu'ils agissent ou non ? La place qui leur est consacrée dans le discours du narrateur ?

Le personnage est une réalité plus complexe qu'il y paraît[1]. Par exemple, certains personnages d'arrière-plan se fondent tellement dans le décor qu'ils en font réellement partie. Dans de nombreux romans pour la jeunesse, la présence du père et de la mère est fréquemment évoquée sans qu'on sache jamais ce qu'ils pensent, ce qu'ils font, quelles relations ils entretiennent avec le héros ; ils sont là pour rappeler que ce dernier vit dans une famille, tout comme la mention d'un lit rappelle que le héros est dans une chambre. À l'inverse, certains éléments de décor, parfois, un arbre, une gare, accèdent presque au statut de personnage tant ils entretiennent de relations avec les personnages de premier plan.

Dans d'autres cas, des personnages d'arrière-plan jouent un rôle considérable mais qui reste implicite le plus souvent ; c'est le cas de personnages qui jouent un rôle initiatique pour le héros, par exemple. Ou alors, leur discrétion est une nécessité narrative ; ainsi l'assassin dévoilé à la dernière page d'un roman policier, alors qu'on ne l'avait qu'entrevu comme personnage, jusque-là.

L'un des critères importants, c'est que le personnage n'est pas une personne, mais doit donner l'illusion de l'être, provoquer chez le lecteur *l'illusion référentielle.* Il y a bien des manières de provoquer cet effet de réalité, par la description des vêtements, le langage utilisé, la gestuelle, qui situent un personnage dans une époque, une classe sociale, une classe

1. Voir le premier chapitre, intitulé « Des théories de référence à une formulation didactique du concept de personnage », dans l'ouvrage de Catherine Tauveron : *Le Personnage, une clef pour la didactique du récit à l'école élémentaire*, « Techniques et méthodes pédagogiques », Delachaux et Niestlé, Neuchâtel/Paris, 1995.

d'âge, une culture ; le mode de vie ou la biographie du personnage, qui peuvent rappeler au lecteur des personnes connues. Et lorsque suffisamment d'éléments de réalité sont ainsi fournis au lecteur, ce dernier complète l'information tout seul, prête au personnage des émotions, des particularités physiques, des références, qui ne sont pas décrites dans le récit.

Pour toutes ces raisons, le personnage apparaît comme le principal mode d'entrée dans une fiction[1]. C'est par lui, et par *l'illusion référentielle* qu'il provoque, que le lecteur établit ce contrat particulier de lecture qui jette une passerelle entre l'imaginaire et le réel. D'où l'importance de cette instance narrative.

1. Voir Vincent Jouve, *L'Effet-Personnage dans le roman*, « Écriture », PUF, Paris, 1992.

LES PERSONNAGES

53

POUR DES ENFANTS

▲ La perception progressive du personnage

– *Loin des yeux, près du cœur*, de Thierry Lenain, Nathan, 1997.

Résumé

Hugo, le jeune narrateur, est aveugle. Grâce à un ordinateur parlant, il peut suivre des études normales. Mais parfois sa cécité lui pose problème. Aïssata, une de ses camarades, l'aide sans ostentation. Hugo découvre qu'elle est noire et se révolte contre les réflexions racistes de ses camarades d'école. Hugo et Aïssata s'attachent l'un à l'autre mais, à la fin, la jeune fille doit retourner au Mali. Ils s'écrivent longtemps puis la correspondance s'interrompt. À la fin, on découvre que le narrateur a maintenant 38 ans et qu'il se demande ce que son amie d'enfance est devenue.

Objectif de l'activité

Comment se construit un personnage dans la tête du lecteur ? Par retouches. Dès les premières informations, le lecteur construit une image mentale, mais cette image se modifie au fur et à mesure que les informations lui parviennent. L'objectif de l'activité est de faire percevoir ce processus à de jeunes lecteurs.

Consignes d'activité

On fait découvrir le livre aux enfants chapitre par chapitre. Après chaque chapitre, on leur demande de repérer :
– les informations nouvelles apprises sur le héros,
– l'image qu'ils s'en font à ce moment de la lecture,
– les modifications de l'image précédente qu'ils ont dû effectuer.

Quelques éléments de réponse :

Chapitre 1 : on apprend que c'est ce personnage qui raconte, et qu'il est aveugle.

Chapitre 2 : il s'appelle Hugo, c'est un enfant, il sait se servir d'un ordinateur, il est fougueux.

Chapitre 3 : il est en CM2, il est déterminé (il se prépare soigneusement à son entrée à l'école).

Chapitre 4 : il n'est pas timide.

Chapitre 5 : il est émotif (scène de la cantine), etc.

Jusqu'à la fin où le lecteur découvre que le narrateur a en fait 38 ans et que tout ce qui précède est donc de l'ordre du souvenir.

Prolongements

1. Le même travail peut se faire à partir du personnage d'Aïssata. C'est plus difficile car il faut tenir compte du fait que le narrateur est aveugle et que sa découverte de la jeune fille ne correspond pas à la façon dont les voyants appréhendent les autres.

2. Une première version de ce livre, quelque peu différente, a été publiée sous le titre *Aïssata*, en 1991, aux éditions Syros. Une comparaison entre les deux versions peut être effectuée.

▲ Des objets personnages

– *Ma princesse n'est plus une princesse*, de Brigitte Smadja, illustrations Serge Bloch, « Mouche », L'École des loisirs, 1998.

Résumé

Depuis plusieurs livres, Jeanne est la princesse de Léon (*cf. Ma princesse collectionne les nuages*, *Ma princesse se déguise en casserole*, etc.). Mais, cette fois, rien ne va plus : on a proposé à Jeanne de tourner dans une publicité pour un fromage. Elle se prend maintenant pour une star. L'un des autres enfants retenus, Balthazar, a un sourire parfait, et Jeanne l'invite chez elle. Insupportable, pour Léon.

Heureusement, dans le royaume de l'illusion, tout ne se passe pas merveilleusement. Jeanne a tôt fait de redevenir la princesse de Léon, avec humilité.

Objectif de l'activité

Certains objets, dans la fiction comme dans la vie, peuvent jouer un véritable rôle de personnage. Surtout s'il s'agit d'objets transitionnels, au sens où l'entend Winnicott. Dans ce court roman, c'est un punching-ball. Comme tout objet transitionnel, il a une réalité concrète et une réalité symbolique. L'objectif de l'activité est de faire découvrir à de jeunes lecteurs les différentes facettes de pareil objet.

Consignes d'activité

Page 9, Léon commence à démonter son punching-ball. Un objet bizarre qui, parfois, fait penser à une personne.

1. Le punching-ball est dégonflé, c'est pourquoi Léon le démonte. Or on traite parfois quelqu'un de « dégonflé ». Est-ce que, dans les pages 8 et 9, l'un des personnages mérite ce qualificatif ?

2. Dans les pages 9 à 17, Léon pense à son punching-ball comme à une personne. Démontrez-le.

3. C'est bien pratique de prendre un punching-ball pour une personne. Pourquoi ?

4. Bien que le punching-ball soit dégonflé, Léon parvient quand même à s'en servir, d'une certaine façon. Comment ?

5. Malgré tout, le punching-ball reste un objet. Quel rôle joue-t-il dans l'histoire, en tant qu'objet ?

Réponses :

1. Léon. Il est fort déçu par le comportement de *sa* princesse. Mais, manifestement, il n'ose pas l'affronter ni répliquer. Il la laisse parler. Alors il s'en détourne (l'image de la page 9 montre qu'il lui tourne le dos) et s'occupe d'autre chose. Tout ceci est implicite et doit être déduit du texte et de l'image.

2. « *La* tête *rouge du punching-ball est tombée* [...]. *Léon* [...] *songe avec tristesse à la* mort *de ce jouet* » (pp. 11, 12).

3. Le punching-ball sert d'exutoire à la colère de Léon. À la fin de la page 9, « *Léon sent monter sa colère* ». Page 12, il évoque les « *services extraordinaires* » que lui a rendus l'objet, « *les jours où il voulait réduire Nicolas en bouillie* ». Et justement, en ce moment de colère, Léon « *aurait eu besoin d'une bonne tête rouge rebondissante pour cogner un peu dessus, se calmer* ».

4. Bien que le punching-ball soit dégonflé, Léon parvient à torturer l'objet en le pétrissant (p. 13), puis en « *transformant sa tête de punching-ball en chewing-gum géant* » (p. 15, image à l'appui).

5. Page 17, prétextant qu'il a besoin d'argent pour s'acheter un nouveau punching-ball, Léon accepte d'accompagner Jeanne à la séance où l'on recrute des enfants pour tourner une publicité. Mais il se montre si désagréable, qu'il n'est pas retenu, contrairement à sa princesse. Et, à la fin, Jeanne, revenue à de meilleurs sentiments vis-à-vis de Léon, lui offre, avec l'argent gagné, un nouveau punching-ball.

▲ Identifier les personnages d'une illustration

– *Oh l'amoureux!,* de Christian Devèze, illustrations Philibert, « Lampe de poche », Grasset jeunesse, 1998.

Résumé

Un jour, dépité, Sylvain, le héros de l'histoire, gribouille le visage d'Isabelle sur la photo de classe. Isabelle, c'était la nouvelle, la plus belle, mais en repensant à l'année écoulée, Sylvain ne se sent plus du tout amoureux, croit-il !

Objectif de l'activité

Identifier les personnages de l'histoire sur le dessin représentant la photo de classe, qui figure pages 12-13. S'il est facile d'identifier Isabelle, dont le visage est rayé de traits blancs, il faut lire attentivement le texte pour identifier Damien (le fils du boulanger), Sylvain (le narrateur), Anthony (le meilleur ami de Sylvain), Éloïse (le béguin de Damien), Bruno (qui se croit le plus fort), et l'on en est réduit aux conjectures pour situer Julien, Grégory et Denis, les copains de Bruno. Encore reste-t-il huit enfants non identifiés.

Consigne d'activité

Sur une photocopie de l'illustration de la photo de classe, demander aux enfants d'inscrire les noms des personnages qu'ils peuvent identifier en lisant le roman.

L'identification des copains de Bruno permettra aux enfants d'argumenter (s'ils sont copains, ils doivent être proches sur la photo, par exemple. Mais ce n'est pas un argument forcément valable puisque Éloïse, le béguin de Damien, est fort éloignée de celui-ci. Toutefois, le fait que Damien se soit amouraché d'Éloïse ne signifie pas que ce soit réciproque, etc.).

Prolongement

Puisqu'il reste huit enfants non identifiés, il est possible de leur attribuer un nom et de leur donner un rôle dans l'histoire. Ce qui permet de passer à une activité d'écriture, de telle sorte que les nouveaux personnages et leurs actions ne soient pas en contradiction avec l'histoire narrée.

LES PERSONNAGES

54

POUR DES ADOLESCENTS

▲ Les différents rôles d'actants

– *Hilaire, Hilarie et la gare de Saint-Hilaire,* de Hélène Montardre, « Zanzibar », Milan, 1987.

Résumé

Hilarie, à 7 ans, a été autorisée à franchir les limites du jardin. Elle s'est vite intéressée à la gare, proche. Elle joue à surveiller, cachée, l'arrivée de la micheline de 18 h 56. Et le vieil homme qui, abandonné par sa femme quand il était jeune, attend, chaque jour, son retour, par cette micheline.

Un jour arrivent deux adultes et un enfant, Hilaire, qui vont habiter la gare tout l'été. Hilarie les considère d'abord comme des intrus mais, bientôt, elle introduit Hilaire dans son jeu.

À partir de là c'est l'histoire d'une amitié. Hilaire fait visiter à Hilarie son habitation. Il lui fait rencontrer son père, qui est peintre. Ils découvrent ensemble les environs. Hilaire aide Hilarie à dépasser ses anciennes limites spatiales.

À la fin, Hilaire et ses parents repartent. Hilarie n'assiste pas au départ, mais découvre un tableau du père d'Hilaire, laissé en cadeau.

Devant la gare, le vieux attend toujours mais, pour la première fois, la micheline de 18 h 56 ne s'arrête pas à Saint-Hilaire.

Objectif de l'activité

Faire découvrir au lecteur la variété des éléments qui, dans un roman, jouent le rôle de personnages. En particulier, que des lieux peuvent jouer ce rôle d'actant, alors que des personnes peuvent jouer le rôle de décor.

Consigne d'activité

Faire la liste de tous les personnages du livre et préciser le rôle qu'ils jouent dans l'histoire. Et répondre à ces questions, également : en dehors des personnages, y a-t-il des objets, des lieux, qui jouent un rôle de personnage ? Quel rôle ?

Réponse succincte : quatre personnes seulement jouent pleinement un rôle de personnage actant : Hilarie, Hilaire, le père d'Hilarie, le petit vieux.

Les autres êtres humains, qui restent allusifs, peuvent être assimilés à des éléments de décor : la mère d'Hilarie (on n'entend que sa voix), le père d'Hilarie (on ne le voit qu'à distance, au travail), la mère d'Hilaire (on ne parle d'elle qu'indirectement), et aussi le maire et l'institutrice, qui ne sont que cités.

Mais quatre objets-lieux jouent également un rôle de personnage : la gare, le cèdre, le champ de blé, le champ de tournesols.

Les vrais personnages (êtres humains ou objets-lieux) sont toujours construits par touches, tout au long du roman, et on peut les reconstruire.

Les personnages-décors ne sont qu'allusifs.

Qui plus est, il y a un lien entre chaque personnage humain et chaque lieu personnage :
– Hilarie, comme le champ de blé, est l'objet de transformations (saisonnières, pour le champ, existentielles, pour Hilarie), ce qui constitue le thème principal du roman.
– Le vieux, comme le cèdre, est figé dans une sorte d'éternité.
– Le père d'Hilaire, comme la gare, est le maître du temps, capable de transformer le fugace en éternité, grâce à ses tableaux.
– Hilaire, comme le champ de tournesols, est le passeur, l'ouvreur de voies nouvelles pour Hilarie.

▲ Reconstituer un personnage

– *Soledad et la maison aux yeux fermés,* d'Anne-Marie Pol, « Vertige, Coup de foudre », Hachette, 1998.

Résumé

Elle a quatorze ans, est l'aînée de trois enfants. L'appartement est trop petit pour une famille de cinq personnes et elle dort sur le canapé de la salle à manger. Elle étouffe, Soledad. À cause de sa famille, de ses copines, des garçons qui ne comprennent rien. Elle rêve d'un endroit à elle, d'un espace de liberté. Elle n'est plus une petite fille.

Un jour, sur le chemin du collège, elle découvre une maison abandonnée. L'aubaine. Ce sera sa maison à elle. Ses relations avec ses parents n'étant pas fameuses, elle ment pour avoir du temps à passer dans « sa » maison. Cela ne dure guère. Pierre, un adolescent orphelin et rebelle, blessé, en fuite, est caché là, dans la pénombre. Les deux jeunes ont des points communs qui les rapprochent, ils se sentent exclus.

Ils éprouvent de l'attirance l'un pour l'autre. Cela ne dure pas. Les gendarmes ont trouvé Pierre et l'emmènent dans le fourgon, sous les yeux de Soledad allant au collège. Elle rentre à la maison, sa souffrance est trop grande, elle se confie à ses deux parents. Son père avait déjà pensé lui céder la chambre conjugale. Il ira à la gendarmerie pour s'occuper du problème de Pierre.

Objectif de l'activité

L'histoire est simple, pourtant le livre est émouvant. C'est parce que le personnage de Soledad est construit de manière dynamique. L'empathie joue à plein, parce qu'on la voit, on la sent vivre, souffrir, aimer, grandir. La première édition de ce livre, chez Mango, portait le titre de *La Maison aux yeux fermés*, comme si la maison était symboliquement la jeune fille « fermée ». La nouvelle édition reprend le nom du personnage central, induisant deux éléments nouveaux : la relation entre une personne et un lieu humanisé (les yeux fermés) ; et le contraste entre le prénom « Soledad », le soleil, qui figure l'épanouissement et cette « *maison aux yeux fermés* » qui évoque l'intériorité. Le personnage de Soledad est également construit en contraste, c'est ainsi que son évolution est perceptible. Dans le roman psychologique moderne, c'est ainsi que l'on crée un personnage. Cela va à l'encontre de la notion scolaire de portrait, dans lequel tous les traits sont figés.

Consignes d'activité

Répartir les enfants par groupes. Chaque groupe, au fur et à mesure de la lecture du livre, remplit le tableau suivant.

Éléments caractérisant Soledad	**Relevés des mots et passages** (indiquer les pages)
– Physiquement – Souvenirs – Pensée intérieure – Actions – Réactions aux événements – Goûts – Relations à son entourage (voir chaque personne)	

Les enfants pourront se servir de ce tableau, lorsqu'ils écriront une histoire, pour créer un personnage très vraisemblable.

▲ Construire un personnage

– *Je me souviens,* de Georges Perec, illustrations Yvan Pommaux, Éditions du Sorbier, 1997.

Présentation

Cet album reprend 20 des 480 phrases du célèbre texte de Perec, et les illustre. Ces phrases évoquent des faits de l'enfance de l'auteur. Par exemple : « *Je me souviens des Isetta, et aussi de la vogue des scooters* », ou : « *Je me souviens que j'allais chercher du lait dans un bidon en fer blanc tout cabossé* ». Dans cet album, ce sont deux enfants qui écoutent un homme énoncer ces souvenirs.

Objectif de l'activité

Rassembler des données pour permettre l'écriture d'un texte dans le genre historique. Ce qui caractérise le genre historique, c'est la reconstitution scrupuleuse d'une époque. Pour une époque proche, l'auteur peut puiser dans ses souvenirs. Pour une époque lointaine, il y a un travail de recherche documentaire important à faire, que l'on peut effectuer également pour compléter des souvenirs.

En l'occurrence, il s'agira de reconstituer une époque remontant à une dizaine d'années, en sollicitant les plus anciens souvenirs des enfants.

Consigne d'activité

À la façon de Georges Perec, demander à chacun d'écrire une phrase commençant par « *Je me souviens* », et se référant à une dizaine d'années en arrière. Dans un deuxième temps, imaginer collectivement deux personnages de cette époque, une fille et un garçon d'une douzaine d'années, et les relier aux différents souvenirs évoqués par les enfants. Dans un troisième temps, solliciter d'autres souvenirs, afin de compléter l'univers des deux personnages. À ce stade, une recherche documentaire complémentaire, sur l'époque, pourra être effectuée à la BCD, au CDI, ou à la bibliothèque municipale, voire en enquêtant auprès des parents.

Quand l'univers historique reconstitué contient suffisamment d'éléments, faire imaginer quelques péripéties concernant les deux personnages. Après quoi, il n'y a plus qu'à rédiger le texte.

Exemples : Perec écrit : « *Je me souviens que je rêvais d'arriver au Meccano n° 6* ». Un enfant d'aujourd'hui peut pareillement évoquer un n° de *Lego*, ou un type particulier de *Barbie*. Perec parle des anciennes voitures. Les enfants d'aujourd'hui peuvent se rappeler la Batmobile ou les micro-machines. Perec parle de plusieurs lieux qui ont changé de destination. Pareillement, les enfants d'aujourd'hui peuvent évoquer un ancien cinéma, une épicerie de village, ou une Maison des jeunes.

Il suffit alors de dire, par exemple, que le personnage masculin de leur histoire est un passionné de Lego, que son père a une 2 CV, qu'il a vu son premier vrai film à 9 ans, au cinéma... Que le personnage féminin déteste les Barbie, mais collectionne les autos miniatures, qu'elle fait des courses chaque jour à l'épicerie, qu'elle prend des cours de danse dans une Maison des jeunes, etc. Et toute une époque se trouve ainsi reconstituée.

L'ESPACE-TEMPS

55

PRÉSENTATION

Nous l'avons vu, c'est le narrateur qui gère le temps du récit, mais également l'espace fictionnel. Dans les récits traditionnels, les chapitres commencent généralement par une phrase où l'on peut relever une indication spatiale et une indication temporelle. Par exemple, voici la première phrase de plusieurs chapitres de *Croc-Blanc*, de Jack London :

Chapitre 1 : « *Une haute forêt de sapins, sombre et oppressante, disputait son lit au fleuve gelé* » (c'est donc l'hiver, et cela se passe dans une forêt).

Chapitre 2 : « *Sitôt le repas pris et le chargement du traîneau terminé, les deux hommes se remirent en route, abandonnant la sécurité relative du camp pour s'enfoncer dans les ténèbres* » (c'est donc le début de la nuit, et le lieu d'origine est le camp).

Chapitre 3 : « *La journée du lendemain débuta sous de meilleurs auspices* » (l'indication de lieu, absente de cette première phrase, figure dans la seconde).

Chapitre 2 (2e partie) : « *Ils maraudèrent ensuite pendant deux jours aux alentours du camp indien.* »

Fréquemment, dans ce type de narration classique, on peut même suivre la gestion spatio-temporelle de paragraphe en paragraphe. Une façon de fixer le cadre de sa réception, au lecteur, avant de lui narrer des événements.

Mais, d'une part, le temps n'est pas forcément géré chronologiquement, il y a souvent des retours en arrière, ou des anticipations ; d'autre part, il faut prendre également en compte d'autres notions comme la durée (certains événements sont rapportés en quelques lignes, d'autres décrits presque en temps réel), l'époque (la période où se déroulent les événements), le moment du récit (où se situe temporellement le narrateur pour raconter l'histoire ?).

L'espace est tout aussi complexe à appréhender. Les lieux peuvent être longuement décrits ou simplement suggérés. Et le lecteur doit parvenir à imaginer les déplacements des personnages, leurs itinéraires d'un lieu à l'autre. Par exemple, le héros du livre d'Évelyne Brisou-Pellen, *Le Crâne percé d'un trou* (« Folio junior », Gallimard, 1998), erre longuement, au début, dans l'abbaye du Mont-Saint-Michel, jusqu'à ce qu'il puisse, mentalement, dresser le plan de ce lieu ; au point que le lecteur pourrait établir la carte de ce territoire.

Qui plus est, le lecteur s'interroge toujours sur la véracité des lieux et des époques présentés, et derrière cette interrogation surgit le genre historique qui prend pour décor une époque et un lieu que, généralement, les auteurs s'efforcent de décrire exactement, après une recherche documentaire importante. Pour en vérifier la véracité, cependant, le lecteur devrait, lui aussi, chercher des informations documentaires.

Les activités proposées ici sont simplement destinées à attirer l'attention des jeunes lecteurs sur ces questions complexes.

L'ESPACE-TEMPS

56

POUR DES ENFANTS

▲ Situer les illustrations sur un axe temporel

– *De l'eau, de l'eau,* de Philippe-Jean Catinchi, Paris-Musées/Éditions du Rouergue, 1998.

Il s'agit d'un documentaire sur le thème de l'eau. Le texte continu est poétique plutôt qu'informatif. Les illustrations et leurs commentaires présentent l'eau dans tous ses états : eau gelée, inondations, ponts, bateaux, pêche, etc.

Objectif de l'activité

Dans un documentaire, le traitement du temps n'est pas fictionnel. Il renvoie à l'histoire de notre univers. C'est bien le cas ici où toutes les illustrations sont datées. La plus ancienne date de 1580, la plus récente de 1982. Mais l'organisation temporelle n'apparaît pas immédiatement, c'est pourquoi nous proposons aux enfants un petit travail de repérage.

Consignes d'activité

Sur une ligne représentant l'écoulement du temps de 1580 à 1982, repérer les siècles, puis situer sur la ligne toutes les illustrations de cet album documentaire (elles sont datées). Que peut-on en déduire ?

Réponse : on peut en déduire que les illustrations (et donc les informations) ne sont pas également réparties sur toute la période. Et plus précisément qu'elles sont concentrées à la fin du XIXe siècle et au début du XXe : plus d'un tiers des illustrations se répartissent sur une trentaine d'années, entre 1879 et 1911.

▲ Situer les péripéties sur l'illustration représentant tout l'espace de l'histoire

– *Rebecca la poule,* de Bob Graham, trad. Rose-Marie Vassallo, Père Castor Flammarion, 1997.

Présentation

Cathie et ses parents trouvent une poule en train de nager avec des canards, dans un étang. Ils la recueillent et l'appellent Rebecca. Elle se plaît fort bien dans le panier du chien, Bruno. Au bout de quelques jours, la famille décide de retrouver le vrai propriétaire de Rebecca. Ils savent qu'il y a une ferme au-delà de l'étang, et effectivement Rebecca habite là. Mais à partir de ce moment, chaque jour, Rebecca retourne chez Cathie, à l'aube, pond un œuf dans le panier de Bruno, et repart. Plusieurs mois après, la maman de Cathie a un bébé. Pendant quelques jours, personne ne s'occupe plus des œufs qui s'accumulent dans le panier, si bien que le chien est amené à les couver, et qu'une belle portée de poussins naît.

Objectif de l'activité

Il s'agit de reconstituer l'espace fictionnel de cet album.

Consigne d'activité

La quatrième double page de l'album représente le site où se déroule l'action, avec la maison où habite Cathie, à droite, et la ferme de Rebecca, en haut à gauche. Sur cette sorte de carte, essayer de replacer tous les événements du livre : par exemple, où se situe l'étang du premier épisode, etc.

Remarque : l'itinéraire emprunté par la poule lorsqu'elle revient pondre un œuf est détaillé, la première fois. En revanche, ensuite, ce trajet reste implicite, ce dont se rendront compte les enfants en pratiquant cette activité.

L'ESPACE-TEMPS

57

POUR DES ENFANTS ET DES ADOLESCENTS

▲ Interpréter un livre à partir de l'espace-temps

– *La Terre tourne,* d'Anne Brouillard, Sorbier, 1997.

Présentation

Voici un album complexe et très chargé d'implicite, comme la plupart de ceux d'Anne Brouillard.

À l'exclusion des trois dernières, toutes les doubles pages proposent la même maquette : à droite, une illustration pleine page; à gauche, la page est divisée en trois parties :

– en haut, le dessin d'une porte-fenêtre, légèrement différent d'une page à l'autre, mais toujours la même, et sans que rien puisse révéler son rôle;

– au milieu, un texte qui ressemble à une méditation philosophique et semble peu en rapport avec les images. Ainsi, la seconde double page représente un homme et un chien attablés devant un énorme gâteau; à droite, le texte est celui-ci : « *La Terre tourne et, avec elle, des mots et des sons mélangés, des petits coins de soleil, des avions qui passent haut dans le ciel, le bourdonnement d'une mouche, l'autobus qui démarre, les chemins qui ne s'arrêtent pas, les bébés qui grandissent, les ombres qui s'allongent, la fête qu'on prépare, tout le bruit d'une ville.* »;

– en bas, une suite de vignettes représentant, quand c'est identifiable, les mots du texte : un bébé en position fœtale (le texte parle de « *petits bébés qui grandissent bien au chaud dans le ventre de leur mère* »), des nénuphars (le texte parle de « *l'eau d'un lac* »), une machine à laver (le texte parle des « *bruits des couverts* » et des « *tintements des verres* »), etc. En outre, dans la suite des vignettes, il y a transformation progressive de l'image initiale en une autre image renvoyant au texte. Par exemple, le bébé de la première page se transforme en caillou recouvert de neige, et la dernière image de la frise représente la neige qui tombe, alors que le texte parle de l'hiver.

Objectif de l'activité

Méditer sur l'espace-temps, cela permet de s'interroger sur la signification d'un livre dont le sens n'est pas évident. Pour ce faire, il faut tenir compte de nombreux éléments et les relier en une interprétation cohérente.

La première page ouvre immédiatement à une alternative. Le texte dit : « *Des gens s'en vont et s'en viennent de par le vaste monde. Certains ne s'arrêtent jamais parce qu'ils veulent voir ce qu'il y a derrière le tournant du chemin. D'autres restent toujours au même endroit parce qu'ils sont très bien là.* » L'illustration de droite montre un paysage hivernal, avec un viaduc, une tour, un château, des collines, des arbres, à l'arrière-plan, un chien noir au premier plan et, entre les deux, des roulottes tirées par des chevaux, et un homme, avec une valise, faisant signe au chien. À l'arrière-plan il y a également deux corbeaux.

Que va-t-il se passer? L'auteur va-t-il choisir de nous montrer une itinérance, comme le suggère l'image? Ou des personnes qui « *restent toujours au même endroit* »? C'est ce second choix qui prévaut, mais pour s'en rendre compte, les lecteurs doivent regarder soigneusement chaque image et conclure qu'il s'agit toujours du même lieu : on voit le viaduc par la fenêtre, dans la scène où l'homme et le chien sont attablés; le viaduc est encore présent dans de nombreuses scènes ou, quand il n'y est pas, on voit des éléments présents dans les images précédentes.

En même temps se construit, dans cette histoire statique (même lieu), une double relation. Dès la scène de l'homme et du chien attablés, on aperçoit une femme et son chat à leur fenêtre. Dans la scène suivante, ces deux personnages se promènent en bateau. Ils sont également présents dans la suite – ainsi qu'une deuxième femme et un second chat – toujours dans l'environnement immédiat de l'homme, mais sans plus (par exemple, quand ils sont au cinéma, aucune des deux femmes n'est voisine de l'homme).

Les deux avant-dernières pages offrent seulement une grande image : les deux femmes, l'homme, le chien, les chats, ainsi que deux canards et deux corbeaux (présents tout au long de l'album) débarquent dans une île, pour un repas dont la pièce maîtresse est un énorme gâteau crémeux similaire à celui du début. Et pourtant, là encore, aucune des deux femmes n'est placée près de l'homme. Si bien que la dernière double page, qui suit, reste mystérieuse. Elle reprend la disposition du début, avec une seule différence : la porte-fenêtre n'est pas représentée à gauche; en revanche, elle l'est à droite et un jeune garçon, inconnu jusque-là, en sort.

Qu'en conclure : que l'homme et l'une des femmes ont eu un enfant – celui de la dernière page? C'est l'interprétation la plus évidente, qui explique pourquoi, depuis le début, le texte insiste tant sur les bébés à naître (cela revient six fois), et pourquoi la porte-fenêtre est présente, comme une annonciation, dans toutes les pages du début.

Le titre de l'album doit alors être interprété à la fois spatialement et temporellement : inutile de bouger pour chercher d'autres paysages, les choses changent sur place, avec le temps; le cycle de la vie et de la mort se poursuit.

L'activité proposée consiste à faire découvrir ces différents éléments. Avec de jeunes enfants, on travaillera à partir des images, et avec des adolescents, on s'efforcera de faire également articuler texte et images.

Consignes d'activité

Répondre aux questions suivantes :

1. Est-ce que les personnages de cette histoire parcourent le monde, ou restent-ils dans un même lieu ? Le démontrer.

2. La couverture représente tous les personnages de l'album. Quels sont les liens entre ces personnages ?

3. Comment peut-on interpréter la dernière image ?

▲ Les manipulations temporelles

– *L'Arbre sans fin,* de Claude Ponti, L'École des loisirs, 1992.

Résumé

L'arbre sans fin est le décor unique dans lequel évolue Hippolène. C'est là qu'elle habite, c'est son monde à elle, infini. Pendant une journée entière, parce qu'elle a grandi et que Grand-Mère a dit que c'était le meilleur jour, elle va à la chasse aux glousses avec son père. Les glousses ressemblent à des gousses qu'il faut chatouiller derrière la nuque. Ainsi, elles rient, s'entrouvrent et on attrape leurs graines à l'épuisette. Le soir tombe, il faut rentrer. L'arbre pleure. Il est arrivé quelque chose à Grand-Mère. On l'enveloppe dans un berceau de voyage fait de grandes feuilles. La nuit, léger, le berceau s'envole.

Le lendemain matin, Hippolène a « un grand trou dans son amour ». Elle est si triste qu'elle se transforme en larme qui coule dans les racines de l'arbre sans fin. Là, elle tombe sur Ortic, le monstre dévoreur d'enfants perdus. Alors Hippolène devient pierre, pendant que Sept Saisons Merveilleuses passent devant elle. Quand elle redevient elle-même, elle écoute la chanson de l'arbre, qui réunit la voix de toutes ses aïeules. Puis une plante pousse à ses pieds. Elle porte une fleur et un collier qu'Hippolène cueille pour se le mettre autour du cou, comme sa mère le fait. La fleur s'allume et provoque un trou noir dans l'écorce. Hippolène s'y engage et se promène dans un labyrinthe de racines, au bout duquel se trouvent trois portes. Hippolène en ouvre une, la bonne, pour rentrer chez elle, lui semble-t-il. Pourtant, elle se trouve projetée dans un monde peuplé de planètes sur lesquelles elle rebondit en s'excusant. Enfin, elle atterrit sur la planète des miroirs. Là, elle doit trouver celui qui va réfléchir son vrai reflet. Elle le trouve, il a l'air un peu triste. Hippolène passe au travers et est plongée dans un monde tout noir, où elle marche longtemps avant de trouver une loupiotte qui devient son amie en s'installant dans ses cheveux. De retour au pays des miroirs, grâce à la loupiotte, Hippolène entre dans le palais des Moiselles-d'Égypte, d'où l'on voit le monde entier. Une Moiselle lui donne une grosse perle qui complète son collier commencé. Maintenant, elle a vraiment le même que sa mère. Hippolène entame le voyage de retour. Elle repasse par l'antre d'Ortic. Il ne lui fait plus peur, alors le monstre pourrit sur place. Elle sait que son arbre n'est pas sans fin, elle en a vu les bords. Elle remonte chez elle. En fait, un seul jour a passé. Sa mère la serre dans ses bras, son père lui fabrique une épuisette. Hippolène a reçu un nom original, à l'instar des Grands-Mères : « Hippolène la découvreuse ».

Objectif de l'activité

L'album se prête à de nombreuses interprétations. Même si le résumé ci-dessus en suit le fil (la diégèse), un foisonnement d'éléments – qui font dire que Ponti emprunte son style au baroque – offre au lecteur des entrées multiples : l'arbre et les quatre éléments, l'arbre généalogique, la métamorphose, la sexualité, les sensations, l'intertextualité, le traitement artistique et le traitement du temps. Avec de jeunes enfants, ou des enfants peu lecteurs, c'est sur cette dernière donnée que l'activité portera.

Consigne d'activité

Poser la question suivante aux enfants : « Combien de temps dure l'histoire d'Hippolène ? »

Réponse : deux journées, comme cela apparaît dans le résumé.

Remarque : avec des plus grands, on peut faire apparaître que l'auteur joue avec le temps ; ainsi :

– Dans le titre, « *sans fin* » connote autant le temps que l'espace. On peut d'ailleurs rechercher des expressions courantes où « sans fin » renvoie à l'impression d'éternité, associée à la souffrance, à l'ennui.

– À la fin de son histoire, Hippolène a grandi, en prenant symboliquement tous les attributs de la femme et un nom propre dans sa lignée. Le récit est au présent, ce qui érode les événements, dans leur temporalité. Les faits, racontés chronologiquement, sans connecteurs de temps, perdent de leur réalité, se fondent dans le flou du souvenir, de l'intériorité, de l'onirisme.

– « *Sept Saisons Merveilleuses passent* » : « *sept* » renvoie à sept jours de la semaine. Chacun sait qu'une saison dure trois mois, or, page 21, il est dit que « *chaque saison dure au moins mille ans* ». Juste après, Hippolène se rend compte qu'il manque une saison sur les sept. C'est au moment de son voyage de retour, lorsqu'elle croise à nouveau Ortic, que passe la septième Saison Merveilleuse. Comme si on était dimanche, le septième jour de la Création. Tout indique dans l'histoire, justement, que symboliquement, Hippolène est devenue femme à ce moment précis.

– Ces notations de la maturité grandissante d'Hippolène font écho au moment choisi pour le jour de la chasse aux glousses, qui répond au calendrier de la nature. Dont elle sait qu'elle suit les phases de la lune.

– Une des premières phrases de l'histoire est « *Aujourd'hui est un grand jour.* » « Grand jour » est polysémique, la journée est longue, et elle est importante. À la fin de l'histoire, il est écrit : « *En fait, un seul jour a passé.* » Il s'agit du second jour, qui dure un temps indéfini, tant Hippolène visite de « mondes ».

Prolongement

Dans *Aïna et l'arbre-monde* (« Pleine lune », Nathan, 1998), le cinquième volume de la série de science-fiction « Aïna », Christian Grenier imagine un monde uniquement formé d'un arbre géant. Il peut être intéressant de faire une étude comparative entre l'album fantaisiste et le roman de science-fiction : les habitants de l'arbre, les références mythologiques, l'espace-temps.

L'ESPACE-TEMPS

58

POUR DES ADOLESCENTS

▲ Reconstituer un espace

– *Qui est au bout du fil ?,* de Claire Franck, Éditions du Rouergue, 1996.

Présentation

Dans cet album alternent deux types de récit. D'abord, sur deux doubles pages, sont présentées les figurines d'un théâtre de marionnettes, et les textes ne sont que des questions : « *Qui fait danser Lili ?* », « *Qui a mis le loup derrière le rideau ?* », « *Qui a transformé le prince en petit cochon ?* », etc. La troisième double page représente une silhouette en noir marchant dans une rue – le marionnettiste – et le texte demande : « *Qui rentre chez lui tard tous les lundis soir ?* ». Le même système est repris, et tous les jours de la semaine y passent. Ce qui nous intéresse surtout ici, c'est le fait que toutes les pages représentant le marionnettiste rentrant chez lui peuvent être mises bout à bout, et l'on obtient ainsi l'ensemble de la rue que ce personnage parcourt entre le théâtre et son domicile.

Objectif de l'activité

Faire reconstituer mentalement cet espace particulier qu'est la rue, dans cet album complexe. Toutes les histoires mettent en scène un ou plusieurs lieux, mais généralement il faut en reconstituer l'espace mentalement, le texte et les images ne proposant que des bribes de ces lieux. C'est donc le lecteur qui effectue cette synthèse. Ici, la tâche est plus simple puisque toute la rue est représentée, mais par morceaux. Nous proposons alors une tâche d'écriture pour aider le jeune lecteur à appréhender l'ensemble de cet espace.

Consigne d'activité

Rédiger un texte d'atmosphère (c'est-à-dire avec des émotions) rendant compte du trajet du marionnettiste tout au long de la rue. Il est possible de tenir compte ou non des jours de la semaine. Ce texte peut être écrit à la première personne (narrateur-personnage) ou à la troisième personne (point de vue externe). L'essentiel est de prêter des émotions au personnage, en fonction du lieu parcouru. On peut également inventer quelques péripéties suscitées par l'environnement du personnage. Ne pas oublier non plus qu'un texte narratif doit avoir une *chute.*

Remarque : cet album peut être considéré comme une métaphore de la création, l'écrivain, comme le marionnettiste, créant des personnages, les faisant agir, leur prêtant des émotions, mais restant lui-même dans l'ombre.

▲ Cartographier un espace

– *Promenade au bord de l'eau,* d'Anne Brouillard, Éditions du Sorbier, 1996.

Présentation

Dans cet album sans texte, la première image représente, en gros plan, un pot rouge décoré de dessins. La deuxième image montre une femme en train de prendre son bain ; le pot est posé sur la baignoire, parmi d'autres flacons. La troisième image est une transformation de l'image précédente : l'eau du bain devient un canal, les flacons sont des maisons ; les éléments représentés sur le pot deviennent des personnages de la scène (un chien, un vélo, un homme avec un panier...), mais le pot lui-même flotte sur l'eau. À partir de là, on suit le canal, et le pot qui flotte à la surface ; et, de part et d'autre du canal, l'itinéraire de deux personnages : un enfant blond portant une sacoche, une petite fille à bicyclette, qui se rejoignent à la fin.

Objectif de l'activité

Il s'agit de faire réaliser sommairement la carte géographique des lieux figurés dans cet album, et d'y indiquer ensuite l'itinéraire parcouru par chacun des personnages principaux. Les éléments fournis par les images sont en effet assez précis pour permettre de reconstituer l'espace de référence : le déplacement du pot donne le sens du courant, un même pont figure sur deux images successives, le canal est au centre de toutes les images. Il est aussi facile de reconstituer l'itinéraire des personnages. Par exemple, la bicyclette est appuyée contre une maison, dans la première image de paysage. À la page suivante, cette maison est en gros plan, et on aperçoit la fillette par la fenêtre. À la page d'après, il faut supposer que la fillette a franchi le pont, près de sa maison, car elle roule de l'autre côté, etc.

Consignes d'activité

Dans la troisième image apparaît un paysage (canal et maison). À partir de cette image et de toutes celles qui suivent, essayer de réaliser une carte géographique représentant sommairement toute la région : le canal, les ponts, les maisons, les bois... Indiquer par des pointillés les espaces qui ne sont pas représentés.

Une fois la carte du territoire dressée, y faire figurer par deux lignes en couleurs le parcours de deux personnages : l'enfant blond qui porte une sacoche, et la petite fille à bicyclette.

L'INTERTEXTUALITÉ

59

PRÉSENTATION

Le concept d'intertextualité considère la littérature comme un vaste ensemble solidaire où chacune des œuvres est en relation avec les autres. Ce qui revient à dire que si chaque œuvre est autonome en tant qu'objet (on ouvre un livre puis on le referme), elle s'inscrit en même temps dans une sorte de grand livre abstrait reliant toutes les œuvres de l'esprit. En effet, il n'y a pas que les fictions qui se renvoient l'une à l'autre, le champ est plus vaste. Par exemple, les romans de Russel Stannard : *Le Temps et l'espace de l'oncle Albert*[1] et *Les Trous noirs de l'oncle Albert*[2] se réfèrent constamment aux théories d'Einstein, et ce n'est pas un hasard si l'oncle porte ce prénom. Quant au roman de Guus Kuijer : *Les Canards déchaînés*[3], il est en intertextualité permanente avec toutes les recherches sur l'éthologie animale que Konrad Lorenz a inaugurées.

On pourrait dire alors qu'un livre renvoie à la réalité par ses références, et au champ des œuvres de l'esprit (fiction, essais, documentaires, cinéma, peinture, etc.) par son intertextualité ; ce dernier terme paraît d'ailleurs trop restreint et, sur le même modèle, il faudrait parler d'*intericônité* lorsque ce sont des images qui sont mises en relation, ce qui est très fréquent dans la littérature pour la jeunesse – nous le signalons à propos de plusieurs livres. Un livre paru en 1998 chez Mango jeunesse peut aider à aborder l'*intericônité*. D'Olivia Barbet-Massin et Caroline Larroche, il s'intitule : *Une année au musée. Un tableau à découvrir chaque jour*. À lui seul, il constitue une animation permanente, car il propose un tableau pour chaque jour de l'année, et une petite énigme (dont la solution est donnée à l'envers) l'accompagne, portant sur un aspect pictural.

Par exemple, le tableau proposé le 9 juin est *Portrait d'une jeune fille*, de

1. Russel Stannard, *Le Temps et l'espace de l'oncle Albert*, trad. Raphaële et Fabrice Desplechin, « Neuf », L'École des loisirs, 1992.
2. Russel Stannard, *Les Trous noirs de l'oncle Albert*, trad. Raphaële et Fabrice Desplechin, « Neuf », L'École des loisirs, 1992.
3. Guus Kuijer, *Les Canards déchaînés*, trad. Anne-Marie de Both-Diez, « Neuf », L'École des loisirs, 1992.

Lucas Cranach. L'énigme proposée est : « *Cette jeune fille, vêtue de noir et représentée sur un fond noir, semble surgir de la nuit. Malgré ce fond noir, on devine pourtant l'emplacement de son buste. Grâce à quoi le repère-t-on ?* » Réponse : « *Grâce à ses cheveux, qui tombent en cascade sur ses épaules.* »

Le 19 septembre, le tableau proposé est *Les Ménines*, de Diego Vélasquez (voir à ce sujet l'animation proposée dans « La lecture de l'image et son interprétation »). L'énigme est : « *Les "ménines" sont les demoiselles d'honneur de la cour d'Espagne. Elles entourent la petite fille blonde qui est l'héritière du trône. Vélasquez s'est représenté dans son tableau en train de peindre une toile gigantesque. Que regardent-ils tous ?* » Réponse : « *Ils regardent le couple royal, dont on voit le reflet dans le miroir du fond. Vélasquez est en train de faire leur portrait.* »

Cependant, l'abondance des tableaux proposés dans ce petit livre (365) permet d'en faire un document de référence pour les recherches intericôniques. En effet, on y trouve la plupart des tableaux qui servent souvent de référence à d'autres illustrateurs et peintres : *Les Époux Arnolfi*, de Van Eyck, *Les Joueurs de cartes*, de Cézanne, *La Joconde*, de Vinci, *Les Grands Plongeurs noirs*, de Léger, *Le Déjeuner sur l'herbe*, de Manet, *L'Automne* d'Arcimboldo, *La Chambre de Van Gogh à Arles*, *Le Cri*, de Munch, etc.

Vue du côté de l'écrivain, l'intertextualité est une façon de percevoir comment il s'inscrit dans le monde culturel. D'une part, les allusions qu'il fait à d'autres œuvres révèlent une part de sa propre culture. D'autre part, comme il est partie prenante des évolutions culturelles de son époque, cela peut se sentir dans son œuvre ; par exemple, nombre d'écrivains contemporains qui n'avaient jamais écrit de romans policiers injectent dans leurs œuvres, aujourd'hui, des éléments ressortissant à ce genre très à la mode. On a souvent mis en évidence l'itinéraire de Daniel Pennac passant de la littérature de jeunesse au policier, et du policier à la *littérature blanche*. En fait, beaucoup d'écrivains contemporains évoluent en sens inverse, et leurs œuvres nouvelles sont donc en intertextualité avec les autres livres du même genre.

D'une façon simple, on peut dire que chaque livre, par des citations, des allusions, une structure, renvoie à d'autres œuvres d'une façon explicite ou implicite. Par exemple, dès qu'on ouvre un livre qui se déroule dans une île déserte, on songe immédiatement à *Robinson Crusoé*, même si tous les autres éléments sont différents. Pareillement, un lecteur lettré lisant la phrase suivante : « *Longtemps, je me suis attablé tardivement* », pense qu'il s'agit d'une allusion à la première phrase de la *Recherche du temps perdu*. Quand Susie Morgenstern, dans un roman qui se déroule dans une classe, parle d'une « école des loisirs », alors même que c'est le nom de son éditeur, qui figure sur la page de titre, la référence est explicite.

Certaines formes d'intertextualité très générales, comme le genre, ou le thème[1], sont faciles à repérer. Les autres formes sont plus subtiles et font appel à la culture du lecteur. Par exemple, le titre d'Anthony Masters, *L'Île du docteur West*[2], ne sera perçu comme une allusion à Wells que par celui qui connaît *L'Île du docteur Moreau.* Et si le titre du roman de Dan Greenburg, *Une dent contre le docteur Jekyll*[3], suffit à repérer l'intertextualité avec le roman célèbre de Stevenson, d'ailleurs cité dans le récit, il est moins évident de relier le prénom du dentiste Jekyll, Sheldon, à celui d'un autre dentiste de littérature, tout aussi catastrophique : Sheldon Minck, un personnage qui partage les locaux du détective privé Toby Peters, dans une série de romans policiers écrite par Stuart Kaminsky.

Un problème de fond se pose, non seulement à propos de l'intertextualité mais également à propos des autres instances littéraires qui ressortissent à la structure profonde de l'œuvre. Comme il s'agit d'opérations subtiles, l'aide des médiateurs de lecture est requise, afin de permettre aux jeunes lecteurs d'accroître l'amplitude de ce qu'ils perçoivent dans un livre. Or, trop fréquemment, les médiateurs ne se préoccupent, vis-à-vis des enfants, que de la structure de surface, posant des questions fermées qui paraissent seulement destinées à vérifier si le lecteur *a compris*. En revanche, quand ils s'interrogent eux-mêmes sur ce qu'ils voudraient savoir pour mieux appréhender une œuvre, ils se réfèrent à la structure profonde. Deux poids et deux mesures ! Une recherche réalisée par Jean-Pierre Benoît, Philippe Guimard et Georges Le Meur, et intitulée : *« Les grillons », ou comprendre un récit à l'école*[4], l'a clairement mis en évidence, et nous avons d'ailleurs fréquemment renouvelé l'expérience décrite, avec les mêmes résultats. Tout contribue, hélas, à cette distinction, y compris les suppléments pédagogiques fleurissant à la fin des fictions, dans certaines collections jeunesse, et qui ne se préoccupent que de la structure de surface. C'est le cas, par exemple, dans *Une dent contre le docteur Jekyll*, où un supplément propose aux enfants des informations sur l'expérimentation animale (il en est question dans le roman), des jeux de manipulation lexicale, une recherche d'expressions comportant le mot « dent », etc., mais rien sur la structure du récit, l'intertextualité patente, ou l'espace-temps.

1. Gallimard a créé une collection intitulée « Les thématiques », chaque volume regroupant des textes sur un même thème : *Premier amour, première rencontre* (1996), *Gourmets et gourmands* (1996), *Exclusion et marginalité* (1996), etc.
2. Anthony Masters, *L'Île du docteur West*, trad. Marianne Costa, « Verte aventure policière », Hachette, 1993.
3. Dan Greenburg, *Une dent contre le docteur Jekyll*, trad. Olivier de Broca, « Folio cadet », Gallimard jeunesse, 1999.
4. Jean-Pierre Benoît, Philippe Guimard et Georges Le Meur, *Les « grillons » ou comprendre un récit à l'école*, CRDP de Nantes, 1992.

L'INTERTEXTUALITÉ

60

POUR DES ENFANTS

▲ Les références à d'autres livres

– *Marcel le rêveur*, d'Anthony Browne, Kaléidoscope, 1997.

Résumé

Cet album commence par : « *Marcel rêve* ». Marcel est un singe que les jeunes lecteurs connaissent peut-être déjà, car il est le héros d'autres albums du même auteur (voir « Prolongements », ci-dessous). Ici, il ne se passe rien : Marcel rêve, et chaque page est consacrée à l'un des rêves : être mendiant ou roi, minuscule ou géant, peintre ou danseur, etc.

Objectif de l'activité

Cet album peut être considéré comme un hymne à l'intertextualité, car s'il n'y a pas d'action, on y trouve des dizaines d'allusions culturelles. Par exemple, plusieurs pages évoquent les univers de peintres célèbres ou reproduisent leurs œuvres : Magritte, le Douanier Rousseau, De Chirico, Salvador Dali. Une page – quand Marcel rêve d'être vedette de cinéma – contient de nombreuses références à des films : *King Kong, Tarzan, Charlot, Le Magicien d'Oz, Frankenstein, Blanche-Neige, L'Homme invisible...* Dans une autre page – quand Marcel rêve d'être un écrivain célèbre – tout l'univers d'*Alice au pays des merveilles* est représenté. Et il y a des dizaines d'autres références dans cet album.

L'objectif de l'activité consiste à faire découvrir aux jeunes lecteurs ces allusions, ou du moins une partie, à partir d'une recherche personnelle.

Consigne d'activité

Après repérage des allusions qui lui paraissent les plus intéressantes, le médiateur mettra à disposition des enfants un ensemble de livres : livres d'art sur les peintres évoqués, édition illustrée d'*Alice au pays des merveilles*, du *Magicien d'Oz*, ou de *La Belle et la Bête*, documentaires sur le cinéma, etc. Le médiateur indique alors aux enfants que, dans *Marcel le rêveur*, on trouve de curieuses ressemblances avec les livres mis à leur disposition. Lesquelles ?

Prolongements

1. Marcel est le héros d'autres albums du même auteur : *Marcel et Hugo*, L'École des loisirs, 1992, *Marcel le champion*, Kaléidoscope, 1992, *Marcel la mauviette*, L'École des loisirs, 1993, *Marcel le magicien*, Kaléidoscope, 1995. Les jeunes auront plaisir à retrouver ce personnage. Qui plus est, il y a une évolution, dans le caractère du personnage, entre le premier et le dernier album.

2. « King Kong » est l'une des références contenues dans *Marcel le rêveur.* Or Anthony Browne a aussi consacré un album à ce personnage cinématographique dont il raconte l'histoire à sa façon : *King Kong vu par Anthony Browne*, Kaléidoscope, 1994.

▲ Comparer trois versions d'une fable

– *Le Corbeau et le Renard*, de Jean de La Fontaine.

Tout le monde connaît la célèbre fable de La Fontaine et l'on n'aura aucun mal à se la procurer.

La plus ancienne forme connue de cette fable est celle d'Ésope (Antiquité grecque) qu'on trouvera dans l'album suivant : Vivian French et Korky Paul, *Les Fables d'Ésope*, Milan, 1997, trad. Gérard Moncomble.

L'argument principal de la fable y apparaît sous cette forme :

> *« Ô beau corbeau,*
> *Chante-moi vite une chanson*
> *Avec cette voix aussi merveilleuse*
> *Que tes plumes luisantes et sombres. »*

Quelques siècles après, au Moyen Âge, l'un des auteurs anonymes du *Roman de Renart* reprend à son tour la fable, en vers assonancés. Dans *Le Roman de Renart*, adapté par Christian Poslaniec, illustré par François Crozat (Milan, 1997), l'argument principal de la fable prend la tournure suivante :

> *« Mais vous-même, dans votre enfance*
> *Vous vous efforciez de chanter.*
> *Allons ! Voulez-vous essayer*
> *De me chanter quelque refrain ? »*

Comme on le constate, la mise en rapport du plumage et du ramage, déjà présente chez Ésope, a disparu du *Roman de Renart*. En revanche, Renart y célèbre les talents vocaux du père de Tiécelin le corbeau – *le meilleur chanteur de France* – autre procédé de séduction, davantage lié aux valeurs de la société moyenâgeuse. Et il ne se contente pas du fromage ; Renart cherche également à croquer le corbeau !

Objectif de l'activité

L'exemple donné ci-dessus met en évidence un phénomène d'intertextualité qui, en l'occurrence, est une véritable filiation. La même fable, transmise au cours des âges (et il y a bien d'autres exemples du *Corbeau et du Renard* dans la littérature), conserve le principal du récit, mais adopte une mise en forme et des références liées à la société où vit l'écrivain. Dans *Le Roman de Renart*, la fable est mise au service d'une satire sociale (Renart est, avant la lettre, une sorte de Tartufe quant aux valeurs de son époque) ; dans le texte de La Fontaine, la fable est mise au service d'une forme classique, épurée.

Or, si la notion abordée ici est complexe, elle peut néanmoins, sans discours préalable, être découverte par de jeunes enfants à partir d'une activité simple sur les trois textes.

Consignes d'activité

Proposer aux enfants les trois textes et leur demander de relever, en deux colonnes, d'une part les éléments qu'on trouve dans les trois fables, d'autre part les éléments qu'on trouve dans une seule des trois. En leur précisant bien qu'il s'agit tout autant du fond que de la forme.

Un débat collectif, ensuite, permettra de mettre en évidence le fait que les éléments de la première colonne correspondent à la permanence du récit, tandis que ceux de la seconde colonne sont propres à chaque créateur et liés à la société de son époque.

▲ Identifier des références intertextuelles

– *Un requin dans la piscine*, de Gudule, « Bibliothèque rose / Les frousses de Zoé », Hachette, 1997.

> Alors qu'elle nage dans la piscine, Zoé change soudain de monde et se retrouve dans un univers peuplé d'un pirate, d'un prisonnier, de requins... Elle y vit de véritables aventures avant de retrouver son monde.

Objectif de l'activité

Tous les livres renvoient à d'autres livres, allusivement ou clairement. Certaines de ces références intertextuelles sont faciles à décrypter ; c'est souvent le cas dans ce roman, et il est donc possible de les faire identifier par des enfants commençant à lire.

Consignes d'activité

Répondre aux questions suivantes :

1. Page 1 : Zoé porte un maillot de bain avec un dessin de Minnie. Qui est Minnie ? Qui l'a inventée ? Pourquoi ce dessin provoque-t-il des moqueries ?

2. Page 66 : Zoé cite *Le Secret de la Licorne.* De quoi s'agit-il ? Pourquoi Zoé pense-t-elle justement à ça ?

3. Page 81 : Zoé parle avec le prisonnier du Cap'tain Frog, qui dit s'appeler Jeudi. À quel autre personnage de roman ce nom fait-il penser ? Est-ce que la façon dont Cap'tain Frog décrit sa propre situation, page 33, explique ce nom ?

4. Saurez-vous retrouver l'auteur du poème cité par Zoé page 9 ?

L'INTERTEXTUALITÉ

61

POUR DES ADOLESCENTS

▲ Chercher d'autres livres sur la même thématique

– *Colin, brigand au grand cœur,* de Luda et Boiry, « Plume », Sorbier, 1994.

Résumé

Colin de Bagneux est un célèbre brigand parisien, au Moyen Âge. Fortuitement, il sauve Roger, qui allait se pendre, faute d'avoir trouvé une solution pour honorer sa dette envers un usurier. Colin attire l'usurier hors de son domicile, vole son argent, se déguise en riche parent de Roger et lui rend l'argent qu'il vient de voler chez lui.

Plus tard, Colin se fait emprisonner pour un autre méfait. Il est condamné à être pendu, sauf si l'un des cardinaux de Paris rencontre par hasard le condamné sur le chemin de l'échafaud et le gracie. De mémoire d'homme, cela n'est jamais arrivé, sauf cette fois-là. Le prélat a reçu une lettre anonyme – de la main de Roger – précisant que pour une question de vie ou de mort le concernant, il devait se trouver tel jour, à telle heure, à tel endroit. Le cardinal exécute ces consignes juste au moment où la procession menant Colin en place de Grève passe. Le condamné est absout de ses méfaits par le cardinal et retrouve Roger. La morale de l'histoire est qu'un bienfait n'est jamais perdu !

Objectif de l'activité

Ce court récit s'inscrit dans la tradition des bandits de grands chemins. On y retrouve des constantes telles que la vie d'aventurier comme toile de fond, la ruse comme ressort pour se sortir d'un mauvais pas (et non la force physique) et la volonté du héros de rétablir une certaine justice, même si c'est au détriment de la loi. On peut faire découvrir d'autres livres ayant les mêmes constituants et les présenter en groupe, dans le cadre d'une activité sur la citoyenneté.

Consignes d'activité

Rechercher les titres suivants dans la bibliothèque :
– *Robin des Bois,*
– *Mandrin,*
– *Thierry la Fronde,*
– *Le Roman de Renart,*
– *Don Quichotte,*
– *Zorro,*
– *Batman,* etc.

Plusieurs élèves lisent les mêmes titres et les présentent à la classe. On pourra comparer les versions écrites et filmées de certains titres.

▲ Retrouver la référence de titres falsifiés

– *Le Livre disparu,* de Colin Thompson, Circonflexe, 1996.

Résumé

Dans cet album, une bibliothèque contient tous les livres publiés dans le monde. Sauf un, qui a disparu, et qui a pour titre *Comment ne jamais vieillir.* Sur un des rayonnages vit la famille Robinson, et le fils, Peter, se lance à la recherche du livre disparu. Après des années, il parvient à le trouver, mais de sages vieillards lui font comprendre qu'il vaut mieux ne pas lire ce livre car « *Vivre éternellement revient à ne pas vivre du tout* ».

Objectif de l'activité

Identifier les véritables titres de livres. En effet, dans une double page en particulier, où 162 livres figurent, on peut lire leur titre au dos de chacun. Il s'agit de titres falsifiés. Par exemple : *Le Père Goret, Le Hasard sur le toit, Autant en importe le temps...* Ce n'est pas une activité si facile de retrouver les vrais titres. Mais c'est là une occasion d'aborder, ludiquement, la littérature classique, et de vérifier la culture des participants.

Consigne d'activité

Les pages 6 et 7 (à partir de la page de titre, car le livre n'est pas paginé) représentent une bibliothèque. 162 titres sont lisibles, mais il s'agit de titres déformés. Par exemple, *Cinq rengaines en ballon* au lieu de *Cinq semaines en ballon.* Le jeu proposé est un concours : qui retrouvera le plus de véritables titres à partir des titres déformés ?

▲ Identifier deux allusions intertextuelles

– *Sa majesté la maîtresse*, de Susie Morgenstern, « Mouche », L'École des loisirs, 1993.

Résumé

Drame à l'école des Mimosas : madame Stylianos, la maîtresse, doit partir en retraite. Elle a demandé à poursuivre sa tâche, mais on le lui a refusé. Après la grande fête organisée à l'occasion de son départ en retraite, madame Stylianos décide soudain de ne pas quitter l'école. Elle l'occupe, à elle seule, pendant les vacances, refusant de quitter son lieu de vie favori, malgré les travaux et les objurgations. Finalement, une solution est trouvée : une classe pour adultes sera créée à la rentrée, tous les soirs, après l'école, et c'est madame Stylianos qui s'en occupera.

Objectif de l'activité

Trouver deux références intertextuelles. Si le livre s'adresse à des enfants du primaire, les références intertextuelles ne peuvent être trouvées que par des personnes possédant une bonne culture littéraire. Ce peut donc être l'occasion de travailler sur ce livre, avec des adolescents qui n'aiment pas lire, puisque le jeu proposé s'adresse bien à leur classe d'âge.

Consigne d'activité

Il y a, dans ce livre, une allusion facile à l'éditeur : L'École des loisirs. Mais il y a également deux allusions à des classiques, un roman et une pièce de théâtre. Le jeu consiste à identifier les deux titres de ces classiques puis à chercher les points communs entre ces classiques et *Sa majesté la maîtresse.*

Réponses : le titre du livre est déjà explicite; l'allusion est renforcée par l'expression : « *Sa Majesté des Mioches* », page 12, qui se réfère naturellement à *Sa Majesté des Mouches (Lord of the Flies)*, de William Golding. La référence est renforcée par le fait que les capitales sont utilisées pour tous les mots importants, comme dans les titres anglo-saxons. Ce livre raconte l'histoire d'une bande d'enfants abandonnée dans une île – et les choses tragiques qui en découlent. On peut y voir une parenté avec le fait que l'école, peuplée d'enfants, est considérée par l'institutrice comme une sorte d'île. Quant à l'événement tragique, de son point de vue, c'est la retraite.

L'autre référence intertextuelle figure également page 12 : « *Elle sait ce qui se fomente dans son royaume... quelque chose de pourri* ». Cela renvoie naturellement à *Hamlet,* de Shakespeare. Ce qui n'est pas tout à fait un hasard puisque, pour l'institutrice, qui a vraiment l'impression d'être poignardée par l'administration, le grand problème est : être ou ne pas être... institutrice.

LES COHÉRENCES

62

PRÉSENTATION

Dans un livre de fiction, les cohérences ne concernent pas seulement l'enchaînement logique des faits. Ce type de cohérence-ci peut s'appliquer à l'histoire narrée : telle action entraîne telle conséquence qui, à son tour, provoque telle réaction, et ainsi de suite. Mais cette histoire doit être également en cohérence avec d'autres instances du récit.

L'enchaînement des péripéties correspond à l'histoire racontée. Or, fréquemment, l'histoire est interrompue par des éléments qui ne font pas progresser l'action : description d'un personnage, d'un lieu, informations historiques, etc. Ces éléments, s'ils ne contribuent pas à la progression de l'histoire, permettent de construire *l'illusion référentielle*, de telle sorte que le lecteur puisse se projeter dans sa lecture ou construire dans sa tête l'univers de référence. Dans un récit bien organisé, ces éléments sont en cohérence avec les péripéties de l'histoire.

Pour simplifier, nous pouvons dire que le premier niveau de cohérence est celui de l'histoire. Par exemple, dans un roman écrit par des enfants de CM1, le lecteur est appâté, au début, par la description d'un village abandonné à cause d'une épouvantable affaire qui va être racontée. L'affaire en question, c'est le meurtre d'un pharmacien par un drogué. Un meurtre est effectivement quelque chose d'épouvantable, mais en aucune façon cela ne peut justifier l'abandon, par ses habitants, de tout un village. Il y a là une incohérence dans l'histoire.

Une autre sorte de cohérence concerne le temps fictionnel. L'un des auteurs de cet ouvrage s'est vu reprocher un jour, à juste titre, par son éditeur, une incohérence temporelle dans le manuscrit d'un roman. Un personnage prenait le train en Suisse, pour se rendre en Yougoslavie, où il arrivait le lendemain matin. L'éditeur avait consulté des horaires de train – contrairement à l'auteur ! – et constaté que pareil voyage, dans la réalité, ne pouvait se faire dans la durée suggérée. Ce type d'incohérence est plus fréquent qu'on ne croit et il nous est arrivé de calculer la vitesse d'une voiture entre deux lieux d'un roman, pour constater que le héros aurait dû rouler à 300 à l'heure ! L'auteur a beau prêter beaucoup d'attention à cette cohérence temporelle, comme presque tout est fictionnel, parfois, quelque chose lui échappe.

La cohérence psychologique est encore autre chose. La façon dont sont décrits les personnages doit être en accord avec leurs actes. Si un personnage est présenté comme extrêmement peureux, le lecteur ne comprendra pas qu'il fasse preuve de témérité à un moment de l'histoire. Ou alors, il faudra que ce retournement puisse être justifié par des éléments présentés explicitement ou implicitement (l'amour l'emporte sur la peur ; un événement a bouleversé sa façon de réagir ; il n'a pas eu conscience d'agir ainsi, etc.).

C'est en jouant avec les cohérences que l'auteur peut, souvent, introduire des effets particuliers. Par exemple, dans ce qu'on appelle le *nonsense*, les éléments de l'histoire s'enchaînent logiquement, mais le point de départ est absurde ; c'est le cas, par exemple, dans *Les Shadoks*, de Jacques Rouxel[1], comme le passage suivant le démontre :

> *« Au début les Shadoks pondaient des œufs ordinaires mais comme ils avaient de trop longues pattes, ces œufs-là... se cassaient ! Alors les Shadoks pondaient des œufs en fer.*
> *« D'un côté, les œufs en fer, évidemment, c'était pratique. Mais d'un autre côté, pas tellement. Car quand l'œuf était mûr, en quelque sorte, le Shadok qui était dedans ne pouvait pas sortir.*
> *« Alors au lieu de couver leurs œufs normalement, comme vous l'auriez fait vous et moi, les Shadoks les mettaient à rouiller. Mais ça prenait... ça prenait... pas mal de temps. Et souvent, le Shadok était déjà vieux quand il en sortait, et ça valait vraiment plus la peine. »*

Une fois admis le début absurde, tout s'enchaîne logiquement.

Dans n'importe quel livre, l'auteur peut choisir de transgresser certaine cohérence pour signifier autre chose. Par exemple, dans l'album de Pef, *Moi, j'ai horreur des gosses*[2], l'humour naît notamment de l'incohérence du narrateur par rapport à ce qu'il dit. Avec pareil titre, on pourrait s'attendre à une description négative des enfants, à un point de vue du narrateur anti-mômes ; or ce qu'il leur reproche, c'est d'être jeunes, jamais malades, etc.

Les approches que nous proposons ici permettront aux jeunes de s'interroger sur diverses formes de cohérences.

1. Jacques Rouxel, *Les Shadoks*, Circonflexe, 1994.
2. Pef, *Moi, j'ai horreur des gosses*, Albin Michel jeunesse, 1998.

LES COHÉRENCES

63

POUR DES ENFANTS

▲ Construire une histoire cohérente à partir des images

– *Clown,* de Quentin Blake, Gallimard, 1995

Résumé

Dans un quartier chic de la grande ville, la vieille dame a mis dans la poubelle, sur le trottoir, de vieux jouets en peluche, dont un clown. Le clown se laisse tomber de la poubelle puis, après avoir vérifié qu'il n'est pas blessé, regarde la poubelle voisine. Il y voit une grosse aiguille qui dépasse et une paire de chaussures roses. En associant les deux objets, il pense qu'être chaussé, pour marcher en ville, serait bien utile. Il vide la poubelle, et trouve des baskets bleues, usagées, qui lui vont bien. Il suit un bébé tenu en laisse par son père à qui il essaie de raconter sa triste histoire, mais la famille s'éloigne. Il est attrapé par des mains d'adultes et se retrouve en file auprès de la progéniture déguisée de parents qui prennent des photos. Les enfants sont costumés de telle manière qu'il peut passer pour l'un d'eux. Il se trouve près d'une petite fille habillée en fée et lui raconte sa mésaventure. La petite, perplexe, le prend sous son bras tandis que sa gouvernante la ramène chez elle.

Chez elle, cela fait riche, sa maman est une star peut-être, ce vieux jouet la dégoûte, elle le jette par la fenêtre. Clown se retrouve au point de départ, sur le trottoir. Une image le hante toujours : s'être retrouvé à la poubelle. Il n'a guère le temps de s'appesantir, un pittbull le prend en chasse. Alors Clown s'arrête de courir et, grimpé sur une caisse, fait des pirouettes. Le chien se calme, il est au spectacle. Mais son maître arrive – style voyou dangereux : Clown fait le mort. Le voyou le balance de toutes ses forces. Si loin qu'il atterrit à l'intérieur d'un appartement, au troisième niveau d'un immeuble de pauvres. Là, un bébé pleure dans son landau, une fille le regarde impuissante, les larmes aux yeux. L'appartement est en désordre. Clown jongle avec les pommes de terre qui traînent par terre. Le bébé rit, la fille aussi. Alors Clown lui raconte son histoire de poubelle ; la fille lui répond que sa mère va rentrer à huit heures, épuisée de sa journée. À eux deux, en un clin d'œil, ils rendent le logement accueillant. « *Maman va être heureuse* », dit la petite fille ; « *il faut aller chercher les autres jouets en peluche qui sont encore dans la poubelle* », dit Clown. En courant, la petite fille, le bébé dans le landau et Clown traversent la ville. Les jouets sont toujours au même endroit, au-dessus de la poubelle. La petite fille met les jouets dans le landau, Clown y trouve un ruban bleu que la fillette met dans ses cheveux et un bouquet de fleurs à peine fanées. Les voilà repartis vers le logement. Le ciel de la ville rosit, les lampadaires s'allument. Le temps de rentrer, la maman monte les escaliers, l'air épuisé de sa journée. Elle ouvre la porte. Elle est heureuse et émue de ce qu'a réalisé sa fille : la table est mise pour deux, avec un bouquet au milieu. Elle change Bébé. Sur le lit, les jouets en peluche sont alignés. Clown aussi. La vie a changé, elle ressemble à la pirouette de Clown, à la dernière page.

Objectif de l'activité

Le résumé précédent est une des interprétations possibles de l'album, qui comprend trente pages illustrées, plus la page de titre, sans autre texte que le titre « Clown ». Pourtant, les dessins et la mise en page donnent suffisamment d'indices pour que, pas à pas, le lecteur construise l'histoire du Clown.

Il s'agit de faire raconter l'histoire de Clown aux enfants, par oral ou par écrit, à partir de relectures extrêmement fines des images.

Consignes d'activité

L'album circule pendant plusieurs jours auprès de petits groupes de trois enfants, avec la question : « Que raconte cet album ? ». Lorsque tous les enfants ont vu l'album, on fait une mise en commun. Selon l'âge des enfants et leur habileté à écrire, on choisira de retrouver l'histoire, telle qu'elle est présentée dans le résumé, ou d'aller plus loin, à l'aide des conseils suivants, sur les cohérences dans une histoire :

– L'activité de lecture est constituée d'une remise en cause permanente des hypothèses qu'on se fait sur la suite de l'histoire à partir de ce qu'on a déjà lu. Cet album, il faut le regarder jusqu'au bout avant de comprendre vraiment. L'exemple le plus flagrant est le contenu de la bulle, qui revient comme un leitmotiv. On l'interprète, à la lumière de ce qui précède, comme un discours du clown dont le sens est : « c'est affreux, on m'a jeté à la poubelle ». Comme les autres jouets ne bougent pas, on ne les prend pas en compte ; pour le lecteur, ils ne sont pas des personnages de l'histoire. Le clown n'est pas représenté dans la bulle, alors on interprète qu'il a pris conscience du désastre au moment où il a pris vie, c'est-à-dire quand il a réussi à s'échapper de la poubelle. Or, page 24 (on numérotera les pages de la première du récit, jusqu'à la dernière, la trentième), on se rend compte que le message de la bulle ne peut pas être « c'est affreux, on m'a jeté à la poubelle », mais « c'est affreux, il faut sauver les jouets en peluche qui sont dans la poubelle. Il faut m'aider, je n'arriverai pas à les sauver tout seul ». Du coup, on comprend d'autant mieux que le clown ne trouve pas d'aide compréhensive avant. On peut réaliser la même activité avec le contenu de la bulle représentant la maman fatiguée, puis heureuse. On ne comprend pas, la première fois, quel personnage représente la bulle, et même, qui est la fille auprès du bébé : elle a l'air jeune et peut tout aussi bien être la mère du bébé. Ce n'est qu'en reliant les éléments de l'image qu'on peut comprendre.

– Lorsqu'on fait écrire des enfants, petits ou grands, l'activité est la même : on possède des éléments épars, qu'on a fait imaginer. La difficulté est de rendre ces éléments cohérents. Ici, les éléments sont les images de l'album et le titre.

Pour y parvenir, on peut s'inspirer des conseils suivants :

1. *Le thème*

À la question « Que raconte cet album ? », les enfants vont mettre en relation les images et comprendre qu'il s'agit d'un clown jeté à la poubelle et qui tente de vivre sa vie. On doit les renvoyer aux images chaque fois qu'ils dévient, pour qu'ils comprennent le clivage de ces deux sociétés qui ne cohabitent pas : les riches jettent le superflu, jouets, rubans et fleurs ; or ce superflu peut embellir la vie des pauvres. Grâce à Clown, qui a les pouvoirs d'un clown justement – faire rire –, ceux d'un jouet – être un compagnon –, ceux d'un grand frère – participer aux tâches ménagères –, le cours des choses n'est pas immuable.

2. *Les principaux personnages*

Dans notre résumé, volontairement, « un clown » est devenu Clown pour montrer que le jouet est devenu humain, mais rien n'empêche de l'appeler Clown dès le début, évidemment, lorsque les enfants raconteront l'histoire. De la même manière, il est intéressant qu'ils donnent un nom aux personnages principaux, la petite fille et le bébé, pour montrer leur connivence. On peut aussi nommer tous les personnages, ce qui donnera un ton plus humoristique : comme dans un dessin animé, le clown passe de main en main et cela ne manque pas d'humour. En effet, l'auteur-illustrateur, Quentin Blake, a été pratiquement l'unique illustrateur de Roald Dahl, qui racontait des histoires dramatiques, avec un humour parfois assez noir. On peut penser, en évoquant d'autres albums de Quentin Blake, qu'un ton dramatique n'est pas de mise ici. Cependant, le choix reste ouvert, puisque le texte est absent !

3. *La forme et le genre*

Il s'agira de légender l'illustration, d'écrire une nouvelle ou même une courte pièce de théâtre. Ou d'enregistrer l'histoire, à la manière d'une pièce radiophonique.

4. *Le narrateur*

Si l'on écrit une nouvelle, on prendra parti. Le narrateur peut être Clown, qui dira « je ». C'est facile, il est représenté à toutes les pages. Ou la narration peut être en « il ». Dans les deux cas, ce sera plus intéressant – et c'est là la supériorité des mots sur l'image –, si les enfants prêtent des sensations (les cinq sens), des émotions, des réactions au clown.

5. *L'espace et le temps*

La lecture de l'image, si elle est finement menée, peut répondre aux questions « Où cette histoire se passe-t-elle ? », et « Quand ? ».

On voit facilement la différence entre les beaux quartiers (maisons, rues, arbres, etc.) et les quartiers difficiles (grisaille, HLM, décor dépouillé, etc.). On peut inventer le nom de la ville, des rues, des quartiers.

Pour le temps, on a l'impression, à observer la couverture, qu'on est en automne. Cela se confirme par la suite. Pourtant, les enfants costumés connotent Carnaval. Serait-on en février ? Il faut alors considérer que l'album nous vient de Grande-Bretagne : dans les pays anglo-saxons, on se déguise pour la fête d'Hallowen, en novembre. Pour l'adaptation française ou francophone, si les enfants sont jeunes, il est clair que l'histoire se passe en automne.

Plus délicat est de faire comprendre combien de temps elle dure. En fait, une journée, du matin, à l'heure du ménage, au soir, un peu après vingt heures. L'image de la page 27 donne des indications, mais comme le clown ne mange pas, il est difficile pour les enfants de le situer dans la même journée.

6. *Le fil conducteur*

Le résumé présenté ci-dessus est plat. Ce n'est pas une histoire. Il y manque la tension narrative, le suspense. Les actions sont présentées enchaînées sans rechercher la mise en scène de la péripétie. Les phrases sont descriptives et suscitent probablement l'ennui chez le lecteur. C'est que nous avons voulu donner la trame minimale pour la compréhension du lecteur adulte, afin de laisser libre le champ de la création. Ainsi, après avoir suivi les conseils donnés ci-dessus, si l'on projette d'écrire l'histoire de Clown jusqu'au bout, on ne manquera pas de relire, de réécrire pour rechercher la plus grande cohérence possible. Par exemple, on travaillera longtemps sur le contenu du message de la bulle du clown ; il y a mille façons de formuler ce message, selon le caractère qu'on aura choisi pour le clown. Mais ce sera toujours les mêmes paroles, puisque l'image est la même. Ou alors, comme il y a différents bruits dans une ville, selon les heures et les quartiers, on peut commencer l'histoire par le bruit que font les jouets en tombant dans la poubelle. Dans ce cas, on pensera à disséminer des bruits tout le long de l'histoire. Mais ce sont surtout les différents rythmes qu'il faudra rechercher, en fonction du nombre des dessins du clown représentés par page et son attitude.

▲ Cohérence des points de vue sur les personnages

– *Funiculaire,* de Marie-Aude Murail, illustrations Catherine Nouvelle, Milan, 1989.

Résumé

Mathieu est malade et vit avec sa mère. Il ne peut pas sortir pour jouer avec d'autres enfants. Mais il s'est inventé un camarade imaginaire, Funiculaire, un copain fantaisiste qui se lave avec de la limonade. Un jour, par la fenêtre, il aperçoit une petite fille qui rit et court. Mathieu en parle à sa mère comme de la sœur de Funiculaire, si bien que sa mère croit à un nouveau personnage imaginaire. Mais la réalité de Mirabelle s'impose bientôt, et elle devient l'amie de Mathieu.

Objectif de l'activité

Entre ce que croit Mathieu, ce que croit sa mère et ce que croit le lecteur, il peut y avoir des différences. Notamment vis-à-vis du personnage de Mirabelle qui, au cours de l'histoire, change de statut. L'activité proposée consiste à faire percevoir par les enfants ce statut fluctuant.

Consignes d'activité

Lire et montrer l'album aux enfants jusqu'à la phrase : « *Elle viendra demain, avec Funiculaire, mon câlin* ». Et poser les questions suivantes :

1. Est-ce que Funiculaire existe ?
2. Est-ce que Mirabelle existe ?
3. La mère de Mathieu croit-elle à l'existence de Funiculaire ?
4. La mère de Mathieu croit-elle à l'existence de Mirabelle ?

Ensuite, lire la fin de l'album, qui est explicite.

Remarque : en fait, de nombreux détails prouvent que Funiculaire est imaginaire, inventé par Mathieu : personne ne l'a vu, il fait la vaisselle avec de la limonade, il a les cheveux rouges... Rien de tel pour Mirabelle : tout est réaliste la concernant. Mais comme Mathieu la désigne comme la sœur de Funiculaire et que la mère ne parvient pas à la voir, on peut penser que la mère croit Mirabelle imaginaire aussi.

▲ Inventer un récit cohérent

– *Calendrier de Noël*, d'Atsuko Morozumi, Grasset jeunesse, 1996.

Présentation

Il s'agit d'un calendrier de l'avent. Le livre se déplie et forme un calendrier que l'on peut suspendre au mur. Chaque jour, on ouvre une fenêtre (elles sont numérotées de 1 à 24), et une petite scène se dévoile. Le 24 décembre, une figurine du Père Noël prédécoupée peut descendre par la cheminée en relief.

Objectif de l'activité

L'une des cohérences à faire acquérir très tôt aux enfants est la cohérence du récit. Les faibles lecteurs ont tendance à faire une lecture zapping des livres, c'est-à-dire qu'ils ne perçoivent pas la cohérence entre les différents épisodes. L'activité d'écriture collective proposée ici est précisément destinée à initier les jeunes enfants à la cohérence du récit.

Consignes d'activité

Une fois le calendrier de l'avent en place, ouvrir la première fenêtre et proposer aux enfants, à partir de la scène qui se présente à eux, de commencer une histoire qu'ils poursuivront chaque jour. Cela consiste d'abord à inventer, en s'inspirant de ce que représente la scène dévoilée, un ou deux personnages, un lieu, et un projet ou un problème pour l'un des personnages.

Quand les enfants sont tombés d'accord, l'adulte transcrit le début de l'histoire. Le lendemain, avant d'ouvrir la deuxième fenêtre, l'adulte relit le début de l'histoire. Une fois la deuxième scène dévoilée, il s'agit d'inventer la suite de l'histoire, de telle sorte qu'elle soit en cohérence avec ce qui précède. Et ainsi de suite, chaque jour.

LES COHÉRENCES

64

POUR DES ADOLESCENTS

▲ Les niveaux de cohérence

– *La Princesse Isabeau et le Chevalier inconnu,* de Samuel Lautru, illustrations Frédéric Pillot, Milan, 1997.

Résumé

Pierre découvre une grosse malle dans le grenier de son grand-père. Dedans, il trouve une robe de mariée, un grand chapeau noir, une canne et une paire de gants blancs. Il y découvre surtout un rouleau de parchemins jaunis qu'il se met à lire. Neuf lettres se suivent, du 17 mai 1422 au 25 mai 1422.

Première lettre : le Chevalier à la Princesse, pour lui déclarer sa flamme.

Deuxième lettre : Éloy, palefrenier du Chevalier, à la Princesse, pour vanter les qualités du valeureux chevalier. La lettre est cousue de fautes et sent le crottin.

Troisième lettre : la Princesse Isabeau encourage le Chevalier à continuer ses exploits, afin que son père, le Roi, le prenne à son service.

Quatrième lettre : Éloy informe la Princesse que le Chevalier s'est fait marcher dessus par son cheval et qu'il n'est plus aussi beau qu'avant. Le Chevalier est allé voir Merlin l'Enchanteur pour trouver remède.

Cinquième lettre : le cheval « Idéal du Galop » vient chercher de l'aide auprès de la Princesse : après ce malheureux accident, son maître le laisse seul avec le palefrenier. Or Idéal du Galop, de race noble, ne supporte pas l'odeur de crottin du palefrenier.

Sixième lettre : Merlin énumère à la Princesse toutes les potions magiques qu'il a appliquées au Chevalier, sans succès. Il lui signifie que seuls, un de ses cheveux et un baiser pourraient lui redonner sa beauté.

Septième lettre : Isabeau adresse toutes les lettres à son père, avec un petit mot : elle pense que ce n'est pas Merlin l'Enchanteur qui lui fixe rendez-vous devant les remparts du château, mais qu'il s'agit de Malcolm, l'ennemi du royaume.

Huitième lettre : le Roi propose à sa fille de se rendre au rendez-vous, sous sa haute surveillance.

Les deux pages suivantes sont un récit du rendez-vous nocturne : un homme arrive à cheval, portant une canne, un grand chapeau noir et une paire de gants blancs. Sous les yeux du Roi, Isabeau embrasse l'homme inconnu, monte dans un carrosse arrivé entre-temps et disparaît. Dans l'illustration, on reconnaît la malle du grenier.

Le grand-père de Pierre monte à son tour au grenier, lui dit qu'il ne sait rien de plus sur cette histoire. Cependant, ils retrouvent ensemble la dernière lettre.

Neuvième lettre : la Princesse écrit qu'elle mène une existence merveilleuse. Elle est mariée, tout va bien. Pourtant, un mystère subsiste : son mari sent légèrement le crottin de cheval lorsqu'elle l'embrasse. La lettre n'est pas signée, mais on reconnaît l'écriture d'Isabeau, la même que sur ses missives précédentes.

Grand-mère attend son mari et son petit-fils pour manger, ce qui interrompt l'histoire. Pourquoi la malle est-elle dans le grenier ?

Objectif de l'activité

La narration est classique. Pourtant, pour apporter une (ou plusieurs) interprétation(s) pertinente(s) à la fin ouverte de cet album, on doit prendre en compte le réseau complexe des différents niveaux de cohérences. Les consignes visent à les explorer.

Consignes d'activité

1. L'histoire dans l'histoire. Une première narration donne à voir Pierre, à l'époque présente, dans le grenier. Une seconde narration, mêlant lettres et discours explicatif, raconte ce qui s'est passé en ce mois de mai 1422. Mais, après tout, les lettres peuvent aussi bien faire partie de la première narration, puisqu'elles font partie de l'univers de Pierre. Vers la fin, les deux narrations se mêlent :

> *« Il était bien trop tard pour réagir. Quand le roi fut au pied de son château, il ne put distinguer qu'une énorme malle en bois fixée à l'arrière du carrosse.*
> *Pierre releva la tête. Son grand-père montait lentement les escaliers. »*

Dans ce passage, on voit bien que deux narrateurs à la troisième personne prennent en charge, l'un la période passée, l'autre la période présente du récit.

Puisque le premier niveau narratif se passe en un seul lieu – le grenier –, il est possible et assez simple de faire une adaptation théâtrale de l'album.

2. L'illustration fait le lien entre les deux narrations. Chercher dans les illustrations autour des lettres tous les objets qui figurent dans le dessin du grenier. La souris sert de lien, en particulier. De couleur bleue, la lettre lue, envoyée, reçue ou malodorante est mise en scène. L'observation peut être longue et fine. Elle donne des indices pour faire des hypothèses sur le chevalier inconnu : n'est-ce pas le grand-père qui a déployé toute cette mise en scène ? Même si cela est plausible, des zones d'ombre n'en demeurent pas moins.

3. Les choix de calligraphie. Les caractères typographiques correspondent au rang ou à la personnalité de chaque personnage auteur d'une lettre.
– Faire écrire la lettre du palefrenier en français correct.

– Donner aux jeunes un extrait photocopié de chaque lettre. Par groupe, ils en retrouveront l'auteur. Ils peuvent s'aider du livre.

4. La complicité avec d'autres contes. Puisque l'histoire de la Princesse reprend les stéréotypes des contes ou histoires de notre patrimoine. Les dessins font un clin d'œil à leurs héros, de temps à autre. Ainsi, on peut identifier dans l'ordre, le Roi Grenouille, Don Quichotte, la Princesse aux petits pois, l'essayage des robes avant le bal de Cendrillon, l'ogre du Petit Poucet, la pomme de Blanche-Neige et un nain chez Merlin l'Enchanteur. Et même le Père Noël ! Isabeau porte la robe de lune de Peau d'Âne et s'enfuit dans le carrosse emprunté à Cendrillon. Faire rechercher ces titres dans la bibliothèque.

▲ Reconstituer un arbre généalogique

– *Ah, la famille !,* de Moka, illustrations Mette Ivers, « Mouche », L'École des loisirs, 1997.

Résumé

Céline vit avec sa mère et Nicolas, qu'elle appelle papa, mais qui n'est pas son vrai père. Ce dernier, elle ne sait même pas ce qu'il est devenu. À l'école, la maîtresse demande aux enfants de réaliser l'arbre généalogique de leur famille. Céline ne sait que faire. Puis elle décide d'écrire à une grand-mère canadienne dont elle a entendu parler et dont elle retrouve l'adresse. Céline découvre alors peu à peu toute sa famille paternelle, inconnue, et apprend en particulier qu'elle descend des Sioux.

Objectif de l'activité

Faire découvrir au lecteur la cohérence entre l'histoire racontée et la quantité d'informations concernant les personnages : sur les personnages présents dans l'histoire, il y a peu d'informations, mais le lecteur les découvre en action ; sur les personnages qui ne sont pas présents dans l'histoire, il y a beaucoup d'informations rapportées dans les lettres que reçoit Céline.

Consignes d'activité

Reconstituer l'arbre généalogique de Céline, et également celui de Nicolas, son beau-père. Les comparer.

Remarque : on peut trouver des documentaires qui abordent la question des arbres généalogiques, comme *La Généalogie : familles, je vous aime*, d'Emmanuel de Boos[1]. Ils peuvent être communiqués aux jeunes comme

1. Emmanuel de Boos, *La Généalogie : familles, je vous aime*, « Découverte », Gallimard Jeunesse, 1998.

outils – et donc donner l'occasion de lectures différenciées sur un même thème. On pourra également leur faire lire *L'Ancêtre disparue,* de Lorris Murail[1], roman dans lequel trois enfants reconstituent leur arbre généalogique, qui est représenté, en image, au fur et à mesure.

▲ Répondre à des questions de logique narrative

– *Le Cochon à l'oreille coupée,* de Jean-Luc Fromental, illustrations Miles Hyman, Seuil jeunesse, 1994.

Résumé

Noël et Léon sont deux cochons jumeaux fort turbulents. Léon, à la suite d'un accident, a une oreille tranchée. Il devient contemplatif et la rencontre avec un peintre, dans un champ, lui révèle sa vocation. Léon parvient à devenir peintre et est bientôt célèbre, mais il se lasse vite des visiteurs, des médias... Noël propose alors de prendre sa place, tandis que Léon ira découvrir le monde et peindre à loisir. Noël se coupe l'oreille et prend la place de son frère. Mais les experts ne s'y trompent pas et parlent de faux. Le fermier, alerté, vérifie le numéro dans l'oreille du cochon et découvre la substitution. Noël va alors subir le sort de tous les cochons, tandis que Léon pourra poursuivre sa prestigieuse carrière.

Objectif de l'activité

Faire découvrir au lecteur divers types de cohérences qui font qu'un livre est un tout organisé. En d'autres termes, comme dans la fiction, tout est construit, inventé, il faut relier entre eux les différents éléments pour que le récit fictionnel forme un tout. Cela s'obtient par différents réseaux de cohérence qui varient, d'un livre à l'autre. La cohérence psychologique, par exemple, nécessite que les actes des personnages soient en accord avec leur caractère. La cohérence de l'histoire nécessite que les informations données sur les lieux, les actions, les personnages, ne soient pas contradictoires. La cohérence temporelle nécessite qu'on puisse reconstituer le calendrier de l'histoire, même si certaines époques sont implicites, et même s'il y a de nombreux retours en arrière.

Mais nombre de cohérences jouent sur des éléments plus fins, et c'est là-dessus que nous proposons de faire travailler les jeunes, à partir de cet album.

Consignes d'activité

Communiquer l'album aux jeunes et leur demander de répondre aux ques-

1. Lorris Murail, *L'Ancêtre disparue*, « Mon île », Flammarion, 1994.

tions qui suivent. Certaines des réponses sont univoques, d'autres font appel à la fois à l'explicite et à l'implicite de l'album.

1. Pourquoi les deux héros se nomment-ils Noèl et Léon ?

2. Pourquoi Léon devient-il peintre ?

3. Comment la fin de l'album est-elle prévisible ?

4. Textes et images font fréquemment allusion à des peintres connus. Peut-on en faire un relevé ?

Réponses :

1. Parce qu'ils sont nés le 25 décembre, d'où Noèl. Et parce qu'ils sont jumeaux, Léon étant « *le même nom lu dans une glace* ».

2. Il y a plusieurs raisons, explicites ou implicites. En premier lieu, il se fait couper l'oreille, par un tracteur, ce qui l'apparente implicitement à Van Gogh. Mais cet accident provoque un autre effet : le porcelet turbulent et écervelé se transforme en « *un jeune goret sensible et rêveur* ». Il devient alors sensible à certains spectacles, comme « *le contraste délicat entre le rose de ses frères et le vert des jeunes pousses* ». Ensuite, il rencontre un peintre, dans les champs, qui l'initie à la signification de cet art. Enfin, cela devient une passion pour Léon.

3. À la fin de l'album, Noèl subit le sort de tous les cochons, que souligne la dernière image montrant des saucisses et des jambons. Or, tout au long de l'album, des petites phrases ou des images rappellent pourquoi on élève des cochons : « *Il ne faut pas plus d'un an pour engraisser un porc jusqu'à son poids de boucherie* » ; « *La croissance d'un cochon est d'une rapidité remarquable, et ils avaient bien dû tripler de volume depuis leur naissance* » ; « *La vie des porcs est si brève qu'ils n'ont pas une minute à perdre* » ; Noèl se met « *à manger plus que de raison, à la grande satisfaction du fermier, qui aimait voir ses porcs engraisser* », l'une des images montre un magasin de *delicatessen*.

4. Van Gogh, l'homme à l'oreille coupée. Munch : son célèbre tableau, *Le Cri*, figure dans une image. Mondrian : un de ses tableaux figure dans la même image. Modigliani : c'est un de ses tableaux que contemple Léon, dans le musée, quand il est surpris par la femme de ménage. Magritte : l'un des titres de tableaux de Léon, *Ceci n'est pas une saucisse*, fait allusion au célèbre *Ceci n'est pas une pipe*. Matisse : il est cité dans la phrase « *Bien peu étaient capables de faire la différence entre un Matisse et une enclume* ». En outre figurent deux phrases de peintres du XXe siècle, non identifiées.

LES FORMES ET GENRES LITTÉRAIRES

65

PRÉSENTATION

Depuis Aristote, la théorie des genres n'a cessé d'interpeller les poéticiens, mais cela n'a guère abouti à une clarification puisque Jean-Marie Schaeffer, dans *Qu'est-ce qu'un genre littéraire ?*[1], commence par dire que :

> *« la théorie des genres littéraires, loin de s'approcher au fil des siècles d'une discussion rationnelle des problèmes de classification littéraire, a eu tendance au contraire à s'éloigner des indications fructueuses de l'auteur de la* Poétique, *pour ne retenir que ses impasses et s'y enferrer toujours davantage ».*

Cependant, la principale impasse consiste sans doute à vouloir absolument partir d'Aristote qui, naturellement, raisonnait sur des genres de son époque. Et de vouloir ensuite expliquer quels rapports des genres moins anciens – mais eux aussi tombés en désuétude –, entretiennent avec le grand ancêtre. Tout ceci avec une volonté classificatoire que Karl Viëtor révèle dans le passage suivant[2] :

> *« Ainsi, l'on parle de l'épopée, de la poésie lyrique et du drame comme des trois grands* genres *; et, en même temps, la nouvelle, la comédie et l'ode sont aussi appelés des* genres. *Un seul concept doit donc embrasser deux sortes de choses différentes. Mais, si l'on veut être clair et conséquent, il faudra bien limiter la dénomination à l'une des deux. Par suite si l'on doit appeler « genre » la poésie lyrique prise comme un tout, on devrait nommer l'élégie, l'hymne, le sonnet, la chanson, l'ode, etc., des* espèces, *de même que depuis le* XVIII*e siècle, les sciences naturelles distinguent entre le* genus *pris comme l'unité la plus large et la* species *prise comme un sous-groupe. »*

En ce qui nous concerne, nous ne nous préoccupons que de la littérature contemporaine où les odes, sonnets ou élégies ne foisonnent guère ! Toutefois, comme le recommande Viëtor, nous distinguons deux niveaux de

1. Jean-Marie Schaeffer, *Qu'est-ce qu'un genre littéraire ?*, « Poétique », Seuil, Paris, 1989, p. 10.
2. Karl Viëtor, « L'histoire des genres littéraires », *in Théorie des genres*, « Points », Seuil, Paris, 1986, p. 10.

spécification d'un écrit littéraire, en essayant tout simplement de décrire pragmatiquement l'état des lieux contemporain.

Le premier niveau, c'est celui des formes littéraires. Ce que l'édition nous propose aujourd'hui, ce sont des romans, des nouvelles, des poèmes, du théâtre et des albums. Premier niveau car ces formes sont exclusives l'une de l'autre. Bien entendu, comme toujours dans la littérature, cette loi peut être transgressée, et il existe des romans par nouvelles, tout comme, au XIXe siècle, Lamartine a écrit plusieurs romans – poèmes ; et aujourd'hui on rencontre parfois des albums narratifs où les textes riment. Toutefois, ce sont là des cas limites.

Chacune de ces formes littéraires peut se diviser en sous-formes (en s'en tenant à la structure générale). Par exemple, un roman peut prendre la forme épistolaire, la forme d'une biographie, la forme d'un journal intime. Et dans la forme poétique, on trouvera précisément l'élégie, le sonnet ou la ballade, ou, au contemporain, le poème rimé, en vers libres ou en prose.

Le second niveau, c'est celui des genres littéraires contemporains qui souvent sont structurés en collections : le policier, la science-fiction, le fantastique, l'épouvante, le sentimental, l'aventure, l'historique, le psychologique, le genre dit « société », le pornographique, ce dernier genre n'étant pas représenté dans la littérature de jeunesse.

Ainsi, on peut avoir affaire à un roman policier, une nouvelle policière, une pièce de théâtre policière, un album policier, et si le poème policier est rare, il a cependant été illustré par Desnos dans *La Complainte de Fantômas.*

Chaque genre peut être défini canoniquement[1], ce qui facilite grandement les approches pédagogiques, même si, là encore, les auteurs transgressent parfois la loi !

Par exemple, on sait depuis l'*Introduction à la littérature fantastique*, de Tzvetan Todorov[2], que le genre fantastique se définit par le fait que le lecteur n'est pas en mesure de décider si les événements extraordinaires narrés ont vraiment eu lieu, ou si le narrateur a des visions, a rêvé, est fou... Que dans le genre policier tout tourne autour d'un crime, au sens juridique du terme, et qu'il y a nécessairement une victime, un coupable, et la plupart du temps un enquêteur. Ou que dans le genre sentimental, le récit est centré sur la relation amoureuse entre deux personnages, généralement entravée par des opposants.

Les genres littéraires peuvent également se scinder en sous-genres ; c'est fort connu pour le policier, où le roman noir se distingue du roman

1. *Cf.* Christian Poslaniec, *Formes, genres et tons littéraires*, Voies livres, Lyon, 1994.
2. Tzvetan Todorov, *Introduction à la littérature fantastique*, « Points », Seuil, Paris, 1970.

d'énigme, de l'enquête procédurière, du roman d'espionnage... En fait, c'est l'utilisation des ingrédients canoniques qui distingue les sous-genres. Dans le noir, l'arrière-plan sociologique tend à passer au premier plan, et à la limite on se soucie fort peu de justice. Dans les romans procéduriers, c'est la réalité d'une enquête de police, par exemple, qui concentre l'intérêt. Dans un roman d'espionnage, le crime flirte avec la raison d'État. Tandis que dans le classique roman d'énigme, il s'agit de trouver soit le coupable, soit son mobile, soit sa façon de procéder ou les trois.

Et, parfois, un sous-genre prend ses distances et devient autonome. Par exemple, l'épouvante (qu'on appelle aussi le *gore* au cinéma) était initialement un sous-genre fantastique, jusqu'à ce que l'insistance sur l'hémoglobine (pour adultes) ou sur la peur (pour enfants) l'ait fait sortir du genre fantastique.

Ces catégories de formes et de genres, telles que nous les entendons, nous paraissent efficaces, et nous les avons maintes fois testées avec des jeunes et peu nous importe alors si elles prennent leurs distances avec les catégories théoriques des poéticiens, tournés vers le passé.

LES FORMES ET GENRES LITTÉRAIRES

66

POUR DES ENFANTS

▲ La forme poétique

– *La Gavotte du mille-pattes*, de François Morvan, illustrations Claude Lapointe, « Les petits bonheurs », Actes Sud junior, 1996. Et *Comptines pour le temps de Noël*, de Corinne Albaut, illustrations Michel Boucher, « Les petits bonheurs », Actes Sud junior, 1995.

Il s'agit de deux recueils de comptines.

Objectif de l'activité

Ces recueils de comptines offrent l'occasion à des enfants de s'initier à la forme poétique, sans qu'il soit nécessaire de leur faire un cours sur la poésie. Nous proposons deux activités ludiques différentes.

Consignes d'activité

Dans *La Gavotte du mille-pattes*, une partie de la musicalité des comptines repose sur des mots qui ne diffèrent que d'un son. Dans un premier temps, chercher tous les couples de mots qui ne diffèrent que d'un son.

Réponse : peut/pleut (p. 8) ; six/dix (p. 11) ; veut/peu (p. 15) ; goût/cou (p. 17) ; bord/l'or (p. 24) ; reine/peine (p. 31) ; ouïes/Louis (p. 32) ; bulle/balle (p. 35) ; génisse/jaunisse (p. 39) ; etc.

Dans un second temps, trouver de nouveaux couples de mots ne différant que d'un son et essayer d'en faire une comptine.

Une autre activité est proposée avec *Comptines pour le temps de Noël* : composer un centon. Un centon, c'est un texte composé à partir de fragments pris dans des textes d'auteurs. En l'occurrence, on proposera aux enfants de composer un poème à partir de vers pris dans le recueil, avec pour consigne de ne pas utiliser plus d'un vers par poème.

Cet exercice n'est pas aussi difficile qu'il y paraît. En voici un exemple (entre parenthèses, la page où figure le poème d'où est extrait le vers) :

Derrière la fenêtre (p. 18)
S'anime comme par magie (p. 26)
Une couronne de sapin (p. 17).
Les guirlandes et les bougies (p. 37)
Elles ressemblent à de la dentelle (p. 20)
Lorsque la neige est tombée (p. 32).
Des jouets qui clignotent (p. 29)
À l'abri dans leur cachette (p. 30)
Chantent et dansent (p. 22).
Un fantôme de rouge vêtu (p. 40)
Dans un pays, loin, très loin (p. 44)
Regarde les flocons (p. 12).
Déjà, la nuit est de retour (p. 10).
Qu'y a-t-il dans ce paquet-là ? (p. 42)
Un secret entre lui et moi (p. 59)

▲ Le genre policier

– *John Chatterton détective,* d'Yvan Pommaux, L'École des loisirs, 1993.

Résumé

Le Petit Chaperon rouge a disparu. Sa mère, affolée, engage John Chatterton, détective privé, pour la retrouver. L'enquête est racontée par l'illustration et les dialogues entre les personnages. L'histoire est donc reconstituée à partir du sens qu'on peut déduire en reliant les paroles et les images, d'une part ; la connaissance du conte *Le Petit Chaperon rouge* et les lois du genre policier, d'autre part. John Chatterton pose les questions d'usage à la maman, réfléchit, et se rend à l'adresse de la grand-mère. Personne. Pourtant, le square voisin, plongé dans l'obscurité, semble être une piste possible. Le détective y entre et tombe sur des indices : un foulard rouge, puis un serre-tête, une ceinture, un bouton, une chaussure et une chaussette rouges balisent un chemin qui mène à une maison. La porte est entrebâillée. On entend une conversation téléphonique. Le loup explique à la mère de la petite fille qu'il libérera sa prisonnière contre un tableau qu'elle possède, *Le loup bleu sur fond blanc*. On voit sur l'image qu'effectivement, le loup est collectionneur de tableaux et de sculptures qui ont un sujet commun, le loup. John Chatterton assomme le criminel d'un coup de brique derrière la tête, la mère arrive avec le tableau, John Chatterton se présente à la petite fille, la mère et la fille se retrouvent.

John Chatterton est payé de ses efforts par le fameux tableau. Il rentre chez lui, le tableau sous le bras. Dans une poubelle, il trouve une ficelle verte. Sur la dernière image, on voit que la ficelle a servi à accrocher le tableau dans le bureau du détective.

Objectif de l'activité

Initier les jeunes enfants au genre policier, qu'ils connaissent sans le savoir par les séries de télévision. Après leur avoir lu *Le Petit Chaperon rouge*, leur faire découvrir l'album *John Chatterton détective* (sauf la dernière page) et discuter avec eux de ce qu'ils ont compris. Puis centrer sur le personnage du détective.

Consignes d'activité

À l'avant-dernière page, le détective ramasse une ficelle dans une poubelle. Ne pas montrer la dernière page aux enfants et leur demander pourquoi John Chatterton ramasse cette ficelle. Les enfants feront des hypothèses. Retenir celles qui sont en cohérence avec le tableau (par exemple, l'hypothèse que c'est pour attacher le loup ne conviendrait pas : en vertu des lois du genre policier, on peut penser que la police a été appelée et est venue cueillir le loup encore assommé, chez lui). Le fait de ramasser la ficelle montre l'habileté du personnage à retenir, parmi les objets qui l'entourent, ceux qui vont lui être utiles. Tous ses sens sont exercés à être à l'affût. Comme ceux des chats, d'ailleurs. Puis demander aux enfants d'établir la liste des qualités qui font un bon détective, en relisant l'album pas à pas. Au besoin revisionner avec les enfants un épisode de Nestor Burma ou de Mac Gyver.

La liste des qualités, avec des mots d'adultes, peut être :

1. Interroger le client pour avoir des renseignements sur le méfait commis (ici, un enlèvement), la victime (ici, le Petit Chaperon rouge) et son entourage.

2. Aller voir sur les lieux indiqués pour s'imprégner de l'ambiance et trouver une piste.

3. Sur place, imaginer le comportement possible de la victime et du criminel.

4. Choisir une hypothèse de comportement et la tester.

5. Continuer l'enquête à l'aide d'indices possibles.

6. Retrouver le criminel. Arriver avant le drame si possible.

7. Faire preuve de prudence et de rapidité d'action pour neutraliser le criminel.

8. Manifester son sens du savoir-vivre avec la victime.

9. Faire en sorte que le lecteur comprenne bien la raison du crime. Le lui expliquer clairement.

10. Être récompensé, non par de l'argent. L'argent a été donné au moment où le détective a été engagé.

▲ Le genre psychologique

– *Charlotte veut être princesse,* de Dorris Dörrie, illustrations Julia Kaergel, trad. Kathryn Erson et Claude Lager, « Pastel », L'École des loisirs, 1999.

Résumé

À sept heures, comme chaque matin, Maman réveille gentiment Charlotte, qui se fait prier pour se lever. Le pire est pourtant à venir : Charlotte a décidé de s'habiller en princesse justement aujourd'hui, alors qu'il neige. Maman négocie, pique une crise (pour de faux) et finit par se rendre aux arguments de sa fille. Pourquoi ne mettrait-on pas une robe de soirée dans la journée, pour aller au bureau, si on a envie ? Voilà la mère et la fille dans le tramway, vêtues en princesses, couronnes y compris. Elles se comportent néanmoins comme si tout était normal. Maman s'entend dire par sa collègue de bureau que sa robe est « *vachement cool* » et Charlotte explique à ses copines que non, ça n'a pas été difficile de convaincre sa mère, puisque « *c'est elle qui voulait absolument être princesse* ».

Objectif de l'activité

L'album est illustré dans un style contemporain, avec un décor très présent, qui mélange les objets réels, les jeux et les éléments imaginaires. L'illustration est le reflet de ce qui se passe entre la mère et la fille : une situation courante dans la réalité, s'habiller comme on a envie quand on est une petite fille (cela arrive aussi aux garçons parfois !), devient un jeu. La maman est entraînée dedans, parce qu'elle est également joueuse, et qu'elle privilégie la complicité avec sa fille au regard des autres. Elles peuvent se séparer pour la journée puisqu'elles sont entrées symboliquement toutes les deux ensemble dans la famille des princesses. Sauf à de rares moments, le texte est la transcription de la conversation entre les deux personnages, conversation qui ne vire jamais à l'aigre, même quand la maman montre qu'elle peut piquer une crise. Ce type de négociation entre deux personnages revient fréquemment dans les romans psychologiques, généralement accompagné de commentaires intérieurs du héros. Mais dans un album, ce sont les images qui fournissent, par leur symbolique, les commentaires.

Consigne d'activité

Dans l'illustration, quels sont les quatre animaux fétiches, toujours présents, qui peuvent représenter les relations de diplomatie entre la mère et la fille ?

Réponses :

– Le crocodile, animal agressif. C'est lui qui veut absolument porter la couronne de princesse.

– Le lapin, peureux. Il se cache en cas d'agression.

– L'oiseau aquatique (on ne distingue pas bien de quelle sorte d'oiseau il s'agit). Sur ses plumes, les attaques glissent, il nage ou s'envole pour s'en tirer.

– Le poisson, enfin, est présent à toutes les pages, comme totem de la négociation réussie, en transparence et en harmonie.

On remarquera que les quatre animaux disparaissent quand la mère et la fille sont habillées en princesses. Pourtant, les trois derniers cités sont présents dans la dernière double page : pour faire admettre sa tenue à l'école, Charlotte va également devoir faire preuve d'habileté en communication.

On pourra aussi noter les éléments stylisés d'un jeu d'échec, qui, sans doute, symbolise la relation subtile entre les deux personnages.

LES FORMES ET GENRES LITTÉRAIRES

67

POUR DES ADOLESCENTS

▲ Le genre fantastique

– *L'Île du prince Jamal,* de Marie-Sabine Roger, illustrations François Daniel, « Myriades », Épigones, 1994.

Résumé

Jamal, qui habite une cité de HLM, rêve de partir loin. Un jour, en voyant une affiche représentant une île couverte de cocotiers, il a une idée : bâtir, dans la cave de l'immeuble, une île. Avec ses copains, à l'aide de tissu, de sable, de sacs-poubelles bleus... Jamal construit l'île qui devient le lieu privilégié de leurs jeux, des histoires de pirates et de trésor, naturellement. Une bande concurrente attaque Jamal et ses amis. Grande bagarre de pirates, qui se termine par la victoire de Jamal.

Tout au long de cet album, du genre fantastique, texte et images laissent planer le doute : s'agit-il seulement d'une île de chiffons et de sacs-poubelles, ou l'île devient-elle réelle ? Un élément final accroît encore le doute : les assaillants « *ne purent expliquer à leurs parents pourquoi ils étaient rentrés chez eux trempés, pleins de varech et sentant la marée* ».

Objectif de l'activité

Faire découvrir aux lecteurs ce qu'est le genre fantastique. D'après les approches théoriques, la principale caractéristique de ce genre est le fait que le lecteur se trouve constamment confronté à une double interprétation des mêmes faits, une interprétation rationnelle (ici : l'île est fabriquée par les enfants), et une interprétation irrationnelle (ici : l'île devient réelle). En outre, très fréquemment, un élément final penche pour l'interprétation fantastique. Sans qu'il permette pour autant au lecteur de trancher entre les deux interprétations.

Consigne d'activité

Demander aux enfants de relever, dans les trois derniers chapitres, tous les éléments du texte et des images qui peuvent être interprétés de deux façons différentes. Puis en débattre.

Exemples :

Page 27 : le texte dit : « *À peine la porte était-elle ouverte qu'une odeur marine les prenait aux narines, que le vent salé se collait à leurs lèvres, et que les cris perçants des mouettes résonnaient à leurs oreilles.* »
– 1re interprétation : tout ceci existe vraiment.
– 2e interprétation : les héros l'imaginent.

Page 28, l'image représente l'un des personnages trempés.
– 1re interprétation : il est vraiment tombé à la mer.
– 2e interprétation : ça fait partie du jeu et l'image représente ce que les héros imaginent.

Page 39, le texte dit : « *Dans l'air vif planaient de grandes mouettes blanches.* »
– 1re interprétation : les mouettes existent vraiment.
– 2e interprétation : les héros l'imaginent, etc.

▲ Construire un scénario de science-fiction

– *Beurk!,* de Robert Snedden, Millepages, 1997.

Présentation

Il s'agit d'un album documentaire dont une phrase, en couverture, révèle le contenu : « *Le grand livre des petites horreurs du monde microscopique* ». Tout au long de cet album, des photos représentent ce qu'on peut voir en observant, au microscope, ce qu'on trouve dans une maison : des acariens, les poils d'une brosse à dents, une tartine beurrée, etc. Et la vision de ces agrandissements justifie amplement le titre. À chaque page, il y a un rabat. La partie visible porte un texte incitant le lecteur à identifier ce qu'il voit. Quand on déplie le rabat, on trouve la réponse et un commentaire documentaire.

Objectif de l'activité

Bien qu'il s'agisse d'un documentaire, ce livre peut être utilisé pour initier les jeunes à un genre : la science-fiction. En effet, l'un des procédés qu'on peut utiliser pour ce genre littéraire est l'agrandissement ou la miniaturisation. L'une des lois de la science-fiction est de décrire un autre univers que le nôtre d'une façon réaliste (un autre monde, un univers du passé ou du futur, un univers parallèle...). Or, quand on change d'échelle, un autre univers apparaît. Il suffit donc de regarder ces images agrandies et de laisser son imagination fonctionner pour que des univers de science-fiction apparaissent. Par exemple, la photo représentant, agrandie, de la moisissure semblant emprisonner un acarien, peut suggérer une histoire de plante proliférante envahissant peu à peu le monde et capturant les êtres vivants. La photo représentant une tête de fourmi est accompagnée du texte suivant, qui vaut scénario : « *Les extraterrestres ont débarqué* ». La photo représentant l'extrémité d'une « puce » de silicium peut permettre d'imaginer un univers géométrique peuplé d'habitants ayant un mode de pensée rigoureux, etc.

Consignes d'activité

Choisir, dans cet album, trois images, les regarder attentivement, imaginer ce qu'elles pourraient représenter et essayer de trouver, pour chacune, un scénario de science-fiction.

Remarques : pareille activité peut nécessiter de préciser aux enfants la différence entre science-fiction, fantastique, et merveilleux. Pour ce faire, on pourra se reporter à la brochure *Formes, genres et tons littéraires*, déjà citée.

Il est probable que tous les scénarios proposés par les enfants ont déjà été utilisés dans des livres de science-fiction. Ce peut être alors l'occasion de leur proposer des lectures variées, dans ce genre littéraire. On trouvera des informations sur les différents thèmes de science-fiction et une sélection de titres de littérature jeunesse dans le livre de Christian Grenier : *La Science-fiction, lectures d'avenir ?*[1] On pourra aussi consulter le *Dictionnaire de la science-fiction*[2].

▲ Le roman épistolaire

– *L'Énigme du Pompina,* de Gérard Moncomble et Michel Piquemal, « Zanzibar », Milan, 1995.

Présentation

Alphonse Poivron, rentier et collectionneur de timbres, a une admiration sans bornes pour le professeur Garulin-Têtard, un des plus fameux explorateurs du siècle. La découverte d'un mystérieux manuscrit lance les deux hommes dans une dangereuse exploration. Ils découvriront une civilisation de rats intelligents et menaçants.

1. Christian Grenier, *La Science-fiction, lectures d'avenir ?*, Presses universitaires de Nancy, 1994.
2. Denis Guiot *et alii*, *Dictionnaire de la science-fiction*, « Livre de poche jeunesse/Dico senior », Hachette, 1998.

Objectif de l'activité

S'initier à la forme épistolaire. En effet, ce livre est essentiellement constitué d'un échange de courriers entre les deux héros. Or, dans la postface, les deux auteurs révèlent que, pour écrire ce roman, ils ont pratiqué une sorte de jeu. Après avoir choisi le genre (roman d'aventures et d'exploration), l'époque (les années 1950), les deux héros, ils se sont, chacun, identifiés à l'un des personnages et ont entamé une véritable correspondance.

Consigne d'activité

Demander aux jeunes de lire le roman puis de se mettre par deux. Comme les auteurs, ils doivent d'abord déterminer un genre, une époque, un lieu, les deux personnages principaux et, pour faciliter les choses, une intrigue de départ. Puis l'un des deux, seul, rédige une lettre supposée écrite par l'un des personnages. L'autre y répond et ainsi de suite.

Remarque : il existe de très nombreux livres pour la jeunesse de forme épistolaire. Cette activité peut être l'occasion d'en faire découvrir tout un ensemble aux jeunes.

Prolongement

Cette forme de collaboration a été si fructueuse que Moncomble et Piquemal ont écrit une série de livres qu'ils signent Jérémy Piquomble. Voir, par exemple, *Croisière aux petits oignons*, illustrations J.-M. Renard, « Huit et plus », Casterman, 1998.

QUATRIÈME PARTIE

FAIRE ACQUÉRIR UN COMPORTEMENT DE LECTEUR

AVANT-PROPOS

Il ne suffit pas d'avoir acquis des compétences de lecteur pour avoir envie de lire spontanément. Les motivations à lire dépendent de l'histoire personnelle de chacun. Certains enfants se découvrent, très tôt, des motivations, d'autres plus tardivement. Beaucoup, hélas, ne franchissent pas le seuil de la lecture plaisir, soit parce que leurs conditions de vie ne leur ont pas permis de faire les rencontres nécessaires avec des livres, avec des lecteurs, avec des émotions positives ; soit parce que quelque chose s'est dressé, comme un obstacle, entre les livres et eux, la contrainte par exemple.

Nous sommes cependant persuadés, par expérience et par les travaux de recherche sur la lecture, que tout reste possible à n'importe quel âge, pourvu qu'on sache lire (le cas des illettrés ressortit à un autre type d'approche que nous ne traitons pas ici, mais nombre de pratiques rapportées dans des ouvrages prouvent que même ces cas ne sont pas désespérés[1]). Michel Péroni a montré, par exemple, que des prisonniers ou des préretraités peuvent se mettre à lire d'abondance, même si cette pratique leur était étrangère[2].

L'une des activités qui permet de réconcilier les jeunes avec la lecture est ce qui a été dénommé *l'animation lecture.* Un certain nombre d'animations lecture ont déjà été répertoriées dans *Donner le goût de lire* et *De la lecture à la littérature*[3]. Par la suite, des travaux de recherche ont été conduits pour définir plus précisément ce type d'activité, en vérifier l'efficacité et comprendre son mode de fonctionnement.

Dans cet avant-propos, nous voulons, dans un premier temps, rendre compte brièvement de quelques données de la recherche en lecture, de façon à éclairer l'approche des trente animations que nous proposons ensuite.

Ces animations sont structurées en trois catégories, par référence au milieu scolaire, contrairement aux chapitres précédents. Tout simplement parce que, nous en avons fait le constat, les animations lecture sont surtout pratiquées en milieu scolaire. Les trois catégories s'intitulent « Petites anima-

1. Voir, par exemple, B. Gillardin, C. Tabet, *Retour à la lecture*, Retz, Paris, 1988, ou C. Préneron, C. Meljac, S. Netchine (dir.), *Des enfants hors du lire*, Bayard/CTNERHI/INSERM, Paris, 1994.
2. Michel Péroni, *Histoires de lire. Lecture et parcours biographique*, BPI, Centre Georges-Pompidou, Paris, 1988.
3. Christian Poslaniec, *Donner le goût de lire* (1990), *De la lecture à la littérature* (1991), Sorbier, Paris.

tions lecture » (à pratiquer en classe), « Moyennes animations lecture » (à pratiquer à la BCD ou au CDI), et « Grandes animations lecture » (qui impliquent une ouverture de l'établissement scolaire sur la société). Les adjectifs « grande », « moyenne », « petite » indiquent simplement un temps de préparation plus ou moins important.

Toutefois, bien que proposées en milieu scolaire, ces animations lecture peuvent être facilement transposées en bibliothèque, en centre de vacances ou de loisirs, dans un salon du livre. D'ailleurs nous avons pu assister fréquemment à leur mise en œuvre dans des lieux divers.

▲ Quelques données issues de la recherche

Si les recherches s'intéressant à l'apprentissage de la lecture *stricto sensu* ont été fort nombreuses depuis deux décennies, celles qui se sont préoccupées de la relation entre les enfants et les livres furent rares. Un certain nombre ont été des approches quantitatives(1). D'autres ont abordé la lecture d'un point de vue culturel et ont ouvert des pistes(2). Mais ce sont surtout des recherches conduites à l'Institut national de recherche pédagogique(3) qui ont permis d'aborder la lecture des jeunes d'une façon qualitative.

L'une d'entre elles a étudié pendant une année le comportement de lecteur de deux cents enfants du CM2(4), et se poursuit par une recherche en cours tendant à confirmer les premiers constats auprès d'enfants plus jeunes et plus âgés, tout en s'intéressant à leur mode de réception. Nous en rendons partiellement compte ci-dessous.

1. Voir Nicole Robine, « L'évolution de la lecture des jeunes d'après les enquêtes françaises. Bilan 1960-1987 », *Pratiques*, n° 61, 1989 ; François de Singly, *Lire à 12 ans. Une enquête sur la lecture des adolescents*, Nathan, Paris, 1989 ; du même auteur, *Les jeunes et la lecture, Dossier Éducation et formations*, n° 24, ministère de l'Éducation et de la Culture, Paris, 1993.
2. Voir Bernard Devanne *et al.*, *Lire et écrire : des apprentissages culturels*, trois tomes, Armand Colin, Paris, 1992/1996 ; Michel Peltier, *Apprendre à aimer lire*, Hachette Éducation, Paris, 1995.
3. *Cf.* Gérard Chauveau et Éliane Rogovas-Chauveau, « Interprétation des textes et capacité de lecture au début du CP », *in* : *L'Enfant apprenti lecteur*, INRP/L'Harmattan, Paris, 1993 ; des mêmes auteurs, « Les processus interactifs d'acquisition ou d'échec en lecture au cours préparatoire », *in* : *Apprendre à lire et à écrire. Dix ans de recherche sur la lecture et la production de textes dans la Revue française de pédagogie*, INRP, Paris, 1989 ; Yvanne Chenouf, Jean Foucambert et Michel Violet, « Des conditions pour devenir lecteur », *in* : *Lire et écrire à l'école primaire. État des recherches à l'INRP*, INRP, Paris, 1994 ; Christiane Étévé, Jean Hassenforder, Odile Lambert, « Rôle du collège dans le développement des lectures de l'enfant à l'adolescent », *Inter CDI*, n° 90, 1987.
4. Christian Poslaniec (dir.), *Comportement de lecteur d'enfants du CM2. Profils, représentations, influence des animations, influence de la contrainte*, INRP, Paris, 1994.

Les profils de lecteur

Il faut noter que cette recherche ne répertoriait pas les lectures effectuées en classe, mais l'ensemble des lectures individuelles faites par chaque enfant, dans tous ses lieux de vie, grâce à un *répertoire de lecture* rempli quotidiennement. Ce qui a permis également de reconstituer les profils de lecteur. L'une des caractéristiques de ces profils mérite d'être notée ici : la distance qu'un enfant est prêt à parcourir pour se procurer des livres paraît proportionnelle à sa quantité de lecture. Les très petits lecteurs prennent surtout les livres chez eux (où il n'y en a guère) ; les moyens lecteurs s'alimentent à la BCD ; seuls les grands lecteurs se procurent essentiellement leurs lectures à la bibliothèque municipale. Mais il faut ajouter que plus on propose des livres différents aux enfants, à l'école, dans le cadre d'animations lecture, plus ces enfants sont nombreux, ensuite, à s'inscrire à la bibliothèque municipale, comme s'ils voulaient accéder à davantage de livres encore.

Une deuxième caractéristique concerne la diversité des livres lus par les enfants. Les deux cents élèves observés ont lu, en une année, tous genres confondus (albums, romans, documentaires, contes, bandes dessinées), 2 036 titres différents, ce qui correspond, en fait, à 3 582 lectures complètes et à 1 107 lectures commencées mais abandonnées. Autrement dit, la moyenne de lecture annuelle, par enfant, est proche de dix-huit livres lus intégralement ; et, si l'on se réfère plutôt au nombre de pages lues, en moyenne, par chaque enfant (livres achevés ou inachevés), elle est de 1 685 pages.

Ce fait témoigne sans doute de la diversité des goûts des enfants. Et cela pose question. En effet, comment tient-on compte de cette diversité quand on propose aux enfants une liste restreinte de livres à lire obligatoirement ? Et, dans une BCD, un CDI, une bibliothèque, a-t-on vérifié la diversité des offres de lecture ? Toutes les formes, tous les genres sont-ils représentés, par exemple ? Y a-t-il assez de romans sentimentaux, policiers, de science-fiction, d'épouvante ? Suffisamment de poésie, de théâtre, d'albums ?

Parmi tous ces titres lus *spontanément*, on trouve soixante-cinq livres considérés comme des *classiques* mais qui n'ont pas été présentés comme tels (d'*Alice au pays des merveilles* à *Croc-Blanc* en passant par toute l'œuvre de la comtesse de Ségur, et Kipling, Dickens, La Fontaine, Molière, Dumas, Daudet, Verne...). Ce qui signifie que les enfants prennent spontanément des classiques en bibliothèque, au même titre que des livres contemporains. À cet égard nous avons observé que certains jeunes se détournent des classiques à partir du moment où un adulte ayant autorité présente ces livres comme dignes d'admiration, faisant partie du patrimoine de l'humanité, sans doute parce que les jeunes lecteurs ont ainsi l'impression d'être manipulés. À l'inverse, des jeunes peu lecteurs se mettent alors à lire des classiques recommandés, sans doute parce qu'ils ont alors l'impression de faire un investissement culturel utile à leur insertion sociale.

Une troisième caractéristique concerne ce que les enfants lisent le plus, spontanément. En l'occurrence, le roman l'emporte de très loin sur la BD ou les documentaires (50 % contre 15 % et 10 %). Et quand on leur demande de dire ce qu'ils ont préféré lire dans l'année, le pourcentage des romans cités monte à 71 %.

Cette répartition pose question par rapport à un certain nombre d'analyses qui avancent que les enfants, surtout ceux qui aiment le moins lire, sont très attirés par les documentaires. D'autant plus que les enfants qui lisent le plus de documentaires sont d'abord de grands lecteurs de romans.

Cette recherche a également tenté de décrire le profil de lecture de ces deux cents enfants. Trois profils distincts ont été déterminés, auxquels ont été données des appellations pittoresques mais démonstratives :

– Les *déjà lecteurs* (25 %). Dès le début de l'année, ils lisent, notamment de la fiction, et terminent leurs livres. Ils sont capables de lire, d'une traite, au moins une cinquantaine de pages, parfois un petit roman entier. Leur lecture est généralement éclectique. Ils lisent sans discontinuer tout au long de l'année, sans changer de comportement. Ils sont capables de faire un résumé cohérent d'un livre lu, la lecture fait partie de leurs loisirs préférés, ils fréquentent souvent la bibliothèque municipale, leur définition de la lecture est qualitative, quand on leur demande à quoi sert de lire, leurs références sont sociales ou culturelles.

– Les *stagneurs* (50 %). Dès le début de l'année, ils n'achèvent pas la plupart des fictions qu'ils commencent. Ils sont souvent sensibles aux offres de lecture des copains, sans pour autant terminer les livres, comme s'ils cherchaient encore à déterminer ce qui leur plaît. Quand ils parlent des livres, ils ne semblent pas faire de différence entre livres achevés et livres seulement commencés, comme si c'était égal. Tout au long de l'année, ils continuent à errer de la même façon, n'achevant pas la plupart des livres commencés. Ils sont incapables de résumer un livre lu et on a l'impression qu'ils ont *zappé* ; la lecture ne fait pas partie de leurs loisirs préférés, ils prennent surtout les livres chez eux, leur définition de la lecture est quantitative (« J'ai lu x pages ») et leurs références, concernant l'utilité de la lecture, sont scolaires.

– Les *démarreurs* (25 %). Au début de l'année, leur comportement de lecteur ressemble à celui des stagneurs. Et, soudain, entre décembre et mars le plus souvent, leur comportement change. D'abord ils se mettent à lire, pendant un mois ou deux, et en série, des livres correspondant à une classe d'âge plus jeune : « Oui Oui », « Fantômette », « Martine », « J'aime lire », etc. Comme s'ils cherchaient à vérifier leur compétence de lecteur, ou de faire le bilan de leurs lectures, à l'orée d'un nouveau seuil. Après quoi, leur comportement se met à ressembler à celui des déjà lecteurs : ils lisent davantage de livres jusqu'au bout, leur choix est plus éclectique, et ils ne reviennent pratiquement jamais sur les types de livres lus en série à l'époque de la réassurance.

Le comportement qui pose question aux médiateurs est celui de stagneur, naturellement, d'autant plus qu'il concerne la moitié des enfants étudiés – mais on peut penser qu'un certain nombre d'entre eux passeront au stade de démarreurs, l'année suivante. Cependant, il ne faut pas se méprendre : ce sont des enfants qui savent lire, mais qui n'aiment pas lire, ce qui est fort différent. Et qui lisent quand même ; aucun des enfants observés n'a lu moins de 500 pages dans l'année ; simplement, les stagneurs ne paraissent pas en tirer plaisir, ni même, le plus souvent, accéder à l'histoire narrée, ce pourquoi nous avons parlé de lecture *zapping*.

Or, le principal constat concernant ces enfants qui n'aiment pas lire, c'est qu'ils ont fréquemment des problèmes à régler avec l'obligation de lire qui leur est imposée par certains adultes. Plus on contraint un enfant à lire, moins il lit semble-t-il. Cela apparaît dans les entretiens avec les enfants et leurs parents. L'école joue parfois ce rôle, mais moins qu'on le croit. Car le plus souvent, la contrainte est le fait des mères qui croient bien faire, et de nombreux enfants et parents en témoignent. Généralement, la mère est elle-même non lectrice, mais elle a une représentation utilitaire de la lecture, c'est-à-dire qu'elle pense que lire est d'abord une occasion d'acquisition de la grammaire, de l'orthographe et d'accession à la société. Elle ne cite jamais le plaisir ou le développement de l'imagination, rarement la culture. Elle n'inscrit pas son enfant à la bibliothèque, ne l'abonne pas à une revue. Et elle fait pression sur l'enfant. L'attitude de contrainte peut être ouverte ou insidieuse. Quand c'est insidieux, ce mode de pression peut n'être que la répétition quotidienne de phrases du genre : « Tu ferais mieux de lire au lieu de... », ou alors la mère impose un temps de lecture quotidien à l'enfant, l'interroge pour vérifier qu'il a réellement lu. Dans les autres cas, la mère fait lire son enfant à haute voix, chaque jour, lui achète des livres qu'il doit lire, lui pose des questions pour vérifier s'il a compris, ou lui fait faire des dictées, supposées améliorer l'orthographe et le goût de la lecture.

Le projet de lecteur

Nous ne le dirons jamais assez : ce sont les représentations qui empêchent de voir la réalité. Quand on est persuadé que les choses sont de telle manière, on ne voit pas qu'elles sont en fait autrement ! Ainsi, ce n'est pas parce que les livres pour enfants ne sont pas de la littérature que les critiques et universitaires ne les prennent pas en compte ; c'est parce que les critiques et universitaires sont persuadés que les livres pour enfants ne sont pas de la littérature que la littérature de jeunesse est invisible à leurs yeux. Dans le domaine de la lecture pendant longtemps, on a eu tendance à considérer la capacité à lire et l'origine socioculturelle des enfants comme des déterminismes. Ce qui évitait de chercher plus loin. Or les faits contredisent cette représentation.

Dans la recherche rapportée ci-dessus, le fait de lire, ou de ne pas lire spontanément, n'est pas directement dépendant de l'aptitude à lire, mesurée par les tests traditionnels de vitesse ou de compréhension. Certains enfants qui ont du mal à lire lisent. D'autres qui savent lire avec virtuosité ne lisent pas. Il n'y a qu'aux extrémités de la traditionnelle courbe de Gauss que les deux paramètres se rejoignent.

Un constat de même nature a été fait par Martine Rémond, dans une autre recherche INRP effectuée à l'école primaire[1] : elle a constaté que certains enfants étaient de *bons compreneurs* de ce qu'ils lisaient, et d'autres de *mauvais compreneurs.* Mais que ce n'était pas lié non plus à leur aptitude à lire. Autrement dit, certains enfants qui savent lire déjà rapidement ne comprennent pas ce qu'ils lisent. Et Martine Rémond de supposer que c'est parmi les *bons compreneurs* que se recrutent les lecteurs futurs.

L'influence du milieu socioculturel des enfants ne prédétermine pas non plus le comportement des enfants. Certes, quand on étudie globalement le groupe des deux cents élèves observés, on constate qu'il y a une influence du milieu socioprofessionnel parental – mais une influence n'est pas une dépendance. Des enfants issus de milieux dits très défavorisés sont de grands lecteurs (ou plutôt de grandes lectrices) ; d'autres, issus de milieux aisés, dont les parents sont cadres ou... enseignants, ne lisent pas.

Il faut donc chercher l'explication du comportement de lecteur ailleurs, et alors, très vite, on se tourne vers la motivation.

Gérard Chauveau et Éliane Rogovas-Chauveau, déjà cités, ont les premiers, dans le cadre du CRESAS, un département de l'INRP, proposé l'expression « projet de lecteur », à propos d'enfants interrogés juste avant leur entrée à la *grande école*, et suivis pendant leur apprentissage de la lecture. Ce qu'ils ont ainsi appelé « projet de lecteur » est une forme de motivation à l'apprentissage de la lecture. En effet, les enfants capables de proposer, en maternelle, plusieurs raisons fonctionnelles d'apprendre à lire (« *pour choisir des livres moi-même* », « *pour pouvoir lire les programmes de télévision* », « *pour lire la liste des courses* », etc.) sont ceux qui apprennent à lire très rapidement.

Or, chez les enfants du CM2 qui aiment ou n'aiment pas lire, tout se passe comme si, chez les premiers, le « projet de lecteur » n'avait cessé de se

1. Voir « La compréhension de textes au cycle 3 », *in Lire et écrire à l'école primaire. État des recherches à l'INRP*, 1994.

construire, de s'affiner, jusqu'à la mise en place d'un véritable comportement consistant à chercher des livres et à les lire.

Les enfants qui lisent et les *démarreurs* ont une lecture impliquée : ils se projettent dans l'univers du livre, ils se mettent à la place des personnages, ils vivent les histoires par procuration. Ils ont acquis également quantité de *petits savoirs* sur les livres (les genres, les formes, la quatrième de couverture, les éditeurs, les auteurs, les collections, les lieux d'emprunt, les classifications...) et leurs propres goûts, ce qui facilite grandement la recherche de leurs futures lectures. Et lorsqu'on analyse les discours des *démarreurs*, on constate que c'est à cette période de leur parcours que se fixent ces savoirs procéduraux.

On peut donc faire l'hypothèse que les enfants qui lisent ont construit leur projet de lecteur. Ce qui n'est pas le cas des *stagneurs*. Et il semble qu'on puisse pratiquement mesurer la force du goût de lire des enfants à la distance qu'ils parcourent pour se procurer des livres. Les grands lecteurs vont jusqu'à la bibliothèque municipale, les *démarreurs* se procurent surtout les livres à l'école, et les *stagneurs*, chez eux.

Un autre élément est à prendre en compte : il est probable que la liberté est nécessaire à l'établissement de ce projet de lecteur. Autrement dit, c'est à chaque enfant, en toute liberté, de se construire *son* projet de lecteur. Ce qui signifie, à l'inverse, que toute contrainte à lire empêche ce projet de lecteur de se concrétiser ; ce qui expliquerait pourquoi ce sont les *stagneurs* qui ont des comptes à régler avec l'obligation de lire. On pourrait penser que c'est parce qu'ils ne lisent pas qu'on tente de les contraindre, et non l'inverse, mais plusieurs cas incitent à penser le contraire : souvent, à l'approche de la 6e (le collège, c'est sérieux !), la contrainte familiale – signe d'angoisse des parents – pèse plus fortement sur certains enfants, on a pu le constater ; or, même chez les grands lecteurs, l'effet immédiat est une baisse de lecture, et l'on a même eu un cas où une grande lectrice cessait complètement de lire en fin de CM2.

La problématique peut alors se résumer par une simple question : comment faire pour favoriser la motivation à lire des enfants, afin qu'ils construisent leur projet de lecteur, sans faire usage de la contrainte ou de la pression ?

Les animations lecture

Qu'est-ce qu'une animation lecture ?

L'animation lecture est une activité spécifique, orientée vers la lecture et la découverte des livres. Il ne s'agit pas de l'animation en général, souvent pratiquée. Faire en sorte qu'une bibliothèque soit un lieu vivant, *animé*, ne signifie pas pour autant que cela fasse lire davantage. Par exemple, pratique courante, lorsqu'un intervenant dit ses propres contes, qui ne sont pas publiés, et que l'animation est assimilable à un spectacle, il n'y a aucun lien avec la lecture, quel que soit le plaisir ressenti par les auditeurs. En revanche, quand les contes faisant l'objet d'un spectacle existent sous forme livresque, et que ces livres sont mis immédiatement à la disposition des auditeurs, on s'oriente vers l'animation lecture.

D'après les observations d'animations lecture pratiquées spontanément, on peut définir l'animation lecture ainsi :

1. C'est une activité de médiation culturelle entre des livres et des enfants destinée à réduire l'écart (physique, culturel, psychologique) entre les deux.

2. La nature de la médiation exclut l'obligation de lire imposée par un adulte. Elle consiste au contraire à créer une motivation incitant les enfants à aller vers les livres et les lire.

3. Les deux principales motivations créées par la médiation sont :
– une motivation ludique ; dans ce cas, les livres sont proposés aux enfants dans le cadre d'un jeu (*game*[1]) dont la première règle est qu'il est nécessaire de lire pour jouer ; mais nécessité n'est pas obligation (exemples ci-dessous : le jeu du portrait, le procès littéraire, la question publique...) ;
– une motivation responsabilisante ; dans ce cas, les livres sont proposés aux enfants dans le cadre d'une activité sociale leur confiant une responsabilité vis-à-vis d'autres personnes (exemples ci-dessous : la commande d'histoires, le clip théâtral, l'accroche télé...).

4. Le choix des livres est vaste et diversifié.

5. L'animation lecture n'impose pas à l'enfant de s'exprimer à propos des livres lus. Elle considère que cela ressortit à la sphère de l'intimité. En revanche, une des règles du jeu, ou l'une des nécessités de la responsabilisation, peut inciter à révéler certains aspects de la lecture (par exemple, dans les nombreuses revues artisanales de critique de livres).

L'efficacité des animations lecture

L'expérimentation réalisée en CM2 a montré que les enfants lisent beaucoup plus de livres dans les classes qui pratiquent beaucoup d'animations lecture, que dans celles où elles sont moins pratiquées ou pas du tout. Et ceci quel que soit le critère pris en compte : nombre de romans, nombre de livres, nombre de pages... Par exemple, les deux classes où, en moyenne, les enfants ont lu le moins de livres, sont une classe sans aucune animation lecture et une classe où l'on pratiquait principalement la lecture suivie traditionnelle (dont les critères ne correspondent pas à la définition de l'animation lecture). Dans ces deux classes, en moyenne, les enfants ont lu de 1 à 3 romans, intégralement, de 3 à 14 livres (dans l'une des deux classes, les enfants lisent des BD), et de 500 à 1 000 pages.

1. Voir la différence entre *playing* et *game*, selon Michel Picard, *La Lecture comme jeu*, Éditions de Minuit, Paris, 1986.

La classe où les enfants lisaient le plus (il y en avait trois autres non loin derrière) était celle où l'enseignant avait introduit le plus d'animations. En moyenne, ses élèves ont lu, dans l'année : 15 romans, 42 livres, 3 000 pages. Dans cette classe, les animations lecture étaient presque quotidiennes, à raison de quelques minutes à chaque fois en moyenne (la plus courte a duré deux minutes, la plus longue deux heures et demie). On a pu repérer 12 animations différentes.

Il a été également possible de montrer que ces animations lecture, si elles profitent en priorité aux déjà grands lecteurs (les innovations profitent toujours d'abord à ceux qui n'en auraient pas besoin), ont une influence très positive sur les faibles lecteurs. Cette recherche a permis de confirmer, quantitativement, nombre de constats empiriques faits par des médiateurs ou des innovateurs : les animations lecture font lire davantage et réconcilient avec les livres les personnes fâchées.

Hypothèses sur cette efficacité

Pour que quelqu'un lise, ait envie de lire, il doit être porteur d'un projet intérieur, nous l'avons vu. Ce projet intérieur correspond à une structure mentale qui articule entre elles des motivations à lire et des compétences qui permettent de le faire.

Nous avons provisoirement appelé les compétences, des *petits savoirs*. Ceux-ci s'accumulent et concernent la maîtrise de la langue (décodage, phrases complexes, système anaphorique...), la sociabilité du livre (genres, collections, auteurs, lieux de prêt, classements...), la lecture littéraire (narrateur, personnages, articulation texte/images...), et les propres goûts des personnes (recherche de plaisir, questions existentielles, thèmes de prédilection...). Ce dernier ensemble correspond à une partie des motivations nécessaires, mais il peut y en avoir d'autres, comme le désir de s'insérer dans la société, l'envie de comprendre, la curiosité... L'ensemble de ces *petits savoirs* et motivations s'articulent entre eux, d'une façon complexe, et c'est cette synthèse qui est à l'origine d'un comportement : lire d'une façon autonome.

Les animations lecture offrent, en quelque sorte, une motivation de substitution et, en même temps, mettent en place quantité de *petits savoirs* (par exemple, quand le point commun d'une pile de livres est le même éditeur, ou le fait qu'il s'agisse de science-fiction ou d'un narrateur-personnage...) à ceux qui n'ont pas encore construit leur propre projet intérieur de lecteur. La motivation ludique englobe aussi bien la recherche du plaisir que le désir de gagner, l'envie de partage à l'intérieur d'un groupe, la curiosité... La motivation responsabilisante regroupe le désir d'insertion, l'envie d'être reconnu, le besoin d'agir, la recherche d'autonomie...

Cependant, pareille hypothèse ne peut se concevoir que si l'on admet que les livres prennent alors le relais de l'animation lecture. En effet, les personnes qui entrent réellement en lecture à partir d'une animation sont certainement déjà proches de ce comportement, ce que Vygotski appelle *zone proximale*. Mais pour que le comportement de lecteur s'instaure durablement, encore faut-il que les livres tiennent leurs promesses, qu'ils soient suffisamment motivants par eux-mêmes. On a souvent dit qu'un lecteur était quelqu'un qui, à un moment donné, avait rencontré *son* livre. Cette rencontre doit donc être favorisée dans le cadre des animations lecture, après quoi il appartient à chacun de se mettre en quête d'autres livres procurant la même satisfaction, quitte à parcourir une certaine distance pour y parvenir.

Mises en garde

Une animation lecture, aussi spectaculaire soit-elle, a peu de chance d'être efficace si elle ne s'inscrit pas dans la durée. En effet, les participants n'ont pas alors le temps de passer de la *zone proximale* au comportement établi. Ou, plus exactement, l'effet est aléatoire : par hasard, certains participants vont se sentir suffisamment concernés pour poursuivre, seuls, leur cheminement. Comme lorsque les jeunes rencontrent, brièvement, un écrivain dans un salon du livre, une bibliothèque ou une classe. En revanche, si la rencontre a été préparée en amont, les jeunes ont déjà lu des livres de l'écrivain, se sont posé des questions, se sentent concernés. Chaque fois qu'un médiateur prévoit une animation, il doit se demander quel est l'objectif, et s'il répond « faire lire », il doit identifier la motivation proposée et évaluer si les moyens utilisés pour la mettre en œuvre sont adéquats.

Dans l'exemple donné plus haut, de la classe qui a lu le plus de livres en une année, l'efficacité des animations lecture tenait certainement à leur répétition (cinq minutes par jour en moyenne).

Par ailleurs, les animations lecture s'usent. Un autre facteur d'efficacité des animations pratiquées dans la classe de CM2 évoquée ci-dessus, c'est qu'aucune n'a eu le temps de s'user, une nouvelle animation prenant la place de la précédente.

Les deux causes principales de cette usure sont l'institutionnalisation et la déformation. Une animation innovante réussie donne envie aux médiateurs de la renouveler. Généralement, elle prend davantage d'ampleur à chaque réitération. Les institutions s'y intéressent alors et tendent à figer la règle du jeu, à rigidifier la méthodologie. Tant et si bien que cela commence à apparaître comme une contrainte à certains des participants (et des organisateurs, d'ailleurs). Ce type d'évolution a souvent été constaté, par exemple, à propos des concours de lecture.

La déformation est provoquée par les représentations figées des personnes. Un bon exemple, dans un autre domaine, est donné par le *texte libre* pratiqué depuis les années 20 dans les classes Freinet. Nous avons souvent entendu, dans des classes traditionnelles, il n'y a pas si longtemps : « Vous m'écrirez un texte *libre* pour mardi prochain, sur le thème de la peur » ! Quand une innovation rencontre le succès, son titre est fréquemment récupéré pour qualifier des activités qui n'ont rien à voir avec les objectifs initiaux, et qui sont même aux antipodes. En ce moment, l'animation lecture intitulée le « défi lecture », inventée par Christine Méron et Jean-Jacques Maga[1], dans les années 1980, à Caen, a rencontré un tel succès qu'elle est déformée de toutes les façons possibles. Ainsi, on a pu lire dans une revue professionnelle de documentalistes un article décrivant un *défi lecture* portant sur un seul livre[2], alors même qu'une des lois de l'animation est de proposer trente ou quarante titres variés.

Complémentarité des institutions

On ne souligne pas assez à quel point les rôles de la famille, de l'école et de la bibliothèque, notamment, sont complémentaires. S'il peut y avoir complémentarité, c'est que chaque institution a ses spécificités.

C'est à l'école, et seulement là, que l'on trouve *tous* les enfants. Là aussi que les possibilités de travail suivi, sur plusieurs mois, sont les plus faciles ; à condition de ne pas dépasser l'année scolaire, sinon tout se complique. Et les enseignants, d'une façon générale, savent animer un groupe, gérer la diversité des enfants, structurer un projet avec eux.

Mais c'est à la bibliothèque publique qu'on trouve le fonds de livres le plus copieux, et les personnes qui connaissent le mieux la littérature de jeunesse et ses modes de classement. En outre, si le public d'une bibliothèque est plus restreint, c'est un public souvent fidélisé, ce qui permet donc la mise en place de projets pluri-annuels.

La BCD ou le CDI jouent un rôle indispensable de fonds de proximité. En effet, plus les enfants aiment lire, plus ils parcourent une longue distance pour se procurer des livres. S'ils aiment moins lire, ils lisent cependant les livres à leur portée, les moins liseurs se contentant de les prendre chez eux. Il y aurait toute une géographie des gisements de livres prêtés à construire. On constaterait alors qu'il n'y a pas concurrence, mais complémentarité, entre la bibliothèque de classe (en primaire), la BCD, le bibliobus ; entre le CDI et la petite bibliothèque municipale ; et, dans les grandes villes, entre les bibliothèques privées, les bibliothèques annexes de quartiers et la grande médiathèque centrale.

Quant aux parents, ce sont les premiers médiateurs de lecture, et ils jouent un rôle considérable, nous l'avons vu, en favorisant ou en réfrénant le goût de lire des enfants. Obliger son enfant à lire est un frein, surtout quand on

1. Christine Méron et Jean-Jacques Maga, *Le Défi lecture*, Chronique sociale, Lyon, 1994.
2. Il s'agissait d'ailleurs d'un livre de Michel Tournier figurant au programme !

n'est pas soi-même lecteur. Mais lui faire découvrir très jeune les livres, l'inciter à fréquenter la bibliothèque municipale, l'emmener dans une librairie choisir ses livres, favorise la mise en place d'un comportement de lecteur. Et si l'enfant voit ses parents lire avec plaisir, dès son enfance, il aura envie de se procurer le même plaisir.

DES PETITES ANIMATIONS LECTURE

68

POUR DES ENFANTS

▲ La bonne histoire

Objectif de l'animation

Cette activité est un jeu d'écoute, de compréhension, de mémorisation pour retrouver, après l'avoir entendue raconter, « la bonne histoire » tirée d'un livre mélangé à d'autres.

Déroulement

L'adulte raconte une histoire aux enfants, histoire tirée d'un livre, sans dire le titre. Les enfants ne connaissent pas l'histoire. Puis l'adulte montre, selon l'âge des enfants, entre cinq et dix livres, parmi lesquels « la bonne histoire » est cachée. Les enfants regardent les couvertures des livres et, par groupes, tentent de trouver « la bonne histoire », celle racontée par l'adulte. L'adulte lit les livres désignés par les enfants, sans commentaire. Les enfants reconnaissent alors, parmi les livres lus, « la bonne histoire ».

Série de livres possibles

– Des histoires d'ours, de lapins, de cochons, etc.

– Série « La sorcière Camomille » (Éditions du Sorbier).

– Différentes versions (elles sont fort nombreuses) du *Petit Chaperon rouge* ou des *Trois Petits Cochons*.

– Série des « Plume » (Éditions Nord-Sud).

– Des albums du même auteur : C. Boujon, M. Daufresne, P. Corentin, Rascal, A. Browne, B. Heitz, etc.

▲ La commande d'histoires

Objectif de l'animation

Cette animation est une variante de l'animation bien connue intitulée « Les grands lisent à des petits ». En l'occurrence, il s'agit, pour les petits, de passer commande.

Déroulement

Des enfants de fin de CP ou de CE1 sont invités, dans un premier temps, à rencontrer des enfants de maternelle et à les interroger sur le type d'histoire qu'ils souhaiteraient entendre. Les petits s'expriment sur ce sujet et les grands prennent des notes.

Dans un second temps, les grands vont explorer les bibliothèques qui leur sont accessibles pour trouver un livre répondant à la demande des petits. Naturellement, ils sont ainsi amenés à lire des dizaines d'albums pour trouver celui qui correspond à la « commande ».

Ensuite, ils s'entraînent à le lire oralement, puis une seconde séance de rencontre est organisée (ou plusieurs) pour lire aux petits.

Remarques :

1. Il est plus efficace que les grands rencontrent les petits par groupes restreints, lors de la première visite. En revanche, la seconde séance peut être collective.

2. Les albums lus aux petits peuvent être ensuite laissés à la disposition de la classe de maternelle pour organiser des activités de suivi.

3. Cette « commande d'histoire » peut aussi déboucher sur la rédaction d'histoires par les grands, à terme, quand, à force d'en lire, ils auront compris comment fonctionne une histoire pour les petits.

▲ Littérature comparée

Objectif de l'animation

Comparer deux albums sur un même thème peut permettre à de jeunes lecteurs de découvrir, en s'amusant, des différences qui peuvent les initier à la lecture de l'implicite, notamment.

En l'occurrence, il s'agit de leur faire comparer *Allison* d'Allen Say (L'École des loisirs, 1998), et *Pistache*, de Christian Poslaniec et Pef (Le Sorbier, 1994).

Le thème est commun : une petite fille adoptée se pose des questions sur ses vrais parents. Mais le thème est traité d'une façon explicite dans *Allison*, et d'une façon plus implicite dans *Pistache.*

Réponses :

Bien des éléments sont communs aux deux albums mais ne sont pas traités de la même façon :

1. Les deux héroïnes sont de type asiatique, tandis que leurs parents sont de type occidental. Mais dans *Allison*, quand la fillette constate cette différence, cela donne lieu à des demandes d'explication. Dans *Pistache*, au contraire, il n'y a que l'image qui révèle la différence entre l'enfant et ses parents adoptifs.

2. Dans les deux cas, un jouet joue un rôle essentiel dans l'histoire. Le jouet d'Allison est une poupée de type asiatique à laquelle la gamine s'identifie. Mijo, l'héroïne de *Pistache*, a un clown auquel elle s'identifie également, mais implicitement car elle prétend que son clown cherche sa vraie maman, Mijo n'étant que la maman qui l'a adopté.

3. Dans les deux cas, des bêtises sont commises (destruction d'objets). Allison le fait explicitement, et quand ses parents réagissent, elle dit : « *Ça m'est égal. Tu n'es pas ma maman/mon papa.* » Mijo prétend, elle, que c'est son clown qui a cassé le vase, parce qu'il est en colère de ne pas connaître sa vraie mère.

4. Dans les deux cas, la *crise* se résout grâce à une identification. Mijo trouve « *l'ancienne maman* » de son pantin en bois : un arbre ; mais affirme que sa « *vraie mère* », c'est elle, et c'est ce qu'elle déclare à ses parents adoptifs. Allison adopte un chat perdu ; c'est celui-là qu'elle veut, bien qu'il soit déjà grand, parce « *qu'il n'a ni maman ni papa* ».

La comparaison entre ces deux albums permet d'expliciter ce qui est implicite dans l'un d'eux et les enfants peuvent donc découvrir qu'il y a plusieurs façons de traiter un même thème.

Pratiquement, il suffit de proposer les deux livres aux enfants et de leur demander de trouver les ressemblances et les différences entre les albums, puis de mener le débat.

DES PETITES ANIMATIONS LECTURE

69

POUR DES ENFANTS ET DES ADOLESCENTS

▲ Le clip théâtral

Objectif de l'animation

Cette animation consiste à faire présenter, par des enfants, un livre à d'autres enfants de façon à leur donner envie de le lire.

En l'occurrence, la présentation sera théâtrale. En effet, de nombreux livres pour la jeunesse contiennent beaucoup de dialogues. Il suffit donc que les présentateurs choisissent un passage qui leur paraît particulièrement intéressant (ce qui nécessite de lire le livre) et d'en faire une saynète de quelques minutes qu'ils présentent aux autres enfants.

Par exemple, pour *Le Secret de Lucy*, d'Ann M. Martin (« Folio junior/ Le club des baby-sitters », Gallimard, 1997), un passage peut être théâtralisé ainsi :

> « KRISTY. – *J'ai dressé une liste des différentes façons d'améliorer notre image auprès des gens. Premièrement, nous aiderons les enfants que nous gardons à faire leurs devoirs, sans exiger un sou de plus. Comme ça, les parents en auront plus pour le même prix.*
> CLAUDIA. – *Je déteste les devoirs.*
> KRISTY (d'un ton sec). – *Tu veux qu'on perde des baby-sittings au profit de Liz et de Michelle ?*
> CLAUDIA . – *Non.*
> *KRISTY. – Deuxièmement, nous ferons des offres spéciales à nos meilleurs clients.* (Lucie approuve de la tête). *Troisièmement, chacune de nous fabriquera un coffre à jouets. Chaque fois, nous l'apporterons chez les petits que nous gardons.*
> CLAUDIA . – *Qu'est-ce que tu entends par coffre à jouets ?*
> KRISTY . – *J'allais l'expliquer. C'est un truc qui non seulement nous fera passer pour des baby-sitters consciencieuses, mais qui, en plus, fera plaisir aux enfants. Vous savez bien qu'on trouve toujours beaucoup mieux chez les autres !*
> LUCIE. – *C'est vrai ! À New York, j'avais une amie, Laine. J'adorais aller chez elle*

parce que sa mère achetait des Kinder, qu'elle gardait au frigo. Quand j'en mangeais, on aurait dit des glaces au chocolat au... (mines étonnées des trois autres). *Oh, c'était avant que je sois malade. »*

Naturellement, il est indispensable que le livre présenté puisse être prêté aussitôt à ceux qui ont envie de le lire.

Série de livres possibles

Beaucoup de livres se prêtent à pareille animation. À titre d'exemples, voici une liste de livres comprenant beaucoup de dialogues, répartis par classes d'âge.

Cycle 2 :
– *Dolorès, ma Dolorès ou Comment faire obéir sa sorcière*, de Grégoire Solotareff, « Neuf », L'École des loisirs, 1997.
– *Élias et les voleurs*, d'Anne Soyer, Sorbier, 1996.
– *Jean et Pascal*, de Chris Donner, « Lampe de poche », Grasset jeunesse, 1998.
– *L'Arbre à grands-pères*, de Danièle Fossette, « Loup Garou », Père Castor Flammarion, 1997.
– *Le Diable gardien*, de Lorris Murail, « Myriades », Épigones, 1996.
– *Le Petit Crayon violet*, de Simone Schmitzberger, « Faim de loup », Père Castor Flammarion, 1997.
– *Mini rencontre le Père Noël*, de Christine Nöstlinger, « Bibliothèque mini-rose », Hachette, 1997.
– *Un crocodile de trop*, de H. Janisch, « Plume », Sorbier, 1995.

Cycle 3 :
– *Ça pétarade chez les pirates*, de J. Scieszka, « Passion de lire/Série Délires », Bayard poche, 1996.
– *La chose qui ne pouvait pas exister*, de Moka, « Neuf », L'École des loisirs, 1997.
– *La Fille de Terre deux*, de Joëlle Wintrebert, « Science-fiction », Castor poche Flammarion, 1997.
– *Le Secret de la Joconde*, de Catherine Ternaux, « Lampe de poche », Grasset jeunesse, 1997.
– *Les Pirates*, de Chrystine Brouillet, « Myriades », Épigones, 1995.
– *Match nul*, d'Avi, Castor poche Flammarion, 1997.
– *Mufo au pays du bleu*, de Carlos Murciano, « Livre de poche jeunesse/Cadet », Hachette, 1997.
– *Une surprise pour Sophie*, de Dick King-Smith, « Folio cadet bleu », Gallimard, 1996.

6e/5e :
– *Bienvenue au camp de la peur*, de R.L. Stine, « Passion de lire/Série Chair de poule », Bayard poche, 1995.

– *C'est pour la bonne cause*, de Jacques Fansten, Seuil, 1997.
– *Comment ratatiner les vampires*, de Marie Saint-Dizier, « Folio junior », Gallimard, 1997.
– *L'Instit : aimer par cœur*, de Gudule, « Bibliothèque verte », Hachette, 1995.
– *Le Téléphérique de la peur*, de Robert Kellett, « Mon île », Castor Flammarion, 1997.
– *Mortel chassé-croisé*, d'Anthony Horowitz, « Verte aventure/Fantastique », Hachette, 1996.
– *Sauve qui peut, voici les Herdman !*, de B. Robinson, « Passion de lire/Série Délires », Bayard poche, 1996.
– *Une vague d'amour sur un lac d'amitié*, de Marie Desplechin, « Neuf », L'École des loisirs, 1995.

4e/3e :
– *Des fleurs pour Algernon*, de Daniel Keyes, « Science-fiction », Castor poche Flammarion, 1997.
– *L'Oiseau mange-clous*, d'Éric Lindor Fall, « Médium », L'École des loisirs, 1994.
– *La Ville du désert et de l'eau*, de Jean-François Ménard, « Médium », L'École des loisirs, 1997.
– *Le Cœur en abîme*, de Christian Grenier, « Livre de poche jeunesse Junior », Hachette, 1995.
– *Le Miniaturiste*, de Virginie Lou, « Page noire », Gallimard, 1996.
– *Le Royaume volé*, de James Berry, « Page blanche », Gallimard, 1996.
– *Preuves à l'appui*, de Claude Bourgeyx, Seuil, 1996.
– *Un été 58*, de Jean-Paul Nozière, Seuil, 1995.

▲ Les titres intertextuels

Objectif de l'animation

Cette animation consiste à faire rechercher par des jeunes des titres de livres qui leur en rappellent d'autres. Autrement dit, des titres qui s'affichent en intertextualité avec des œuvres connues.

Pour donner à cette approche un caractère ludique, il suffit de mettre en concurrence plusieurs équipes, le jeu consistant à trouver le plus de titres intertextuels.

Mais la compétition, si elle corse l'activité, n'est pas une fin en soi car cette animation, comme toutes les autres, outre des objectifs particuliers, a pour objectif général de familiariser les jeunes avec l'univers du livre. On ne limitera donc pas le jeu aux seules connaissances des jeunes. Ils seront, au contraire, vivement encouragés à utiliser les compétences des bibliothécaires ou documentalistes pour repérer des titres intertextuels qui leur échappent ou à consulter le minitel et Internet...

Cette activité permet d'introduire, au cours de la discussion qui suit, les notions d'intertextualité et de patrimoine littéraire. Ce débat est aussi l'occasion d'expliquer aux jeunes que la connaissance des livres dits *classiques* (patrimoine) permet souvent d'augmenter le plaisir de lire des livres d'aujourd'hui, car le lecteur repère alors les allusions à ces œuvres, ou ce qu'on appelle des *citations intertextuelles.*

Déroulement

La façon la plus simple de conduire cette animation est de communiquer à chaque groupe de joueurs un exemplaire d'une revue spécialisée dans la littérature de jeunesse, comme *Lecture jeunes, Nous voulons lire, La Revue des livres pour enfants, Lire au collège, Lire au lycée, Lire au lycée professionnel*, etc. Ils peuvent alors passer en revue plus d'une centaine de titres contemporains. Au passage ils repèrent souvent, aussi, des livres qu'ils aimeraient lire et qui peuvent alors être commandés.

Par exemple, dans *Nous voulons lire*[1] n° 124 (mai 1998), on trouve les titres intertextuels suivants, qu'il ne nous paraît pas nécessaire de commenter :
– *Songes de la Belle au bois dormant* (Frédéric Clément, « Les authentiques », Casterman, 1997).
– *Le vilain petit canard qui sentait pouah! du bec* (P. Coré/C. Oubrerie, Hachette, 1997).
– *Les Petits du loup, le mari de la chèvre et les calendriers* (P. Coré/C. Oubrerie, Hachette, 1996).
– *La maison que Jack a bâtie* (J. Yeoman/Q. Blake, Gallimard jeunesse, 1994).
– *Robin Debois débarque* (J. Hoestland/G. Franquin, « Les trois loups », Père Castor/Flammarion, 1997).
– *Mon papi s'appelle Barbe-Bleue* (Gudule/J.-F. Dumont, « Bibliothèque rose », Hachette, 1998).
– *Guerres et paix* (poèmes de Jean-Louis Maunoury, ill. Selçuk, Motus, 1997).
– *Sabbat chez les ploucs* (Jean-Paul Nozière, « Page noire », Gallimard, 1997).

Prolongement

Naturellement, cette activité peut être considérée comme l'introduction

1. *Nous voulons lire*, Bibliothèque de Bordeaux, 85, cours du Maréchal-Juin, 33075 Bordeaux Cedex.

d'un travail plus approfondi consistant, par la suite, à comparer un ou plusieurs des livres repérés avec les livres auxquels les titres renvoient.

▲ Mimer un personnage

Objectif et déroulement

Un ensemble de dix livres est proposé à la lecture d'un groupe de jeunes. En même temps, on leur explique la suite de l'activité.

Un mois après, afin de laisser aux jeunes la possibilité de lire le maximum de livres, l'un des enfants, qui a préparé secrètement l'activité, mime devant le groupe un personnage caractéristique de l'un des livres. Il s'agit naturellement de reconnaître le livre de référence et cela donne alors l'occasion d'en parler et de susciter l'envie de le lire pour ceux qui ne l'ont pas lu.

La séance de mime et la discussion qui s'ensuit ne doivent pas durer plus d'un quart d'heure. En revanche, elle peut être renouvelée plusieurs jours de suite et, quand le premier lot de dix livres est épuisé, il est toujours possible d'en proposer un autre, si les jeunes demandent à poursuivre ce jeu.

Remarque : l'un des facteurs qui accroissent la probabilité que tous les jeunes d'un groupe lisent des livres (les grands lecteurs en lisant davantage, mais les petits lecteurs lisant, alors que sans cela ils ne liraient pas) est le fait de consacrer, chaque jour, quelques instants à une animation lecture. Peu importe que l'activité ne dure, chaque fois, que cinq ou dix minutes, ce qui compte, c'est la répétition. Et il est plus efficace de consacrer chaque jour cinq minutes à une animation lecture, que d'introduire, chaque trimestre, une animation lourde qui dure une journée.

DES PETITES ANIMATIONS LECTURE

70

POUR DES ADOLESCENTS

▲ Rédiger une notice d'encyclopédie

Objectif de l'animation

En recherche documentaire, on fait souvent travailler les jeunes sur un thème précis ; ils doivent alors chercher des informations en bibliothèque, répondre à des questions, préciser leurs connaissances.

La plus grande difficulté consiste à intégrer ces bribes d'informations, les articuler entre elles de façon à aboutir à une connaissance précise sur un thème donné. Donner aux jeunes l'occasion de rédiger une notice d'encyclopédie les incite précisément à organiser ces bribes de connaissances.

Déroulement

Dans un premier temps, on proposera aux jeunes de découvrir des notices d'encyclopédie sur des thèmes précis : un animal, un personnage historique, un pays, etc. Une mise au point collective permettra de définir la façon dont les connaissances sont présentées dans une encyclopédie.

Dans un deuxième temps, on leur proposera un ensemble de documentaires pour la jeunesse, abordant tous un même thème ou le traitant partiellement, et on leur demandera d'en extraire les informations qui leur permettront de rédiger leur notice. Lors de cette étape, ils découvriront que, d'un livre à l'autre, il peut y avoir des contradictions. Il leur appartiendra donc de faire des choix, de vérifier certaines informations dans d'autres livres, des dictionnaires, des encyclopédies ou d'autres supports documentaires.

Dans un troisième temps, il s'agira de rédiger la notice, ce qui constitue un exercice d'écriture non fictionnelle fort intéressant.

Pour donner un aspect ludique à cette animation, il est possible de diviser les jeunes en groupes et d'introduire une règle du jeu ; par exemple, quel groupe parviendra à utiliser des informations provenant du maximum de livres et documents différents.

Un exemple :

Pour accroître l'intérêt, on peut proposer un thème qui, selon les documentaires proposés, présente des différences d'interprétation. Par exemple, la rainette. On trouvera notamment des informations sur cet animal dans :
– *Qu'est-ce qu'un amphibien ?*, de Robert Snedden, Casterman, 1994.
– *Une grenouille, un crapaud, une rainette*, « Chemins de la découverte », Gallimard, 1991.
– *La Grenouille parfaite acrobate*, de Paul Starosta, « Patte à patte », Milan, 1991.
– *Douce grenouille, vilain crapaud*, « Musée en herbe », Bayard, 1992.
– *Grand catalogue des batraciens du monde*, d'Isabelle Bourdial, Milan, 1994.

Dans le documentaire Gallimard, il est précisé : « *Les grenouilles vivent dans ou près de l'eau, les crapauds sur terre, et les rainettes sur les arbres ou dans les hautes herbes.* » Et, plus loin : « *Certaines rainettes ne descendent jamais de leur arbre. Elles mangent, dorment, s'accouplent et pondent leurs œufs dans les branches ou les feuilles.* » Mais dans le documentaire Milan sur la grenouille, il est dit : « *La rainette nage très bien* [...] *au plus fort de la chaleur, elle descend se rafraîchir dans l'étang* » avant de retourner vers son arbre, « *son domaine* », et que « *comme les crapauds, les rainettes s'accouplent dans l'eau* ». Quant au *Grand catalogue des batraciens du monde*, il précise : « *La plupart des rainettes sont arboricoles. Quelques-unes tout de même préfèrent vivre en milieu aquatique tandis que d'autres s'enfouissent dans le sol.* »

Comme on le voit, la recherche documentaire doit s'approfondir avant de permettre de conclure sur un point qui semble opposer plusieurs documentaires.

▲ Jeu du portrait

Objectif de l'animation

Cinq titres différents sont lus par cinq groupes d'enfants. Chaque groupe établit sur des fiches le portrait physique et psychologique du maximum de personnages du livre qui ont un nom. Les enfants se rendront ainsi compte qu'on sait ou qu'on interprète facilement les caractéristiques des personnages principaux qui ont un nom, alors que les autres jouent le rôle de silhouettes, comme au cinéma (la boulangère, le concierge, un garçon de la classe, etc.). Si la narration est à la première personne et que le nom du personnage narrateur n'apparaît jamais, l'appeler « Je », ou lui inventer un nom.

Les livres, achetés en plusieurs exemplaires, sont lus par le maximum d'enfants. À chaque livre correspond au moins cinq fiches-personnages portant en titre le nom du personnage.

Déroulement

Chacun à son tour, un membre de chaque groupe pose des questions au cinquième groupe pour identifier un des personnages. Les membres du groupe questionné n'ont le droit de répondre que par « oui » ou « non ». Ces membres ont le droit de se concerter entre eux pour répondre. La fiche établie doit servir à l'arbitrage, en principe, si elle est bien faite.

Ce jeu peut comporter de nombreuses variantes. Aussi est-il intéressant d'établir les règles du jeu avant de jouer. Par exemple, définir si les groupes questionnants ont la possibilité de consulter les livres pour poser les questions. Ou encore définir comment le groupe questionné marque des points. Réfléchir au fait que les règles du jeu doivent encourager la lecture et l'aspect ludique, afin d'aider les lecteurs peu motivés.

▲ Le livre éclaté

Objectif de l'animation

Cette animation est pratiquée sous le nom de *lecture réseau*, dans le Nord et le Pas-de-Calais, où elle a été inventée.

Sa finalité est triple. En premier lieu, faire porter l'attention des jeunes sur les modes d'organisation de l'objet livre. En deuxième lieu, réaliser une imprégnation sur un genre ou une forme littéraire. En troisième lieu, susciter la curiosité des jeunes afin qu'ils aient envie de lire les livres.

C'est une animation qui demande un certain temps de préparation de la part du médiateur qui choisit d'abord le genre ou la forme littéraire, puis cherche huit à dix titres de livres qui correspondent. Il s'agit alors, par photocopies, découpages et collages, de rassembler :
– sur une première feuille, les seuls titres photocopiés détourés ;
– sur une deuxième feuille, les couvertures photocopiées réduites, mais sans le titre ;
– sur une troisième feuille, les quatrièmes de couverture intégrales (sauf le titre s'il y figure), réduites ;
– sur une quatrième feuille, la première page de chaque livre, réduite.

Déroulement

Les jeunes sont regroupés par quatre ou cinq. Chaque groupe reçoit les photocopies des quatre feuilles. Il s'agit d'associer chaque titre avec sa couverture, sa quatrième de couverture, sa première page de texte. Le groupe qui termine le premier a gagné si les associations sont exactes, ce pourquoi on laisse chaque groupe finir avant de comparer les réponses.

Quand on observe les jeunes en train de pratiquer cette animation ludique, on constate que c'est une activité de déduction et d'argumentation permanente entre eux. En effet, les critères permettant d'associer les quatre éléments proposés sont multiples : la police de caractères, un nom de personnage qui se retrouve, un thème d'histoire résumé en quatrième de couverture qui se retrouve au début du texte, le format du livre, le nom de la collection, etc.

Au passage, ils font des remarques à propos des éléments qui ont un rapport avec le genre ou la forme qu'on veut leur faire découvrir, ce qui permet d'amorcer ensuite un débat, avant un complément d'informations de la part du médiateur.

Naturellement, au terme de ce jeu, les livres sont présentés et peuvent être immédiatement empruntés.

Deux exemples pratiqués avec des jeunes :

1. *La forme épistolaire, avec les titres suivants :*
– *Cher Monsieur Plantefol*, de Simon James, trad. Claude Lauriot-Prévost, Ouest-France, 1991.
– *Lettres à Barbara*, de Leo Meter, trad. Gérard Cornillet, Messidor/La Farandole, 1990.
– *L'Énigme du Pompina*, de Gérard Moncomble et Michel Piquemal, « Zanzibar », Milan, 1995.
– *La Plus Grande Lettre du monde*, de Nicole Schneegans, « Cascade », Rageot, 1992.
– *Signé Lou*, de Beverly Cleary, trad. Isabelle Reinharez, « Neuf », L'École des loisirs, 1994.
– *Les Lettres de mon petit frère*, de Chris Donner, « Neuf », L'École des loisirs, 1991.
– *Ballade espagnole*, d'Antoine Larroc, « Souris noire plus », Syros, 1992.
– *Papa-Longues-Jambes*, de Jean Webster, trad. Michelle Esclapez, « Folio junior », Gallimard, 1993.
– *Ma chère grand-mère*, de Catherine Brighton, trad. Marianne Cockenpot, Albin Michel jeunesse, 1991.
– *Je t'écris, j'écris,* de Geva Caban, ill. Zina Modiano, « Folio cadet rouge », Gallimard jeunesse, 1995.

2. *Le genre policier, avec les titres suivants :*
– *Qui a tué Minou-Bonbon,* de Joseph Périgot, ill. Frédéric Rébéna, « Souris noire », Syros, 1992.

– *Les Enquêtes de Mac et Maribé,* de Giorda, « Zanzibar », Milan, 1990.
– *Le Douzième Poisson rouge*, de Christian Poslaniec, « Neuf », L'École des loisirs, 1998.
– *Nono*, de Pascal Garnier, « Souris noire », Syros, 1993.
– *Gare au carnage, Amédée Petipotage !*, de Jean-Loup Craipeau, « Pleine lune », Nathan, 1994.
– *J'ai tué mon prof*, de Patrick Mosconi, « Souris noire », Syros, 1993.
– *La Place vide*, d'Irina Drozd, « Mystère », Casterman, 1990.
– *Le Crâne percé d'un trou*, d'Évelyne Brisou-Pellen, « Folio junior », Gallimard, 1998.
– *John Chatterton détective*, d'Yvan Pommaux, L'École des loisirs, 1993.
– *Le Chat noir*, d'Edgar Allan Poe, ill. Frédérick Mansot, trad. Charles Baudelaire, Calligram, 1997.

▲ Écoute le début

Objectif de l'animation

L'adulte choisit six romans selon un objectif (voir ci-dessous). Six enfants volontaires enregistrent la lecture du premier chapitre. Le groupe écoute les six enregistrements et doit retrouver au CDI ou à la bibliothèque les six titres dont il a entendu le début.

Déroulement

Les livres sont choisis par l'adulte avec l'intention de les faire lire au maximum d'enfants, après le jeu. L'intention de l'adulte est de faire lire des romans à des enfants qui n'en liraient pas spontanément. Il choisit donc les ouvrages parce qu'ils sont humoristiques, courts, d'un auteur apprécié justement par ce groupe. Ou pour commencer l'initiation d'un genre littéraire (historique, fantastique, policier, psychologique). Dans ce cas, ce sera l'occasion de comparer les premiers chapitres et de montrer qu'ils contiennent des informations, un mode de narration et un ton qui induisent le genre. On verra évidemment que la création littéraire consiste à brouiller les pistes et qu'un livre qui commence comme un polar, par exemple, s'apparente plus à un roman de société.

Les enfants volontaires devront s'entraîner jusqu'à obtenir une lecture fluide et agréable à écouter, avant d'enregistrer. Ils n'enregistreront évidemment ni le titre, ni l'auteur, ni l'éditeur. Cette activité peut être une occasion de faire de la lecture expressive, voire théâtralisée. En effet, la lecture à voix haute, dans la vie réelle, est généralement une lecture de communication (on lit à l'autre un article de presse, une lettre, le compte rendu d'une réunion...). De ce fait, la lecture a une intention, généralement la recherche d'une connivence avec l'autre.

En revanche, dans le milieu scolaire, la lecture à voix haute a généralement pour objectif la vérification que l'enfant sait lire. Et s'il n'est guère habile, en avançant dans sa scolarité, l'enfant sera de moins en moins choisi par l'enseignant, la lecture à voix haute étant trop pénible à écouter. Il y a donc lieu de retrouver les conditions de la vie réelle, la lecture de communication, de connivence, ou la lecture ludique, expressive, celle qui procure le plaisir de mettre les mots en bouche, de rendre les effets du texte.

DES MOYENNES ANIMATIONS LECTURE

71

POUR DES ENFANTS

▲ Choisir un livre de « grand » quand on est « petit »

Objectif de l'animation

Les jeunes enfants n'ont pas d'*a priori* sur le fait qu'un livre peut n'être pas pour eux, car il serait trop difficile à comprendre, les difficultés pouvant être d'ordre différent. Spontanément, il leur arrive de manipuler un livre d'art, un atlas, une revue, un dictionnaire, un roman ou un documentaire, tous ces supports étant destinés à des jeunes d'une classe d'âge nettement supérieure. Les enseignants influencent les jeunes enfants pour qu'ils se cantonnent à des écrits destinés à leur classe d'âge, dans la bibliothèque. Peu à peu, les petits intègrent cette restriction et abandonnent toute velléité d'explorer les livres « des grands ». L'équilibre est parfois rétabli par la bibliothèque familiale lorsque l'enfant a un aîné.

Or le petit enfant prend toujours avec une bonne raison un support écrit trop difficile pour lui. Il suffit de lui demander la raison de son choix pour se rendre compte que l'adulte médiateur impose inconsciemment à l'enfant de faire coïncider son âge à celui de la classe d'âge prévue par l'éditeur.

Déroulement

Chaque petit est invité à choisir un livre (un dictionnaire, une revue, etc.) dont il pense qu'il est destiné aux « grands » (les grands faisant partie de la catégorie des jeunes).

Si les enfants ont une BCD à l'école maternelle, ils iront faire l'animation à l'école élémentaire. Si la BCD est commune à l'école primaire, ils iront chercher dans les espaces où ils ne vont jamais.

Chaque enfant rapporte un livre (ou un autre support; il faut pouvoir leur permettre d'atteindre les étagères plus hautes !) et, en groupe, explique aux autres les raisons de son choix. L'enseignant demande si d'autres enfants ont choisi leur livre (ou autre support) pour les mêmes raisons. L'objectif est que chacun s'exprime et qu'une conversation s'engage entre les enfants. La discussion peut ensuite faire l'objet d'une liste de questions prises en notes par l'enseignant. Ces questions seront transmises à une classe de « grands » qui viendront répondre aux « petits », lors d'une prochaine animation en BCD.

DES MOYENNES ANIMATIONS LECTURE

72

POUR DES ENFANTS ET DES ADOLESCENTS

▲ Tris de livres et classements

Objectif et déroulement

Un grand nombre d'animations utilisées avec des petits consistent à trier des livres par catégories.

L'une des plus connues s'intitule « Le point commun ». Nous n'y reviendrons pas ici car elle a été décrite dans *Donner le goût de lire* (*op. cit.*), et son utilisation avec des plus grands, pour les initier à des instances littéraires, est longuement commentée dans *De la lecture à la littérature* (*op. cit.*).

Pratiquer le tri, avec des petits, leur apprend à discriminer des objets différents (rond, carré, rouge, vert...), et quand cela s'applique à des écrits, c'est en même temps une initiation à la variété de ce qui leur est proposé, une entrée dans l'univers des livres. À chaque tri, ils acquièrent un ou plusieurs de ces *petits savoirs* indispensables pour devenir lecteur.

Afin de rester ludique, cette activité doit être relativement brève. Mais pour être efficace, elle doit être renouvelée souvent, en variant les écrits à trier.

Il est donc possible de leur faire parcourir différentes catégories. D'une façon générale, on peut dire qu'elles sont au nombre de six : formes d'écrits, formes fictionnelles, genres littéraires, tons littéraires, instances littéraires, thèmes.

Pour les formes d'écrits, avec des petits, on peut faire trier : journaux, magazines, publicités, livres, dictionnaires, etc. Avec des plus grands, on peut compliquer : annuaires, modes d'emploi, encyclopédies, essais, documentaires, etc.

Pour les formes fictionnelles, avec des petits, on peut faire trier : album, théâtre, poésie, roman. Avec des grands, on peut ajouter : autobiographie, biographie, conte, journal intime, nouvelle, etc.

Pour les genres littéraires, avec des petits, on peut tenter des tris sur des albums merveilleux, policiers ou d'épouvante. Avec des grands, il n'y a aucun problème à ajouter : aventure, fantastique, historique, science-fiction, sentimental, etc.

Pour les tons littéraires, c'est en leur lisant des albums qu'on peut amener des enfants à distinguer comique et dramatique, fantaisie et réalisme. Avec des grands, on peut introduire les tons : détaché, sarcastique, lyrique, naïf, parodique, humoristique...

Pour les instances littéraires, avec des petits, on peut tenter de leur faire discerner la différence entre narrateur-personnage et narrateur à la troisième personne, entre personnage *gentil* et personnage *méchant*, entre histoire au présent et histoire au passé... Avec des grands, on n'hésitera pas à faire trier selon le mode de narration (linéaire ou avec retours en arrière) les types d'espaces (décrits ou suggérés), les personnages principaux ou secondaires, les points de vue, etc.

Quant aux thèmes, tout est ouvert. Par exemple, sur le thème de la girafe, on peut proposer à des petits les livres suivants :
– *Philomène la girafe*, de Marie Tenaille, « Carnet de bord », Hachette, 1990.
– *La Girafe*, de Jeremy Vradshaw, « Encyclopédie des animaux », Mango, 1991.
– *La Girafe, sentinelle de la savane*, de Michel Denis-Huot, ill. Christine Denis-Huot, « Patte à patte », Milan, 1992.
– *Le Sourire de Sara*, de Michèle Daufresne, Hachette/Gautier-Languereau, 1993.
– *Une girafe m'a rendu visite*, de Stanislas Wygodzki, ill. Miroslaw Pokora, « Petit point loufoque », Seuil, 1995.
– *La Girafe*, de Gaia Volpicelli, ill. Daniela Vignoli, « Conte-moi la nature », Gründ, 1996.
– *Idora*, d'Alex Godard, Seuil jeunesse, 1997.
– *J'ai un long cou. Qui suis-je ?*, de Moira Butterfield, ill. Wayne Ford, Bilboquet, 1998.
– *Gaétan se trouve trop grand*, d'Agathe Hennig, « Je suis comme ça ! », Mango jeunesse, 1999.

Il s'agira de leur faire trier ces livres en deux catégories : les documentaires, les fictions (il faut naturellement leur expliquer ce que ça signifie).

C'est une activité difficile, car pour plusieurs de ces livres, il n'est pas aisé de déterminer s'il s'agit de documentaires ou d'albums de fiction. On parle généralement, alors, de documentaires fictionnalisés. Et c'est là un débat à introduire avec les jeunes enfants, car ce type d'hésitation fait partie des réalités complexes de l'univers des livres.

▲ Le domino des livres

Objectif de l'animation

Le jeu est inspiré du jeu de dominos. Chaque livre devient un domino et fait partie d'une chaîne de livres, fermée si l'on y arrive. Ce jeu se déroule dans un lieu bien visible car son aspect évolutif est tout à fait spectaculaire. Plusieurs dominos des livres peuvent être réalisés parallèlement, par équipes. Dans ce cas, à la fin de la séance, les membres des équipes font le tour des dominos pour tenter de trouver le point commun qui existe entre chaque paire de dominos.

Déroulement

Le premier livre est tiré au sort. Ensuite, chaque joueur choisit, parmi de nombreux livres – présélectionnés en fonction de l'âge des enfants –, celui qui peut être rattaché à l'un des deux bouts de la chaîne de livres et le pose, sur le sol, à la suite. Le choix du livre-domino doit être explicité par oral : chaque livre posé a un lien explicite avec le précédent. Le lien sera par exemple : le titre contient le même mot; le nombre de mots dans le titre est le même; la collection est la même; sur les deux livres, il y a des bateaux, ou une baleine, ou deux enfants; ce sont deux documentaires, etc.

Le plus simple est que le point commun soit visible sur la couverture du livre. Sinon, on s'expose à recevoir des propositions floues du genre « les deux livres parlent de baleines », le premier livre étant un documentaire et le second « Moby Dick ». La formulation « parle de » s'apparente à la recherche d'un thème, or ce n'est pas le but du jeu. C'est pourquoi la formulation doit concerner des éléments explicites, le jeu étant avant tout une activité d'observation des couvertures des livres, afin que quelques-uns des ouvrages soient repérés par des lecteurs qui ne les auraient pas remarqués dans les rayonnages. En outre, c'est un jeu de langage si le médiateur insiste sur une formulation clairement énoncée des points communs entre les dominos-livres.

▲ La question publique

Objectif et déroulement

Cette animation lecture est inspirée d'une pratique québécoise.

Dans une classe, une BCD ou un CDI, un panneau est affiché par les médiateurs de lecture. Une question y est inscrite, suivie du nom d'un élève et d'un rendez-vous avec le médiateur, par exemple, le lendemain, à la récréation.

La réponse à la question figure dans les livres de la bibliothèque. Il s'agit seulement pour l'élève d'entreprendre une recherche ordonnée pour trouver la réponse.

Il peut s'agir de questions dont la réponse figure dans des documentaires. Par exemple, pour les plus jeunes :
« Il a 24 ans quand il débarque à San Francisco, en 1853. Il se nomme Levi Strauss. Il est tailleur et va devenir riche grâce à une invention : laquelle ? »

La réponse à cette question se trouve (entre autres) dans *Le Jean. Toile de fond de l'histoire américaine*, de Régine Van Damme, « Des objets font l'histoire », Casterman, 1991.

Pour des plus grands, par exemple :
« Chasse-marée, quel curieux métier, pratiqué autrefois en France. De quoi peut-il s'agir ? »

La réponse à cette question se trouve (entre autres) dans *Dictionnaire des métiers d'autrefois*, de G. et L. Laurendon, « Livre de poche jeunesse », Hachette, 1996.

Les questions peuvent également concerner des livres de fiction. Par exemple, pour les plus jeunes :
« Hubert n'en mangera sûrement jamais plus, dans cette histoire de "Chanteloup" » De quel aliment s'agit-il ? »

La réponse se trouve dans *Hubert et les haricots verts*, d'Anne-Marie Chapouton, ill. Serge Ceccarelli, « Chanteloup », Père Castor Flammarion, 1997.

Pour des plus grands, par exemple :
« Un assassin assassiné, ce n'est que justice. *Et ce n'est certes pas Sarah Cohen-Scali qui nous contredira. Pourquoi ? »*

Le livre de Sarah Cohen-Scali, intitulé *Mauvais plan,* est paru dans la collection « Éclipse », chez Hachette, en 1998. *Justice* est le titre de la première des trois nouvelles contenues dans ce recueil. L'assassin du début de l'histoire est assassiné à la fin. Dans les deux autres nouvelles également, d'ailleurs, mais sur un autre registre.

Au rendez-vous fixé, l'élève est en mesure de répondre à la question et de citer ses sources. Ou alors, il n'a pas trouvé la réponse. Dans ce dernier cas, un nouveau nom d'élève apparaît sur le panneau, avec un nouveau rendez-vous. Et cela peut continuer jusqu'à ce que la réponse soit trouvée.

Remarque : l'intérêt de cette animation est de désigner nommément les jeunes invités à jouer. Cela permet donc de se préoccuper des enfants qui ne prennent pas facilement des initiatives, ou qui ne fréquentent pas les lieux de lecture et n'aiment pas lire. Il n'y a pas d'enjeu concret : l'échec ou la réussite n'entraîne aucune conséquence sur le « déroulement de la carrière » de l'élève. Seul le goût du jeu le poussera à chercher la réponse, c'est-à-dire à faire de la recherche documentaire. Mais le plaisir de réussir peut avoir des conséquences positives, car cela revient à lier ensemble les notions de « réussite » et de « livre ».

▲ Cinq dessins pour un livre

Objectif et déroulement

On demande à un groupe de jeunes de faire chacun un dessin illustrant un même livre qu'on leur lit ou qu'ils lisent eux-mêmes, selon l'âge.

Parmi tous les dessins réalisés, cinq sont retenus par le groupe. Ceux qui, associés, permettent le mieux d'identifier le livre de référence.

Ces cinq dessins sont affichés dans un lieu de passage : l'entrée d'une bibliothèque publique, le CDI, la BCD, la cantine, un couloir d'accès... Et un texte d'accompagnement est affiché : « Ces cinq dessins illustrent un livre (album, roman, recueil de poèmes, recueil de nouvelles...) qu'on peut trouver sur les rayonnages de la bibliothèque. Saurez-vous l'identifier ? La réponse est à communiquer à X. Le premier, la première, qui découvrira ce livre gagnera... un livre. »

Remarques :

1. D'autres récompenses peuvent être proposées, des confiseries par exemple.

2. Plus les dessinateurs sont jeunes, plus le jeu est difficile.

DES MOYENNES ANIMATIONS LECTURE

73

POUR DES ADOLESCENTS

▲ Accroche télé

Objectif de l'animation

La télévision, si souvent décriée, est pourtant un important médiateur de lecture pour les jeunes. De nombreuses enquêtes ont montré que, dans les semaines qui suivent le passage, à la télévision, d'un film adapté d'un roman, ce dernier est beaucoup plus emprunté dans les bibliothèques et acheté, dans les librairies, par des jeunes.

La télévision a le double rôle d'informer et de distraire (comme le livre !), et elle est effectivement perçue ainsi. Un film fictionnel ressortit au domaine du loisir, mais en même temps, quand il est tiré d'un roman, il transmet un message au téléspectateur ; l'informant qu'il existe un livre antérieur, racontant *grosso modo* la même histoire. Ce message est à l'origine de plusieurs motivations possibles conduisant à lire le livre :
– retrouver le plaisir éprouvé en regardant le film, ou retrouver des personnages, un thème, une atmosphère... ;
– avoir envie de sentir la différence de perception d'une même histoire quand elle est vue et quand elle est lue ;
– s'informer davantage sur un livre dont on a déjà entendu parler (les *classiques* ou œuvres patrimoniales), qu'on n'aurait pas été chercher spontanément, mais dont on attend des bénéfices scolaires ultérieurs ;
– s'interroger sur la façon dont on peut passer des techniques de la littérature aux techniques du cinéma (*cf.*, dans ce même chapitre, l'animation « Écrire un scénario »).

Mais les jeunes ne savent pas toujours que tel ou tel film est adapté d'un livre qu'ils peuvent facilement avoir à leur disposition.

Déroulement

L'animation consiste donc, pour les médiateurs, à proposer, chaque semaine, en bibliothèque, en BCD, en CDI, le maximum de livres dont l'adaptation passe à la télévision la semaine suivante. Il suffit de lire attentivement un programme de télévision – ce qui est facile – et de se procurer les livres – ce qui l'est parfois moins. Puis de présenter ces livres à plat sur une table, ou dans un bac, en affichant tout près une liste des films associés à l'œuvre de référence et des dates, heures et chaînes de diffusion.

À titre d'exemple, pour une semaine de juin 1998, voici la liste des films projetés adaptés de livres concernant toutes les classes d'âge des jeunes :

- *Anna Karénine* : Canal +
- *Beaucoup de bruit pour rien* : Ciné cinéma
- *Billard à l'étage* : TV5
- *Crime et châtiment* : RTL9
- *Croc-Blanc* : Monte-Carlo TMC
- *Fièvre au marais* (Nestor Burma) : 13e rue
- *Hurlevent* : Ciné cinéma
- *L'Armée des ombres* : La cinquième
- *L'Homme à l'orchidée* : Série club
- *L'Œil du loup* : Canal J
- *La Case de l'oncle Tom* : Canal +
- *La femme qui en savait trop* (Perry Mason) : TF1
- *La Lectrice* : France 2
- *La Tête de Turc* (Iznogoud) : Fox kids
- *La Tour de la terreur* (Chair de poule) : Fox kids
- *Le Baby-sitters club* : Canal +
- *Le Barbier de Séville* : Multivision
- *Le Dernier des Mohicans* : Canal +
- *Le facteur sonne toujours deux fois* : RTL9
- *Le Jeune Werther* : Paris première
- *Le Pantin maléfique* (Chair de poule) : Fox kids
- *Le Retour d'Arsène Lupin* : Ciné cinéfil
- *Le Retour de Sherlock Holmes* : Disney channel
- *Les Malheurs de Sophie* : Canal J
- *Les Quatre Filles du Dr March* : TNT
- *Lucky Luke* : Série club
- *Mrs Winterbourne* : Canal +
- *Othello* : Canal +
- *Quentin Durward* : TNT
- *Signé Picpus* : RTL9
- *TomTom et Nana* : Canal J

Cette animation, mise en œuvre par des médiateurs de lecture, dans un premier temps, peut fort bien être réalisée ensuite par des jeunes, réunis en club. Dans ce cas leur revient le relevé, dans les programmes de télévision, des films adaptés de livres ; ce qui suppose une bonne part de recherche en bibliothèque car les livres d'origine sont rarement indiqués dans les magazines de télévision.

▲ L'histoire du monde

Objectif et déroulement

Cette animation ludique est un défi que le médiateur de lecture propose aux jeunes.

À la BCD, au CDI, ou dans une bibliothèque publique, une longue frise historique est affichée. Elle va de la Préhistoire à nos jours. Pour les périodes les plus anciennes (Préhistoire, Antiquité), on peut se contenter de cette seule indication. Pour des périodes plus connues, la fresque peut être divisée en siècles et, pour des périodes récentes, elle peut même être divisée en années.

Le jeu peut même consister à diviser au maximum la frise historique proposée. Par exemple, pour le XIXe siècle, les jeunes peuvent proposer successivement un livre qui se déroule en 1805, un autre en 1848, un troisième en 1871 et ainsi de suite, en essayant de trouver d'autres livres qui se situent à d'autres dates.

Le défi proposé aux jeunes consiste donc à trouver le maximum de livres qui se déroulent à des époques différentes. Cela ne concerne pas uniquement le genre historique, car nombre de romans d'aventures, de science-fiction ou policiers, par exemple, se déroulent dans des époques du passé.

Des fiches normalisées sont à la disposition des jeunes. Chaque fois qu'une nouvelle époque est trouvée, une fiche est remplie, affichée sur la frise, à sa date.

Au-delà de son aspect ludique, cette animation étant destinée à faire lire, c'est le contenu des fiches normalisées qui incitera les jeunes à le faire. Une occasion de recadrer, dans un projet collectif, les traditionnelles fiches de lecture. Un résumé du livre peut, naturellement, être demandé ; mais également des informations concernant l'époque (par exemple : pays, genre littéraire, éléments du mode de vie, à cette époque) ; étonnements des lecteurs ; métiers repérés, qui n'ont plus cours aujourd'hui, etc.

▲ Le tour du monde en 80 livres

Objectif et déroulement

Cette animation ludique est également un défi que le médiateur de lecture propose aux jeunes.

À la BCD, au CDI, ou dans une bibliothèque publique, une grande carte du monde est affichée.

Le défi proposé aux jeunes consiste à trouver 80 livres qui se déroulent dans 80 pays différents.

Des fiches normalisées sont à la disposition des jeunes. Chaque fois qu'un nouveau pays est trouvé, une fiche est remplie, affichée sur la carte du monde, à l'emplacement du pays, ou affichée sur le pourtour de la carte et reliée au pays par un fil.

Ces fiches peuvent prévoir le résumé du livre, mais également des informations concernant le pays, par exemple : langue(s) parlée(s), une coutume particulière, quelques éléments géographiques, lieux que l'on découvre en lisant le livre, etc.

▲ Écrire un scénario

Objectif de l'animation

L'album de Chris van Allsburg, intitulé *Jumanji* (L'École des loisirs, 1993), a donné lieu à une adaptation cinématographique ; le film porte le même titre. Par la suite, le scénario du film a donné lieu à une novélisation de George Spelvin, parue en français sous le titre *Jumanji l'aventure* (Pocket junior, 1996).

Cet ensemble permet de réaliser une animation d'écriture de scénario, avec des adolescents.

Déroulement

Dans un premier temps, on leur proposera l'album et on leur dira que le jeu consiste à élaborer les grandes lignes d'un scénario, pour un film, à partir de cet album.

À ce stade, il faut attirer leur attention sur le fait qu'un album aussi bref ne contient pas assez de matière pour faire un film de 90 minutes. Il faut donc inventer de nouveaux éléments qui ne figurent pas dans l'album. Mais ces nouveaux éléments doivent être compatibles avec ceux qui figurent déjà dans l'album.

Pour faciliter le travail, indiquer aux jeunes que les nouveaux éléments, pour *gonfler* une histoire, sont presque toujours :

1. Une extension de personnages : on ajoute des personnages qui doivent s'intégrer dans l'histoire existante.

2. Une extension du temps : on fait commencer l'histoire plus tôt, et/ou on la prolonge après la fin.

3. Une extension de l'histoire : on ajoute de nouvelles péripéties, sur le même mode que celles qui existent déjà.

Il s'agit donc de rédiger un texte de quelques pages (un synopsis) pouvant servir de guide à l'écriture d'un véritable scénario.

Dans un second temps, on communique aux jeunes la novélisation, et on leur demande quels procédés ont été utilisés par le scénariste pour *gonfler* l'histoire. En fait, il y a de nouveaux personnages, l'histoire commence plus tôt, se poursuit plus tard et il y a de nouvelles péripéties. Ils peuvent alors comparer ce qu'eux-mêmes ont inventé avec le scénario.

Et pour couronner le tout, on peut organiser une séance de projection de la vidéo du film.

▲ Correspondance romanesque

Objectif de l'animation

Cette animation peut se pratiquer dans une école où il y a une BCD, ou dans un collège où il y a un CDI. C'est une animation ludique incitant à lire des livres et, en même temps, une animation d'écriture.

Déroulement

Dans un premier temps, les jeunes se mettent par groupes de trois ou quatre, et chaque groupe choisit un livre, qu'ils doivent lire, pour pouvoir participer au jeu.

Dans un second temps, chaque groupe rédige une lettre. Cette lettre est supposée écrite – et signée – par l'un des personnages du livre et s'adresse à un autre personnage du même livre. Elle doit contenir suffisamment d'informations sur les événements du livre pour permettre, après recherche, d'identifier le livre. Une contrainte supplémentaire est proposée : tous les mots du titre, dispersés, doivent figurer dans la lettre.

Dans un troisième temps, l'ensemble des lettres rédigées par la classe est communiqué à une seconde classe du même établissement. Cette seconde classe a également rédigé des lettres qu'elle communique à la première classe.

La dernière étape consiste, naturellement, à identifier le livre à partir de la lettre, ce qui nécessite une importante recherche à la BCD ou au CDI. Puis à rédiger la lettre de réponse à chacune de celles qui ont été reçues.

Le fait d'avoir à rédiger la lettre de réponse incite chaque groupe de la seconde classe à lire également le livre concerné, puisque la première lettre fait allusion aux événements du livre.

DES GRANDES ANIMATIONS LECTURE

74

POUR DES ENFANTS

▲ Adaptation théâtrale d'un album

– *Jim chat-ours et le Père Noël,* de Jean Alessandrini, ill. Sophie Kniffke, Grasset jeunesse, 1996.

Résumé

Jim ne croit pas au Père Noël. Or, dans la semaine précédant Noël, quatre Père Noël viennent sonner à la porte : le vert livre sapin et guirlandes; le jaune vient dresser la liste des enfants sages; le noir vient ramoner la cheminée; le bleu vient prendre la commande de cadeaux (Jim commande un cadeau qu'il croit impossible : un chat-chat nounours grand comme une maison). Quant au Père Noël rouge, on ne fait que l'entrevoir quand il livre les cadeaux.

Objectif de l'animation

Voici un album qui se prête admirablement à une adaptation théâtrale réalisée par les enfants avec l'aide des enseignants. Le spectacle peut ensuite être monté et joué devant les parents.

Déroulement

Ainsi la pièce peut se jouer avec, comme personnages, Jim et ses parents, les cinq Père Noël, des camarades, à la fin, en nombre indéfini.

La pièce peut se découper en sept scènes :

1. À table, Jim fait part de ses doutes sur l'existence du Père Noël.
2. Le Père Noël vert et la préparation du sapin (ou tout autre arbre !).
3. Le Père Noël jaune.
4. Le Père Noël noir et le ramonage (la cheminée doit être un élément du décor).

5. Le Père Noël bleu.
6. Le soir de Noël.
7. La découverte du cadeau.

L'essentiel de l'album est déjà dialogué. Certains monologues intérieurs du héros peuvent facilement devenir monologues à haute voix. D'autres passages peuvent être dits en *a parte* par le héros. Quant au texte narratif, il fournit des indications d'actions et de mise en scène ; parfois des indications pour une phrase de dialogue, comme « *Monsieur Chat-Ours l'invita à entrer* », qui devient facilement : « *Entrez, entrez, Père Noël* », ou autre formulation.

Le seul passage où il faudra inventer des textes, c'est la dernière scène, où interviennent de nouveaux personnages. Mais il est facile de trouver une réplique pour chacun, portant un jugement sur le jouet.

La seule difficulté, c'est le jouet livré à la fin, aussi gros qu'une maison. En l'occurrence, c'est une baudruche. Mais avec un peu d'imagination, du carton et des ficelles, le problème est facile à résoudre.

▲ Conseiller des professionnels

Objectif de l'animation

Plus les jeunes enfants rencontrent tôt des livres dans leur environnement familial, scolaire ou social, plus ils ont des chances de devenir lecteurs. Certaines municipalités ou conseils généraux offrent depuis des années un livre aux parents à la naissance d'un bébé ; par ailleurs, à l'initiative de l'Institut de l'enfance et de la famille (IDEF) et de nombreuses associations, les livres sont introduits dans les crèches, les consultations infantiles et maternelles, en direction des *bébés lecteurs*. Dans les écoles maternelles, les bibliothèques se sont multipliées depuis une dizaine d'années, pédagogiquement et financièrement encouragées par le « Plan lecture » mis en place par le ministère de l'Éducation nationale. Et même dans les hôpitaux qui accueillent des jeunes, un grand effort de promotion de la lecture a été conduit par des associations et le ministère de la Santé. Pourtant, certaines salles d'attente où des enfants passent beaucoup de temps sont encore démunies de livres, alors qu'on y trouve des jouets.

Nous avons personnellement approvisionné des salles d'attente de pédiatres, de dentistes et même de banques. L'expérience prouve que les livres enchantent à la fois les enfants (pour certains c'est une découverte complète), les parents (ignorant qu'il existe des livres de cette qualité), et les professionnels, heureux de constater l'excellent accueil de l'opération (l'honnêteté nous pousse à révéler que certains ont d'ailleurs *détourné* quelques livres en direction de leurs propres enfants, ce qui vaut évaluation !).

C'est une opération de ce type que nous proposons de réaliser, en direction de médecins ou de dentistes.

Déroulement

Les jeunes enfants sont invités, dans un premier temps, à sélectionner, en bibliothèque, des livres en relation avec ces deux professions.

Dans un deuxième temps, il s'agit de dresser la liste de ces livres, en indiquant également leur prix de vente. Il est intéressant que cela se fasse à partir de catalogues d'éditeurs (qu'on peut se procurer dans les librairies spécialisées jeunesse), ce qui donnera l'occasion aux enfants de repérer d'autres livres, à partir du titre et du résumé s'ils savent lire, à partir des photos de couverture, sinon.

Dans un troisième temps, il s'agit d'aller voir les professionnels pour les convaincre de mettre des livres dans leur salle d'attente. Il est intéressant que ce soit les enfants eux-mêmes qui présentent les livres et remettent la liste au dentiste ou au médecin. D'abord, parce que cela aura plus d'impact qu'un discours d'adulte, ensuite parce que c'est une bonne initiation à l'argumentation orale. L'objectif est évidemment de convaincre le professionnel d'acquérir un certain nombre de ces livres pour les mettre à la disposition des jeunes patients.

Toutefois, cette opération peut être montée par le médiateur en partenariat avec des financeurs éventuels (collectivités territoriales, DDASS, associations familiales ou culturelles, banques, syndicats professionnels du secteur médical, etc.). Auquel cas, les livres choisis par les enfants sont achetés (à la librairie qui a donné les catalogues d'éditeurs) et offerts solennellement à un ou plusieurs professionnels (selon le montant des financements : un lot d'une vingtaine de livres peut être évalué à environ 1 200 F, en 2000). Naturellement, dans ce cas, on donnera du retentissement à l'opération en invitant les médias ; c'est là une façon, non seulement de valoriser le travail des enfants, mais également de donner l'idée à d'autres de monter une opération similaire.

Série de livres possibles

Les livres en relation avec ces deux professions sont fort nombreux. En voici quelques exemples :

Médecin :
– *Tom-Ti-Ra est malade*, de Marie Gard, Sorbier, 1999.
– *Opéré d'urgence ou la Véritable histoire d'une appendicite aiguë*, de Jacques Cassabois, *Scandéditions*/La Farandole, 1993.

– *Le Sourire de Sara*, de Michelle Daufresne, Gautier-Languereau, 1993.
– *Dico Médico*, d'Élisabeth Brami, Claude et Denise Millet, Hachette jeunesse, 1997.
– *Docteur Muguette*, de Muzo, Albin Michel jeunesse, 1995.
– *Les microbes me rendent malade !*, de Melvin Berger et Marylin Hafner, trad. Pascale Guinard, « Aux couleurs du monde », Circonflexe, 1991.
– *L'Infirmière du docteur Souris*, de Frédéric Stehr, L'École des loisirs, 1992.
– *Le Bon Docteur Blanc*, de Jane Goodall, ill. Julie Litty, trad. Géraldine Elschner, Nord-Sud, 1999.

Dentiste :
– *Brosse tes dents !*, de Leslie McGuire, ill. Pidgeon, Albin Michel jeunesse, 1993.
– *Histoire en dents de lait*, d'Évelyne Rivet, Chardon bleu, 1992.
– *Rue des Caries,* d'Anna Russelmann, trad. Géraldine Elschner, Nord-Sud, 1994.
– *La Dent de l'ours*, de David McPhail, trad. Florence Langlois-Meurinne, Gallimard, 1981.
– *Une affreuse rage de dents*, de Jean-Michel Billioud, ill. Michel Gay, Kaléidoscope, 1999.
– *La Surprenante Histoire du docteur De Soto*, de William Steig, trad. Catherine Deloraine, Gallimard jeunesse, 1992.
– *Le Docteur De Soto en Afrique*, de William Steig, trad. Catherine Deloraine, Gallimard jeunesse, 1992.

DES GRANDES ANIMATIONS LECTURE

75

POUR DES ENFANTS ET DES ADOLESCENTS

▲ Constituer une bibliographie thématique

Objectif de l'animation

L'un des facteurs qui contribuent à faire lire les jeunes est leur connaissance de l'univers des livres, vaste champ, complexe, structuré de diverses façons. Les jeunes découvrent peu à peu cette structuration, si on les fait travailler assez souvent avec des vrais livres, dans les lieux de lecture structurés en fonction d'objectifs spécifiques : BCD, CDI, bibliothèque municipale, librairie...

Leur proposer de constituer une bibliographie thématique est une occasion, pour les jeunes, de structurer eux-mêmes une partie de l'univers des livres. En même temps, cela constitue une animation responsabilisante si la bibliographie ainsi constituée est destinée à aider d'autres lecteurs.

Le thème de la bibliographie thématique est d'autant plus motivant qu'il est issu des discussions avec les jeunes. Par exemple, avec des enfants, il est fréquent que le *Petit Chaperon rouge* soit évoqué, ou le thème du loup. Avec des pré-adolescents, actuellement, les « livres qui font peur » reviennent fréquemment dans la discussion. Mais certains s'intéressent davantage aux « livres qui font rire ».

Ce sont là des thèmes qui peuvent aisément donner lieu à la constitution de bibliographies thématiques.

Déroulement

Dans un premier temps, l'animateur propose aux jeunes d'apporter de chez eux les livres correspondant au thème.

S'il s'agit du *Petit Chaperon rouge*, les enfants vont découvrir, souvent avec surprise, qu'il existe de multiples versions de ce conte, très différentes quant à la longueur du texte, l'imagerie, les personnages, les péripéties, la chute, etc.

Sur le thème du loup, les enfants se rendent compte alors qu'il faut distinguer le loup des fictions et le loup des documentaires.

Sur les « livres qui font peur », les jeunes vont constater que certaines collections sont consacrées à ce thème, alors que d'autres livres sont inclus dans des collections généralistes ou sont hors collection.

Et sur les « livres qui font rire », les jeunes vont sans doute s'apercevoir que les mêmes livres ne font pas rire tout le monde et que le comique comprend bien des formes.

Dans un deuxième temps, les jeunes sont invités à poursuivre leurs recherches en BCD ou en CDI, avec l'aide de l'animateur. C'est la phase de première structuration du thème. À cette occasion, les plus jeunes vont sans doute découvrir qu'il existe deux versions originelles du *Petit Chaperon rouge*, celle de Perrault et celle de Grimm, et qu'elles divergent, que le loup fictionnel fait peur ou est au contraire sympathique, selon les livres. Qu'il existe maintes façons de faire peur à des lecteurs : en utilisant des thèmes fantastiques (fantômes, loups-garous, etc.), des thèmes policiers, des thèmes psychologiques, etc. Et que l'humour ne fonctionne pas comme le comique ni comme l'absurde ou *nonsense*.

Au terme de cette seconde étape, les jeunes sont invités à choisir les sous-thèmes de leur bibliographie thématique. On leur précisera, cependant, que cette structuration est évolutive et que la suite de la recherche peut les amener à diviser en deux l'une des catégories ou à en trouver d'autres.

Le troisième temps consiste à élaborer la bibliographie en poursuivant l'enquête, par groupes, dans les bibliothèques municipales et les librairies. Préalablement, une discussion collective permettra de déterminer le mode de présentation de chaque livre. Outre le titre, l'auteur, l'illustrateur, l'éditeur, la date d'édition, la forme (album, roman, nouvelles, théâtre...), on peut choisir d'inclure un résumé, le nombre de pages, des mots-clés, la classe d'âge approximative à laquelle le livre s'adresse, etc.

Au cours de leurs recherches, les jeunes seront amenés à restructurer les catégories initialement adoptées. Par exemple, pour *Le Petit Chaperon rouge*, ils peuvent être amenés à distinguer : versions fidèles à Grimm ou à Perrault, versions édulcorées, versions modernisées, versions en rapport avec le thème mais ne le traitant pas (intertextualité), etc. Pour les « livres qui font peur », ils peuvent choisir une présentation par genres (fantastique, policier, etc.) ou une présentation calquée sur leurs émotions de lecteurs (livres qui inquiètent, livres qui font sursauter, livres qui terrorisent, etc.).

Au terme de ce travail de longue haleine, qui peut durer toute une année, la bibliographie peut être publiée sous une forme artisanale (ordinateur + photocopie), ou sous une forme plus sophistiquée avec le concours d'une bibliothèque municipale, d'une collectivité territoriale ou d'une librairie.

Cette animation reste passionnante pour les jeunes, même si elle dure longtemps, car elle est l'occasion de multiples activités diversifiées : lire, commenter, classer, chercher, comparer...

▲ Faire lire à partir d'un spectacle

Objectif de l'animation

Fréquemment, à l'occasion d'une kermesse, une opération portes ouvertes, une fête, un établissement scolaire ou une bibliothèque recherchent un spectacle pouvant plaire à des jeunes. Le plus souvent, ce spectacle n'est pas mis en relation avec les livres et la lecture. C'est dommage, car l'intérêt suscité par le spectacle vaut motivation.

Par exemple, si l'on invite des clowns, il est possible de présenter aux jeunes, sous forme d'exposition, de « ronde des livres », de table d'actualité, une sélection de livres ayant un rapport avec le cirque, ou avec le comique, ou consacrés aux clowns (au minitel, ÉLECTRE propose 150 titres en rapport avec ce dernier thème).

Si l'on invite un conteur, on peut en choisir un dont les contes ont fait l'objet de publications (contes originaux ou contes classiques).

Pour un prestidigitateur, il est facile de trouver des dizaines de titres proposant aux enfants des activités dites de magie.

En revanche, on néglige trop souvent le fait que de nombreux livres pour la jeunesse font l'objet d'adaptations théâtrales ou de spectacles de marionnettes. Par exemple, ces dernières années, ont été adaptés sous forme théâtrale :
– *Les Enfants d'Izieu*, de Rolande Causse (Seuil), par la Compagnie Traverse de Bourg-en-Bresse.
– *Le Premier Œuf de maman poule*, de Shen Roddie et Frances Cony (Albin Michel), par la Compagnie Le Guilledou, de Valbonne.
– *Petit Bleu et Petit Jaune*, de Léo Lionni (L'École des loisirs), par le Théâtre Saperlipopette, de Marseille.
– *Amandine ou les deux jardins*, de Michel Tournier (Gallimard), par Cap Théâtre, de Grane.
– *Tromboline et Foulbazar*, d'après les albums de cette série, de Claude Ponti (L'École des loisirs), par Coup de balai, de Montreuil.
– *Hulul*, d'Arnold Lobel (L'École des loisirs), par le Théâtre du Papyrus, de Bruxelles.

Et sous forme de spectacle de marionnettes :
– *Little Lou*, de Jean Claverie (Gallimard), par Arale Papier Théâtre, de Strasbourg.
– *Les Derniers Géants*, de François Place (Casterman), par la Compagnie Morisse, de Othis-Beaumarchais.
– *Le Fantôme de Canterville*, d'Oscar Wilde (plusieurs éditeurs), par la Compagnie Griffoul, de Ris-Orangis.

Dans ces conditions, il est aisé de mettre un spectacle en relation avec le livre qui l'a inspiré et donc de faire lire. Mais cela donne aussi l'occasion d'approfondir une œuvre et de s'intéresser aux autres livres du même auteur, voire d'imaginer une mise en scène pour l'un d'entre eux.

▲ Virus lecture

Objectif et déroulement

Les meilleurs médiateurs de lecture, ce sont encore les jeunes eux-mêmes. Entre pairs, on se fait confiance.

L'animation suivante peut se dérouler à l'intérieur d'une école ou d'un collège, mais également dans un territoire géographique plus vaste. Le choix des livres peut être effectué par des adultes, en coopération avec des jeunes, ou directement par des jeunes.

Cette animation nous vient de Suisse. La description qu'en fait la revue *Parole* n° 21 (printemps 1992) est suffisamment explicite pour que nous la reproduisions telle quelle :

> *« Deux enfants arrivent à l'improviste dans une classe de leur degré, chargés de sacs à dos remplis d'une trentaine de livres. L'enseignant – seul dans le secret – interrompt son cours pour permettre aux élèves de découvrir ces romans, documentaires, BD et albums apportés par des pairs, et d'en choisir un selon leurs affinités personnelles.*
> *Mais attention : deux livres sont porteurs du fameux* Virus lecture, *les enfants qui les prennent sont "contaminés" ; ils seront, trois semaines plus tard, après que les livres auront été feuilletés, lus, échangés et discutés, les estafettes qui iront porter les deux sacs de livres dans une autre classe ; l'enseignant l'aura choisie d'entente avec le collègue concerné. Pour accomplir leur mission, les deux émissaires passeront un bon moment dans la classe à "contaminer", puis reviendront chez eux, les mains vides, mais contents des échanges vécus dans la journée. »*

▲ Réaliser une exposition à partir d'un *livre source*

Objectif de l'animation

Ce que nous appelons un *livre source*, c'est un livre, généralement devenu classique, qui a eu tellement de succès, qui a tellement imprégné les mémoires, que de nombreux livres ultérieurs le prennent comme modèle, proposent de multiples histoires parentes du livre initial. Ce phénomène va bien au-delà de l'allusion intertextuelle ou de la citation. L'exemple le plus connu est celui de *Robinson Crusoé*, de Daniel Defoe, paru en 1719. Ce *livre source* est carrément à l'origine d'un genre nouveau – détaché du genre « aventures » – auquel on se réfère sous l'appellation de « Robinsonnade ». L'âge d'or des « Robinsonnades » se situe à la fin du XIXe siècle et dans la première moitié du XXe, mais n'a pas disparu pour autant, comme en témoigne au moins l'exemple de *Vendredi ou la Vie sauvage*, de Michel Tournier (Flammarion, 1971 ; Gallimard, 1977).

Mais il existe de nombreux *livres sources*. Par exemple, *Le Merveilleux Voyage de Nils Holgerson*, de Selma Lagerlof, publié en 1907, est à l'origine de tous les livres mettant en scène un enfant explorant un pays.

Déroulement

Nous proposons que les jeunes, partant d'un *livre source*, réalisent une exposition qui, non seulement rassemblera le maximum de livres apparentés au livre fondateur, mais fournira également des études comparées sur ces livres, une carte du monde situant chaque livre dans le temps et l'espace, des réactions personnelles, des illustrations, et pourquoi pas leur propre version du *livre source*.

Voici quelques exemples de *livres sources* et de leur descendance :

1. *Le Roman de Renart* (les XIIe et XIIIe siècles)
– *Rita et le renard* (album), de Patricia C. McKissac, ill. Rachel Isadora, trad. Jenny Ladoix, « Folio benjamin », Gallimard, 1991.
– *Petite poule rousse et renard rusé* (album), de Vivian Frend, ill. Sally Hobson, « Pastel », L'École des loisirs, 1995.
– *Trois tours de Renard* (nouvelles), de Paul François, ill. François Davot, « Père Castor », Flammarion, 1996.
– *C'est moi le plus malin* (roman), d'Alain Surget, ill. Philippe Pauzin, « Première lecture », Rouge et Or, 1992.
– *Fantastique Maître Renard* (roman), de Roald Dahl, trad. Marie-Raymond Farré, « Folio cadet », Gallimard, 1998.
– *Les Longs-Museaux* (roman), de Dick King-Smith, trad. Pierre de Laubier, « Lecture junior », Gallimard, 1993.
– *Parrain Renard* (nouvelles), de Michèle Simonsen, « Neuf », L'École des loisirs, 1987.

2. *La Ferme des animaux*, de George Orwell (1945)
– *Le Canard fermier* (album), de Martin Waddell, ill. Helen Oxenbury, trad. Claude Lauriot Prévost, « Pastel », L'École des loisirs, 1999.
– *Qu'est-ce que c'est que ça ?* (album), de Pascal Teulade, ill. Jean-Charles Sarrazin, L'École des loisirs, 1994.

– *Le Trône* (album), de Gérard Moncomble, ill. Jean-Louis Tripp, Milan, 1997.
– *Un poussin très malin* (album), de Jack Kent, Sorbier, 1988.
– *Boucherie, charcuterie même combat* (BD), de Bruno Heitz, Seuil, 1995.
– *Marguerite et la politique* (roman), de Virginie Lou, ill. Franck Boyer, Actes Sud junior, 1998.
– *Cul Blanc* (roman), de Dick King-Smith, trad. Michelle Esclapez, « Lecture junior », 1994.
– *La Toile de Charlotte* (roman), de E. B. White, trad. Catherine Chaine, L'École des loisirs, 1982.

3. *Le Lion*, de Joseph Kessel (1958)
– *Le Tigre* (album), de Judy Allen, ill. Tudor Humphries, trad. Maryam Ghassemi, Gründ, 1992.
– *Gollo et le lion* (album), de Eric Oyono, ill. Laurent Corvaisier, Albin Michel jeunesse, 1994.
– *Yakouba* (album), de Thierry Dedieu, Seuil jeunesse, 1994.
– *Souï Manga* (roman), de Marie-Aude et Elvire Murail, Mango poche, 1993.
– *Au pays des lions* (roman), de Éric Campbell, trad. Annick Le Goyat, « Verte aventure », Hachette jeunesse, 1991.
– *Quand rugit la lionne* (roman), de Carlos Puerto, trad. Pierre Frémont, « Zanzibar », Milan, 1994.
– *Pour l'amour de Mike* (roman), de R.D. Lawrence, trad. Christelle Bécant, « Médium », L'École des loisirs, 1992.

4. *Le Vilain Petit Canard*, d'Andersen (vers 1850)
– *Pourquoi mes pieds sont-ils si grands ?* (album), de Jon Blake, ill. Axel Scheffler, trad. Marianne Cockenpot, Nathan, 1992.
– *Es-tu mon papa ?* (album), de Carla Dijs, Mango, 1998.
– *Poussin noir* (album), de Rascal, ill. Peter Elliott, « Pastel », L'École des loisirs, 1997.
– *Le Vilain Petit Canard qui sentait pouah! du bec* (album), de Pierre Coré, ill. Clément Oubrerie, Hachette jeunesse, 1997.
– *Le Loup rouge* (album), de Friedrich Karl Waechter, trad. Svea Winkler, L'École des loisirs, 1998.
– *Pas assez noir* (album), de Carola Holland, ill. Édith Schreiber-Wicke, trad. Christine Bernaers et Laurence Bourguignon, Mijade, 1994.
– *Tombé du nid* (album), de Linda Wolfsgruber, Bilboquet, 1999.
– *Mon poussin vert* (album), d'Adele Sansone, ill. Alan Marks, trad. Danièle Simon, Nord-Sud, 1999.
– *Le Diable des rochers* (album), de Grégoire Solotareff, L'École des loisirs, 1993.

5. *Le Dr Jekyll et M. Hyde*, de Robert Louis Stevenson (1886)
– *Danger! bébé féroce* (album), de John et Ann Hassett, trad. Isabelle Reinharez, L'École des loisirs, 1994.
– *Une dent contre le docteur Jekyll* (roman), de Dan Greenburg, ill. Jack E. Davis, trad. Olivier de Broca, « Folio cadet », Gallimard, 1999.
– *Cette mystérieuse Minouche* (roman), d'Annie M.G. Smidt, trad. Olivier Séchan, « Livre de poche jeunesse », Hachette, 1996.
– *Amour, vampire et loup-garou* (roman), de Marie-Aude Murail, « Médium », L'École des loisirs, 1998.
– *La Maladie du hibou* (roman), de Gilles Laurendon, « Éclipse », Hachette, 1998.
– *La Bête de la cave* (roman), de R. L. Stine, trad. Yannick Surcouf, « Chair de poule », Bayard, 1999.

▲ Préparer la rencontre avec un écrivain

Objectif de l'animation

Rencontrer un écrivain peut parfois provoquer, chez certains jeunes, un réflexe de lecture ou d'écriture, mais c'est là un effet hasardeux et qui concerne fort peu de personnes. En revanche, la préparation de la rencontre avec un écrivain peut donner lieu à nombre d'activités qui font lire les jeunes.

Habituellement, ce sont surtout des questions à poser qu'on prépare en amont de la visite de l'écrivain. Malheureusement, l'expérience le prouve, ce sont presque toujours les mêmes questions[1], et l'intervenant, las d'y répondre, manquera d'enthousiasme. Pour que ces questions soient plus originales, mais aussi pour tenter de surprendre l'écrivain, bien des activités peuvent être pratiquées. En voici quelques-unes qui ont en commun de faire lire les livres et de les approfondir.

Déroulement

1. *Interviewer un personnage de livre*

Un jeune choisit un personnage dans un livre et lit attentivement tout ce qui concerne ce personnage. Il peut prendre des notes et se constituer des fiches.

Un autre joue le rôle d'un journaliste qui interviewe ce personnage, joué par le premier, pour la radio (ce qui permet de demander au *personnage* de se décrire physiquement).

1. Voir, de Nadine Brun-Cosme, Gérard Moncomble, Christian Poslaniec, *Dire, lire, écrire. Des écrivains rencontrent des enfants*, Milan, 1993.

La liste des questions à poser peut être préparée avec le médiateur, et il ne s'agit pas de questions pièges. Voici quelques questions possibles :
– Avez-vous un souvenir marquant d'une période de votre vie ?
– Comment vous décririez-vous, physiquement ?
– Pouvez-vous donner un exemple de situation où vous vous êtes révélé ?
– Avez-vous des amis sur lesquels compter ?
– Avez-vous des relations difficiles avec certaines personnes ?
– Vous est-il arrivé quelque chose d'exceptionnel ces derniers temps ?

Naturellement, les réponses à ces questions proviennent du roman, mais c'est une façon vivante de le présenter.

2. *Réaliser des affiches*

Les interviews de personnages peuvent aider à préparer des affiches. Chacune, en effet, sera consacrée à l'un des personnages des livres. Son portrait figure sous forme de dessin réalisé à partir des indications du texte. Suivent une série de questions, supposées posées au personnage, dont les réponses sont des citations du livre. Pratiquement, on trouve d'abord la réponse avant d'imaginer la question.

Toute une galerie d'affiches peut ainsi être réalisée.

3. *Interview fictive de l'écrivain*

Sur le modèle précédent, après une enquête documentaire permettant de rassembler le maximum d'informations sur la vie de l'écrivain (certaines bibliothèques préparent des dossiers sur les auteurs), on peut réaliser une interview fictive, sous forme de petite scène théâtrale, d'émission de radio, ou d'affiche.

4. *Mini-Apostrophe*

Plusieurs jeunes lisent chacun un livre de l'écrivain. Ensuite chacun se comporte comme l'auteur du livre, lors d'une séquence à la manière des émissions de Pivot. Le meneur de jeu, un adulte ou un enfant, pose à tous ces *auteurs* des questions sur le livre qu'ils sont supposés avoir écrit. L'originalité, en l'occurrence, c'est que tous les participants s'identifient au même auteur, ce qui peut donner des effets surprenants.

La recherche précédente sur la vie de l'auteur peut aider également pour cette animation-ci.

Ce mini-Apostrophe peut se dérouler en public, car c'est toujours une activité spectaculaire.

5. *Réaliser un journal collectif*

Cette activité est inspirée du « Journal de lecture » québécois. Cela consiste à réaliser un livre ou journal commun où chacun colle, au fur et à mesure, tout ce qui peut concerner la venue de l'écrivain : correspondance avec lui, fausses lettres adressées à des camarades ou à un quotidien pour promouvoir un livre, dessins, billets d'humeur, réactions d'adultes de l'entourage des jeunes, etc.

6. *Prix du livre préféré*

Un tableau à double entrée comportant, dans un sens, le nom de tous les enfants, dans l'autre, la liste de tous les livres de l'écrivain, est préparé. Chaque fois qu'un livre est lu, l'enfant inscrit une croix à l'intersection de son nom et du titre.

Lorsqu'un titre a obtenu beaucoup de croix, l'animateur provoque un débat collectif sur ce livre. En revanche, si certains livres sont négligés, l'animateur peut encourager à les lire.

Finalement, les livres les plus lus font l'objet d'un vote final : celui qui plaît le plus au groupe.

▲ Trouver un mécène pour une exposition de livres

Objectif de l'animation

Les professionnels de la communication parviennent toujours à trouver des mécènes en rapport avec une manifestation culturelle. En échange d'un financement, une opération ayant un lien avec l'activité du sponsor est réalisée. Par exemple, la SNCF a financé plusieurs opérations consistant à transformer un train en bibliothèque, ou à faire écrire des auteurs en voyage. D'une façon plus modeste mais tout aussi spectaculaire, le salon du livre de Beaugency a demandé à tous les commerçants volontaires de la ville une faible participation pour installer dans chaque vitrine un livre dont le titre était en rapport avec le commerce.

Trouver un mécène pour une exposition de livres demande que les jeunes préparent leur argumentation. Le point fort, c'est de proposer une exposition directement en rapport avec l'activité de l'entreprise sollicitée et se déroulant dans cette entreprise. Les responsables du budget de promotion seront sensibles à l'aspect spectaculaire de ce qui leur est proposé, au fait que ce sont des jeunes qui le proposent et le réalisent, ce qui permet facilement d'intéresser les médias, et à la modicité de la subvention demandée pour acheter les livres. Souvent aussi ils sont intéressés par le caractère éducatif de pareille activité et souhaitent y coopérer.

Déroulement

Il s'agit donc de sélectionner, d'abord, quelques entreprises locales d'importance, de cerner les thèmes qui se rapportent à leur profession et de rassembler déjà un premier ensemble de livres à leur présenter au cours de la négociation. Dès qu'une entreprise accepte d'être partie prenante du projet, il faut trouver une centaine de livres à présenter, ce qui nécessite de lire beaucoup et d'enquêter dans les bibliothèques, les librairies, et les catalogues d'éditeurs.

La réalisation concrète de l'exposition peut se faire en relation avec les arts plastiques, ou des professionnels de la présentation.

Pour constituer la première sélection de livres à présenter aux entreprises démarchées, voici trois exemples :

1. Auprès d'une banque :

Titres pour des enfants :
– *J'apprends à compter*, d'Élisabet Ballart, ill. Roser Capdevila, Casterman, 1992.
– *Comptez comme les Romains. Numerabolia romana uno ad duo mila*, d'Arthur Geisert, « Aux couleurs du monde », Circonflexe, 1996.
– *Combien ?*, de Debbie MacKinnon, photos d'Anthea Sieveking, trad. Véronique Martin, « Père Castor », Flammarion, 1992.
– *Le Zéro d'Oxymoron*, de Pierre Moessinger, « Plume », Sorbier, 1992.
– *Norbert et les mathématiques*, d'Emmanuel Pierre, « Petit point loufoque », Seuil, 1994.
– *Troc*, de Claude Boujon, L'École des loisirs, 1991.
– *L'Argent*, « Vivre ensemble », Bayard, 1999.

Titres pour des adolescents :
– *Histoires de comptes*, de Françoise Cerquetti-Aberkane, ill. François Jeannequin, Épigones, 1990.
– *L'Escrocœur*, de Joseph Périgot, « Je bouquine », Bayard poche, 1994.
– *Alfonso Bonzo, le roi du troc*, d'Andrew Davies, trad. Hélène Amalric, « Livre de poche jeunesse cadet », Hachette, 1996.
– *Une marmite pleine d'or*, de Dick King-Smith, trad. Pierre de Laubier, « Folio cadet rouge », Gallimard, 1993.
– *La Dette de mon père*, de Michel Piquemal, « Souris noire », Syros, 1995.
– *Voilà comment j'ai fait fortune*, de Chris Donner, « Neuf », L'École des loisirs, 1995.

2. Auprès d'une grande surface :

Titres pour des enfants :
– *Caddie-caddie,* de Michel Gay, L'École des loisirs, 1998.
– *« À table ! »*, de Bruno Heitz, « Les impertinents », Circonflexe, 1994.
– *Tout ce qui se mange*, d'Agnès Rosensthiel, « Cyclopédie », Larousse, 1991.
– *Je veux manger*, de Tony Ross, trad. Christine Mayer, « Folio benjamin », Gallimard, 1996.
– *Comment marchent les codes-barres ?*, « Les kikekoi », Hachette jeunesse, 1998.

– *Non, je n'ai jamais mangé ça!*, de Jennifer Dalrymple, « Archimède », L'École des loisirs, 1997.
– *La Guerre des kilos*, de Hubert Ben Kemoun, ill. Chantal Cazin, « Loup garou », Flammarion, 1997.
– *Rayon beauté*, de Lamia Ziadé, Rouergue, 1999.

Titres pour des adolescents :
– *Les Ogres*, de Sylvie Chausse, ill. Christophe Durand et Philippe-Henri Turin, Albin Michel jeunesse, 1993.
– *Les Kilos en trop*, de François Sautereau, « Je bouquine », Bayard poche, 1991.
– *La Sorcière Mangetout*, de Jean-François Ménard, « Neuf », L'École des loisirs, 1998.
– *Gourmets et gourmands*, « Les thématiques », Gallimard jeunesse, 1996.
– *Toqués de cuisine*, de Jacques Maximin et Susie Morgenstern, « Neuf », L'École des loisirs, 1986.

3. Auprès d'une entreprise du secteur automobile :

Titres pour des enfants :
– *Arthur la petite voiture,* d'Alain Crozau, « Moi », Albin Michel jeunesse, 1995.
– *L'Auto fantôme*, d'Évelyne Reberg, ill. Maurice Rosy, « J'aime lire », Bayard poche, 1995.
– *Le Voyage en Torpédo*, de Pierre Tamboise, ill. Véronique Cau, « J'aime lire », Bayard poche, 1991.
– *La Petite Auto de Gros Ours*, de Stephen Wyllie, ill. Jonathan Allen, trad. Marie-Hélène Delval, Bayard, 1995.
– *La Voiture de pompiers bleue*, d'Alexis Lecaye, ill. Antoon Krings, « Giboulées/Pickpocket », Gallimard jeunesse, 1993.
– *La Voiture*, de Claude Ponti, « Tromboline et Foulbazar », L'École des loisirs, 1993.
– *Petit Ours Brun lave la voiture,* de Marie Aubinais, ill. Danièle Bour, « Pomme d'Api », Bayard poche, 1999.

Titres pour des adolescents :
– *Ruby*, de Colin Thomson, trad. Catherine Bonhomme, Circonflexe, 1997.
– *Kiki la casse*, de Henriette Bichonnier, « Livre de poche jeunesse », Hachette, 1987.
– *L'Aire du Muguet*, de Michel Tournier, « Folio junior », Gallimard, 1982.
– *C'est la vie, Lili*, de Valérie Dayre, « Cascade », Rageot, 1991.

DES GRANDES ANIMATIONS LECTURE

76

POUR DES ADOLESCENTS

▲ Multilingue

Objectif de l'animation

La présence d'enfants issus de l'immigration, dans une école, est une richesse linguistique. Cette animation permet de favoriser le rapprochement entre l'école et les familles.

Elle s'appuie sur l'album *Tour de Terre en poésie, Anthologie multilingue de poèmes du monde*, dont les textes ont été rassemblés par Jean-Marie Henry et illustrés par Mireille Vautier (Éditions Rue du monde, 1998).

La particularité de cette anthologie est de proposer cinquante poèmes reproduits dans leur langue originelle et traduits en français. De nombreuses langues sont ainsi concernées : romani, basque, arabe, vietnamien, turc, portugais, albanais, chinois, espagnol, arménien, breton, russe, occitan, catalan, anglais, japonais, etc.

Déroulement

L'activité proposée consiste à afficher dans l'établissement scolaire l'un des poèmes en langue originelle, agrandi, avec une phrase d'accompagnement : « Qui peut nous traduire ce poème ? ».

Les jeunes savent si quelqu'un, dans leur entourage, parle cette langue. Dans ce cas, une reproduction du poème leur est confiée et ils rapportent la traduction, transcrite par eux ou par un adulte.

Les traductions, celle du livre et celles rapportées par des enfants, sont alors affichées près du poème original. En même temps sont proposés, en prêt, des livres initialement écrits dans la langue concernée (ce n'est pas toujours facile à trouver mais, dans la littérature de jeunesse, on trouve des livres traduits de l'arabe, du portugais, du chinois, de l'espagnol, du catalan, du russe, de l'anglais, du japonais, de l'allemand, du finlandais, du suédois, etc.).

Un nouveau poème est affiché chaque semaine.

Si personne n'est parvenu à faire traduire un poème, la traduction du livre est affichée la semaine suivante.

▲ Le procès littéraire

Objectif de l'animation

Cette animation lecture a été inventée par une équipe de Caen, sous le nom de *Objection votre honneur*. Il s'agit d'un procès pour rire mettant sur la sellette un livre ou son auteur. Nous avons pu, par exemple, assister, dans le cadre des 24 heures du livre du Mans, au procès fictif de Marie-Hélène Delval, accusée de faire croire à l'existence du diable dans son roman *Les Chats* (Bayard). Et cela se déroulait au Palais de justice, devant un public nombreux, d'autres écrivains jouant le rôle du juge, du procureur et de l'avocat, tandis que de nombreux jeunes étaient appelés à la barre pour témoigner.

Pareille animation permet de faire pratiquer une lecture polysémique d'un même livre, puisque l'accusation s'efforcera de démontrer la réalité du chef d'accusation, tandis que la défense tentera d'en démontrer la fausseté ou de le relativiser.

Un roman comme *La Prédiction de Nadia*, de Marie Desplechin (« Neuf », L'École des loisirs, 1997), par exemple, se prête fort bien à un procès littéraire. Le thème de ce livre est la rencontre initiatique : un enfant dont la vie est vide de sens rencontre un adulte, et tout change positivement pour lui. Samir rencontre ainsi Marc, qui l'initie à l'étude de la nature.

Mais, dans ce roman, le suspense est provoqué par une prédiction de Nadia, la meilleure voyante de la cité. Elle prédit à Samir qu'avant six mois il aurait risqué sa vie pour sauver un ami, serait devenu un héros, et qu'il y aurait une jeune fille à ses côtés. Naturellement, la prédiction se réalise, même si ce n'est pas de la façon dont Samir l'avait imaginée.

Il est donc facile d'en faire l'objet d'un procès littéraire. Le chef d'accusation pourrait être formulé ainsi : plainte a été déposée auprès du procureur de la République, visant le livre de Marie Desplechin : *La Prédiction de Nadia.* Ce livre conforte les croyances superstitieuses et fait croire aux jeunes lecteurs que les voyantes prédisent réellement l'avenir. Pour cette raison, ce livre doit être interdit à la vente aux mineurs.

Déroulement

La plainte fictive est communiquée aux jeunes, en même temps qu'une dizaine d'exemplaires du livre. La règle du jeu est précisée : un procès

fictif va être organisé à une date et dans un lieu qu'il faut préciser (comme c'est spectaculaire, il est intéressant d'y inviter du public). Les participants joueront les rôles suivants :
– Président (c'est lui qui anime le procès, distribue la parole, délibère avec ses assesseurs, prononce le verdict final).
– Juges assesseurs (ils aident le président).
– Procureur (il tente de démontrer la véracité du chef d'accusation en appelant des témoins, puis en plaidant).
– Témoins de l'accusation : gendarmes, policiers, parents d'élèves, experts... (ceux qui jouent ces rôles auront été chargés d'étudier un point particulier du livre ou d'enquêter sur certains aspects : par exemple, en l'occurrence, le foisonnement de propositions commerciales de voyantes dans la presse ; ou l'opinion de parents sur les superstitions).
– Avocat de la défense (il tente de démontrer la fausseté de l'acte d'accusation, en appelant des témoins, puis en plaidant).
– Témoins de la défense (eux aussi auront été chargés de faire un travail préparatoire sur un point précis).

Naturellement, si l'auteur est présent, il a droit également à la parole soit interrogé par le président, soit comme témoin de la défense.

Il peut y avoir également des rôles de greffiers, qui prennent en note les *minutes* du procès.

Cette animation très spectaculaire sera à la fois un spectacle réussi, une source de plaisir et une occasion d'approfondir véritablement un livre, si elle a été bien préparée en amont du procès. Car c'est en lisant et en relisant le livre que l'accusation et la défense trouvent des arguments solides pouvant être confrontés lors de la séquence finale. Il faut donc prévoir un temps de préparation suffisant pour cela, mais pas trop long cependant pour ne pas provoquer de lassitude.

CINQUIÈME PARTIE

CONCEVOIR DES PROJETS PÉDAGOGIQUES À PARTIR DE LA LITTÉRATURE DE JEUNESSE

AVANT-PROPOS

La principale difficulté que rencontrent les médiateurs de lecture – en particulier les enseignants – pour utiliser un livre, est de parvenir à élaborer des activités pédagogiques qui puissent se traduire par des consignes simples à proposer aux enfants ou aux adolescents. S'il est aisé d'utiliser un livre dans le cadre d'une animation générale, vouloir faire accéder les jeunes aux spécificités d'une œuvre particulière est plus difficile. Parce que le livre est un objet complexe qui entrecroise des données linguistiques, des données littéraires (pour la fiction) ou informationnelles (pour le documentaire) et des images. Or si les médiateurs maîtrisent bien les données linguistiques (système verbal, système anaphorique, subordination, registres de langue, champs sémantique et lexical, etc.), ils sont souvent moins initiés à la théorie littéraire (narratologie, énonciation littéraire, instance narrative, intertextualité, personnages, implicite et symbolique, espace-temps, etc.), et à la sémiologie de l'image. Et pour préparer les enfants à étudier une œuvre, l'approche linguistique est insuffisante. La théorie littéraire ainsi que la sémiotique de l'image peuvent devenir des moyens didactiques fort utiles pour une perception plus efficace des éléments importants d'un livre.

La littérature de jeunesse offre l'occasion d'accéder facilement aux trois champs de données. En effet, bien que les différentes données soient enchevêtrées d'une manière complexe, le traitement de chacune, prise séparément, est simple. Par exemple, en littérature générale, on trouve fréquemment un traitement du temps narratif fort compliqué, avec nombre de retours en arrière, des remémorations, des anticipations, des ruptures temporelles peu signalées, au point qu'on doit parfois relire un passage pour comprendre qu'il y a eu un glissement temporel. Rien de tel dans la littérature de jeunesse : les retours en arrière, rares, sont clairement signalés.

La symbolique implicite d'une fiction est un autre exemple. En littérature générale, on trouve souvent plusieurs symboliques enchevêtrées qu'il est difficile de disjoindre. En littérature de jeunesse, la symbolique est généralement univoque et facile à expliciter.

Il en est de même pour toutes les instances, et c'est une caractéristique des livres pour la jeunesse de proposer ainsi des instances simples qui sont enchevêtrées d'une façon complexe[1]. Il suffit donc de les démêler.

1. Sur cette caractéristique, on pourra consulter Christian Poslaniec, *L'Évolution de la littérature de jeunesse de 1850 à nos jours, au travers de l'instance narrative*, Presses universitaires du Septentrion, 1998.

Tous les enseignants sont capables d'élaborer des consignes de travail à proposer aux enfants, à partir d'un ou de plusieurs livres. À condition d'échapper aux *a priori* – de véritables croyances inconscientes issues de nos représentations et habitudes de pensée. Par exemple, des recherches ont montré que, souvent, les enseignants posent des questions dites *de compréhension* sur un livre et non des questions portant sur le fonctionnement interne du livre.

Prenons l'exemple du *Petit Prince*, que chacun connaît. Une question de compréhension consistera à demander : combien de planètes le petit prince visite-t-il avant d'arriver sur Terre ? La réponse est simple et tout entière contenue dans la première phrase du chapitre X : « *Il se trouvait dans la région des astéroïdes 325, 326, 327, 328, 329 et 330. Il commença donc par les visiter pour y chercher une occupation et pour s'instruire.* » Mais répondre à pareille question ne permet nullement d'en savoir davantage sur le livre proprement dit.

En revanche, la réponse à la question suivante conduit à mieux percevoir le mode de pensée du petit prince : comment le narrateur parvient-il à la conclusion que le petit prince est originaire d'une « *planète à peine plus grande qu'une maison* » ?

Pour répondre à cette question, le jeune lecteur doit relier mentalement plusieurs passages du livre : la première remarque du petit prince, à propos du mouton, sur le fait que c'est tout petit chez lui ; la question du petit prince au narrateur, sur sa planète d'origine, quand il constate qu'un avion permet de voler dans le ciel ; l'étonnement du petit prince à l'idée d'attacher le mouton et sa seconde remarque : « *c'est tellement petit chez moi* ».

C'est donc par un processus de déduction que le narrateur parvient au constat qui fait l'objet de notre question. Or pareille question permet au jeune lecteur de reconstituer ce processus de déduction, de le prendre à son compte. Et, au-delà, de saisir un aspect important de la personnalité du petit prince, puisque la taille de la planète où a vécu ce personnage peu ordinaire conditionne nombre de ses comportements, qu'on découvre par la suite : ses remarques au sujet des éléphants qu'il faudrait entasser l'un sur l'autre ; son inquiétude quant aux baobabs qui risquent d'envahir toute sa planète ; son plaisir à regarder le soleil se coucher quarante-trois fois, etc.

Élaborer des questions à partir d'un ou de plusieurs livres nécessite donc d'abord, de la part de l'adulte, une lecture en profondeur, un repérage des caractéristiques intrinsèques du livre ou du regroupement de livres. Ensuite, les questions doivent porter sur ces caractéristiques, même si elles paraissent complexes. Enfin, la formulation de la question doit être simple, abordable par les enfants, et c'est peut-être là le point le plus difficile : formuler en termes simples et clairs une question portant sur des données complexes.

ANALYSER LE LIVRE

77

La première étape, pour concevoir des projets pédagogiques, consiste donc à analyser le livre support. Pour ce faire, on peut utiliser les nombreuses approches théoriques dont nous avons présenté un panorama au début de cet ouvrage. Mais il est tout aussi efficace de se mettre dans un état d'esprit de réception quasi naïve. De s'ouvrir au livre en y portant une grande attention, mais flottante, prête à percevoir des aspects très divers, sans se fixer exclusivement sur l'histoire, l'esthétique des images ou le style.

▲ Un exemple : *Une histoire à quatre voix*[1] d'Anthony Browne

Le concept de voix narrative

Le titre, déjà, retient l'attention : s'agirait-il de ce qu'on appelle en narratologie la voix narrative ? Autrement dit le narrateur ? C'est effectivement cela : la même histoire est racontée successivement par quatre personnes différentes : un homme, une femme, un petit garçon, une petite fille. Chacune de ces voix est identifiée par un titre : « Première voix », « Deuxième voix », etc., qui introduit un chapitre. Chacun des quatre chapitres est composé en caractères d'écriture différents (repris en quatrième de couverture), et par quatre styles narratifs bien distincts.

Cette première remarque sur l'une des caractéristiques de l'album permet déjà au médiateur de se dire qu'il a là l'occasion de faire percevoir à de jeunes enfants le concept de voix narrative, sans avoir besoin de recourir à des explications compliquées. Il suffit que les enfants remarquent que la même histoire est racontée par des personnages différents.

Une activité de comparaison

En réalité, bien que les personnages se comportent comme des humains, il s'agit de singes. Les familiers de l'œuvre d'Anthony Browne ne s'en étonneront pas : on trouve des singes dans pratiquement tous ses albums, et en particulier King-Kong – apparaissant de nouveau ici, et qui est

1. Anthony Browne, *Une histoire à quatre voix*, trad. Élisabeth Duval, Kaléidoscope, 1998.

peut-être LE singe originel pour Browne –, est une référence fréquente. À ce sujet, on se reportera à la fiche concernant *Marcel le rêveur*, dans la seconde partie de cet ouvrage.

Cependant, ce fait permet au médiateur d'imaginer une activité de comparaison entre les personnages d'*Une histoire à quatre voix* et les personnages d'autres albums du même auteur.

Les registres de langue

L'histoire racontée quatre fois est la suivante :

Résumé

Une femme emmène se promener son fils Charles et sa chienne Victoria, dans le parc. Un homme emmène sa fille Réglisse et son chien se promener dans le même parc. Les deux adultes s'ignorent, bien qu'assis sur le même banc. Le chien se met à poursuivre la chienne. Les deux enfants jouent ensemble. La femme n'apprécie pas qu'un chien importune sa chienne et que son fils joue avec une fillette. Elle les appelle donc, et ils s'en vont tous les trois.

L'histoire ainsi résumée est une reconstitution des faits – ce qu'on appelle parfois la diégèse, en théorie littéraire – et nous avons utilisé des termes aussi neutres que possible. Dans l'album, comme il s'agit de quatre points de vue différents, les termes ne sont pas neutres. Pour parler du chien, la femme utilise les mots « *bâtard* » et « *corniaud* » ; elle trouve que la fille a « *très mauvais genre* ».

L'homme, plongé dans la lecture des offres d'emploi de son journal, ne voit rien de ce qui se passe autour de lui, mais souligne que son chien est plein d'« *énergie* », et que Réglisse lui a « *remonté le moral* ».

Charles parle d'un « *chien très gentil* » et trouve la fillette « *géniale au toboggan* » et « *vraiment sympa* ».

Quant à Réglisse, elle qualifie Victoria de « *magnifique chienne* » ; elle perçoit que la maîtresse de Victoria est « *hyper fâchée* » et la traite de « *pauvre pomme* ». Charles lui apparaît comme « *une mauviette* », puis elle le trouve « *plus cool* » et est vraiment heureuse de jouer avec lui.

Comme ces quelques extraits permettent de s'en rendre compte, les registres de langue différents sont liés à des situations sociales différentes. Ce qui constitue une autre piste de travail, mais avec des adolescents cette fois.

Les informations implicites

Le premier des quatre textes (voix de la femme) commence par : « *C'était l'heure d'emmener Victoria, notre labrador de pure race, et Charles, notre fils, faire leur promenade matinale.* »

Cette phrase, au registre soutenu, révèle plusieurs choses :
- un rituel temporel : « c'était l'heure »... ;
- la présence implicite du père : « notre labrador », « notre fils » ;
- une hiérarchie affective : la chienne passe avant l'enfant.

Chacun de ces trois points ouvre des pistes d'analyse. En effet, la première phrase de la deuxième voix (l'homme) est : « *J'avais besoin de prendre l'air, alors moi et Réglisse on a emmené le chien au parc.* » Outre que le registre de langue est familier, la phrase révèle que la promenade dans le parc n'est pas une habitude quotidienne. Du coup, à la fin, quand les deux enfants se quittent tristement, le lecteur ne peut donc pas espérer qu'ils vont se rencontrer de nouveau : le lendemain, Charles sera dans le parc à la même heure, mais Réglisse n'y reviendra peut-être jamais !

En même temps, cette phrase révèle que la hiérarchie affective est différente : l'enfant vient avant le chien qui n'est même pas désigné par son nom. Et il n'y a pas d'autre personne implicite : peut-être s'agit-il d'une famille monoparentale ?

Ces quelques constats permettent de prévoir, avec des adolescents, un travail sur la langue qui débouche sur toutes les informations implicites.

L'analyse des images

L'analyse des images ouvre encore un vaste domaine d'activités. Dès la page de titre, la seule illustration représente un chapeau rouge. C'est le principal attribut de la femme (elle n'apparaît pas sur la couverture du livre), et il saute aux yeux chaque fois qu'elle est représentée. Or, quand son fils devient narrateur, l'image le montre de dos, debout dans l'ombre de sa mère, reconnaissable au chapeau ; et ce chapeau contamine toute la scène : un arbre est en forme de chapeau, les nuages sont des chapeaux, les réverbères sont coiffés de chapeaux. Sur le plan symbolique, cela traduit naturellement l'influence obsessionnelle de la mère. Sur le plan intericônique, c'est une allusion à un célèbre tableau de Magritte. D'ailleurs, les petits nuages qui apparaissent dans les réverbères se réfèrent également au peintre.

Avec de jeunes enfants, il est certainement possible de faire percevoir le plan symbolique de cette scène, en leur demandant pourquoi il y a tant de chapeaux ; et avec des adolescents, le plan intericônique.

La notion de point de vue

Tout au long du livre, le chien poursuit la chienne quand les personnages sont dans le parc. C'est d'ailleurs un jeu de repérage à faire avec de jeunes enfants. Mais leur mode de représentation varie, comme si les images changeaient en fonction du narrateur. Dans la première partie, cela se passe dans le dos de la narratrice, à l'arrière-plan. Tout cet arrière-plan, que ne perçoit pas la narratrice, paraît complice des personnages. Quand la femme se lève, inquiète, parce que sa chienne et son fils ont disparu, les arbres semblent hurler (ce qui rappelle le tableau de Munch, *Le Cri*, qui est une des illustrations du journal lu par l'homme). Quand elle crie le nom de son fils, deux arbres ont l'air bousculés par le souffle. Quand Charles et Réglisse se parlent, les feuillages des arbres ne font plus qu'un. Et quand la femme entraîne son fils et sa chienne hors du parc, elle sème sous ses pas des feuilles mortes, tandis qu'un arbre et un piquet de grille flambent, symbolisant sans doute la passion interdite.

Dans la deuxième partie, le parcours des chiens est représenté par une sorte de sillage qui paraît même trancher un arbre.

Dans la troisième partie, Charles est témoin de la poursuite entre les chiens et l'apprécie. Cela va même jusqu'à la confusion des deux chiens en un seul, puisque, quand ils passent derrière un poteau, on ne voit plus que la tête de l'un et l'arrière-train de l'autre.

Dans la dernière partie, les chiens sont mêlés aux jeux des enfants.

C'est donc la notion de point de vue qui est mise en images, et il suffit de trouver une activité à proposer aux adolescents pour leur en faire percevoir la relativité selon le narrateur.

Autres pistes d'activités

Il y aurait des dizaines d'autres remarques à faire sur ce seul album, chacune pouvant déboucher sur des activités avec de jeunes enfants ou des adolescents, selon la difficulté qu'elles présentent. Par exemple, il y a toute une étude à réaliser sur les attitudes parallèles des chiens et des enfants.

On peut aussi s'intéresser à de petits personnages familiers des enfants, qui apparaissent à l'arrière-plan : une princesse, Mary Poppins, King-Kong...

On peut identifier une Joconde triste, dans un tableau, et un Père Noël mendiant, qui retrouvent la joie en sortant de leur cadre et en dansant.

Et l'on peut se demander également si, en réalité, il n'y a pas un cinquième narrateur, qui raconte toute l'histoire. En effet, chacun des quatre narrateurs est présent dans les images qui illustrent son récit. Les images ne se contentent pas de montrer, subjectivement, ce qu'il voit. Comme si un cinquième narrateur, maître des images, les voyait de l'extérieur.

La brève approche de cette *Histoire à quatre voix* nous a permis de montrer que les pistes d'activités naissent des analyses qu'on peut faire en considérant, *a priori*, qu'un livre pour enfants offre une grande richesse aux lecteurs. Et qu'il est possible de la mettre au jour, sans pour autant détruire le plaisir de lire – au contraire, cela enrichit aussi la lecture.

MULTIPLICITÉ DES ACTIVITÉS POSSIBLES À PARTIR DES LIVRES

78

Voici trois exemples qui, à partir d'une analyse initiale, énumèrent quelques types d'activités réalisables. Deux de ces exemples concernent un seul titre de fiction, le troisième se réfère à un ensemble de documentaires. Chacun de ces exemples concerne une classe d'âge différente.

▲ Premier exemple : pour de jeunes enfants

– *Es-tu mon papa ?*, de Carla Dijs, Mango, 1998.

> Petit tigre est perdu. Il tente de retrouver son papa. Alors il demande à chaque animal rencontré : « *Es-tu mon papa ?* » ; et chacun, dans sa réponse, souligne ses différences d'apparence avec Petit tigre. Naturellement, à la fin, il retrouve son papa.

Cet album, qui s'adresse à des enfants de maternelle, offre un bon exemple de la multiplicité des activités qui peuvent être conduites à partir d'un seul livre. En voici quelques exemples.

Approche thématique

Le thème sous-jacent est celui de l'identité. Confondre ainsi chaque animal rencontré avec son père, cela signifie que Petit tigre ne sait pas qui il est. Cela peut donc donner l'occasion d'un débat avec les enfants, sur l'identité et la différence – débat essentiel du point de vue de l'éducation civique, à une époque où le thème de l'immigration fait souvent la Une de la presse.

On peut faire le rapprochement avec le célèbre *Vilain Petit Canard*, que les enfants connaissent certainement, ou avec *Poussin noir*, présenté par ailleurs. Mais on peut également trouver de nombreux autres titres d'album à rapprocher de *Es-tu mon papa ?*, en consultant, à la rubrique « Identité-différence », le *Répertoire des 1001 livres pour les écoles*, publié par le ministère de l'Éducation nationale, distribué dans toutes les écoles de France et accessible également par Internet (www.cndp.fr/1001livres).

Approche documentaire

Petit tigre rencontre successivement : un ours blanc, une tortue, une autruche, un crocodile, puis son père. On voit bien qu'il y a une volonté, de la part de l'auteur, de varier les animaux. Du coup on peut aller plus loin en ce sens, en introduisant des catégories informatives qui ressortissent à la zoologie : l'ours est un mammifère, la tortue, un reptile, l'autruche est un oiseau et le crocodile, un saurien. Et l'on peut alors s'interroger sur les familles d'animaux qui ne sont pas représentées : insectes, batraciens, etc.

Les enfants peuvent alors chercher, en bibliothèque, des livres qui parlent de ces différentes familles d'animaux, et il y en a des quantités.

Approche de la fiction

Même si l'on peut, à partir de pareil album, introduire des thèmes de recherche documentaire, il n'en demeure pas moins qu'il s'agit d'une fiction. On peut alors demander aux jeunes enfants de s'interroger sur la réalité de ce que décrivent les images. Par exemple, une petite tortue est représentée sur le dos de son père ; est-ce ainsi dans la réalité ? Non. En revanche, d'autres bébés animaux utilisent effectivement le dos de leurs parents comme moyen de locomotion (sarigue, scorpion...).

Le crocodile est accompagné d'un jeune saurien qui sourit. Dans la réalité, les crocodiles savent-ils sourire ? Ou pleurer, si l'on songe alors à l'expression « verser des larmes de crocodile » ?

La petite autruche qui accompagne son père ne ressemble pas du tout à l'adulte : son plumage est rayé comme le pelage du tigre. Est-ce vrai dans la réalité ?

Ces interrogations conduisent les enfants à faire des recherches et à discerner ensuite les licences que se donne la fiction.

Approche langagière

La question répétitive que pose Petit tigre, « *Es-tu mon papa ?* », est l'une des formes interrogatives utilisables dans la langue française, à l'écrit. Mais ce n'est pas la seule. Les enfants peuvent trouver les deux autres formes : « *Est-ce que tu es mon papa ?* » et « *Tu es mon papa ?* ». Ce qui donne l'occasion d'une activité de langage centrée sur l'interrogation et les différences de forme entre les diverses modalités. À l'oral, les possibilités d'interrogation sont plus nombreuses : « *T'es mon papa ?* », « *Mon papa, c'est toi ?* », « *Toi, t'es mon papa ?* », « *T'es mon papa, toi ?* », « *Est-ce que t'es mon papa à moi ?* », « *Mon papa à moi, c'est toi ?* », etc.

Approche logique

La structure de cet album est fondée sur une approche de la logique formelle. Les animaux interrogés par Petit tigre pourraient se contenter de répondre négativement. Mais ils sont pédagogues et s'efforcent de lui faire percevoir les différences : « *Regarde, ma fourrure est toute blanche et j'aime beaucoup l'eau froide* », répond l'ours blanc, par exemple.

Or, du point de vue de la logique, une approche sur ce type de déclarations peut être conduite avec les jeunes enfants. En effet, toutes les déclarations des animaux sont vraies. Mais le héros doit se situer par rapport à ces déclarations, se situer comme différent, et le plus simple est alors de considérer qu'il est l'inverse de l'animal rencontré. Il y a alors des difficultés d'interprétation logique. Est-ce que la réponse de l'ours blanc signifie que la fourrure de Petit tigre est d'une autre couleur et qu'il aime l'eau chaude ? En fait, non, elle renvoie à une fourrure tigrée et à un climat chaud. Logiquement, l'ours aurait dû dire : « *Ma fourrure est unie, et j'aime le froid* ».

Pareillement, quand le crocodile déclare qu'il « *aime nager dans l'eau* », ça n'implique pas que les tigres aiment nager en surface.

En revanche, quand l'autruche dit : « *J'ai des plumes et mon cou est très long* », l'inverse caractérise bien Petit tigre : il n'a pas de plumes et son cou est court.

À travailler ainsi sur les déclarations des animaux, les enfants découvriront alors qu'il faut tenir compte davantage de certains mots pour trouver l'opposé caractérisant le héros : « *toute* blanche », « l'eau *froide* », « je marche très *doucement* », etc.

Remarques :

1. Ce même album avait déjà été traduit par les Éditions Ouest-France, en 1990. Or la traduction était différente. Et justement, les problèmes logiques y étaient plus accentués que dans la traduction de chez Mango. Par exemple, l'ours disait seulement : « *Ma fourrure est blanche* », et non « *toute blanche* », ce qui ne renvoyait pas à « tigré ». La tortue disait non pas « *J'ai une drôle de carapace* », mais : « *J'ai une carapace très dure* », ce qui pouvait laisser supposer que les tigres ont des carapaces molles.

2. Un travail analogue ou complémentaire peut être effectué à partir d'un autre album similaire du même auteur : *Es-tu ma maman ?* paru également chez Mango, en 1998, dans lequel Bébé poussin rencontre successivement une chatte, une lapine, une oie et une brebis.

▲ Deuxième exemple : pour des enfants

Objectif de l'activité

Le Monde de l'éducation, n° 257 (mars 1998), évoque, p. 14, les « Olympiades du savoir », organisées dans la Somme : « *Ce projet applique le principe des "arbres de la connaissance" qui permet de recenser, de mettre en valeur et de relier les unes aux autres toutes les connaissances ou compétences détenues par les membres d'un groupe.* »

Pareil principe peut également servir dans l'approche des documentaires pour la jeunesse. En effet, le documentaire est trop souvent utilisé comme outil de recherche d'informations particulières, sans tenir compte de sa place dans l'organisation de la connaissance.

Déroulement de l'activité

Chacun choisit un documentaire en bibliothèque et en prend connaissance. Une fois le groupe reconstitué, l'animateur demande à chacun dans quel domaine de connaissance se situe le documentaire. L'animateur inscrit, au tableau, ce domaine de connaissance et le mot clé qui le caractérise, ainsi que le titre du documentaire.

Au fur et à mesure de cette activité, les participants vont se rendre compte que certains domaines sont des sous-champs d'autres domaines. Par exemple, si dans un premier temps *Le Sarcophage*, de Claudine Rolland (« Des objets font l'Histoire », Casterman, 1991), a été classé dans un champ intitulé « Égypte ancienne », il suffit qu'il y ait un second documentaire historique, comme *Marco Polo et son temps*, de C. Germain, S. Schildge, P. Guiraud (« Regards d'aujourd'hui », Fontaine-Mango, 1996), pour que le champ « Histoire » englobe les deux documentaires, et qu'apparaissent les sous-champs « Égypte ancienne » et « Chine ancienne ».

Ainsi, peu à peu, au cours de cette activité, on reconstitue les catégories traditionnelles de la connaissance : biologie, histoire, géographie, psychologie, anthropologie, etc. Et les sous-champs s'organisent en arbres partant de ces catégories.

Certains documentaires vont alors révéler leur double ou triple appartenance. Par exemple, *Marie Curie et le radium*, de Steve Parker (« Eurêka ! », Sorbier, 1992), ressortit à la fois au champ historique et au champ de la physique.

Cette activité suscite naturellement le débat. Elle permet, dans un premier temps, de mettre au jour les réseaux de relations entre plusieurs documentaires. Dans un deuxième temps, de prévoir des activités différentes à partir d'un même documentaire. Dans un troisième temps, de remarquer l'absence de certains champs de référence, au tableau, et d'aller chercher en bibliothèque d'autres documentaires qui y correspondent. On s'apercevra alors que tous les champs de connaissances ne sont pas traités en littérature de jeunesse, alors que d'autres sont traités surabondamment.

Remarque : les enfants contemporains, nourris d'images et de télévision, ont tendance, dit-on, à avoir une culture du zapping, c'est-à-dire une multiplicité de micro-connaissances non reliées entre elles. Or, seule une connaissance organisée permet de transférer un mode de raisonnement, un type de déduction, d'un domaine à un autre. Tant que la connaissance n'est pas organisée, on ne peut pas véritablement parler de compétence, ni de capacité à analyser ou à agir. L'activité ici proposée permet justement de révéler les liens qui existent entre des connaissances fragmentaires.

▲ Troisième exemple : pour des adolescents

– *Le Diable des rochers,* de Grégoire Solotareff, L'École des loisirs, 1993.

Résumé

Dans un pays où les habitants sont « *un peu chats, un peu lapins, mais aussi un peu humains* », on se moque souvent d'un jeune garçon, Jason. « *Trop malheureux* », Jason se retire dans une grotte de la falaise bordant l'océan et vit en ermite. Un jour, une fillette tombe à l'eau. Jason la sauve de la noyade, la recueille et décide de la « garder auprès de lui pour toujours ». Angélique, c'est son nom, veut retourner au village et supplie le diable des rochers qui finit par accepter, sous condition qu'elle revienne ensuite. Las, Angélique tombe malade et doit rester longtemps alitée, chez elle. Jason, qui se croit abandonné, dépérit.

Finalement, la petite fille alerte le village pour sauver Jason qui, à bout de forces, est tombé dans une crevasse. La fin de l'histoire reste ouverte, les indices offerts au lecteur ne permettant pas de décider si, dorénavant, Angélique et Jason vivent ensemble ou non.

Cet album est représentatif de la multiplicité des activités qui peuvent être conduites à partir d'un seul livre. En voici quelques exemples.

Approche paratextuelle

La couverture de cet album présente, sur fond noir, le titre et le nom de l'auteur en jaune, le dessin du héros assis sur des rochers, en rouge. On peut alors parler d'une correspondance terme à terme entre le texte et l'image : diable = image du personnage, rochers = blocs rouges de l'image.

Ces quelques éléments redondants suffisent à déclencher, dans la tête du lecteur, un ensemble de références et de représentations qui suggèrent déjà une histoire.

Il est facile de demander à chacun d'imaginer l'histoire racontée par l'album, à partir de la seule couverture, et l'animateur ne sera pas surpris d'entendre évoquer toute la mythologie de l'enfer. Or il s'agit là d'une fausse piste, comme en proposent souvent les œuvres littéraires, pour créer ensuite la surprise.

En effet, le texte l'explicite par la suite : si Jason est parfois qualifié, affectueusement, de petit diable, c'est seulement parce qu'il est « *coiffé à la diable* ». Le mot « diable » est donc une fausse piste.

Si l'apparence du héros, en couverture, peut paraître monstrueuse – on dirait une gargouille –, ce n'est que par référence à notre univers. Or il est précisé dans le texte que, dans le pays où se déroule l'action, c'est l'apparence normale des habitants. Il s'agit, là encore, d'une fausse piste. Et l'on ne s'étonnera pas d'entendre les jeunes parler des cornes du diable, alors qu'il s'agit manifestement d'oreilles – des oreilles de lapin.

D'autres éléments paratextuels peuvent servir à introduire des activités de lecture/écriture :
– Le nom de l'éditeur, qui ne figure pas en couverture, mais au dos, et en page intérieure de titre. Cet album peut, par exemple, faire partie d'une pile de livres préparée pour l'animation « Le point commun », dont tous les titres, sauf un, proviendraient du même éditeur.
– Le code-barre et le numéro ISBN, qui figurent en quatrième de couverture, peuvent introduire des enquêtes sur la codification, la commercialisation du livre, l'organisation internationale de l'édition. Pareillement, le copyright de la première page, ainsi que la référence à la loi de 1949 sur les publications destinées à la jeunesse, et la mention du dépôt légal, ouvrent à des enquêtes historiques. Tout comme le nom de l'imprimeur, « Mame à Tours », indiqué au même endroit ; car Mame, au XIXe siècle, a été l'un des grands éditeurs de livres pour la jeunesse.
– Le prix de vente, en quatrième de couverture, peut introduire une recherche économique. Par exemple, les jeunes demandent souvent aux auteurs combien ils gagnent. Or ils peuvent le calculer eux-mêmes : en moyenne, un auteur-illustrateur reçoit 8 % du prix de vente public pour chaque livre vendu ; combien cela lui rapporte-t-il par livre ? Combien gagne-t-il par an, s'il en vend 1 500, 3 000, 10 000 ? Quel revenu mensuel cela fait-il ?
– La dédicace, « *pour Angélique* », peut susciter des questions. Il est facile de remarquer ensuite que c'est également le nom de l'héroïne. Plus difficile de trouver dans des présentations de l'auteur, que c'est le prénom de sa fille.
– Ce qui ne figure pas dans ce livre est tout aussi intéressant que ce qui y figure. Par exemple, il n'y a ni sommaire, ni table des matières, ni numérotation des pages, ni texte d'accroche en quatrième de couverture, autant d'absences qui caractérisent la plupart des albums de fiction, les différenciant des albums documentaires, des romans, etc.
– Enfin, l'observation de la page intérieure de titre permet de modifier l'histoire anticipée à partir de la seule couverture, puisqu'elle présente le second personnage, celui de la fillette, assise sur un rocher, un poisson à la main.

Approche thématique

Le thème du monstre est l'un de ceux que suggère cet album. Un thème fort riche dans les mythologies (Cyclope, Titan, Minotaure, Cerbère, etc.) et les littératures (du Golem aux Maximonstres). C'est d'ailleurs un thème souvent traité en littérature de jeunesse, les enfants adorant avoir peur sans danger.

Un autre thème, tout aussi courant en littérature, peut être exploré, celui des Robinsonnades. En effet, le diable des rochers vit en ermite, au bord de la mer, se nourrissant avec les moyens du bord. De ce point de vue, même si son exil est volontaire, il est proche de tous les naufragés qui se retrouvent dans une île déserte.

Ces deux thèmes sont d'ailleurs une bonne façon d'aborder la notion d'intertextualité car, d'une certaine façon, *Le Diable des Rochers* s'inscrit dans le tissu littéraire de tous les livres qui ont parlé d'un monstre ou d'un être mis à l'écart de la société.

Approche de la fiction

Le texte commence par une variante du rituel d'ouverture des contes : « *Cette histoire s'est passée* ». Comme dans les contes, l'époque et le lieu ne sont pas précisés, mais des règles régissent la normalité du pays où se déroule l'action; en l'occurrence, l'apparence physique des personnages, d'une part, mais des relations sociales proches des nôtres, d'autre part. Comme dans les contes, la narration est au passé. Et comme dans les contes, il y a plusieurs lectures symboliques possibles de cet album. Ce livre offre donc la possibilité de comparaisons avec d'autres œuvres qui, pareillement, utilisent une partie de la structure des contes, mais une partie seulement (il n'y a pas de magie, par exemple).

La temporalité

Il est également intéressant de travailler sur le déroulement du temps dans cet album. Par exemple, d'une page à la suivante, on assiste à la transformation du « *petit garçon* » en « *adulte à la barbe rousse* ». Le lecteur est, par ailleurs, incapable d'estimer les durées : combien de temps Angélique reste-t-elle avec le héros ? Combien de temps dure sa maladie ? Les formules évoquant le temps restent vagues : « *On pleura des jours et des jours* », « *Bien vite* », « *Elle dut rester au lit pendant de longues semaines* »... La dernière double page précise « *Le temps a passé* »; le Diable des rochers habite alors dans une maison à l'orée du village. Mais on ne sait pas combien de temps a passé, ni quel âge ont les héros puisqu'ils ne sont pas représentés. Or l'une des interprétations possibles des éléments communiqués au lecteur permet de faire l'hypothèse que le

Diable des rochers et Angélique vivent ensemble. Selon l'âge qu'ils ont, ça n'a pas le même sens !

Une autre façon de travailler sur la temporalité consiste à se préoccuper de l'articulation texte/images. Par exemple, au tout début, le texte parle de « *tourbillon d'eau noire* » tandis que l'image montre des vagues vertes, sans tourbillon ; il ne s'agit donc pas du même temps (au double sens du terme). Dans la double page suivante, le texte évoque surtout la vie au village, alors que l'image représente Jason qui s'en va – ce qui correspond à la seule dernière phrase du texte. Et ainsi de suite.

Le point de vue

Une approche du narrateur peut se faire à partir d'une forme d'insistance qu'il utilise, à la première page : « *Je dis bien...* ». Le narrateur extérieur à l'histoire apparaît ici fugacement, en disant « je » et en utilisant le présent. Ce qui laisse entendre qu'il raconte aujourd'hui une histoire dont il a été témoin dans le passé (d'où l'utilisation de l'imparfait).

Complémentairement, on peut travailler sur la notion de « point de vue », en montrant que l'apparence physique de Jason est interprétée différemment selon qui le regarde : aux yeux d'un lecteur humain, Jason est véritablement un monstre ; aux yeux des habitants du village, il est normal, bien qu'il ait les oreilles un peu recourbées et soit toujours mal coiffé, ce qui le fait qualifier de « *petit diable* » ; mais à ses propres yeux, Jason est un monstre – comme les adolescent(e)s qui se croient défiguré(e)s parce qu'ils (elles) ont un bouton de fièvre – et c'est pourquoi il s'enfuit ; quant au narrateur, il prend parti : après avoir parlé « *d'étranges habitants* », il évoque le « *jeune homme assez bizarre* » que devient Jason, puis le qualifie carrément de « *monstre* ». Le narrateur révèle ainsi qu'il épouse le point de vue humain sur cette créature de fiction.

L'intertextualité

L'intertextualité peut être abordée à partir de l'image d'Angélique, vêtue de rouge, et portant un panier plein de victuailles, à l'instar du *Petit Chaperon rouge.* Mais toute l'histoire rappelle également *La Belle et la Bête* et, spontanément, les lecteurs y font fréquemment référence.

La fin ouverte

La notion d'implicite sera évoquée à partir de la dernière page où le texte précise qu'en s'approchant de la maison où vit Jason, on entend souvent une chanson, qui est citée, chanson qu'Angélique a apprise au Diable des rochers antérieurement. C'est donc au lecteur d'interpréter l'implicite. Cela signifie-t-il qu'Angélique vit avec Jason ? Qu'elle vient souvent le voir ? Ou que Jason se chante la chanson en souvenir d'Angélique ?

Cette fin ouverte, tout comme les différences de structure avec le conte et le traitement du temps, rapproche cet album d'une légende.

Approche linguistique

L'étude des modes et temps des verbes peut contribuer à éclairer certaines subtilités de la narration littéraire ; d'abord le jeu de l'imparfait, du passé simple et du passé composé ; ensuite le seul emploi du présent (voir ci-dessus), le conditionnel de la deuxième page, le subjonctif, plusieurs fois utilisé.

On peut s'intéresser aussi à l'emploi des guillemets dans cet album. Ils sont employés quand quelqu'un parle, quand quelqu'un pense, mais également pour souligner l'expression « *La Maison Rouge* ». En revanche, quand les paroles de la chanson sont transcrites, à deux reprises, le texte est en italique, mais il n'y a pas de guillemets.

Il est tout aussi intéressant de faire le relevé des adjectifs : « *étranges* », « *noire* », « *malheureux* », « *bizarre* », « *sombre* »... qui, dans l'ensemble, connotent une sombre histoire.

Il est possible aussi, à partir de certaines formulations, de faire une approche stylistique, de montrer comment se construit une métaphore. Par exemple : « *les vagues attrapaient les enfants et même les adultes* », « *la vague de l'ouragan* », « *mourant de tristesse* »...

DE L'ANALYSE DU LIVRE À LA FORMULATION DE CONSIGNES D'ACTIVITÉS

79

Ce qui précède démontre que, dans un livre destiné aux jeunes, ou dans un ensemble d'ouvrages, on peut facilement trouver des pistes de travail qui permettent d'introduire des activités fort variées. Toutefois, il serait dommage de n'exploiter un livre que selon l'une des directions, l'approche linguistique par exemple.

Dès qu'on analyse un livre, ou plusieurs livres liés thématiquement, on se rend compte qu'il y a certaines directions de travail à privilégier car, en quelque sorte, c'est l'intention du livre d'attirer l'attention du lecteur sur tel ou tel phénomène.

À cet égard, nous avons choisi trois exemples : un ensemble thématique sur le labyrinthe, un ensemble informatif de documentaires et un album complexe.

▲ Premier exemple : pour des enfants

Objectif de l'activité

Le thème du labyrinthe

Regrouper des livres en fonction d'un thème original permet de proposer des activités diverses ressortissant à des objectifs différents.

Nous proposons, sur le thème du labyrinthe, les livres suivants :
– *En voyage*, de Guy Billout, Gallimard jeunesse, 1993.
– *Le Tibet. Les secrets d'une boîte rouge,* de Peter Sís, Grasset jeunesse, 1998.
– *Le Château aux 100 oubliettes*, de Patrick Burston, ill. Alastair Graham, « Vivez l'aventure », Gründ, 1986.
– *Entrez, entrez dans le labyrinthe !*, de Suehiro Tanemura, ill. Toru Kawaharada, « Aux couleurs du monde », Circonflexe, 1995.
– *Labyrinthes*, de Mitsumasa Anno, Père Castor Flammarion, 1994.

Déroulement de l'activité

La première activité consistera à faire deviner le thème aux enfants, en leur proposant les trois premiers albums et en leur demandant ce qu'ils ont en commun (un labyrinthe figure dans les trois). Quand le thème est trouvé, on le confirme aux enfants en leur montrant les deux autres albums. Naturellement, on les laissera jouer avec les labyrinthes, c'est un plaisir sans cesse renouvelé.

Une autre activité permettra aux enfants d'acquérir quelques informations culturelles. Voici une liste de mots. Le jeu consiste à chercher dans les livres, ou dans des dictionnaires, la relation qu'il y a entre ces mots et le labyrinthe : Thésée, Minos, Icare, oreille.

Les trois premiers mots renvoient naturellement à la mythologie et les réponses se trouvent dans le documentaire de chez Circonflexe. Le quatrième mot nécessite d'autres recherches : le labyrinthe est une partie de l'oreille interne.

Après cette exploration culturelle, il est plus facile pour des enfants de trouver un synonyme de labyrinthe – ce qu'on leur demande. En l'occurrence : dédale.

Mais cette approche de la mythologie leur permettra aussi de comprendre quel lien il y a, dans *En voyage*, entre le labyrinthe représenté et le personnage que l'on voit de dos, vêtu comme un Grec de l'Antiquité.

Ils peuvent, à leur tour, essayer d'inventer des labyrinthes.

Travail d'écriture :

Mais il y a aussi une autre façon d'utiliser ce thème, comme travail d'écriture. En effet, symboliquement, un labyrinthe présente la même structure qu'un récit :
– On y entre dans un but précis. Par exemple, rejoindre le personnage qui est au centre du labyrinthe représenté sur la couverture du livre d'Anno ; ou encore tuer le Minotaure caché dans le labyrinthe, pour Thésée, dont l'histoire est racontée dans le livre de chez Circonflexe ; ou, pour le chasseur de papillons représenté dans le livre de Sís, attraper le papillon réfugié au centre du labyrinthe.

Consigne :

Dans un premier temps, on choisira avec les enfants l'un des labyrinthes sans personnages, par exemple celui qui est inspiré du carrelage de la cathédrale d'Amiens, dans le livre d'Anno. Puis on leur demandera d'imaginer un personnage qui va devoir vivre des aventures. Qui est-il ? Quand cela se passe-t-il ? Qui part-il chercher, ou quoi ?
– Dans le labyrinthe, on rencontre des obstacles, qui obligent à revenir un peu en arrière et à repartir.

Consigne :

On fera parcourir du doigt le labyrinthe choisi et, chaque fois qu'il y a cul-de-sac, on conviendra que cela correspond à un obstacle rencontré par le personnage de l'histoire qui s'invente. Quel est cet obstacle ? Comment le personnage le surmonte-t-il ?
– Quand on atteint le centre du labyrinthe, on a gagné... une rencontre avec un personnage, un papillon...

Consigne :

Quand les enfants parviendront au centre du labyrinthe choisi, ils raconteront comment leur personnage triomphe et quelle est sa récompense.

Naturellement, dans cette dernière activité, le labyrinthe n'est qu'une aide à la création d'une histoire simple ; il vaut mieux ne pas en faire un élément de l'histoire car cela compliquerait tout.

Cette technique d'écriture peut être utilisée une première fois pour initier les enfants à la méthode. Ensuite, quand ils y sont familiarisés, le jeu peut être renouvelé plusieurs fois. Il est également possible avec des enfants plus jeunes s'ils sont guidés pas à pas, la première fois.

▲ Deuxième exemple : pour des enfants ou des adolescents

Objectif de l'activité

Les documentaires sont supposés donner des informations précises sur un domaine précis, autrement dit, révéler une partie de la réalité de notre univers. Mais, nous le savons, rien n'est plus relatif que l'information. Bien des aspects peuvent en perturber la véracité. Quand on propose aux enfants une recherche documentaire, on fait comme s'il était facile de trouver des réponses précises à des questions précises et l'on ne met pas en cause le caractère relatif de toute information.

Il nous paraît plus formateur pour les enfants de leur proposer, avant toute recherche documentaire, des activités qui leur permettront de découvrir la relativité de l'information.

En ce qui concerne les documentaires, nous proposons trois critères de relativisation des faits rapportés : la véracité, le cadrage, l'idéologie.

La véracité

De nombreux documentaires sont consacrés à Van Gogh, dont *Vincent Van Gogh*, aux éditions Gallimard (collection « Passion des arts », 1992), et *Van Gogh. La petite note jaune*, aux éditions Casterman (collection « Le jardin des peintres », 1990). Son voyage à Londres, en 1873, est évoqué dans les deux albums documentaires, mais deux passages sont en opposition. Dans le premier, il est écrit : « *Il s'éprend de la fille de sa logeuse. Eugénie, déjà fiancée, refuse son amour.* » Dans le second : « *Ursula, la fille de sa propriétaire, dont il est tombé amoureux, le repousse. Elle est déjà fiancée.* » Ce n'est sans doute qu'un détail, mais comment savoir le prénom du premier amour déçu de Van Gogh ? En cherchant dans un troisième documentaire, *Vincent Van Gogh*, aux éditions Hatier (collection « Terre de Sienne », 1996), on trouve : « *En août, il prend pension chez Madame Loyer, veuve d'un pasteur. Il tombe amoureux de sa fille, Eugénie, qui l'éconduit.* » Statistiquement, Eugénie l'emporte ! Peut-on être cependant assuré de l'exactitude de cette information ?

Ce qui compte, c'est que les enfants acquièrent une attitude de prudence vis-à-vis des informations apportées par les documentaires.

Ici, la formulation de la consigne est simple : il suffit de demander le prénom de la jeune femme dont Van Gogh est tombé amoureux au cours de son premier voyage à Londres, en proposant aux enfants les trois albums documentaires. Un débat s'ensuivra.

Autre exemple, à propos de Louis XIV cette fois. Dans *Une journée du roi Louis XIV* (Père Castor Flammarion, 1993), on lit ceci : « *Sur le coup de huit heures, le Premier valet chuchotait : – Sire, il est l'heure.* » Dans *Une journée du Roi-Soleil*, à L'École des loisirs (collection « Archimède », 1996), l'heure est différente : « *À 7 h 30, il* [le premier valet de chambre] *réveille le roi* : *“Sire, voici l'heure.”.* » Un troisième livre, *Louis XIV et Versailles*, chez Mango (collection « Regard d'aujourd'hui », 1994), confirme la première information : « *8 h. Heure du lever, le premier valet s'approche du lit et murmure : “Sire, voici l'heure”.* » ; mais la formulation est en accord avec celle du documentaire de la collection Archimède.

Dès qu'on compare plusieurs documentaires sur un même thème, on remarque ce genre de détails qui ne coïncident pas, d'un livre à l'autre.

Le cadrage

Le cadrage concerne, d'une part, le savoir de référence qui est pris en compte, d'autre part, la façon de le communiquer au lecteur.

Reprenons l'exemple de Louis XIV. Dans le documentaire de L'École des loisirs, nous sommes à Versailles, et tout l'album se situe en ce lieu. Dans celui du Père Castor Flammarion, avant Versailles, sont évoqués d'autres habitats du roi : les Tuileries, Fontainebleau. Quant au documentaire Mango, avant de parler de Versailles, il situe la position de la France dans le monde du XVIIe siècle, puis l'enfance du roi et ses différents lieux d'habitation, puis le modèle que constitua Vaux-le-Vicomte, etc.

Le cadrage de l'information est donc différent. Or ce cadrage détermine non seulement ce qui est dit, mais également ce qui n'est pas dit. On pourrait presque parler de *mensonge par omission*, et ce phénomène est fréquemment à l'origine de fausses interprétations faites par les jeunes.

En ce qui concerne la façon de communiquer l'information, reprenons les trois albums sur Van Gogh. Dans l'album Casterman, deux modes de communication sont proposés. Le premier est fictionnel : un oncle raconte à deux enfants l'histoire du peintre; cela permet d'introduire une cohérence dans le récit, c'est-à-dire une interprétation; cela permet également de faire poser, par les deux enfants, les questions des jeunes lecteurs et d'y répondre. Le second mode de communication est plus classiquement documentaire : une brève biographie de Van Gogh.

Dans l'album proposé par Gallimard, il y a également deux modes de communication, tous deux documentaires : le premier, sur fond noir, est la biographie du peintre, distribuée tout au long de l'album; le second est constitué par les légendes des nombreuses illustrations.

D'emblée, on voit la différence d'approche entre ces deux albums. Si la partie biographique est à peu près similaire, l'autre mode de communication diverge fortement d'un livre à l'autre. Dans le livre Casterman, une interprétation est proposée par la fiction, tandis que dans le livre Gallimard, c'est au lecteur de construire une interprétation en s'efforçant de relier toutes les bribes d'information communiquées par les images et leurs légendes.

Le troisième album, de chez Hatier, diverge des deux précédents : les informations sont regroupées thématiquement; la première double page s'intéresse aux protagonistes de la vie de Van Gogh, les deux pages suivantes à deux lieux; la page d'après au réalisme, courant artistique dominant à l'époque du peintre; une double page propose une approche approfondie d'un seul tableau, *Les Mangeurs de pommes de terre*; puis sont abordés : Théo Van Gogh, Paris en 1886, les pointillistes, la Belle Époque, les autoportraits, etc. Comme on le constate, la façon dont l'information est communiquée au lecteur est déjà organisée et sériée.

Il nous paraît important de faire découvrir aux enfants que l'information d'un documentaire varie également en fonction de son cadrage. Il suffit de leur poser des questions dont on sait qu'elles ne figurent que dans un seul des documentaires proposés, pour que les enfants se rendent compte de cette différence de cadrage. Par exemple : de quel autre château s'est inspiré l'architecte du château de Versailles ? Ou : combien d'autoportraits Van Gogh a-t-il peints ?

L'idéologie

Reprenons l'exemple de Louis XIV. Dans les documentaires de L'École des loisirs et du Père Castor Flammarion, tout le cérémonial de Versailles est rapporté comme un ensemble de faits, sans interprétation. *« Assister au petit lever, c'est un privilège réservé à la famille et à quelques proches »*, dit le premier ; *« Heureux les courtisans admis à cette cérémonie ! »* dit le second. Autrement dit, ces deux livres se situent du point de vue même des personnes qui participaient à cette étiquette. En revanche, le documentaire Mango prend du recul et donne une interprétation : *« Pour mieux maintenir la noblesse sous sa coupe, Louis XIV fait de tout un cérémonial, et ce, dès le lever. »* Cette explication concerne le pouvoir. En l'occurrence, on parlera moins d'idéologie que d'approche historique : l'histoire tente d'apporter un éclairage à des faits avérés.

En revanche, si l'on se reporte à la conclusion des deux premiers albums, on peut véritablement parler d'idéologie, car ces conclusions invitent le jeune lecteur à interpréter dans un sens les informations apportées. Dans l'album du Père Castor Flammarion, l'avant-dernière phrase est celle-ci : *« Malgré un penchant regrettable pour la guerre – lui-même le reconnut à sa mort –, il marqua du sceau du prestige son pays et son siècle. »* Autrement dit « Vive Louis XIV ! », malgré son léger défaut à faire la guerre.

La conclusion de l'album de L'École des loisirs est autre : elle évoque les malheurs de la France dont le monarque est responsable : persécution des protestants, révocation de l'édit de Nantes, armées battues ; ou ceux qui lui sont envoyés comme un châtiment : famines, mort de sa femme et de son fils. Et la dernière phrase de l'épilogue n'incite guère le lecteur à crier « Vive le roi ! » : *« Il ne verra pas le peuple, son peuple, danser autour des feux de joie à l'annonce de sa mort. »*

Les faits, à eux seuls, ne signifient pas grand-chose. C'est l'interprétation qu'on en fait qui donne sens à l'information.

La question à poser aux jeunes pour qu'ils se rendent compte de cette différence d'interprétation doit être plus générale que précédemment. Ce peut-être, par exemple : Pensez-vous, à partir de ces documentaires, que Louis XIV, à sa mort, a été regretté par les Français ?

Les citations

Au-delà de l'approche documentaire proprement dite, il est toujours possible de montrer que certaines informations, détachées de leur cadre de référence initial, peuvent servir à connoter. Ainsi, le célèbre tableau *La Chambre de Van Gogh à Arles*, dont on trouvera une reproduction dans les trois documentaires évoqués ci-dessus, est fréquemment représenté – cité – dans des albums fictionnels. Le lecteur qui le reconnaît et le réfère à Van Gogh peut alors moduler son interprétation du livre en fonction des connotations que suscite cette citation.

Dans *Tout change*, d'Anthony Browne (Kaléidoscope, 1990), le jeune héros, Joseph Kah, voit autour de lui les objets changer de forme : une bouilloire se transforme en chat, un fauteuil en gorille, etc. Le lecteur apprend par la suite que c'est le père de l'enfant qui, en partant, a dit que tout allait changer, et les dernières pages de l'album révèlent la cause de ce changement : la mère de Joseph a eu un bébé.

La chambre de Joseph, représentée au milieu de l'album, rappelle tout à fait celle de Van Gogh (une reproduction d'un tableau de ce peintre est d'ailleurs accrochée au mur). Peut-on considérer cela comme une allusion au mot « créer », dans sa double acception biologique et artistique ?

Dans *Pour l'amour de Vincent*, de Brenda V. Northeast (Mango, 1996), c'est un nounours qui se nomme Vincent. Un ours qui devient peintre et dont les modèles (paysage, tournesol, bouquet, etc.) ressemblent fort aux tableaux de Van Gogh. Comme le peintre, l'ours va chercher la lumière dans le Midi et, naturellement, il s'installe dans une chambre qui rappelle celle de Van Gogh à Arles. Il ne peut en être autrement, puisque tout est citation dans cet album et que le héros parcourt, en fait, les lieux peints par l'artiste.

Liberté (Père Castor Flammarion, 1997) est une édition du poème d'Éluard, illustré par Claude Goiran. Or le passage « *Sur le fruit coupé en deux / Du miroir et de ma chambre / Sur mon lit coquille vide / J'écris ton nom* » est illustré par une interprétation très rouge de la chambre de Van Gogh. Cette chambre n'est pas coupée en deux par un miroir, comme dans le poème. Il faut donc chercher autre chose, probablement la dichotomie entre l'art et la réalité (image réelle et image virtuelle).

Pareilles citations permettent de proposer aux jeunes quantité d'approches.

▲ Troisième exemple : pour des adolescents

– *L'Ogresse en pleurs*, de Valérie Dayre, illustrations Wolf Erlbruch, Milan, 1996.

Objectif de l'activité

Cet album provoque souvent des réactions de la part des lecteurs, sans doute parce qu'il aborde, explicitement, le thème de la dévoration de son propre enfant. Mais réagir n'équivaut pas à percevoir le sens réel de cet album dont la complexité mérite d'être analysée plus profondément.

Analyse

L'histoire est ainsi résumée dans le courrier des éditions Milan accompagnant l'envoi du service de presse :

Résumé

« L'ogresse était une femme qui avait fait les plus vilaines choses que l'on puisse imaginer. Mais dans sa panoplie des horreurs, il en manquait une qui depuis longtemps la faisait rêver : croquer un marmot !

Elle partit donc en quête du “lardon” parfait et pour cela passa tout le pays au peigne fin. Mais comme la rumeur avait couru plus vite qu'elle, il ne trottait rien dans les rues qui mesurât moins d'un mètre.

Épuisée et bredouille, elle regagna son logis. Et là, quelle ne fut pas sa stupeur, lorsqu'elle y découvrit un joli loupiot qui correspondait trait pour trait à ce qu'elle cherchait... »

Le trait remarquable de ce résumé est l'emploi du temps passé, comme dans les contes. Et, de fait, à examiner l'album, on constate qu'il multiplie les signes prouvant qu'il s'agit d'un conte : le mot « ogresse » du titre ; l'incipit : « *Il était une fois...* » ; l'emploi du passé ; l'indétermination de l'époque et du lieu ; l'utilisation du nombre 1 001 ; et même le thème cruel de la dévoration. Mais faut-il en rester à cette réception superficielle ?

Dans le résumé proposé par les éditions Milan, le premier mot affirme qu'il s'agit bien d'une ogresse. Or, quand on lit l'album, on peut s'étonner qu'en dehors du titre il ne soit jamais question d'ogresse. Le texte parle d'« *une femme méchante* », de « *cette femme* », de « *maraudeuse* », d'« *affamée* », de « *mangeuse* », jamais d'ogresse. Voici le premier signe que, peut-être, l'histoire n'est pas à prendre au premier degré.

Mais puisque le premier mot du titre paraît en contradiction avec l'histoire, quel sens donner à l'expression « *en pleurs* » ? Même constat : cette femme, qui n'est peut-être pas une ogresse, en fin de compte, ne pleure jamais dans l'album. C'est même dit en toutes lettres : « *Oh... elle ne pleura pas* ».

Du coup, le lecteur expert peut chercher d'autres signes prouvant que les mots du titre sont trompeurs. Il se trouve que la dernière phrase de l'histoire l'exprime directement : « *Sans le manger..., répète-t-elle, sourdement, parce que les mots sont confondants.* » Effectivement, les mots sont confondants, c'est-à-dire polysémiques.

D'ailleurs, alors que pour pareille histoire on s'attendrait à un ton tragique, le ton utilisé est humoristique. Notamment quand il s'agit des enfants que la femme refuse de manger :

> *« Ces loupiots sont trop petiots, n'ont que la peau sur les os »,*
> *« Avaler ce marmouset ? Autant se boucher le gosier ! »,*

Et le ton vire parfois à l'humour noir :

> *« Si les gens tombaient d'accord que mieux valait qu'elle n'en mange qu'un au lieu de mille et un, chacun préférait que ce ne fût pas le sien »,*
> *« – Donnez-moi le plus maigrichon, le plus couillon ! (elle avait abaissé ses prétentions) »,*

« Dans les maisons, on se taisait. Des couillons ? Des maigrichons ? Si on en avait, on se les gardait ».

Enfin, si l'on se tourne vers la scène centrale, on peut également s'interroger. La femme rentre chez elle, y voit « *le plus joli moutard que la terre eût porté* », le trouve « *à croquer* ». On tourne la page ; le texte dit simplement : « *Elle le croqua* ». Tandis que l'image montre un singe aux yeux exorbités, jouant du tambour. La scène de la dévoration n'est pas représentée. A-t-elle vraiment lieu ? Le singe est-il un témoin fiable ? Et d'ailleurs que voit-il, qui l'horrifie ?

L'ensemble de ces remarques, rassemblées, conduit à penser que l'auteur, dans cette histoire, joue surtout sur les mots, et plus particulièrement sur l'expression « croquer le marmot », ce que Victor Hugo avait déjà fait dans le poème *L'Ogre*[1] : « *un brave ogre des bois* » est amoureux d'une fée ; un jour qu'il fait antichambre, le fils de la fée a l'imprudence de passer par là, « *Bel enfant blond nourri de crème et de brioche* ». Naturellement, ce qui devait arriver arrive : « *L'ogre se mit alors à croquer le marmot* ».

Comme on le voit, Victor Hugo a joué sur le sens propre d'une expression figurée, qui signifie tout simplement attendre. Sur les origines de cette expression, on consultera un autre livre pour la jeunesse : *La Monnaie de singe ou Comment reconnaître les expressions issues du Moyen Âge*, d'Élisabeth Charbonnier (ill. Jean-Claude Castelli, Hatier, 1991).

Mais Victor Hugo commence par mettre l'ogre en situation d'attente, dans l'antichambre, joignant le sens figuré et le sens propre.

De la même façon, on peut se demander si Valérie Dayre ne joue pas sur les deux registres. La prétendue ogresse ressemble plutôt à une femme névrosée, en train de chercher (d'attendre) quelque chose qui comblera ses désirs. Métaphoriquement, elle apparaît comme mère abusive, vis-à-vis de son enfant ; et dans la mesure où seul le singe est témoin de la scène, le lecteur peut imaginer ce qu'il veut.

Autrement dit, une analyse de l'album permet de mettre au jour une signification symbolique plus ouverte que ce que suggère le conte apparent.

C'est à partir d'analyses similaires que le médiateur de lecture peut ensuite élaborer des consignes de travail pour les jeunes, permettant à ces derniers d'effectuer une partie de la même analyse pour répondre à la question.

En l'occurrence, l'une des consignes de travail possible, amusante par son aspect paradoxal, est : « Essayez de démontrer, en vous appuyant sur le texte et les images, que l'héroïne n'est pas une ogresse, qu'elle ne pleure jamais, et qu'elle ne mange véritablement personne. »

1. On trouvera ce texte dans *Victor Hugo, Poèmes choisis*, « Livre de poche jeunesse », « Fleurs d'encre », Hachette, 1995, p. 262.

EN GUISE DE CONCLUSION
DE LA NÉCESSITÉ DE BIEN FORMULER SES OBJECTIFS

▲ Présentation

Le mot « lecture » renvoie souvent à des définitions différentes selon les gens, même s'ils ont l'impression de parler de la même chose. Les uns font référence à la compétence de décodeur, d'autres à la capacité de comprendre ce que le texte dit. Certains songent à cette aptitude consistant à comprendre l'implicite d'un texte : connotations, références, symbolique, etc. D'autres encore pensent aux bénéfices de la lecture : connaissances, plaisir, organisation des savoirs, etc., ou à la capacité de percevoir le mode de construction d'un texte. Et beaucoup désirent tout simplement que les enfants aiment lire.

Or chacun de ces modes de lecture est particulier, chacun nécessite, comme apprentissage, des activités spécifiques. Et, surtout, l'initiation à l'un des modes de lecture ne forme nullement aux autres modes. C'est pourquoi les médiateurs de lecture ont intérêt à formuler explicitement leurs objectifs avant d'élaborer des activités avec des livres.

L'expérience et les statistiques prouvent que pratiquement tous les enfants apprennent à décoder à l'école primaire. Ce qui ne signifie nullement qu'ils apprennent les autres modes de lecture ressortissant à d'autres activités que l'apprentissage de la lecture *stricto sensu* ni qu'ils automatisent tous cette compétence. Or l'automatisation est nécessaire pour que s'établisse un comportement de lecteur, et la seule façon d'y parvenir est de lire. Par conséquent, proposer à des enfants des activités qui leur font lire des livres, dans le cadre d'activités ludiques, contribue tout autant à ancrer l'apprentissage de la lecture qu'à les informer sur l'existence de livres intéressants, à les initier aux modes de fonctionnement de la langue, dans des textes fictionnels ou informatifs, à les former aux codes culturels, ou à faire fonctionner leur imaginaire, leur mémoire, leurs émotions et leur raisonnement.

S'il existe de nombreuses activités ludiques, toute approche d'un livre qui suscite la curiosité des enfants, toute consigne de travail formulée comme une énigme ou incitant à une enquête, peuvent également être perçues comme des formes de jeu. Tel est le but du médiateur : élaborer des consignes de travail qui apparaissent comme des règles de jeux.

L'avantage du livre de jeunesse, dans ce contexte, c'est qu'il est complexe, aussi simple soit-il. Complexe en ce sens que c'est un outil complet – et non simplifié artificiellement comme beaucoup d'exercices scolaires ou de textes périscolaires. Complet en ce sens qu'il offre à la fois une histoire lisible au premier degré (fictionnelle ou réelle quand il s'agit de documentaires), des connotations culturelles, toujours présentes dans le texte ou l'illustration, un mode de construction précis, des occasions de réactions affectives, intellectuelles, de projection ou d'identification. C'est donc un outil fort intéressant. Ce qui ne signifie pas pour autant qu'on sache l'utiliser dans toutes ses dimensions.

Ainsi, il faut se défier de deux positions extrêmes :

1. La lecture des livres c'est intime, ça ne regarde personne d'autre que l'enfant. Ce qui revient à laisser les choses en l'état ; et si cet état correspond à une relation conflictuelle avec la lecture, à une méconnaissance des livres, ce non-interventionnisme n'arrange rien. Or l'illettrisme, qui est un désapprentissage du décodage faute de pratique, peut s'enraciner dans ce terrain.
2. Le livre est un excellent outil pédagogique, on va donc l'utiliser jusqu'à plus soif pour faire tous les exercices traditionnels jusque-là pratiqués à partir d'autres outils. Le livre est alors totalement scolarisé (tout autant par les familles que par l'école, d'ailleurs), l'enfant ne peut plus se l'approprier facilement et s'en détourne au profit d'autres activités de loisir.

▲ Distinguer les objectifs

Pendant longtemps on a mélangé les différents objectifs. On a trop souvent pensé, par exemple, que faire découvrir les textes « classiques » aux enfants (ce qui ressortit au patrimoine) était une incitation à la lecture et une initiation à la littérature. Il n'en est rien. Ce faisant, on leur fait comprendre que ces textes sont admirables, c'est-à-dire considérés comme devant être admirés dans notre société. C'est cette forme d'admiration qui surdétermine toutes les approches de ces textes canoniques.

Pareillement, toutes les approches contribuant à la maîtrise de la langue française par les enfants, même si l'on recourt à la linguistique, ne servent pas prioritairement à leur faire percevoir ce qu'est un récit, comment un livre est organisé, ni surtout comment trouver un livre correspondant à leurs propres goûts.

La simple prudence consiste donc à savoir que lorsqu'on fait de la grammaire, on fait de la grammaire, et pas grand-chose d'autre ; quand on fait prendre en compte les classiques, on est seulement dans une approche patrimoniale. Il est vrai que le fait de tout regrouper sous le terme générique de « français », à l'école, n'a rien arrangé ; cela n'a guère permis de faire la distinction.

Par ailleurs, on veut d'abord que les enfants apprennent à lire. Cette première étape étant franchie – même si le décodage reste longtemps balbutiant –, on veut qu'ils lisent. Or être lecteur, c'est un comportement. Ce qui implique l'acquisition d'un certain nombre de savoirs, d'attitudes, d'aptitudes par les enfants. Mais comme tout comportement se greffe sur les comportements précédemment acquis, pour chaque enfant c'est différent. Cette multiplicité est difficile à prendre en compte pour un médiateur.

Sommairement expliqué, pour qu'un enfant devienne lecteur autonome, il faut qu'il ait découvert, intégré et transformé en outils une somme importante de connaissances et de comportements : savoir ce qu'est un livre ; connaître la variété des livres ; connaître les lieux où l'on trouve des livres et le mode d'emploi de ces lieux ; explorer ses propres désirs et découvrir qu'ils peuvent se satisfaire dans la lecture ; faire la distinction entre exercices scolaires de lecture, contraignants, et lecture autonome de désir, etc.

Chacun de ces items est très complexe et il faut beaucoup de temps pour les acquérir. C'est pourquoi les enfants qui commencent tôt, bien avant d'apprendre à lire, sont favorisés. Tout petits, ils découvrent, par exemple, dans leur famille, ou à l'école maternelle, qu'un livre est quelque chose qui procure du plaisir, qu'il y a des pages qu'on tourne dans un certain sens, que les images s'enchaînent pour raconter une histoire, que l'écriture fixe l'histoire dans une forme permanente. Plus tard, ils découvrent les différentes variétés de livres (format, avec ou sans images, collections, éditeurs, auteurs, modes de classification, modes d'emprunt ou d'achat, etc.). Et tout ceci paraît indispensable au comportement de lecteur.

▲ Prendre en compte la coopération du lecteur

Plus un lecteur est compétent, plus il contribue au sens d'un texte. Cette compétence s'appuie sur la maîtrise de nombreuses petites techniques qui, à la fois, organisent le texte et une partie de la lecture.

Quand un écrivain commence à rêver d'un livre qu'il va écrire, c'est un peu comme un océan formé de tout ce qu'il est, de tout ce qu'il a vécu, senti, ressenti, océan sur lequel flottent déjà quelques îles, matérialisations de son désir. Ces îles sont des bribes diverses : une envie de personnage particulier, un thème, un type d'écriture jamais encore exploré (par exemple avec une narration en « je » et au présent alors que jusque-là il n'écrivait qu'en « il » et au passé), etc.

Peu à peu, à force de rêve, de vie intérieure, chacune des îles s'étend, certaines se rejoignent, jusqu'au moment où l'ensemble devient à la fois trop vaste et trop complexe pour que l'écrivain se contente de sa mémoire ou des bribes notées sur le papier et où il a besoin d'écrire tout ça. Or les modes de transformation de l'histoire intérieure en texte passent par de multiples techniques littéraires que l'écrivain maîtrise consciemment ou inconsciemment.

Quand on lit un livre, on ne fonctionne guère différemment. À partir de ce qu'on lit initialement, des îles naissent dans sa pensée rêveuse. On va chercher au fond de soi les matériaux pour concrétiser ces îles sous forme d'images. En avançant à la fois dans sa lecture et dans sa rêverie, on relie peu à peu ces îles jusqu'à créer un continent, c'est-à-dire attribuer un sens à ce qu'on lit. Et peu importe alors que ce sens soit différent de celui que donnerait l'auteur.

Le lecteur, comme l'auteur, maîtrise inconsciemment un certain nombre de techniques littéraires. Et l'on pourrait même dire que plus il en maîtrise, plus il est susceptible d'avoir du plaisir en lisant.

En ce sens, travailler sur les techniques littéraires permet à la fois de former un meilleur lecteur, au sens où il est plus apte à coopérer avec le texte, et également d'initier à l'écriture de type littéraire.

▲ Se défier d'objectifs trop vastes

Un médiateur de lecture ne peut s'en tenir à de trop vastes objectifs comme « Je veux initier les enfants à la recherche documentaire », ou « Je voudrais que les enfants découvrent le goût de lire ». En effet, si ces grands objectifs donnent une direction générale aux activités à concevoir, ils ne sont pas opérationnels. Pour les rendre opérationnels, il est nécessaire d'analyser ces grands objectifs de façon à voir ce qu'ils impliquent, dans le détail.

Par exemple, pour la recherche documentaire, on trouvera, entre autres :
– connaître l'organisation interne d'une bibliothèque ainsi que le mode de classement des livres ;
– savoir se servir des outils de repérage des livres : fichiers papier ou informatique, affichage, ordre alphabétique, etc. ;
– savoir utiliser les outils de repérage du contenu des livres sans les lire : table des matières, index, titraille, imagerie, feuilletage, etc. ;
– savoir lire en lecture rapide en fonction d'une question précise ;
– savoir établir un schéma relationnel entre des thèmes proches ou des mots voisins pouvant désigner un même thème.

C'est cette dernière aptitude qui ouvre le plus de portes et qui est la plus formative puisqu'elle permet à l'enfant de faire une synthèse adaptative de ce qu'il recherche, de situer cette recherche dans le cadre de tout ce qu'il sait déjà. Et cela a deux avantages supplémentaires :

1. mémoriser une connaissance sous forme de schéma de synthèse est

plus économique, mémoriellement, que mémoriser une connaissance sous forme énumérative,

2. la manière de procéder pour aboutir à un schéma constitue une méthode qui peut être transposée à de nombreuses autres situations.

Pour encourager le goût de lire, autre vaste objectif, on trouvera, notamment :
– connaître la diversité des supports de lecture offerts aux enfants et découvrir qu'il existe forcément de nombreux écrits correspondant à ses propres goûts;
– avoir envie d'ouvrir les livres, de les feuilleter, de savoir ce qu'il y a dedans;
– découvrir le plaisir de suivre le cheminement d'un récit ou d'un personnage (effet de suspense);
– découvrir le plaisir de s'identifier à un personnage, ou de se projeter dans le récit, ou d'y injecter son propre sens, en un mot de s'y impliquer;
– découvrir le plaisir de la lecture connotative qui convoque toutes les références du lecteur et les met en jeu;
– découvrir le plaisir de la lecture rêveuse qui permet de mobiliser tout ce qu'on est, de dialoguer avec soi-même, d'élaborer des schémas de comportements sociaux;
– découvrir le plaisir de mettre au jour les procédés utilisés par l'auteur pour parvenir à ses fins.

Comme on peut le constater, derrière des objectifs généraux comme « initier les enfants à la lecture de fiction », leur « donner le goût de lire », les « initier à la lecture documentaire », etc., se profilent de nombreux objectifs plus précis dont chacun peut contribuer à la découverte du plaisir de lire, à l'établissement d'un comportement de lecteur, à la perception des modes de construction d'une fiction ou d'un documentaire...

L'un des objectifs généraux d'un médiateur de lecture vis-à-vis de jeunes enfants peut s'énoncer ainsi : faire en sorte qu'ils acquièrent le plus possible de « petits savoirs » sur les livres.

Quelle que soit la situation du médiateur, la multiplicité des « petits savoirs » qu'il est possible de faire acquérir aux enfants reste constante. Pour s'en faire une idée, il suffit d'évoquer le livre dans tous ses états.

▲ Le livre dans tous ses états

Un livre peut être objet de plaisir soit parce qu'il raconte une histoire dans laquelle s'implique l'enfant, soit parce qu'il donne des informations sur des pans de la réalité qui suscitent la curiosité de l'enfant; ou encore parce que, montrant des personnages en situation (type de famille, confrontation entre cultures différentes, façon de se faire des amis, etc.), ou fournissant des renseignements précis (reproduction sexuée, causes du chômage, histoire d'un pays, etc.), les livres apportent des réponses aux questions existentielles, souvent latentes, des jeunes.

Percevoir qu'un livre raconte une histoire ou donne des informations revient, pour un jeune enfant, à acquérir un « petit savoir » sur la différence entre fiction et documentaire. Sentir que les deux types de livres peuvent apporter des réponses (provisoires) à des questions existentielles revient, pour un jeune enfant, à en apprendre un peu plus sur lui-même, d'une part, à découvrir l'un des aspects de la théorie de la réception, d'autre part.

Dans notre société, les livres se trouvent dans des lieux particuliers, ayant chacun un mode d'organisation interne. À la maison, en classe, à la BCD, au CDI, à la bibliothèque municipale, en librairie, les livres ne sont pas classés de la même manière. Leur classement correspond à l'objectif principal de chaque institution sociale. Quand un enfant le perçoit, non seulement il parvient à y trouver facilement ce qu'il cherche, mais il commence à appréhender les différents rôles des lieux de lecture, et plus généralement les différents rôles des livres dans la société. Par exemple, la valeur ludique d'un livre devrait se percevoir davantage dans la famille. Sa valeur relationnelle se percevra dans la famille (livres cadeaux), à l'école (livres lus sur proposition d'un camarade ou d'un enseignant), ou à la bibliothèque municipale (les bibliothécaires conseillent les enfants qui les interrogent). La valeur éducative ou symbolique d'un livre se percevra surtout à la BCD ou au CDI, mais parfois aussi dans la famille, car pour beaucoup de parents, un livre doit d'abord être éducatif. Quant à la valeur marchande d'un livre, c'est surtout en librairie qu'il la percevra.

Toutes ces perceptions sont autant d'initiations à des « petits savoirs » qui permettent de découvrir comment la lecture est organisée dans notre société, comment les objectifs des différents lieux de lecture se complètent et parfois se recoupent.

Mais le livre est aussi un objet particulier, unique, différent de tous les autres. Chaque livre, avant d'arriver entre les mains de l'enfant, a parcouru une longue chaîne, qui va de l'auteur à la bibliothèque, en passant par l'éditeur, l'imprimeur, le diffuseur, le distributeur, le libraire. Autant de notions qui organisent la chaîne des « petits savoirs » sur l'univers du livre.

Dans sa particularité, chaque livre est aussi organisé différemment selon sa maquette, sa collection, la façon dont les instances littéraires ou informatives sont utilisées, son thème, sa symbolique...

Enfin, bien que chaque livre soit particulier, il s'insère dans le champ de tous les autres livres antérieurement publiés et il entretient des relations avec certains : livres d'un même auteur, d'un même éditeur, de la même collection, livres sur le même thème, livres d'un même genre littéraire (épouvante, policier, science-fiction...), livres du même format...

Tous ces états du livre définissent quantité de « petits savoirs » dont l'acquisition permet à un enfant de progresser dans son propre mode de lecture. Autrement dit, ce n'est qu'après l'acquisition de ces savoirs que l'enfant peut effectuer des choix, ses propres choix.

▲ Attitudes du médiateur

Toutefois, selon la position du médiateur de lecture, l'objectif général énoncé ci-dessus variera. Un parent, par exemple, ne se préoccupe que de ses propres enfants, tandis qu'un enseignant s'attache à ce que le maximum de ses élèves acquièrent le plus possible de « petits savoirs » sur le livre. Cela débouche sur des attitudes différentes. Les parents connaissent bien leurs enfants, en particulier leurs goûts et leurs désintérêts, ils peuvent donc plus facilement les aider à trouver des livres qui leur conviennent, sans pour autant se substituer à eux, car la contrainte, même légère, est l'ennemie de la lecture autonome. Les enseignants, au contraire, pour intéresser le maximum d'élèves, doivent proposer beaucoup de livres, afin que chaque enfant ait des chances d'en trouver un qui lui convienne.

Les bibliothécaires, qui accueillent surtout des enfants aimant déjà lire, reformulent généralement l'objectif général pour que le maximum de lecteurs maîtrisent le système de classification et que les jeunes lecteurs élargissent leur choix, ne s'enferment pas dans un seul genre de lecture (la bande dessinée ou le livre d'épouvante, par exemple).

Quant aux libraires, ils ont en commun avec les bibliothécaires d'aider l'enfant à approfondir et à élargir ses propres goûts.

Quelle que soit la position du médiateur, il doit donc ajuster un objectif général en fonction de ses propres missions et en tenant compte du mode d'organisation de son lieu de lecture.

▲ Retour aux exemples proposés

Revenons maintenant à nos tigres égarés et à nos labyrinthes, c'est-à-dire aux exemples proposés dans la partie précédente.

Quand on demande à de jeunes enfants de découvrir le point commun entre trois albums, et qu'ils découvrent le labyrinthe, ils perçoivent ce qu'est un thème.

Lorsque des enfants plus âgés sont confrontés à Minos ou à Icare et qu'ils trouvent l'information qui lie ces personnages mythologiques au thème du labyrinthe, ils s'initient en même temps à la recherche documentaire et au décryptage des références culturelles.

Si l'on fait écrire une histoire en utilisant la technique du labyrinthe, les enfants commencent à appréhender, sans explications, la notion de schéma actanciel.

Jouer avec des enfants sur le système logique des réponses dans *Es-tu mon papa ?* est une introduction à la notion de cohérence interne. Leur faire trouver d'autres livres traitant pareillement de l'identité et de la différence permet d'introduire la notion de thème. Et leur demander si, dans la réalité, un crocodile sourit, c'est déjà aborder la triple notion complexe de vrai/vraisemblable/imaginaire.

Un médiateur de lecture qui veut véritablement maîtriser la pédagogie qu'il utilise doit donc non seulement formuler un objectif général, mais également des objectifs opérationnels plus précis comme :
- faire percevoir la notion de thème,
- faire découvrir le schéma actanciel,
- aider l'enfant à découvrir le texte caché que constitue une référence culturelle, etc.

Quand cet objectif opérationnel est énoncé, il est beaucoup plus facile de formuler une consigne de travail précise, adaptée aux enfants. Par exemple, pour le dernier objectif opérationnel ci-dessus, on peut demander à des enfants de sept/huit ans : « Voici un nom, Minos. Je sais que ça a un rapport avec le labyrinthe, mais je ne me rappelle pas exactement lequel. La réponse se trouve sûrement dans un des livres. Voulez-vous essayer de la trouver ? »

▲ Un dernier exemple

L'objectif général du médiateur préexiste à l'analyse des livres. Reprenons celui que nous avons énoncé ci-dessus : faire acquérir le maximum de « petits savoirs ».

Pour passer aux objectifs opérationnels, le médiateur doit déjà avoir une idée de la multiplicité de ces « petits savoirs ». Avant même d'ouvrir le livre qu'il va analyser, il est donc en position d'attente par rapport à ce qu'il va y trouver. Il s'agit donc alors :

1. de comprendre comment le livre fonctionne, dans ses particularités ;

2. de sélectionner certains de ces modes de fonctionnement qui concernent certains « petits savoirs » ;

3. de formuler des consignes de travail incitant les enfants à chercher, en s'amusant, des réponses qui leur révèlent les modes de fonctionnement sélectionnés et par conséquent commencer à maîtriser des « petits savoirs » ;

4. d'être en mesure d'évaluer les réponses des enfants parce qu'un travail d'analyse approfondi a été effectué préalablement. Mais à cet égard, il ne faut pas oublier que, d'une part, les enfants peuvent repérer des aspects du livre qu'on n'a pas perçus soi-même ; que, d'autre part, il n'y a pas une bonne lecture et des mauvaises lectures, mais des modes de lecture différents. À la limite, un enfant qui, à partir d'une seule image, se raconte toute une histoire personnelle, oubliant le contenu du livre proposé, a un mode de lecture totalement impliqué.

Un exemple : l'album de Joyce Dunbar illustré par Susan Varley, *Attends donc le printemps !*[1]

Résumé

Arthur, un jeune lapin anthropomorphisé, n'a ni sœurs ni frères, contrairement à tous les autres animaux et il en voudrait. Chaque fois qu'il pose une question à ce sujet, on lui répond : « Attends donc le printemps ». Pour compenser ce manque, il construit, à chaque saison, un substitut de frère, avec des feuilles, de la neige, de la boue et de la mousse. Enfin, au printemps suivant, naissent deux frères et une sœur.

On repère immédiatement un certain nombre de particularités qui peuvent renvoyer à des « petits savoirs », autrement dit à des objectifs opérationnels :
– l'anthropomorphisme, qui se réfère à vrai/vraisemblable/imaginaire ;
– le déroulement des saisons, qui se réfère au temps fictionnel ;
– le thème du mannequin-petit frère construit à chaque saison par le héros, qui se réfère à des faits culturels ;
– les sous-entendus qui ne sont pas explicités, ce qui se réfère à l'implicite en littérature.

Vrai/vraisemblable/imaginaire

Tous les animaux de cet album sont anthropomorphisés, ce qui se repère facilement puisqu'ils sont vêtus. Sauf un : le rouge-gorge. Il s'agit véritablement d'un oiseau qui vit dans un nid (les souris et les lapins vivent dans des trous dont l'intérieur ressemble à une maison meublée) où il y a des œufs. Si l'on fait l'hypothèse que seuls les mammifères sont anthromorphisés, ce qui pourrait être le cas puisque la référence implicite est l'être humain, on se rend compte que ce n'est pas le cas, puisque les grenouilles sont habillées. Il semble tout simplement plus facile de faire passer pour des bras et des jambes les membres des animaux à quatre pattes, quand il faut les habiller, ce qui ressortit au vraisemblable.

1. Joyce Dunbar, *Attends donc le printemps !*, illustrations Susan Varley, traduction Marie Aubelle, Gallimard, 1994.

Les questions qui se posent alors dépendent de la double nature des personnages, à la fois animaux et humains. Et les consignes peuvent donc se formuler ainsi :
– quels sont les éléments du livre qui correspondent à de vrais animaux ?
– quels sont les éléments du livre qui correspondent à des humains, mais qui, ici, sont prêtés aux animaux ?

À la première question, il est facile de faire référence à la mésange, au fait que la plupart des animaux naissent au printemps, au fait que les souris et les lapins vivent dans des trous et que les grenouilles sont souvent sur des nénuphars.

À la seconde question, les réponses sont nombreuses : les lapins ne font pas du vélo ni de la balançoire et ils ne jouent pas au foot ; les souris n'offrent pas des fleurs ; les animaux ne sont pas habillés ; les lapins et les souris ne marchent pas sur les pattes arrière ; les animaux ne prennent pas leurs enfants dans leurs bras ; les bébés animaux ne s'alimentent pas au biberon et ne dorment pas dans des berceaux, etc.

Ces questions et réponses explorent l'opposition vrai/imaginaire. Et il est alors possible de demander aux enfants : comment cela se passe-t-il, réellement, chez les animaux, ce qui permet de mettre au jour leurs savoirs de référence et d'introduire des activités de recherche documentaire.

Mais il y a aussi une autre façon d'explorer cet album, par référence au destinataire qu'est l'enfant, c'est-à-dire un être humain. La comparaison entre le désir du héros d'avoir un petit frère et le désir similaire d'un enfant est vraisemblable, ce qui permet l'identification au héros, même s'il s'agit d'un lapin. Pareillement, toutes les réponses à la seconde question ci-dessus caractérisent les êtres humains. En revanche, la problématique temporelle n'est pas transposable : chez les humains, les bébés ne naissent pas nécessairement au printemps !

Temps fictionnel

La première page de l'album se situe manifestement en été : arbres verdoyants, vêtements légers. Les deux pages suivantes en automne : feuilles mortes, vent. Ensuite vient l'hiver : neige sur deux pages, et une intersaison entre l'hiver et le printemps : neige fondue, boue, pluie, sur deux pages. Les cinq dernières pages se situent au printemps, mais c'est surtout le texte qui permet de le dire, d'abord. Arthur se met alors à chercher son petit frère partout : chez les souris, le rouge-gorge, les grenouilles et enfin chez lui, où il trouve ses nouveaux frères et sœur.

Les différentes saisons se repèrent donc par le texte et, dans les images, par les vêtements, la végétation, les couleurs, le temps qu'il fait, les matériaux utilisés par Arthur pour construire un mannequin-petit frère, et certains événements saisonniers (ponte du rouge-gorge, par exemple).

Pour attirer l'attention des enfants sur le temps fictionnel, les consignes peuvent être les suivantes :
– Comment peut-on savoir à quelle saison on est, à partir du texte et des images ?
– Sur un calendrier, peut-on repérer à peu près à quel moment se déroule chaque scène ?
– Combien de temps dure toute l'histoire ?

En effectuant ce travail, les enfants remarqueront que chaque saison n'occupe pas autant d'espace : l'été ne sert qu'à la brève exposition où l'on signale qu'Arthur n'a ni frères ni sœurs ; l'automne a droit à deux pages, mais l'hiver, divisé en deux (neige et boue), à quatre, tandis que le printemps occupe cinq pages. Ce qui correspond également à la cohérence de l'album : le suspense introduit dès la lecture du titre doit trouver son dénouement au printemps.

Références culturelles

Le mannequin de substitution que construit Arthur successivement avec des feuillages, de la neige, de la boue et de la mousse apparaît comme un objet transitionnel, au sens que lui donne Winnicott. D'ailleurs, tous les mannequins portent la même écharpe, objet transitionnel fréquent. Autrement dit, c'est à la fois un objet réel et le symbole d'une absence, ce qui permet une certaine compensation et, en l'occurrence, aide le héros à attendre le printemps.

Ce n'est pas si simple cependant, car dès que ses frères et sœur commencent à sautiller, Arthur leur construit un dernier mannequin, en mousse. Est-ce une façon de liquider un épisode de son enfance ? Une solution qu'il propose à ses cadets quand ils auront des problèmes ? Ou est-ce le signe que la réalité ne le satisfait pas vraiment ?

De fait, souvent, les enfants qui veulent un petit frère ou une petite sœur se rendent compte, à la naissance, qu'il passera bien du temps avant qu'ils puissent jouer avec.

Les consignes à proposer aux enfants peuvent alors être celles-ci :
– Pourquoi Arthur construit-il des sortes de mannequins ?
– Est-ce que vous construisez, vous aussi, ou utilisez des objets qui jouent le même rôle que les mannequins, pour Arthur ?
– Pourquoi, à la fin, Arthur construit-il un mannequin pour ses frères et sa sœur ?

Mais ce thème du mannequin peut faire également référence à un autre ensemble culturel : celui des arts. Au XXe siècle, les artistes ont utilisé des matériaux de toute nature, comme Arthur, pour réaliser des créations plastiques. Cela peut donner l'occasion de découvrir l'art contemporain dans des livres, dans le magazine *Dada* (publié par Mango), ou le magazine *Zarbo* (publié par Milan).

Enfin, un troisième type de références culturelles peut être alors exploré : celui de tous les mannequins fabriqués, qui prennent vie : le Golem, en terre, Pinocchio, en bois, Roule-Galette, en pâte, etc.

Implicite

Ce qui permet d'embrayer un récit, c'est un fait particulier, ici le fait qu'Arthur soit fils unique. Dans le monde des lapins, c'est véritablement une anomalie, comme le prouve la nombreuse progéniture alentour.

Si l'on considère les personnages de cet album comme de véritables animaux, alors on peut se demander si Arthur n'est pas tout simplement le survivant de sa portée. Auquel cas on prêtera davantage d'attention à un personnage qui apparaît au second plan, dans la première image : le renard. Il a beau paraître civilisé et converser amicalement avec un lapin, sa double nature peut le faire soupçonner d'être responsable de cet état de choses.

La consigne est alors simple : à votre avis, pourquoi Arthur est-il fils unique alors qu'habituellement les lapins ont plusieurs petits ?

Dans la troisième image apparaît une souris portant un bouquet de fleurs, que l'on retrouve encore après. Traditionnellement, cela connote un rendez-vous galant. Or, dans un album qui tourne autour du thème de la naissance, pareille connotation n'est pas tout à fait innocente.

Là encore, la consigne est simple : à votre avis, pourquoi une souris porte-t-elle un bouquet de fleurs ?

À eux d'imaginer alors l'histoire de cette souris qui n'est pas racontée.

Quelque chose d'autre reste totalement implicite dans cet album : comment fait-on les bébés ? Le thème n'est jamais abordé. Au printemps, Arthur cherche ses frères et sœurs partout, comme s'il s'agissait d'œufs de Pâques, et quand il cherche enfin chez lui, les petits sont là, comme par magie.

Les vrais lecteurs, aussi naïfs soient-ils, en savent toujours beaucoup plus qu'Arthur sur la reproduction sexuée. Généralement, il suffit de demander : pourquoi Arthur cherche-t-il ses frères et sœurs partout ? pour que le thème finisse par apparaître, et que les enfants se rendent compte qu'il est implicite dans l'album.

Imprimé en France par I.M.E. 25110 Baume-les-Dames
Dépôt légal : 24294-06/2002 - Collection n° 13 - Édition N° 03
17/0643/1